근대 서사 텍스트와 미디어 테크놀로지

지은이 최성민(崔聖旼, Choi, Sungmin)은 서강대학교 국어국문학과를 졸업했다. 같은 곳 대학원에서 「서사텍스트의 구성 원리 연구」로 석사 학위, 「서사텍스트와 매체의 관계 연구」로 박사 학위를 받았다. 2004년 『세계일보』 신춘문예 문학평론 부문에 당선되어 문학평론가로 활동 중이다. 연세대학교 인문학연구원에서 박사 후 연구원(Post-Doc.)으로 있었으며, 숙명여대, 가톨릭대, 한림대, 한라대, 청주교대, 나사렛대 등에서 강의를 했다. 지금은 서강대학교 국어국문학과 대우교수로 재직 중이다. 저서로 『대학생을 위한 글쓰기 강의』(공저), 『글쓰기와 스토리텔링』(공저)이 있고, 대표 논문으로 「대중매체 텍스트의 리얼리티 문제연구」, 「제3세계를 향한 제국주의 시선과 탈식민주의 시선」 등이 있다. 평론으로는 「신 앞에 선 소설(가)의 운명」, 「텍스트에 대한 텍스트로서 역사소설의 경향 : 소설의 전유와 향유」, 「전쟁의 삶, 전쟁 같은 삶」, 「21세기 한국소설의 지평 : 불안한 시공의 확산」 등이 있다.

근대 서사 텍스트와 미디어 테크놀로지

초판인쇄 2012년 8월 15일 **초판발행** 2012년 8월 25일
지은이 최성민 **펴낸이** 박성모 **펴낸곳** 소명출판 **출판등록** 제13-522호
주소 서울시 서초구 서초동 1621-18 란빌딩 1층
전화 02-585-7840 **팩스** 02-585-7848 **전자우편** somyong@korea.com **홈페이지** www.somyong.co.kr

값 25,000원

ISBN 978-89-5626-744-9 93810

근대 서사 텍스트와 미디어 테크놀로지

Modern Narrative Text and Media Technologie

최성민

소명출판

● 머리말 ●

많은 사람들이 문학의 위기에 대하여 말했다. 1946년 발행된 잡지 『신천지』에서 시인 김광균은 이미 '문학의 위기'를 천명했다. 1990년대 이후 문학의 위기론은 더욱 널리 퍼졌다. 내가 대학에 입학하여 문학을 공부하기 시작했던 것도 바로 이 무렵이었다.

문학을 공부하고 연구하는 사람으로서, 문학의 위기라는 말에 대해서 어떠한 답이라도 스스로 구하지 않으면 안 될 것 같았다. 위태로운 문학을 내가 왜 부여잡고 있는가에 대한 자기 해명이 필요했다.

1946년 김광균이 말한 '문학의 위기'는 문학이 예술적 가치보다 정치적 가치나 이념적 가치에 휘둘리게 되었다는 문제의식이었다. 당시 대중들을 향한 프로파간다로서의 문학을 비판하려 한 것이었다. 그보다 전인 1930년대에는 상업성에 물든 문학이 그 순수한 본질을 잃어가고 있다는 문제 제기도 있었다. 근래 문학 위기론의 핵심은 대중들이 문학 작품을 잘 읽지 않게 되었다는 것이었다. 문학이 대중들로부터 멀어졌다는 것이다. 그렇다면, 문학은 대중들에 가까이 다가서도 안 되고, 대중들과 멀어져서도 안 된다는 것이니, 문학이 늘 위기에 놓이는 것은 어쩌면 당연한 귀결이라고 봐야겠다.

그런데 대부분의 문학 위기론은 위기를 내세우는 사람 스스로가 설정한 문학의 본질이 훼손되었다는 것에서 출발한다. 그렇다면 위기론에 앞서 필요한 것은 바로 문학의 본질이 무엇인가에 대한 성찰이다. 이 책은 바로 그 지점에서 출발한다. 문학의 본질이 훼손된 것이 아니라, 이미 변화해버린 문학을 이해하지 못한 시대착오였을 가능성을 탐색한 것이다.

우리는 할머니 무릎을 베고 누워 듣던 옛날이야기나 창자(唱者)와 고수(鼓手)에 의한 판소리를 흔히 쉽게 문학의 범주에 포함시키곤 하면서도, 문학 작품은 종이로 된 인쇄물로 읽을 수 있어야 한다는 편견은 쉽게 버리지 못했다. 영화를 모니터로, 음악을 파일로 감상하는 시대에 문학만 종이 위에 머물러야 할 이유는 없다. 그렇다고 모든 것을 문학의 범위 안에 포획하려는 시도 역시 위험한 시도일 수밖에 없다.

'서사 텍스트'라는 표현은 그러한 차원에서 '문학'을 대체하는 개념으로 활용한 것이다. 서사는 인간의 삶을 사실적으로 담아내려는 목적을 가진 본능적 욕망의 산물이다. 이 욕망을 인정한다면, '문학'이라는 제도나 '문자'라는 미디어의 틀에 묶어놓을 수만은 없다. 인간의 삶과 그 주변의 세계를 어떻게 표현할 것인가라는 고민에서 비롯된 서사적 욕망은 최신의 테크놀로지를 반영한 미디어와의 결합을 견인하였다.

이 책은 서사 텍스트라는 개념을 내세움으로써, 신문이나 잡지에 연재되거나 단행본으로 출판된 기존의 문학 작품들은 물론, 연극과 영화, 컴퓨터 게임까지도 연구의 범위 안에 포함할 수 있었다. 문학이란 종이 인쇄물로 소통되는 것이라고 당연시되었던 100년도 채 안 되는 짧은 기간이 가져다 준 편견으로부터, 문학을 보다 자유롭게 하기 위한 기획이었다.

근대 초기에 문학은 급속히 발달된 인쇄 테크놀로지를 적극적으로 활용하는 정치적 구호나 논설, 혹은 상업적 상품이 되기를 요구받았다. 하지만 문학은 문자 언어라는 미디어를 활용하여 근대적 자아 성찰을 표출해낼 수 있었던 문인들의 노력 덕분에 예술로 자리 잡을 수 있었다. 이 점은 19세기 말, 새로운 광학(光學) 테크놀로지의 결정체였던 영화가 걸어온 역사와도 흡사하다. 영화 역시 처음에는 그저 테크놀로지였을 뿐이지만, 이념과 선전의 도구로, 상업적 상품화의 대상으로, 주목받는 예술의 장르로, 가장 대표적인 대중문화 장르로 변화하였다.

새로운 테크놀로지에 힘입어 등장한 미디어는 언제나 기존에 존재하던 다른 미디어의 서사를 재매개함으로써 해당 미디어의 커뮤니케이션에 적응하는 기간을 갖는다. 인쇄물을 활용한 근대소설은 구술 설화나 판소리를 재매개하면서 출발했고, 영화 역시 소설을 재매개하면서 서사 미디어로서의 입지를 확보할 수 있었다. 서사 텍스트는 늘 새로운 테크놀로지와 결합하면서 우리의 삶을 재현하고 소통할 수 있게 해주었다.

이 책은 본래 저자 본인의 박사학위 논문을 바탕으로 한 것이다. 박사학위 논문을 쓰고 심사받는 기간, 그리고 그것을 다시 이처럼 책으로 묶어내는 과정에서 적지 않은 시간이 흘렀다. 여기에는 폭넓은 시대와 장르를 대상으로 한 광범위한 연구라는 탓도 있었다. 학계의 관습으로 인해 조정하거나 양보해야 하는 부분도 있었고, 너무나 빠르게 진행되는 미디어 변화 양상을 내 스스로 감당하지 못한 부분도 있었다. 논문을 처음 기획한 것은 2004년 무렵이었는데, 그때만 해도 종이책이 사라지게 될 것이라는 예측은 과장된 수사에 불과하다고 생각했다. 하지만 스마트폰과 태블릿 PC가 대중화된 지금은 종이책의 퇴장을 대비하지 않을 수 없게 되었다.

이 책을 펴내면서 박사학위 이후에 진행한 연구 일부를 포함시키기도 했다. 하지만 여전히 본인의 부족함은 채워지지 않았다. 연세근대한국학총서 기획과 소명출판 박성모 사장님의 배려에도 이 책의 출판이 자꾸 지연되었던 이유도 역시 본인의 부족함과 게으름 탓이다. 그렇지만 이 책이 끊임없는 문학의 위기론에도 불구하고, 오히려 보다 다양한 미디어를 통해 서사적 욕망이 구현되고 있는 바로 지금의 각종 서사 텍스트를 연구하는 데 작은 보탬이 되기를 바라는 마음에서 이렇게 갈무리하고자 하여 내놓고자 한다.

미숙한 탓에 지금까지 공부의 길에 신세진 분이 많다. 늘 따뜻한 가르침으로 이끌어주신 우찬제 교수님이 계셨기에 분에 넘치는 이 연구를 포기하지 않고 진행할 수 있었다. 논문 심사를 맡아주시며 날카로운 지적과 따뜻한 격려를 번갈아 주셨던 이재선, 박철희, 김경수, 김균 교수님의 덕분에 조금이라도 허물을 바로 잡을 수 있었다. 모교의 모든 교수님들, 그리고 중요한 순간마다 학문의 길에서 손을 잡아주셨던 김병욱 교수님과 최시한 교수님, 최유찬 교수님, 임성래 교수님께도 이 지면을 빌어서 감사의 말씀을 올릴 수 있어 다행스럽다.

아직까지도 염려의 대상으로 남아 있음이 부끄럽지만, 늘 감사하게도 든든하게 힘이 되어주시는 아버지와 어머니, 그리고 장인어른, 장모님께도 지면을 통해 큰 절을 올린다. 삶은 물론 학문에서도 든든한 동지가 되어주는 아내 홍세미, 그리고 아들 도하에게 고마움과 사랑의 마음을 전한다.

2012년 여름
최성민

● 차례 ●

제2부 보론

제1부
근대 서사 텍스트와 미디어의 관계

제1장 서론

1. 연구목적

본 연구의 목적은 근대 이후 서사 텍스트가 매체를 만나 소통되어온 관계와 양상을 밝히는 것에 있다. 그것은 달리 달하자면, 인간이 서사를 어떠한 방법으로 생산, 소통, 소비해왔는가에 대한 질문에 답하는 것이며, '보다 더 바람직한 서사의 소통'을 원하는 인류의 욕망이 어떻게 실현되어 왔는가에 대한 대답을 찾는 것이기도 하다. 특히, 사회 변화나 테크놀로지의 발달로 인하여 어떠한 '새로운 매체'가 등장할 무렵을 초점으로 삼고자 한다. 이로써 서사와 매체의 관계 양상을 좀 더 특징적으로 살펴볼 수 있을 것으로 생각된다. 각각의 신매체가 등장하던 시기, 서사의 생산자는 '신매체'를 통해 서사를 어떻게 담아내려 했으며, 또한 그것이 어떻게 대중들과 소통될 수 있었는지를 살펴봄으로써, 서사와 매체의 관계 역학을 밝히고자 한다.

아주 옛날부터 이야기[1]는 다양한 방식으로 전달되고 유통되었다. 어떠한 형태의 이야기이든지 그것은 '소통'을 전제로 한다. 이야기, 즉 서사[2]가 누군가로부터 다른 누군가에게 전달되는 것이라면, 그의 과정에는 '매체'가 존재하기 마련이다.[3] 인류가 언어를 사용했던 이후로부터 근래 컴퓨터를 이용한 인터넷에 이르기까지 서사의 매체는 끊임없이 새롭게 등장해왔다. 이 책에서 언급할 '서사 텍스트'의 범위는 '매체'를 통해 소통되는 거의 모든 '이야기' 형식들을 포괄하며, 여기서 '매체'는 음성언어로부터 인터넷과 같은 디지털 매체에 이르기까지를 아우른다. 이러한 인식은 그간 '문자'와 '책'이란 매체에 사로잡혀 있던 '문학' 개념을 극복함으로써 가능할 수 있다. '문자'와 '문헌'을 통한 학문적 연구의 불가피성 때문에, 서사 연구는 곧 문학에 대한 연구로 취급되어

1 '이야기'라는 순수한 우리말은 한자어나 서구의 언어로 대체될 때, 복잡하고 미묘하게 변별되는 어휘들과 마주하게 된다. 가령, '담화(談話)', '서사(敍事)', '대화(對話)', '설화(說話)' 등과 같은 한자어들이나 'story', 'narrative', 'discourse', 'tale', 'speech' 등과 같은 서구어들 말이다. 이들은 각기 조금씩 다른 의미를 가지며, 어떠한 목적과 방향에서 사용하느냐에 따라서도 각기 다른 맥락을 갖게 된다. 본 연구에서 '이야기'는 이들 모두를 포괄하는 가장 폭넓은 의미로 사용하되, 본격적으로 논의를 진행하면서는 구조주의적 연구에서 일반적으로 말하는 '서사(敍事, narrative)'라는 말로 대체하여 사용하게 될 것이다.

2 롤랑 바르트는 "세상의 서사물(narratives)들은 무한정 많다. …… 이는 분절가능한 음성/문자 언어, 고정/동작 이미지, 몸짓, 그리고 이러한 모든 것들의 일정한 혼합체를 통해 전달된다. 서사는 신화와 전설, 설화, 우화, 서사시, 역사, 비극, 드라마, 희극, 마임, 회화, 스테인드글라스, 영화, 만화, 뉴스기사, 대화 등의 형태로 존재한다. …… 서사는 전 세계적이며, 초역사적이고 초문화적이다. 그것은 마치 삶처럼 단지 거기에 있다"고 말한다(Roland Barthes, "An Introduction to Structural Analysis of Narrative," *Image, Music, Text,* Ed. & Trans. Stephen Heath, Hill & Wang, 1977, pp.79~80).

3 물론 '자기-서술(self-narration)' 혹은 '준-서사(quasi-narrative)'의 상황처럼, 이야기하는 사람과 이야기를 듣는 사람이 동일한 경우도 존재한다. 하지만, 이 경우에도 그 인물은 순간적으로 '서술하는 주체(speaking subject)'와 '서술되는 주체(spoken subject)'로 분리된 주체를 경험하고 있는 셈으로 볼 수 있다. 다만, 이 경우에는 소통의 매체를 구체적으로 논의하기에 곤란할 것이다. 이와 관련해서는 졸고, 「서사텍스트의 구성 원리 연구 : 1930년대 단편소설을 중심으로」, 서강대 석사논문, 2000, 10~11면을 참고.

온 측면이 있었다. 이는 연극・영화와 같은 여타 서사에서 희곡과 시나리오를 별개로 떼어내어 '문자화'함으로써 연구 대상으로 삼는 결과로도 나타났다. 혹은 연극과 영화를 전혀 별개의 독립적인 예술 장르이자 별개의 학문 분과로 분리하기도 하였다. 그러나 그 어느 쪽의 경우도 '매체'의 차이를 주목하면서 서사의 소통을 위해 그 매체를 어떻게 인식하고 활용하고 있는가를 밝혀내는 연구가 될 수는 없었다. 이 책에서 인류가 언어를 사용하면서 서사를 소통하던 시기로까지 거슬러 올라가고, 특히 근대 이후 각각의 새로운 '매체'가 등장하던 무렵의 서사 소통에 대한 인식과 소통 양상을 주목하려 하는 것은 그러한 한계를 극복하려는 시도이다. 서사 텍스트에 대한 연구에서 '매체'를 중요 변수로 두는 것은 서사의 장르 영역이나 학문적 분과에 구애받지 않고 '서사 텍스트의 소통'이라고 하는 인류 본원적 욕망의 실현 양상을 살펴보기 위함이다.

'언어'는 인간이 고안해내 사용하고 있는 가장 유용하고도 오래된 '이야기의 그릇'이다. 본래 '이야기'라는 것이 '종이 위의 문자'를 통하기 이전부터 '음성 언어'를 통해 소통되어 왔음은 분명하다. '문자로 된 이야기'가 본격적으로 소통되기 이전부터, '이야기'는 낭송되는 '서사시'의 형태로, 무대 위 배우들의 연기를 통한 '공연(公演)'의 형태로 소통되었고, 사랑방이나 빨래터에 모여든 필부필부(匹夫匹婦)들의 입을 통해서도 소통되었다. 문제는 '음성 언어'라는 것이 기록하고 저장하기에는 어려운 대상이라는 점이었다. 말로 주고받는 '이야기'는, 근본적으로는, 그 순간 그 현장에서의 참여자들에 국한되어 소통될 수밖에 없는 것이었다. 그 한계를 극복하는 방법은 '암기'에 의존한 '구전(口傳)'이라는 형식을 통해서 이루어지는 정도였다.

이에 반하여 '문자 언어'를 통한 '기록'의 가능성은 '이야기'의 소통의 범위에 본질적인 변화를 가져왔다. '이야기'는 문자를 통하여 멀리 떨어진 지역으로도 전달될 수 있었고, 후대로도 전달될 수 있게 되었다. 문자로 기술된 이야기는 발화자 없이도 시공간을 넘나들며 전달되고 소통된다. 종이가 발명되고 인쇄기술이 발달하면서, '문자로 된 이야기'는 '책'에 담겨 훨씬 더 활발하게 소통되기 시작하였다. '이야기 책'은 도서관에 보관되기도 하였고, '책방'에서 유통되기도 하였다. '도서관'에 보관된 이야기 책은 후대로 전달되어 학문적 연구의 대상이 되었고, '책방'의 이야기책은 상업적 전략과 결부되어 대중 독자들과 폭넓게 만나게 되었다.

우리의 경우, '무구정광대다라니경'이나 '직지심경'과 같은 위대한 인쇄 발명품이 있었음에도 '인쇄된 이야기'의 대중적 소통은 그다지 활발하지 못했다. 우리의 말을 담는 우리 문자의 역사가 그리 길지 않았던 것도 그 이유였을 테고, 대중적으로 '책'이 유통될만한 문화적 · 산업적 환경이 조성되지 못한 것도 이유였을 것이다. 거꾸로 말하자면, '인쇄 매체'를 활용한 이야기의 소통이 가능한 문화적 · 산업적 환경이 조성된 시기를 주목하면, '목소리' 이외의 이야기 '매체'가 새롭게 등장하고 변화해온 과정을 살펴볼 수 있으리라 생각된다. 우리에게 있어 '이야기 책', 그러니까 인쇄된 매체를 통한 '이야기'의 대중적 소통이 시작한 것은 지금으로부터 100여 년 전, 개화기 무렵부터였을 것이다. 이 무렵 소위 '딱지본 소설'은 커다란 대중적 인기를 모았다. 또한 비슷한 시기에 등장한 '신문'이라는 대중 매체는 '이야기'의 또 다른 소통 매체로 주목받으며, 『무정』과 같은 '연재소설'이 대중적으로 소비되는 데에 공헌하였다. 이 이후 본격화된 우리의 근대문학 텍스트들은 신문과 잡지, 동인지, 단행본 책 등과 같은 '신매체'를 통해 독자들을 만나게 되었다.

서구에서 시작된 산업화와 더불어 진행된 기술(技術) 문명의 발달은 '이야기'가 소통되는 매체에도 획기적인 변화를 가져왔다. 근대적 도시와 대중이 형성되면서, 근대적 극장과 관객이 등장할 수 있는 여건이 마련되었고, 이는 근대적 '연극'이라는 형태의 서사 텍스트 소통을 가능하게 하였다. 19세기말 '영화'의 발명 또한 이야기 매체 변화의 중요한 전환점이 된 사건이었다. 초기 영화는 서사적 짜임새조차 갖고 있지 못했지만, 불과 이삼십 년만에 영화는 가장 대중적이고 파급력 있는 '이야기' 방식으로 자리잡게 되었다. 근대적 연극과 영화는 근대 이후, '문자' 이외의 방법으로 대중들이 서사 텍스트를 접하는 매체로 자리잡았다. 그 후, 라디오나 텔레비전과 같은 전자 매체의 등장은 훨씬 더 광범위한 대중들을 대상으로 한 '이야기'의 전파를 가능하게 만들었다.

1980년대 이후 개인용 컴퓨터의 보급과 1990년대의 인터넷망의 구축은 서사의 소통에 있어서 또 한 차례 중요한 변인으로 작용했다. 인터넷은 기본적으로 '하이퍼텍스트'적 구조를 갖추고 소통됨으로써 인터렉티브한 서사의 소통을 실현시켰고, 컴퓨터의 발달은 '가상 현실'을 지향하는 디지털 서사를 구현하였다. 특히 다양한 장르의 '컴퓨터 게임'은 유저(user)가 매 순간 명령과 선택을 통해 새로운 서사적 짜임을 만들어내는 방식의 서사 텍스트로써 주목받기 시작하였다.

수 천 년간 인류가 향유해온 '이야기'의 매체를 통시적으로 살펴볼 때, '문자' 중심의 사고로부터 벗어나서 '이야기' 혹은 '서사 텍스트'에 접근할 필요가 있음이 명백해 보인다. 문자화된 이야기, 특히 '소설'이 근대 이후 가장 대표적인 이야기 형식이었음은 분명하나, '소설'만이 '이야기'의 전부는 아니다.[4] 이 책은 '소설'을 비롯한 모든 '이야기'들을

4 로버트 숄즈와 로버트 켈로그(로버트 숄즈 · 로버트 켈로그, 임병권 역, 『서사의 본질』, 예림기획, 2001)는 지나치게 소설 중심적으로 서사 문학을 다루는 견해에 이의를 제기한 바 있다. "지난 2세기동안 서양 서사문학의 지배적 형식은 소설이었다. (…중략…) 우리는 소설을 자기 자리에 놓아주고 싶고, 서사의 본질과 서양의 전체적인 서사적 전통을 고찰하고 싶다. 그리고 소설을 수많은 서사적 가능성들의 한 가지로 보고자 한다(11면)." "서사 문학에 대한 소설 중심적인 견해는 두 가지 이유 때문에 유감스럽다. 첫 번째 이유는 그런 견해가 과거의 서사문학과 과거의 문화로부터 우리를 단절시키기 때문이다. 두 번째 이유는 그런 견해가 미래의 문학과 우리 시대의

'서사 텍스트'란 이름으로 포괄하여 다룰 것이다. 앞서 언급했듯, 이미 롤랑 바르트는 '서사'의 범위 안에 다양한 형식과 매체의 이야기를 포괄한 바 있고, 자크 데리다는 '텍스트의 바깥은 없다'고 선언한 바 있다.[5] 모든 '문학 논의', 혹은 '서사 텍스트 논의'를 '문자'에 가둬두고 논의해왔던 편견 어린 관습을 극복하는 것은 이 연구가 선결해야하는 문제이자 전제가 될 것이다. 그렇게 될 때, '문학'의 소통 매체는 과거의 '음성'으로부터 '문자', '영상', '디지털매체'에 이르기까지 확대될 수 있을 것이다.

실상, 최근의 문학 연구는 영화나 TV와 같은 영상 매체에서 인터넷을 중심으로 한 디지털 매체에 이르기까지 폭을 크게 넓혀 이루어지고 있는 것이 보편적 추세이다. 문학을 연구하는 학회들은 앞다투어 영상매체, 디지털 매체 등에 대한 관심을 표명하고, 이를 주제로 삼은 학술대회들을 잇달아 개최하고 있다. 그럼에도 불구하고, 문학 연구가 왜 이러한 매체들에까지 관심을 기울일 수 있는지, 혹은 기울여야 하는지에 대한 분명한 논의는 충분히 이루어지지 못하였고, 그저 하나의 유행처럼 학문적 관심이 파편적으로 확산되고 있을 뿐이다. 이의 극복을 위해서는 '문학' 자체에 대한 새삼스러운 질문을 필요로 할 것이며, '문학'의 틀을 넘어선 다양한 '서사 텍스트'를 대중들과 연결시켜 준 각각의 '매체'에 대한 균형 잡힌 시각과 접근이 요구된다고 볼 수 있다.

근대 이후 등장한 여러 서사 매체들은 '서사의 소통'이라고 하는 인

아방가르드로부터 우리 자신을 단절시키기 때문이다. 과거를 되찾고 미래를 받아들이기 위해서 우리는, 문자 그대로, 반드시 소설의 자기 자리를 찾아주어야만 한다. (…중략…) 소설의 시간은, 오천 년 중에서 여전히 이백 년에 불과하기 때문이다. 이 연구의 목적은 서사적 형태들의 역사적 발전에서 일정한 양상을 구별하고, 서사 예술에서의 지속적인 또는 반복적인 요소들의 검토를 통해, 이 오천 년의 전통에서 몇 가지 연속선을 검토하는 것이다(18~19면)."

5 이와 관련해서는 졸고, 「서사텍스트의 구성원리 연구」, 서강대 석사논문, 1~9면을 참고.

류의 근원적 욕망을 실현시키기 위해 활용되었다. 그리고 그 실현을 위해 등장한 새로운 매체는 '진화론'적으로 기존의 매체를 대체한 것이 아니라, 기존의 매체를 참조하고 활용하는 가운데, 상호 경쟁해왔다. 특히 주목할 것은 각각의 '신매체'가 등장하는 시기가 될 것이다. 새로운 매체의 등장이라는 변수가 서사 텍스트의 소통 양상에 있어 어떠한 영향을 주었는가를 살펴봄으로써, 매체와 서사 텍스트의 관계를 포괄적으로 밝혀내는 것이 이 책 궁극적 목적이다.

이 책의 연구 목적에 도달하기 위한 단계를 나누어 언급하자면 다음과 같다.

첫째, 근대 전환기 무렵 '문자' 중심의 문학 개념이 확립된 과정을 살펴봄으로써, 역설적으로 '문자'의 틀을 벗어나 다양한 매체를 통해 소통되는 서사 텍스트 전반을 균형적으로 바라볼 수 있는 시각을 획득하고자 한다.

둘째, 근대 이후 새로운 '매체' — 신문, 잡지, 딱지본, 연극, 영화, 방송 등 — 가 등장하던 각각의 시기를 중심으로, 기존에 이미 존재하던 '서사'가 어떻게 '신매체'에 적응해나갔으며, '신매체'는 어떠한 서사적 양상을 요구했는가를 살펴보고자 한다. 이를 위해 당시 신매체를 접한 서사의 생산자와 소비자가 겪었던 고민과 충격을 당시의 신문・잡지 자료들을 통해 확인하고, 아울러 당시 신매체를 통해 소통되던 서사 텍스트의 구체적 모습도 살펴볼 것이다.

셋째, 새로운 매체가 서사 소통의 매체로 작용하면서 기존의 서사나 매체를 활용하고 동시에 상호 경쟁하는 방식을 살펴보고자 한다. 특히 새로운 매체가 기존의 서사나 매체를 '재매개'[6]하는 역학과 원리를 살

6 '재매개(remediation)'라는 용어는 폴 레빈슨(Paul Levinson)이 새로운 미디어 테크놀로지가 앞선 기존의 테크놀로지를 개선하거나 수정하는 과정이라 정의하며 사용한 개념인데, 이를 제이 데이비드 볼터와 리처드 그루신은 새로운 매체가 앞선 매체 형

펴봄으로써 '보다 바람직한 서사의 소통'을 추구하는 욕망이 어떻게 구현되고 있는가를 논증하고자 한다.

아울러 본 연구를 통해, 특정 매체에 고정된 '문학' 개념이나 지나치게 낙관적인 매체 진화론을 넘어서서, '신매체'의 등장이라는 반복적 변수가 '문학의 소통 과정'에 어떠한 변화를 가져오게 될 것인가를 전망할 수 있기를 기대해본다.

2. 연구사 검토

서사 텍스트는 기본적으로 '언어'를 매개로 소통되어왔다. '언어', 즉 '말'과 '글'은 인간의 의사소통 수단이나 이야기 매체에 그친 것이 아니라, 인간의 사고와 문화 전반을 지배해왔다고 해도 과언이 아니다. '말'과 '글'의 역사와 그것을 둘러싼 담론들을 살펴보는 것은 이야기와 매체의 관계를 살펴보는 데에 있어서도 가장 먼저 이루어져야할 과정일 것이다. 다소 지나치게 원론적인 언급일 수는 있으나, 문학적 성격의 서사 텍스트를 담고 있는 매체를 연구함에 있어서 '언어' 자체의 근본적 매체 성격과 그 변모 양상을 논한 대표적 논의를 살펴보는 것은 어쩌면 당연히 거쳐야할 수순일 것이다.

인간의 언어에 대한 보편적이고도 중대한 연구는 '근대 언어학의 아

식들을 개조하는 형식 논리를 의미하는 것으로 재정의하였다. 이 책에서는 이들의 논의를 바탕으로, '재매개'는 기존의 매체가 매개하던 서사 소통의 방식을 새로운 매체가 응용하거나 변용하여 매개하는 방식을 의미하는 것으로 정의하도록 한다. 개념적 정의에 대해서는 2장에서 다시 언급하기로 한다(제이 데이비드 볼터 · 리처드 그루신, 이재현 역, 『재매개 : 뉴미디어의 계보학』, 커뮤니케이션북스, 2006).

버지'라 불리는 소쉬르에 의해 이루어졌다. 그러나 소쉬르는 '글'은 '말'의 보완물에 지나지 않는다고 보면서, 음성언어에 대한 연구에 특별히 집중하였다. 따라서 소쉬르는 '말'과 '글'이 가지는 매체로서의 특성을 주목하지는 못하였다.

미국의 역사학자 마크 포스터는 마르크스가 역사를 분절한 기준인 '생산 양식'의 개념을 활용하여, '정보 양식(mode of information)'이란 개념을 제안하였다. 그는 의사소통 형태가 뚜렷하게 달라지는 지점을 주목하면서, '대면적 · 구어적으로 매개된 의사소통 단계', '인쇄를 매개로 해서 글로 쓰여진 의사소통 단계', '전자적으로 매개된 의사소통 단계'[7], 이상 세 가지 단계를 제시하였다.

케슬린 버넷은 이에 대하여 몇 가지 수정을 가한다. 버넷은 첫째 시기와 둘째 시기 사이에 '손으로 글을 쓰던 시기(the manuscript period)'를 추가하고, 인쇄 시대도 15세기 중반에 등장한 '손 인쇄(hand-press)' 시기와 19세기 들어 본격화된 '기계 인쇄(machine- press)' 시기로 구분하였다.[8]

매체 변화에 근거한, 이러한 시대 구분은 이미 월터 J. 옹에 의해 유사한 형태로 이루어진 바 있었다. 예수회 신부였던 월터 J. 옹은 인류 문화의 흐름을 '구술성'에서 '문자성', 그리고 다시 '전자 시대'로의 전환으로 요약한다.

옹은 구술성의 시대와 기술성의 시대 사이에는 정신 구조의 차이가 존재한다고 보았다. 그는 아울러 "언어가 기본적으로는 구술에 의존한다는 사실은 어느 시대에나 변함이 없다"[9]면서, '음성언어'를 보다 본질

---

7 마크 포스터, 김성기 역, 『뉴미디어의 철학』, 민음사, 1994, 21~24면.

8 Kathleen Burnett, "Toward a theory of hypertextual design," *Postmodern Culture* vol.3 no.2, The Johns Hopkins University Press, January 1993; http://www.iath.virginia.edu/pmc/text-only/issue.193/burnett.193. 이와 관련하여, 배식한, 『인터넷, 하이퍼텍스트 그리고 책의 종말』, 책세상, 2000, 48~58면 참고.

9 월터 J. 옹, 이기우 · 임명진 역, 『구술문화와 문자문화』, 문예출판사, 1994, 16~17면.

적인 형태의 언어로 보고 있다. 옹은 "쓰여진 텍스트라 하더라도 직접적이든 간접적이든 본래 언어가 사는 장소인 소리의 세계에 결부되지 않고서는 의미를 지닐 수가 없다"면서 "텍스트를 '읽는다'는 것은 음독이든 묵독이든 간에 그 텍스트를 음성으로 옮기는 일"이며, "쓴다는 것은 목소리로서의 말의 성격 없이는 결코 성립하지 않는다"[10]고 주장하였다.

고대 그리스에서부터 사람들은 '말하기'의 기술에 관심이 많았고 이들은 '레토리케(Rhētorikē)', 즉 '수사학'을 연구했다. 수사학의 기원은 '말하기'에 관한 것이었다. 반면, 현재의 수사학은 구술성과 '쓰기'의 상호작용을 주목하되, 특히 '쓰기의 기술'에 관심을 두고 있다. 옹은 '수사학'과 더불어, 쓰기와 구술성의 상호작용에 영향을 끼친 중요한 흐름으로 '학술 라틴어'를 언급한다. 중세 시대 학술 라틴어는 '구술'의 현장보다는 '학술적인 글쓰기'의 현장에서 활용되었으며, 유럽 각 국의 모국어로부터 떨어져있는 만큼 객관성을 확보할 수 있는 언어로 활용되었다.[11]

본격적으로 '쓰기'가 중요시되게 된 것은 '기계를 통한 쓰기, 즉 '인쇄 문화'의 발달로 인한 것이었다. 인쇄 문화에서는 조판이 된 내용은 변경하기 어렵기 때문에, 인쇄된 '텍스트'는 고정되고 최종적인 것으로 간주된다.

한편, 옹은 전자 시대를 맞이하여 등장한 '새로운 매체'들에 대해 '제2차 구술성'이라고 지칭하고 있다. 전자 기술에 의한 '제2차 구술성'은 그 속에 사람들이 직접 참여하며, 현재의 순간이 중시된다는 점, 그리고 정형구를 활용한다는 점에서 '제1차 구술성'과 유사하다는 것이다.

'구술성'을 중요시하였던 옹은 '문학(文學, Literature)'이라는 용어에도 의문을 제기한다. '문(文)학'은 서구어에서나, 한자어에서나, 단어 자체

10 위의 책, 18면.
11 위의 책, 173~175면.

가 이미 '문자', 즉 '쓰기'와 깊은 관련이 있는 용어이다. 그러나 '문학'은 이미 '글'의 시대 이전부터 존재하던 것이다. 옹은 그가 '일차적 구술성(primary orality)'이라 칭한 '쓰기' 이전의 시대에 이미 문학이 시작된 만큼, '구전 문학(oral literature)'이란 용어는 아주 괴상한 개념일 뿐이라고 지적한다.[12] '구전 문학' 혹은 '구(口)술 문(文)학'이란 표현은 그 자체로 '구술성'과 '문자성'이 복합된, 모순적 표현이며, 마치 '문학'이란 본래 '문자성'을 띤 것으로 '구술 문학'은 예외적인 것일 뿐이라고 여기는 태도가 잠재되어 있는 표현이다.

옹이 제기한 문제의식은 충분히 타당해 보인다. 문학은 결코 '문(文)'에 얽매인 것이 아니기 때문이다. '문학'이라는 '용어'가 등장할 때는 '쓰여진 작품'만을 그 범위 안에 포함하고 있었을 수도 있지만, 이미 '문학'의 기원은 '원시예술'이나 '제의(祭儀)'로 소급되어 논의된 지 오래다.

옹뿐만 아니라, '말'의 시대에 관심을 둔 이들 모두가 부딪힐 수밖에 없었던 문제는 '일차적 구술성'의 시대에 대하여 연구할 방법이 마땅치 않았다는 점이었을 것이다. 근대 학문 체계가 '글'에 거의 전적으로 의존하였던 것은 '말'이 '저장'되고 '기록'될 수 없었다는 근본적 한계를 '글'이 극복해주었기 때문일 것이다.

'글의 시대'를 주목하면서 '구텐베르크 은하계'란 이름을 붙여주었던 것은 마샬 맥루한(1911~1980)이었다. 맥루한은 "미디어는 곧 메시지다"[13]라는 유명한 언명을 통해, 매체의 변화 자체가 사회 변화의 핵심

---

12 월터 J. 옹, 앞의 책, 21~23면.

13 이 명제는 마샬 맥루한의 대표 저작에 반복적으로 등장한다. 마샬 맥루한, 임상원 역, 『구텐베르크 은하계 : 활자 인간의 형성』, 커뮤니케이션북스, 2001; 마샬 맥루한, 김성기・이한우 역, 『미디어의 이해 : 인간의 확장』, 민음사, 2002; 마샬 맥루한, 김진홍 역, 『미디어는 맛사지다』, 열화당, 1988.
마샬 맥루한의 사상과 용어에 대해서는 김균・정연교, 『맥루언을 읽는다 : 마셜 맥루언의 생애와 사상』, 궁리, 2006을 참고.

이 되고 있음을 선언하였다. 맥루한은 '구술성'을 중시하는 월터 J. 옹에 비하여 상대적으로 가치중립적인 시선으로 매체의 변화 양상을 주목하고 있다.

맥루한에게 있어서도 '말'은 '문자'보다 선행하는 것이었다.[14] '말' 중심의 시대는 곧 청각 중심의 시대였다. '문자'가 등장하면서, 감각의 중심은 '청각'에서 '시각'으로 옮겨간다. 맥루한은 "표음 문자인 알파벳 기술의 내재화(內在化)는 인간을 '귀'라는 마법의 세계에서 중립적인 시각의 세계로 옮겨 놓았다"[15]고 말할 정도로, '표음문자'인 알파벳이 서구인들의 사고 체계를 완전히 새롭게 바꾸어놓았다고 보고 있다. 소리로 의미를 추상하고 그것을 시각적 기호로 전환하는 '표음 문자'는 청각의 세계와 시각의 세계의 분열을 가져왔다. 맥루한은 표음 문자의 활용으로 결국 인간은 이중적인 정신분열증의 상태에 필연적으로 놓이게 되었다고 말한다.[16] 그렇다고 맥루한이 '문자'의 활용을 부정적으로 본 것은 아니었다. 그는 알파벳 문자의 활용으로 서구 문화는 독보적인 '문명'을 확립할 수 있게 되었다고 보고 있다.

맥루한에게 있어 중요한 것은 인간의 다섯 가지 감각 기관이 균형적으로 참여하는 소통 행위였다. 맥루한은 모든 매체는 인간의 감각의 확장된 형태라고 인식하였다. 그가 자신의 주저 가운데 하나인 『미디어의 이해』에 '인간의 확장'이라는 부제를 붙인 것은 그러한 인식의 결과

---

14 다만, 맥루한은 말보다 선행하는 것으로 '운율(rhythm)'이나 '율동'이 존재한다고 보았다. 말이란 입과 혀, 그리고 성대의 '율동'이다(임상원, 「맥루한의 사상과 철학」, 『구텐베르크 은하계』, 550면).

15 마샬 맥루한, 임상원 역, 『구텐베르크 은하계 : 활자 인간의 형성』, 커뮤니케이션북스, 2001, 44면. 맥루한은 표음 알파벳의 사용이 '부족적 인간'과 '개인주의적 인간'의 전환점이 되었다고도 말한다(마샬 맥루한, 김성기 · 이한우 역, 『미디어의 이해 : 인간의 확장』, 민음사, 2002, 80면).

16 마샬 맥루한, 임상원 역, 『구텐베르크 은하계 : 활자 인간의 형성』, 커뮤니케이션북스, 2001, 51~53면.

였다. 그는 다섯 가지 감각 기관 모두가 균형적으로 참여한 지각만이 왜곡을 피할 수 있다고 보고 있다.[17]

이와 관련하여 맥루한은 '전자 매체'의 미래를 긍정적으로 주목하고 있다. 특히 텔레비전을 '촉각적 매체'라고 언급하면서, 인간의 감각 균형을 회복시켜줄 매체로 기대하고 있다. 텔레비전은 시각과 청각을 비롯한 다양한 감각이 복합된, 20세기 후반까지 가장 복합적인 전자 매체였다.[18]

'전자매체'의 등장 이전까지, '말'과 '글'은 인류의 대표적인 '이야기 매체'였다. 오랜 세월동안 '구술성(orality)'과 '문자성(literacy)'은 대립적이고, 양자 택일적인 관계로 인식되어 왔다. 그리고 '말'의 시대는 '글'의

17 그런데, 사실 인간의 다섯 가지 감각 가운데, 인간이 직접 스스로 감각 가능한 무언가를 '창조'해낼 수 있는 것은 '청각'이 유일하다고 할 수 있다. 인간은 '회화'나 '무용', '요리' 등을 통해 시각이나 후각, 미각의 감각의 대상을 만들어낼 수는 있지만, 엄밀히 말하자면 그것들은 이미 존재하는 것들의 조합으로 구성되는 것일 뿐이다. 그러나 인간은 입, 혀, 성대라는 '신체'를 활용하여 자연 상태에는 존재하지 않는 '청각적 대상', 즉 '말 소리'를 만들어 낼 수 있었다. 이렇게 볼 때, '음성 언어'가 인류의 중요하고도 창의적인 소통 매체가 된 것은 당연한 귀결일지도 모른다.
여기서 한 가지 밝혀두어야 할 점은, 맥루한이 말하는 '매체'라는 개념이 이 책에서 다루는 '매체'의 개념과 반드시 일치하는 것은 아니라는 점이다. 맥루한의 '매체' 이론이 매체의 변화 양상을 중심으로 '인류 문화의 역사' 전반을 설명하였던 것은, 이 책은 '매체'라는 변수를 통하여 문학 소통의 양상 전반을 살펴보려 하는 것에 있어 크게 의지하고 있는 지점이다. 다만, 이 책에서의 '매체'는 '서사'적 의사소통 과정에서 도구와 수단으로서의 '매체' 개념에 초점을 맞추고 있으며, '전깃불'이나 '화폐'까지 매체의 범주에서 다루고 있는 맥루한의 개념과는 일치하지 않는다. '매체', '매개'를 비롯한 개념을 이 책에서 어떻게 사용할 것인가에 대해서는 2장에서 다시 언급하도록 한다.

18 맥루한이 텔레비전을 촉각적 매체라고 본 것은 텔레비전이 그 어떠한 매체보다도 수용자의 적극적인 참여를 요구하고 있다고 보았기 때문이었다(마샬 맥루한, 김성기・이한우 역, 『미디어의 이해 : 인간의 확장』, 민음사, 2002, 427~467면). 그러나, 맥루한의 『미디어의 이해』가 출간된 지 40여 년이 흐른 지금, 텔레비전의 소비자가 '온 힘을 다해 감각을 참여'시키고 있는가에 대해서는 의문이 든다. 당시 텔레비전은 복합적인 감각을 최대한 활용한 매체였으며, 모든 전자 기술은 '텔레비전'으로 집결되었으나, 21세기 초반 그 모든 것은 '휴대전화'를 비롯한 '모바일 매체'로 대체되고 있다. '텔레비전'의 시대는 '유비쿼터스(Ubiquitous)'의 시대의 도래와 함께 이미 '구시대'의 것이 되어가고 있다.

시대로, 선조적으로 대체된 것으로 받아들여지는 경우가 많았다. 마르크스의 '역사 발전의 단계'를 차용한 마크 포스터의 경우는 두말할 나위가 없을 것이며, 월터 J. 옹이나 마샬 맥루한 역시 모두 '말'의 시대와 '글'의 시대, 더 나아가 '전자 매체'의 시대의 변화 과정을 진화론적 관점에서 바라보고 있다. 옹과 맥루한 모두, '문자' 등장 이후에도 '구술성'의 우위가 쉽게 사라지지 않았음을 주목하고는 있지만, 이는 진화론적 시각에 대한 반대 근거라기보다는 '문자성'에 대한 '구술성'의 우위, '글'에 대한 '말'의 우월성을 증명하고 있는 것으로도 보인다. 이들과는 달리, '말중심주의'에 대한 반대 입장을 분명히 한 것은 바로 자크 데리다였다.

데리다 역시, '말'이 '글'에 선행한 매체임은 인정하고 있다. 하지만 데리다가 '말'과 '글'의 관계를 바라보는 입장은 옹이나 맥루한과는 상당히 다르다. 데리다는 『그라마톨로지(*De la Grammatologie*)』를 통해 '말'을 근원에 두고 '글'이 그것을 대신하여 기록하는 도구라고 여기는 '음성 중심주의', 더 나아가 '이성중심주의'에 대하여 강력하고도 정밀한 비판을 가한다.

데리다에 따르면, 소크라테스는 말이 아버지의 현존(現存)과 임석(臨席)을 요청하는 것인 반면, 문자는 아버지가 필요 없는 사생아나 고아와 같다'고 보았었다. 소크라테스의 '말'을 '문자'로 기록한 것은 플라톤이었으나, 그럼에도 그는 '문자'란 파르마콘과 마찬가지로 이중성을 띤다고 보았다. 플라톤에게 문자는 말을 모방하는 거짓된 것이며, 인간 기억의 내면에 침투한 폭력과도 같은 것이었다. 플라톤에게 있어서 문자는 반복되면서 진리를 교란하는 존재였으며, 사람의 '기억력'을 약화시키는 독극물과 같은 존재였다. 그러나, 데리다는 그러한 문자의 특성이 바로 '차연(différance)'을 일으키며, 중심을 '해체'한다고 보고 있다. 데리다에게 '문자학', 즉 그라마톨로지는 서구의 오랜 말 중심주의·로고스 중심주의에 대한 극복이었던 것이다.[19]

월터 J. 옹에게는 '구술성'이란 폐쇄적인 문자 체계를 대신하는 의미였다면, 데리다에게 '말'은 오히려 구술의 현장에 갇혀 있는 반복 불가능한 것으로 인식되었으며 '소리중심주의'는 '남근중심주의=아버지중심주의'와 연결되었다. 요컨대, 옹과 데리다는 '말'과 '글' 가운데 무엇이 더 고정적이고, 무엇이 더 자유로운가에 대한 상충되는 의견을 갖고 있었던 셈이다. 그 차이는 근본적으로 플라톤주의나 소쉬르주의와 같은 이분법적 사고에 대하여 긍정하느냐, 부정하느냐의 문제에서 비롯된 것으로 보인다.

보다 주목해야할 지점은 데리다의 연구를 통해 우리가 '말'과 '글'을 이분법적으로 바라보는 시각과 '음성-문자'로 이어지는 진화론적 시각에 대한 교정이 필요함을 깨닫게 되었다는 점이다. 옹과 맥루한이 실증적으로 설명하였듯, '문자'가 본격적으로 사용되던 시대에도 한동안 '읽기'는 '음독(音讀)'이라는 '음성화' 과정을 내포하는 것이었다. 그런데 데리다에 따르면, 말하는 언어활동도 '문자학의 원칙', 즉 '원문자(原文子)'의 선험성에 의해 가능한 것이었다. 그런 점에서 본다면, 문자가 음성언어보다 늦게 태어났다고 할 수는 없을 것이다.[20]

21세기의 '말'과 '글'은 실제로, 그저 단순하게 대립적으로 인식할 수 없는 양상으로 소통되고 있다. 가령, '채팅'이나 '핸드폰 문자 메시지'의 경우, '말'과 '글'의 구분조차 모호하다.[21] 특히 '핸드폰'이 가장 중요한

---

19 김형효, 『데리다의 해체철학』, 민음사, 1993, 89~166면; 노르베르트 볼츠, 윤종석 역, 『구텐베르크-은하계의 끝에서 : 새로운 커뮤니케이션 상황들』, 문학과지성사, 2000, 237~242면.

20 김형효, 위의 책, 78면.

21 "미디어 혁명의 단계는 분명하다. 정보 저장고 Archive로서의 책으로부터의 작별 — 문자의 전시장으로서의 종이로부터의 작별 — , 지식의 미디어로서의 알파벳-문자 기록물적인 것으로부터의 작별이다. 하이퍼미디어들은 오늘날 멀티미디어적 재료들의 디지털적 데이터 처리를 통해 하나의 완전한 새로운 표현단계에 도달하고 있다(노르베르트 볼츠, 앞의 책, 289면)."

일상물이 된 소위 'N세대', 'M세대'[22]들에게 핸드폰 '문자' 메시지는 더 이상 '글'이 아니다. 그들은 멀리 떨어져 있는 사람과 소통할 수 있는, 문명의 이기인 '휴대전화'를 가지고 '말'을 주고받는다. 그러나 '음성'은 필요 없다. 엄지손가락만 있으면 그들은 '말'을 할 수 있다. 그들은 문어체적 격식을 의식할 필요도 없이 실시간으로 메시지를 주고받는다. 그들의 '문자메시지'는 보관이나 저장을 목적으로 하지 않으며, 감정은 걸러지지 않은 채 표출된다. 그들에게 핸드폰 '문자'는 분명, '글'이 아니라 '말'이다.[23]

이제, 시대는 마샬 맥루한이 '구텐베르크 은하계'라 말한 세계와의 이별을 맞이하고 있다. 이른바 전자 매체의 시대, 디지털 시대가 도래한 것이다. 디지털 매체에서는 기존의 '음성'과 '문자'는 물론, '이미지'나 '영상' 등 모든 것이 '0' 또는 '1'의 숫자로 치환된다. 이는 소쉬르의 언어학적 관점이 갖고 있는 '이분법적 사고'를 극단까지 실현한 것으로도 보인다. 이러한 '디지털 시대'에 '말과 글'을, '언어와 이미지'를, '텍스트와 비-텍스트(non-text)'를 구분하는 것은 그야말로 무의미해 보인다. 매체의 역사는 무엇이 무엇의 자리를 대체하는 식으로 진화하거나 발전해온 것이 아니다. 어떠한 시대에나 '구술성'과 '기술성'은 공존해왔다고 볼 수 있다. 다양한 매체들 역시, 일정 정도의 구술성과 기술성을 공히 지니고 있다. 다만 특정한 시대에, 보다 대중들이 선호하는 매체, 내

22 'N세대'라는 이름은 인터넷이나 무선이동통신과 같은 통신 기술 발달의 수혜 세대를 지칭하는 말로, '네트 세대(Net Generation)'의 약어라고 할 수 있다. 네트워크 환경의 이동성을 중시하는 'M세대(Mobile Generation)'이라는 말도 쓰이고 있는데, 근래에는 매체 환경의 변화가 워낙 급속도로 이루어지는 탓에, 이와 같은 세대 개념이 더 이상 무의미하다는 견해가 많다.

23 '문자 언어'가 기존의 '음성 언어'만의 특성이었던 즉흥성, 쌍방향성, 실시간성의 속성을 가지게 된 것은 전화선을 이용하는 PC통신 시대의 '채팅(chatting)'에서부터 시작되었다고 할 수 있는데, 핸드폰 문자메시지는 훨씬 더 다양한 계층의 사람들이 보다 광범위한 시・공간에서 활용한다는 점을 고려할 때, '문자성'의 변화에 더욱 결정적인 영향을 끼쳤다고 할 수 있다.

용 전달이 보다 효율적인 매체, 상업적・정치적으로 보다 적절한 매체가 특별히 주목받아 왔던 것으로 보이며, 테크놀로지는 그에 알맞은 새로운 매체의 등장을 도왔다고 할 수 있다.

이렇게 볼 때, 근대 이후 '문학'이 문자를 통해 소통되는 것으로 한정되었던 것, 더 나아가 그간 '문자' 매체가 특별한 지배적 권위를 누렸던 것이 반드시 타당한 근거를 갖고 있다고 볼 수는 없을 것이다. '문학'을 '문자'의 틀로부터 해방시킬 때, '문학'에 대한, 혹은 '서사 텍스트' 전반에 대한 '매체' 연구는 보다 광범위한 접근이 가능할 것이다.

우리나라에서 서사 텍스트의 '매체', 혹은 문학의 '매체'를 통시적으로 주목한 연구는 그리 많지 않았다. 특히 다매체 시대가 도래하기까지 다양한 '신매체'의 등장이 '문학'이나 '서사 텍스트'에 미친 영향 관계를 거시적으로 바라본 연구는 전무(全無)하다고 할만하다. 다만, '근대문학'이 인쇄된 글을 매체로 하는 것이라는 전제 하에서, 근대 전환기 무렵에 등장한 '인쇄매체'들에 대해 관심을 기울인 연구는 지속적으로 이어져 왔다.

그러한 연구 가운데 가장 선구적인 연구는 이재선에 의해 이루어졌다. 이재선은 『한국 개화기소설 연구』에서 신소설 발생의 간접적 요인 가운데 하나로 '신문'의 출현을 들고 있다. 신문의 출현은 독서 대중을 형성하는 계기를 만들면서 근대적 문학의 발흥에 영향을 주었다는 것이다. 이재선은 또한 그 영향 관계 사이에서 '개화사상'과 같은 이데올로기와 '상업주의'적 측면의 목적의식이 담겨있음을 지적하고 있다.[24] 이어 『한말의 신문소설』[25]에서는 『한국 개화기소설 연구』에서 다뤘던 개화기신문의 연재소설에 대한 연구에 덧붙여 대한제국 시기의 신문소설 자료들을 발굴・수록하기도 하였다.

24 이재선, 『한국 개화기소설 연구』, 일조각, 1972, 18~20면.
25 이재선, 『한말의 신문소설』, 한국일보사, 1975.

신문소설에 대한 통시적인 연구는 서광운의 『한국 신문소설사』[26]가 있다. 이 책은 본래 언론연구원의 기관지 『신문과 방송』에 1982년부터 2년여 동안 연재된 내용으로, 『한성순보』의 창간부터 1950년대 이후 창간된 『한국일보』까지 대략 한 세기에 이르는 우리의 신문사(新聞史)를 정리하면서, 각 신문에 연재된 주요 소설 작품들을 단편적으로 소개하고 있다. 신문의 역사와 근대문학의 관계를 보다 집중적으로 연구한 논의는 한원영에 의해 이루어진 바 있다. 그는 『한국 개화기신문 연재소설 연구』,[27] 『한국 근대신문 연재소설 연구』,[28] 『한국 현대 신문연재소설 연구(상 · 하)』,[29] 『한국 신문 한 세기 : 개화기편』,[30] 『한국 신문 한 세기 : 근대편』[31] 등에 이르는 연구를 통해, 방대한 신문연재소설들을 망라하는 통시적 연구를 펼친 바 있다. 민병덕은 신문 연재소설 가운데 특별히 주목할 만한 작품들을 중심으로 하여, '신문'이라는 상업적 매체의 특성과 작품의 내용 전개의 관계를 살펴본 바 있었다.[32]

한편, 근대적 문학 개념의 형성되던 시기에 대한 관심은 1990년대 후반 이후 더욱 심화되었는데, 개화기 무렵의 '신문'이나 '잡지'와 같은 매체에 대한 면밀한 검토가 그러한 연구의 든든한 밑바탕이 되었다. 근래 양진오,[33] 정선태,[34] 김윤규,[35] 김찬기[36] 등의 논의가 대표적인 예들이

26 서광운, 『한국신문소설사』, 해돋이, 1993.
27 한원영, 『한국 개화기신문 연재소설 연구』, 일지사, 1990.
28 한원영, 『한국 근대신문연재소설 연구』, 이회, 1996.
29 한원영, 『한국 현대 신문연재소설 연구(상 · 하)』, 국학자료원, 1999.
30 한원영, 『한국 신문 한 세기 : 개화기편』, 푸른사상, 2002.
31 한원영, 『한국 신문 한 세기 : 근대편』, 푸른사상, 2004.
32 민병덕, 「한국 근대신문연재소설연구 : 작품의 공감구조와 출판의 기능을 중심으로」, 성균관대 박사논문, 1989.
33 양진오, 『한국소설의 형성』, 국학자료원, 1998.
34 정선태, 『개화기신문의 논설 수용 양상』, 소명출판, 1999.
35 김윤규, 『개화기 단형서사문학의 이해』, 국학자료원, 2000.
36 김찬기, 『한국 근대소설의 형성과 전(傳)』, 소명출판, 2004; 김찬기, 「근대계몽기 단행본 소설 출판물의 현황과 그 성격」, 『현대소설연구』 제29호, 한국현대소설학회,

다. 양진오는 개화기 무렵의 신문 분석을 통해 당시 담론의 양상을 역사 지향 담론, 일상 지향 담론, 시사 지향 담론의 양상으로 분류하고 있다. 정선태의 논의는 개화기 서사 텍스트의 문학적 논의 대상을 넓힘으로써 이후에 이어진 연구들에 큰 영향을 미쳤다. 그는 개화기 무렵 신문에 나타난 '논설' 형식의 텍스트들을 서사 텍스트의 범주로 다룰 수 있는 가능성을 분명하게 보여줌과 동시에, 당시의 저널리즘이 근대적 공공 영역의 탄생에 기여한 바를 논하였다. 한기형[37]은 1910년대를 전후로 한 당시의 신문이 단순한 문학의 발표 매체가 아니라 대중의 소설관과 소설 양식의 확립에 큰 영향을 미쳤음을 논하기도 하였으며, 김영민[38]은 근대소설의 정착 과정과 신문 매체의 영향 관계에 대해 천착하였다.

일련의 연구들 가운데에는 '문자', 더 나아가 '활자'가 주도하는 근대적 '문학' 개념에 대한 검토에 대한 관심을 기울인 것도 적지 않았다. 황종연[39]과 김동식,[40] 권보드래,[41] 이연숙[42] 등의 연구는 이 문제에 대한 심도 깊은 논의를 전개하였다. 황종연은 '문학'이라는 개념 자체의 서구적 성격을 이광수의 글을 통해 상세히 밝히고 있으며, 김동식은 계몽

2006.3.

37 한기형, 「1910년대 신소설에 미친 출판 · 유통 환경의 영향」, 『한국학보』 84집, 일지사, 1996; 한기형, 『한국 근대소설사의 시각』, 소명출판, 1999.

38 김영민, 『한국 근대소설사』, 솔, 1997; 김영민, 「1910년대 신문의 역할과 근대소설의 정착과정」, 한국문학연구학회 편, 『현대문학의 연구』 제25호, 2005. 3; 김영민, 『한국 근대소설의 형성과정』, 소명출판, 2005.

39 황종연, 「문학이라는 譯語 : '문학이란 何오' 혹은 한국 근대문학론의 성립에 관한 고찰」, 문학사와비평연구회 편, 『한국문학과 계몽 담론』, 새미, 1999.

40 김동식, 「한국의 근대적 문학 개념 형성과정 연구」, 서울대 박사논문, 1999; 김동식, 「개화기의 문학 개념에 관하여 : 의사소통양식으로서의 문학을 중심으로」, 국제어문학회 편, 『국제어문』 제29집, 보고사, 2003.

41 권보드래, 『한국 근대소설의 기원』, 소명출판, 2000.

42 이연숙, 「디아스포라와 국문학」, 민족문학사학회 편, 『민족문학사연구』 제19호, 2001.

담론에 사로잡혀 있던 개화기를 벗어나면서 근대적이고 독자적인 예술 장르로서의 '문학' 개념이 형성되었던 것으로 파악하고 있다. 권보드래는 '개량'과 '내면'이라는 키워드를 중심으로 푸코식의 담론 연구를 펴고 있는데, '민족'과 '국민'이라는 기획을 바탕으로 '자국어 문체'의 형성이 근대적 소설 문학을 탄생시켰다고 보고 있다. 이연숙은 '국문학' 개념의 내셔널리즘적 성격을 지적하고 있는데, 더 나아가 송효섭[43]은 '국문학'이란 명칭에 배어있는 이데올로기의 흔적을 근본적으로 지적하기도 하였다. 그는 '국문학'의 '국(國)' 개념과 '문(文)' 개념을 차례로 해체하여, 역설적으로 국문학 담론의 확산을 모색할 것을 제안하고 있다. '문학'의 대중성에 대한 관심이 커졌던 1930년대의 신문연재소설을 중심으로 연구한 논의들도 송경섭,[44] 한명환,[45] 이정옥[46] 등에 의해 진행되어 왔다.

1910년대 이후, 동인지나 잡지 매체를 주목한 연구로는 김춘식,[47] 차혜영,[48] 최수일,[49] 한진일,[50] 김행숙[51] 등이 있다. 연세대 근대한국학연구소에서는 『근대계몽기 단형 서사문학 연구』[52]와 『한국 근대 서사

---

43 송효섭, 「구술성과 기술성의 통합과 확산 : 국문학의 새로운 사유와 담론을 위하여」, 국어국문학회 편, 『국어국문학』 제131호, 2002.

44 송경섭, 「일제하 한국 신문연재소설의 특성에 관한 연구」, 서울대 석사논문, 1973.

45 한명환, 「1930년대 신문 소설연구 : 소설론 및 소설의 '통속' 수용을 중심으로」, 홍익대 박사논문, 1996.

46 이정옥, 「대중소설의 시학적 연구 : 1930년대를 중심으로」, 서강대 박사논문, 1999.

47 김춘식, 『미적 근대성과 동인지 문단』, 소명출판, 2003.

48 차혜영, 「1920년대 초기 동인지 문단 형성과정」, 상허학회 편, 『1920년대 문학의 재인식』, 깊은샘, 2001; 차혜영, 『한국 근대문학 제도와 소설양식의 형성』, 역락, 2004.

49 최수일, 「『개벽』의 출판과 유통 : 1~30호를 중심으로」, 민족문학사학회 편, 『민족문학사연구』 제16호, 2000.6.

50 한진일, 「근대소설의 형성과 잡지의 역할 : 1910년대 '현상문예'를 중심으로」, 한국현대소설학회 제26회 학술연구발표대회 자료집, 2005.12(미출간).

51 김행숙, 『문학이란 무엇이었는가 : 1920년대 동인지 문학의 근대성』, 소명출판, 2005.

52 연세대 근대한국학연구소, 『근대계몽기 단형 서사문학 연구』, 소명출판, 2005.

양식의 발생 및 전개와 매체의 역할』[53] 등을 통해 '매체'를 통하여 근대 서사문학에 접근하려는 시도를 꾸준히 펼쳐나가고 있다.

이들의 논의를 바탕으로 할 때, 근대문학, 혹은 근대소설의 형성에 있어 '매체'가 끼친 영향이 단순한 작품 발표의 수단으로 작용하는 데에서 그치지 않았음을 인식하기는 어렵지 않다. 그러나 이들 논의에서 새롭게 등장한 신매체가 기존의 매체와 어떠한 경쟁 관계에 놓이게 되었으며, 어떠한 방식으로 서사 텍스트를 소통시키고 유통시켰는가를 논하지는 않았다. 신문이나 잡지가 문학을 소통시키는 매체로 자리잡게 된 과정에 대한 논의 역시 충분히 다뤄지지는 않았다. 그러한 점에서 매체를 둘러싼 중요한 한 축인 '독자'나 '소비자'에 대한 관심을 기울인 천정환[54]의 연구는 특별히 주목할 만하다. 다만, 그의 논의가 1920년대에서 1930년대 사이의 기간에 집중한 것은 다양한 매체 체험이 본격화되는 해당 시기를 주목했다는 점에서 의미 깊기도 하나, 문학과 '매체'의 관계를 시대적으로 폭넓게 살펴보는 데에 있어 한계를 지닐 수밖에 없는 지점이기도 하다.

광복 이후의 매체를 주목한 문학 연구는 아직까지는 풍부하게 진행되고 있지는 못한 실정이다. 『사상계』를 주목한 김건우[55]나 통속소설을 다룬 김동윤[56]이 1950년대의 매체와 문학을 연구한 바 있다. 196,70년대 이후의 문예종합지를 주목한 연구[57]나 신문연재소설에 대한 연

53 연세대 근대한국학연구소 기초학문연구팀, 『한국 근대 서사양식의 발생 및 전개와 매체의 역할』, 소명출판, 2005.

54 천정환, 「한국 근대소설 독자와 소설 수용 양상에 대한 연구」, 서울대 박사논문, 2002; 천정환, 『근대의 책읽기 : 독자의 탄생과 한국 근대문학』, 푸른역사, 2003.

55 김건우, 『사상계와 1950년대 문학』, 소명출판, 2003.

56 김동윤, 『신문소설의 재조명』, 예림기획, 2001.

57 이용성, 「1960년대 비판적 지식인 잡지 연구 : 『사상계』의 위기와 『창작과 비평』의 등장을 중심으로」, 『한국학논집』 제37집, 한양대 한국학연구소, 2003, 193~214면; 정희모, 「문학의 자율성과 정신의 자유로움 : 1970년대 『문학과 지성』의 이론 전개와 그 의미」, 민족문학사연구소 현대문학분과 편, 『1970년대 문학연구』, 소명출판,

구[58]가 일부 있었으며, 근래에는 이른바 일부 문예잡지 중심의 '문학권력'에 대한 문제제기[59]가 진행되고 있는 상황이다.

한편, 2000년을 전후로 해서는 월터 J. 옹, 마크 포스터, 마샬 맥루한이 주목하였던 '디지털 매체'에 대한 관심도 크게 늘어났다. 정지영,[60] 류현주,[61] 최혜실,[62] 이용욱,[63] 김진량,[64] 신재훈,[65] 장노현,[66] 최유찬[67] 등의 연구가 이 지점을 주목한 것들이었다. 그러나 대부분의 연구에서 '디지털 매체'에 대한 낙관적인 시각에 사로잡혀, '디지털 매체' 역시 일상적이고 반복적으로 등장하는 '신매체'일 수 있다는 점은 외면하고 있다는 점은 반드시 지적되어야 할 것이다. 이는 '디지털 매체'를 '문학과 매체'가 관계 맺어온 수천 년의 역사라는 거대한 틀 속에서 수많은 '새로운 매체' 가운데 하나로 바라보지 못했기 때문에 생긴 한계로 볼 수 있다.

2000, 84~104면; 하상일, 「『창작과 비평』과 1960년대 현실주의 비평담론」, 『오늘의 문예비평』 제56호, 세종출판, 2005, 68~95면.

58 고인덕, 「신문소설에 나타난 가치 연구 : 70년대 작품에 대한 내용분석」, 서강대 석사논문, 1980; 박철우, 「1970년대 신문연재소설 연구」, 중앙대 박사논문, 1996.

59 강준만 · 권성우, 『문학권력』, 개마고원, 2001; 문학과비평연구회 편, 『한국문학 권력의 계보』, 한국출판마케팅연구소, 2004.

60 정지영, 「하이퍼텍스트 구조의 레토릭적 패턴」, 연세대 박사논문, 1998.

61 류현주, 『하이퍼텍스트 문학』, 김영사, 2000; 류현주, 『컴퓨터 게임과 내러티브』, 현암사, 2003.

62 최혜실, 『디지털 시대의 문화읽기』, 소명출판, 2001.

63 이용욱, 『사이버 문학의 도전 : 문학의 위기와 새로운 패러다임』, 토마토, 1996; 이용욱, 『문학, 그 이상의 문학』, 역락, 2004; 이용욱, 「온라인게임의 놀이적 맥락과 환상성」, 『대중서사연구』 제16호, 대중서사학회, 2006.12, 131~154면.

64 김진량, 『인터넷, 게시판, 그리고 환타지소설』, 한양대 출판부, 2001; 김진량, 『디지털 텍스트와 문화읽기』, 한양대 출판부, 2005; 김진량, 「디지털 네트워크 환경에서 서사성의 변화」, 『현대소설연구』 제29호, 한국현대소설학회, 2006.3.

65 신재훈, 「대중영상매체의 문학텍스트 개입에 대한 연구」, 성균관대 박사논문, 2001.

66 장노현, 「하이퍼텍스트 서사에 관한 연구」, 한국정신문화연구원 박사논문, 2002.

67 최유찬, 『컴퓨터 게임과 문학』, 연세대 출판부, 2004.

3. 연구의 범위와 방법

이 책은 앞서 언급했듯이 다양한 매체를 활용하는 '서사 텍스트'들의 양상을 폭넓게 살펴보려고 한다. 이 연구는 근대 이후 다양한 서사 텍스트들 가운데, 신문, 잡지, 단행본과 같은 활자 매체를 통해 소통되는 소설 문학, 무대 위 배우들의 연기를 통해 소통되는 연극, 스크린 위에 펼쳐지는 영상을 통해 소통되는 영화, 라디오 전파를 통해 소통되는 라디오 서사 양식, 그리고 개인용 컴퓨터를 통해 소통되는 게임 서사 등을 두루 다루게 될 것이다. 이러한 서사 텍스트들이 각각의 매체를 통해 소통되는 관계를 본 연구는 세 가지 단계를 밟아나가면서 논의하고자 한다.

첫째로는 폭넓은 의미에서의 '서사 텍스트'가 소통의 프로세스에 놓이기 위해 구성되는 양상을 살펴보는 일이다. 문자성(文字性)에 고정된 근대적 '문학(文學)' 개념을 극복하는 것은 이를 위해 먼저 전제되어야 할 부분이다. 우선, '서사 텍스트'에 대한 연구가 '문자' 중심적 사고와 '내셔널리즘'적 사고에 사로잡히게 된 경위를 살펴보는 일이 요구될 것이다. 이는 '매체가 무엇인가'에 따른 불필요한 경계를 짓지 않고, 다양한 매체를 활용하는 서사 텍스트들의 양상을 폭넓게 살펴보기 위한 전제를 세우려는 것이다. 이를 위해서는 다소 광범위하지만 그간 다양한 매체들과 관계 맺어온 서사 텍스트의 기원으로 되돌아가 그 역사적 흐름을 간략히 살펴보는 것이 우선되어야 할 것으로 보인다. 이 과정에서 소위 '문학'이라는 범주가 서사 텍스트를 '문(文)'의 영역 안에 가두어 놓게 된 경위를 비판적으로 검토하게 될 것이다.

'소설'은 문자를 통해 매개됨으로써 소통되는 텍스트이자 가장 대표적인 근대적 서사 텍스트 양식이라 할 수 있지만, 소설이 문자를 통해 수사학적으로 구성되는 과정은 여타의 서사 텍스트들이 각각의 매체를 통해 소통될 수 있도록 구성되는 과정과 본질적으로 다른 것은 아니다. 서사 텍스트 구성 과정에서의 매체 역할을 살펴보기 위해, 본 연구는 '재매개'의 개념을 통해 설명하려 한다. '문자'를 통한 소설이나 '영상'을 통한 영화, '컴퓨터'를 통한 게임은 추상적인 '이야기(story)'를 해당 매체에 적합한 방식으로 재매개함으로써 소통될 수 있게 되는데, 개별적인 매체나 장르의 특성에 초점을 맞추는 것이 아니라, 각각의 신매체가 '재매개'의 과정을 통해 서사 텍스트의 소통을 실현하는 과정으로 인식함으로써 서사의 소통 역학을 보다 균형적이고 원리적으로 접근할 수 있을 것이다.

특히, 우리의 경우에 있어서 근대 이후 가장 많이 반복적으로 구성되었고, 또 그만큼 큰 인기를 누린 '춘향 서사'의 재매개 양상들을 구체적으로 살펴봄으로써 재매개 역학의 구체적 실례를 검토할 수 있으리라 여겨진다.

둘째 단계는 우리의 근대 이후 서사 문학의 양상을 주목하면서, 서사 텍스트와 매체의 관계를 다각도로 검토해보는 일이다. 흔히 '개화기'라 불리는 근대 전환기 무렵, '딱지본'이나 '신문'과 같은 '문자' 중심의 매체, 즉 인쇄 매체가 새롭게 등장하였다. 이러한 매체들은 '서사적 텍스트'를 담아 독자들과 소통할 수 있는 '신매체'로써의 역할을 함과 동시에, 근대적인 개념의 '문학'을 형성하는 데 역할을 담당하기도 하였다.

근대 이후 서사 텍스트의 매체는 '문자'로 된 인쇄매체에 한정되지 않았다. 전통적 연희의 바탕 위에서 서구적 양식이 도입되었던 '연극'은 근대 계몽기 무렵 대중적인 '서사 텍스트' 가운데 하나였다. 기술 문명에 기반한 '영화'는 1900년을 전후로 이 땅에 처음 소개된 이래, 매우 빠른 속도로 호응을 얻어나가면서 가장 대중적인 장르의 '서사 텍스트'로 자리잡았다. 1927년 시작된 '라디오 방송'과 1956년 시작된 '텔레비전 방송'은 '전파'를 이용하여 불특정 다수를 대상으로 한 '서사 텍스트'의 소통을 가능하도록 하였다. 1980・1990년대 이후 본격화된 '개인용 컴퓨터' 시대는 'PC통신'이나 '인터넷', '모바일 통신'과 같은 네트워크를 통해 새로운 양상의 '서사 텍스트'의 소통을 가능하게 만들기도 하였고, '컴퓨터 게임'은 '가상 현실'을 체험하는 동시에 서사의 소통이 이루어지는 텍스트로 주목받기 시작했다.

근대 이후, 다양한 '신매체'가 잇달아 등장하면서 이들 매체를 활용한 서사 텍스트들은 서로 영향을 주고받는 관계를 맺어왔다. 그 과정에서 각각의 매체가 지닌 '예술적・장르적 특성'을 부각시키려 하거나 '대중적 상업성'을 놓고 경쟁을 벌이기도 하였음은 당연한 일이었다. 각각의 '신매체'들의 등장하던 시기를 중점에 두고, '신매체' 등장 당시의 매체 소통 상황을 살펴보는 것은 본 연구가 가장 비중을 두고 있는 부분이다. 신매체는 사회 변화나 테크놀로지의 발달에 힘입어 등장하게 되는데, 기존의 매체를 재매개함으로써 기존의 서사의 소통이 지니는 단점을 보완하는 한편, 기존 매체와 대중적 인기를 놓고 경합을 벌이기도 하였다. 신매체 등장 무렵, 새로운 매체를 통한 서사 텍스트의 생산을 시도하던 이들은 이전에 존재하던 서사 텍스트를 기존 매체를 통해 재매개함으로써 신매체를 활용하기 시작하였고, 점차 신매체의 특성을 인식함에 따라 해당 매체에 적합한 서사적 양식을 창출하기도 하였다.

근래 다매체 시대, 멀티미디어 시대의 '서사 텍스트'는 '문자'와 같은 일정한 매체의 틀로도, 기존의 '문학'이라는 학문적 틀로도 얽매어 놓을 수 없는 복합적이고 광범위한 대상이 되어가고 있다. 근대 이후 등장한 다양한 '신매체'들의 등장과 경쟁 양상들을 검토하면서, '신매체'와 '서사 텍스트'들 사이에서 벌어지는 일정한 프로세스와 패턴을 찾을 수 있을지를 검토하는 일은 바로 본 연구가 세 번째 단계로 밟으려 하는 지점이자 본 연구의 결론으로 삼게 될 부분이다. 이를 통하여, 매체 환경이 더욱 더 다양화되고 복잡해지는 상황에서의 향후 전망도 가능할 것이며, '서사 텍스트'를 연구하는 외연을 보다 폭넓게 확대하여 접근할 수 있는 토대도 마련될 수 있으리라 기대한다. 궁극적으로는 '신매체'와의 관계 속에서 '서사 텍스트'가 소통되는 역학과 구체적 양상을 체계적으로 언급할 수 있으리라 생각한다.

본 연구는 서사 텍스트를 소통시키는 다양한 '매체'들의 등장과 그 영향관계를 살펴보는 데 있어, '신매체'가 등장한 당대의 사회적 환경을 주목하는 한편, 매체를 통한 소통을 담당하는 생산자와 소비자 — 발신자와 수신자 — 의 양측을 함께 주목하려 한다. 신매체를 통해 소통되던 몇몇의 텍스트에 한정된 분석은 근본적으로 '매체'를 소홀히 다룰 우려가 있기에 본 연구는 매체를 통한 '소통'의 과정을 더욱 중시하려 한다. 특정한 매체가 새롭게 등장하는 상황에서, 서사 텍스트의 생산자는 기존의 서사 텍스트 양식을 어떻게 새로운 매체와 결합시켜 소통을 이끌어내는지, 그리고 새로운 매체를 접한 소비자들은 어떠한 인식을 가지고 어떻게 그 서사 텍스트를 소비하게 되는지를 살펴보게 될 것이다. 근대 이후 서사 텍스트들이 기본적으로는 '소비'의 대상이 되는 대중적 '상품'으로서 기능했다는 점에서, '대중성'의 경쟁과 확보 문제는 '신매체'가 정착하는 과정에서 매우 중요한 지점일 수밖에 없을 것이다. 특히 신매체와 기존 매체들 사이의 경쟁 관계를 주목하는 일은 '특정 매체'에 한정하여 분과적으로 논의되어 왔기에 매체 상호간 영향관계를 놓쳐온 기존의 '문학사', '연극사', '영화사' 등이 가질 수밖에 없었던 한계를 극복해줄 수 있을 것으로 기대된다. 또한, 특정 시기에만 집착하여 전역사적 흐름 속에서의 '신매체'의 등장이 갖는 의미를 밝힐 수 없었던 한계를 넘어서기 위해, 다소 광범위한 시대를 다루되 특별히 당대의 '신매체'가 등장하던 무렵의 변화 양상을 주목하게 될 것이다. 인쇄 매체를 중심으로 한 '소설'의 경우는 1900～1930년대 무렵이, '연극'과 '영화'는 1910~1940년대 무렵이, 그리고 라디오 방송은 1930, 1940년대 무렵이 초점에 놓이게 될 것이다. 인터넷을 위시로 한 디지털 매체의 경우는 1980, 1990년대 이후, 현재에 이르는 시기가 논의 대상이 될 것이다. 물론, '신매체' 등장 무렵 이후에 있었던 중요한 변화에 대한 언급도 배제되지는 않을 것이다.

이러한 연구를 위해 본 연구는 매체를 통해 소통되는 서사 텍스트의 구성을 논의하기 위한 일반적 역학을 먼저 언급하되, 각 시기별로 새롭게 등장한 당대의 '신매체'가 서사 텍스트를 어떻게 받아들이고 소통시키고 있었는가를 살펴보기 위해 당시의 신문, 잡지를 비롯한 각종 자료를 주목하여 살펴볼 것이다. 당대의 논자나 작가들이 해당 매체를 어떻게 인식하고 있었는가를 밝혀냄으로써 '신매체'가 서사 텍스트에 미친 영향을 논증하려는 것이다. 또한 각 분야별로 근래 급속히 발전적으로 연구되어온 2차적 연구 성과들도 많은 참고가 될 수 있을 것으로 생각한다. 다만 1, 2차 자료들이 서로 유기적으로 연계되지 못한 채, 특정 시기나 특정 서사 장르에 국한된 논의에 머물고 있음은 본 연구가 비판하고 극복하여야 할 부분임을 명확히 해두고자 한다. 본 연구는 1·2차 자료들을 면밀하고도 폭넓게 검토하면서, 다양한 매체를 통한 서사 텍스트의 소통 양상을 살펴보고 그 상호 영향관계를 밝혀내려 한다.

우선, 본 연구는 기존의 문학 연구에 있어서 서사 텍스트의 매체가 '문자 텍스트' 위주로 한정되어 왔던 것을 반성적으로 검토하기 위해서는 처음 이야기가 만들어지고 소통되던 시대로까지, 잠시 거슬러 올라가야 할 필요가 있다. 본 연구는 먼저 제2장의 1절에서 '문자'와 '책'의 기원, 그리고 '독서'의 기원이 어떠했는가에 관한 개괄적인 논의부터 되새겨볼 것이다. '서사 텍스트'의 매체로서의 '말'과 '글', 그리고 그것의 수용 과정에서의 '읽기'를 둘러싼 시대적 변화 양상을 주목하되, 진화론적 교체 양상을 보였다는 기존의 시각에 매몰되지 않도록 유의해야 할 것이다. 이러한 통시적 논의가 필요한 것은 다름 아니라 '문학' 개념에 대한 고정 관념을 극복하기 위함이다. 최근 '문학'이 문자 텍스트를 벗어나서 다매체 시대, 디지털 시대를 맞이하여 큰 변화를 경험하고 있음은 주지의 사실이다. 다만, '문자 텍스트'의 테두리를 벗어나서 문학에 접근하게 된 것을 '최근에 일어난 새로운 양상'이라고만 인식하는 것은 '문학'의 개념에 대한 본질적인 의문을 제기하지 못했기 때문이었다. 이광수 이래로, 우리에게 있어 '문학' 개념이 형성되는 과정을 살펴보면서, '문자'와 '내셔널리즘'이라는 편견과 '학문적 고정성'에 사로잡혀 다양한 매체를 넘나드는 문학 논의가 이루어지지 못했던 관습에 대한 비판이 제기될 것이다. 그리고 '문자'를 통한 서사 텍스트가 대중들을 대상으로 하는 '상품'으로서 자리잡게 된 상황에 대한 검토도 이루어질 것이다. 제2장 2절에서는 서사 텍스트가 '재매개'의 과정을 거쳐 매체를 통해 소통되는 과정을 몇 가지 개념을 통해 규정하려 한다. 여기에서는 '소설', '연극', '영화' 등 각종 서사 텍스트들이 대중과의 소통을 위해 수사학적으로 구성되는 일반적인 양상을 '재매개', '매체'와 같은 개념의 규정과 더불어 언급하고자 한다. 아울러, '춘향 서사'를 중심으로 하여 각각의 서사들이 다양한 매체를 통해 어떻게 재매개되어 소통되었는지를 구체적으로 살펴볼 것이다.

제3장에서는 근대 이후 등장한 서사 텍스트의 매체를 네 개의 영역으로 구분하여 각 매체의 등장 시기를 중심으로 하여, '신매체'의 등장이 미친 영향 관계를 살펴보려 한다. 1, 2절에서는 기존의 '문학' 개념하에서 다뤄지던 근대적 '소설'의 매체가 되었던 다양한 '인쇄 매체' 양식을 우선적으로 살펴볼 것이며, 3절에서는 20세기 초반 등장한 근대적 '연극'과 '영화'라는 종합 예술적 서사 텍스트 양식을 다룰 것이다. 마지막 4절에서는 테크놀로지의 발달과 밀접한 영향 관계가 있는 전파·전자 매체를 다룰 것인데, 특히 1930년을 전후로 본격화된 '라디오'를

중심으로 한 '방송 매체'와 1990년대 들어 급속도로 발전하고 있는 인터넷, 컴퓨터 게임을 비롯한 '디지털 매체'를 살펴보려 한다.

제3장의 각 절은 세 개의 항으로 구성된다. 첫 번째 항은 각 시대의 새로운 매체, 즉 '신문', '잡지와 단행본', '연극과 영화', '전파·전자 매체'가 등장하던 사회적 상황을 살펴보고, 각 매체의 특성을 언급하는 부분이다. 두 번째 항은 그렇게 등장한 신매체가 어떠한 방식으로 서사를, 그리고 기존의 매체를 '재매개'하고 있는가를 언급하는 부분이다. 세 번째 항은 신매체를 통해 소통되는 서사가 대중성을 획득하는 과정과 그 과정에서 파생된 문제점을 언급하는 동시에, 다시금 '문학'과의 상호 영향 관계를 살펴보는 부분이다.

우선 제3장의 1절에서는 소위 개화기라 불리는 근대 전환기 무렵부터 1910년대에 이르는 시기, '소설'이라는 대표적 서사 텍스트 양식의 형성에 큰 영향을 미쳤던 '신문'의 등장을 살펴볼 것이다. '신문'은 기본적으로 실재 일어난 현실을 '인쇄된 문자'를 통해 독자들과 소통하는 대중적 매체이다. 이러한 '신문'이란 신매체를 통해 '소설'은 대중들과 소통하기 시작하였다. 특히 당시 '기자'라는 신분으로 신문사에 소속된 '신문인'이자 '지식인'들은 '사실' 그대로의 것 이외에도, 계몽적이거나 허구적인 '이야기' 양식을 통해 대중들에게 메시지를 전달하고자 했는데, 그러한 의도는 '소설'이란 서사 텍스트의 형성 과정에 중요한 영향을 미쳤다고 할 수 있다. 신문은 문자 중심의 대중 매체로서, 역시 문자 중심의 서사 텍스트인 '소설'이 소통될 수 있는 '장(場)'으로 기능하였으며, 특히 '연재'라는 방식은 소설의 내용과 형식에도 중요한 영향을 끼치게 되었다. 또한, 1920년대 이후에는 신문 매체가 다양해짐에 따라, 이른바 '저널리즘 문학'은 상업적이라는 비판에도 직면하게 되었다. 이 무렵, '신문연재소설'들은 '대중적 인기'를 누리게 되지만, 한편으로는 신문의 상업적 미끼로 전락하는 것이 아닌가하는 우려도 나타나게 되었다. 이른바 '대중성의 딜레마'를 겪게 된 셈이었다. 광복 이후, 1960·1970년대에도 신문 소설은 상당히 많은 인기를 누렸으나, 매체 환경의 변화에 따라 근래에는 다소 침체되어 있는 양상이다.

제3장의 2절에서는 흔히 '잡지'와 '단행본'이라 불리는 형태의 인쇄 매체를 살펴볼 것이다. 개화기 무렵부터 등장한 '종합 잡지', 1920년을 전후로 등장한 '동인지', 그리고 그 이후 본격화된 '문예전문지'들은 '소설'과 같은 문학 작품의 소통 매체로서 매우 중요한 역할을 담당했다. 1920년대 '동인지'를 계기로 문학을 창작하는 사람들은 하나의 '집단의식'을 갖게 되고, 이른바 '문단'을 형성하였다. 또한, '창작'에 대한 '저작권'에 대한 개념도 형성되기 시작한다. 아울러, 유학생들을 중심으로 직업적인 '전문 문인'들이 등장하기 시작하였다. 전문적인 '문예잡지'들도 생겨났다. 이 시기 문학은 '예술'로서의 자신의 위치를 확고히 자리매김하게 되었다. '문학'의 매체로서의 '잡지'는 광복 이후는 물론, 현재까지도 막강한 영향력을 지니고 있으며, '시대정신'과 '예술성' 등 다양한 가치와 서사 텍스트를 결합시켜 독자들에게 전달하는 기능을 담당하고 있다. 개화기 무렵 등장한 '딱지본'은 '서사 텍스트'가 독자적인 상품으로서의 가치를 가지고 있음을 입증한 매체였다. 그 이후 서구적 제본 기술이 도입되고 유통 체계가 확립되어가면서 '단행본' 매체는 '서사 텍스트'의 상업적 소통의 측면에서 중요한 위치를 점하게 되었다. 뿐만 아니라, 학문적 연구의 대상으로서도 '단행본'은 '신문'이나 '잡지' 연재 텍스트에 비해 유리한 위치를 차지하였다.

제3장 3절에서는 이른바 종합 예술이라 불리는 '연극'과 '영화'를 '서사 텍스트'적 측면에서 살펴볼 것이다. 개화기 무렵 서구의 영향을 받은 '신극'은 기존의 전통극이나 판소리 서사와는 또 다른 형태의 '보고 듣는 서사 텍스트'로서 자리잡게 되었다. 1903년 처음 소개된 '영화' 역시 짧은 시간 안에 대중적 인기를 누리는 장르가 되었다. 연극은 무대

위 공연을 통해, 영화는 극장의 스크린을 통해 대중들과 만나는 방식의 '서사 텍스트'다. 이들은 각기 희곡과 시나리오라고 하는 '문자 텍스트'를 기반으로 하고 있다는 점에서 이미 문학 논의에서 중요하게 다루어지고 있었다. 다만, 문자로 쓰여진 희곡이나 시나리오로 연극과 영화 연구가 환원될 경우, 연극과 영화가 각기 소통되는 과정에서 '매체'의 역할은 간과될 위험이 있다. 본 연구는 연극과 영화라는 양식이 처음 자리를 잡기 시작할 무렵, 대중들과 소통되는 과정에서 '문자'가 아닌 '영상(映像, images)'이라는 매체를 어떻게 인식하고 활용하려 하였는가를 살펴볼 것이다. 그리고 연극과 영화가 각각의 입지를 가지게 되면서 '소설'과 영향을 주고받거나 경쟁을 벌이는 과정을 통해, 각각의 매체의 특성도 언급하게 될 것이다.

제3장 4절에서는 전파・전자 매체를 다룰 것이다. 1930년대를 전후로 '전파'를 이용한 '라디오방송'이 등장하게 되는데, 라디오는 곧 '서사 텍스트'의 매체로서 활용되게 된다. 본 연구에서는 라디오의 등장 무렵에 중점을 둠과 아울러, 특히 1930년대 후반부터 본격화된 '방송 소설'을 주목하여 언급할 것이다. 그리고 '컴퓨터'와 '네트워크'를 활용한 이른바 '디지털' 매체가 서사 텍스트를 활용하는 방식을 살펴볼 것이다. 기존의 서사 텍스트를 디지털 매체라는 '도구'에 담아 소통시키는 양상에서 출발하여, '디지털 매체'의 특성 자체가 기존의 서사 텍스트의 소통 방식을 근본적으로 뒤바꾼 '새로운 텍스트 형식'까지 살펴보는 일이다. 여기에서는 '하이퍼텍스트' 문학, '팬픽 문학', '게임 서사 텍스트'와 같은, 디지털 매체의 특성을 적극 활용한 새로운 서사 텍스트 양상들이 언급될 것이다. 여기서 유의해야할 것은 디지털 시대의 서사 텍스트에 대한 지나친 폄하나 지나친 낙관을 벗어나서, '디지털 매체'의 등장이 일련의 '신매체들의 역사' 속에서 어떠한 의미를 갖고 있는지를 주목하는 일일 것이다.

다만 텔레비전 방송을 통한 서사의 소통이나 '만화' 서사의 소통 등까지 함께 아우르지 못한 점은 논의가 지나치게 광범위해질 우려 때문에 아쉽지만 차후의 과제로 남겨놓으려 한다.

새로운 매체가 등장하던 각각의 시기를 중심으로 하여 '신문소설'로부터 '디지털 게임 서사 텍스트'에 이르는 다양한 서사 텍스트들을 두루 살펴보는 일은 각각의 서사 텍스트 장르들이 독자・소비층을 확보해나가기 위한 치열한 '매체 간 경쟁'을 벌여왔음을 논증하는 일이기도 하다.

제3장에서 논의될 내용을 바탕으로 하여, 본 연구는 결론에서 신매체의 등장과 서사 텍스트의 관계 양상에 대한 보편적인 '프로세스'를 밝히고자 한다. 본 연구는 근본적으로 광범위한 시기를 포괄하는 통시적인 접근이 필요함에도 불구하고, 보편화된 '매체 진화론'적인 시각을 극복하고자 한다. '시대 구분' 방식이 아니라 '매체'를 구분하고 각각의 신매체가 등장하던 시기를 주목하려는 것은 그러한 의도 때문이다. 다소 넓은 범위의 시대와 매체를 다루려는 것도 매체의 등장과 변이 과정이 서사 텍스트에 미치는 영향 관계를 보다 포괄적으로 밝히고자 하는 이유에서이다. 특정 시대를 주도한 '매체'는 존재할지라도, 언제나 각각의 다양한 매체는 상호 경쟁을 벌여왔고, 영향을 주고받았음을 놓쳐서는 안될 것이다. '매체'를 통해 전달되는 '서사 텍스트'는 때로 '매체'를 수단으로 삼아 '서사'를 전경화시키면서, 혹은 때로 '매체' 자체를 전경화하면서 대중들과 소통되어 왔다. 서사가 전경화될 때 매체는 투명화되며, 매체가 전경화될 때 서사는 매체를 반성적으로 드러내게 된다. 이 두 가지 경우는 궁극적으로 서사의 소통 과정에 현실감과 사실성을 부여하려는 노력이었으며, 보다 바람직한 서사의 소통이라는 인류의 근원적 욕망을 실현하려는 방식이었다. 결국 본 연구의 목적은 인간이 '이야기'를 어떠한 방법으로 생산, 소통, 소비하고자 하는가라는 본질적 질문에 대한 답변에 조금이라도 다가서고자 하는 것이라 할 수 있다.

제2장

서사 텍스트의 재매개 방식과 소통

1. '문자성(文字性)'의 고정(固定)과 근대적 '문학' 개념의 형성

1) 독서 양식의 변화와 학문적 제도의 관습

인류의 역사와 함께 시작했다고 할 수 있는 서사의 역사는 '문자' 이전의 시대에 이미 시작되었다. 고대 '제의'나 '신화'는 그 자체로 하나의 서사 텍스트라 할 수 있을 것이다. 우리의 경우, '구지가', '제망매가', '청산별곡', 그리고 수많은 시조와 한시, 민요 '아리랑'에 이르기까지, 우리가 현재 고전 '문학(文學)'의 범주에서 다루는 대부분의 시가(詩歌) 작품들은 '문자'로 향유되던 것이 아니라, '소리'로 불리고 또 그렇게 소통되던 것들이다.[1]

근본적으로 음악성이 문학적 가치의 핵심을 이룬다고 할 수 있는 '시

1 시와 음악의 분절은 시를 인쇄한 책이 유통될 무렵 처음 나타났다(마샬 맥루한, 임상원 역, 『구텐베르크 은하계 : 활자 인간의 형성』, 커뮤니케이션북스, 2001, 389면).

가' 문학뿐만이 아니다. '민담'이나 '전설'은 물론, 우리의 고전 소설 작품들 대부분도 '문자' 혹은 '책'의 형태로 소통되는 것으로 목적으로 쓰여졌다고 보기는 어렵다. 문맹률이 높았던 당시, 산문으로 된 '서사 텍스트'들 역시, 전문 '강담사(講談師)'나 '전기수(傳奇叟)'에 의해 '음성'으로 소통되는 비율이 훨씬 높았다. 문학 작품 외에, 왕이 신하들에게 내리는 '교지(敎旨)'의 경우도 그것은 '문자 텍스트'로 당사자에게 전달되지 않았고 '도승지'와 같은 대리자의 '음성'으로 대면 전달되는 경우가 대부분이었다.

서구의 경우에도 마찬가지였다. 월터 J. 옹은 밀만 패리와 에릭 하블로크의 선행 연구를 인용하면서, 호메로스를 비롯한 고대 그리스의 시문학 작품들은 '내면화된 구술성'을 바탕으로 창작된 것임을 지적한 바 있다.[2] 호메로스의 작품들은 '문자'로 기록되어 현재에 전해지지만, 그것의 본질은 '구술적 전통'에 있는 것이었다.

고대의 주된 독서의 방식은 공개적인 '낭독'이었다. 혼자 읽는 경우에도 대개는 소리를 내서 읽는 '음독'을 했다.[3] 이때 '낭독'이나 '음독'의

---

2 밀만 패리의 연구는 알버트 로드의 『이야기 노래꾼(*The Singer of Tales*)』과 더불어, 맥루한의 『구텐베르크 은하계』에도 가장 큰 영향을 준 연구였다. 월터 J. 옹, 앞의 책, 30~51면; 마샬 맥루한, 임상원 역, 『구텐베르크 은하계 : 활자 인간의 형성』, 커뮤니케이션북스, 2001, 13면.

3 "그리스인들의 작품 발표의 보통 방법은 공중 앞에서의 낭독이었다. 그리고 그러한 낭독을 처음에는 작가 스스로가 했고, 그 다음에는 직업적인 낭독가나 배우가 했다. 이렇게 공중 앞에서의 낭독은 책이 출간되는 방법이었고, 낭독의 기예는 일반화된 것이었다. (…중략…) 고대로부터 책을 읽을 때는, 심지어 혼자서 읽는 경우에도, 산문 역시 시와 마찬가지로 반드시 소리를 내면서 음독(音讀) 했다. 소리 없이 읽는 묵독(默讀)은 매우 예외적인 것이었다(Moses Hadas, Ancilla to Classical Reading, 재인용 : 마샬 맥루한, 임상원 역, 『구텐베르크 은하계 : 활자 인간의 형성』, 커뮤니케이션북스, 2001, 172~173면)." 한편, 5세기 로마제국시대, 암부로시우스라는 인물은 소리를 내지 않고 침묵 속에서 책을 읽었다고 한다. 소리 없이 독서 삼매경에 빠져 있는 그를 아우구스티누스는 매우 '이상'하게 바라봤다. 아우구스티누스는 자신의 『고백록』에다가 암부로시우스의 이 독특한 독서 행위를 묘사해놓고 있다. 그만큼 당시로서 '묵독'은 일탈적인 독서 행위였던 것이다.

방식은 그저 쓰여진 문자를 '소리'로 내는 것이 아니라, '암기'가 전제되어 있었다. 당시의 '읽기'는 '소리내어 암기하기'이거나, 암기 내용을 확인하며 다시 반복하여 쓰는 필사 작업과 연관되었다.[4]

'문자'와 고전적 방식의 '인쇄술'이 활용되던 시기에 이르러서도, '문자'는 일단 '음성'으로 전환된 후에 소통되는 경우가 많았다. 적어도 서구에서는 10세기 무렵까지 '묵독(默讀)'은 보편화되지 않은 독서 방식이었으며,[5] '문자 텍스트'는 '가독성(可讀性)'에 대한 고려 없이 만들어졌다. 당시의 '문자 텍스트'에는 구두점 표기나 띄어쓰기가 이루어지지 않았다. 우리의 경우에도 개화기 무렵까지 '띄어쓰기'는 거의 이루어지지 않았다. 요컨대, 문자 언어는 오랜 세월동안, 음성 언어와 분리된 채 독립적으로 '소통'될 수 있는 매체가 아니었다고 할 수 있다. 문자 언어와 음성 언어는 독립적이기보다는 상호보충적 성격으로 존재해온 것이다.

또한 중세 무렵까지 '책'의 대다수를 차지했던 '필사본'들은 화려한 삽화와 무늬를 활용하는 '채식장식'으로 채워지곤 했다. 머릿글자를 강조하면서 장식하기도 하고 삽화나 테두리 그림들로 책을 꾸미기도 했다. 이러한 '채식장식'은 중세 전기 회화예술의 융성에 있어 '프레스코 벽화'와 더불어 큰 기여를 한 것으로 평가되기도 하였다. 14・15세기

4 종교적인 '텍스트'의 경우에는 '암기'와 '음독'은 더욱 필수적이었다. 중세시대 '성경'과 같은 텍스트는 '암기'된 상태에서 수도자들에 의해 필사되는 경우가 많았으며, 중세 성직자의 개인용 독서실은 '사적인 독서 공간'이 아니라, 사실 '시'를 노래를 하기 위한 부스로 활용되었다고 한다. 이슬람교의 경우에는, '코란'을 읽을 때 '반드시 큰 소리로 외쳐야 한다'는 규칙까지 제시되어 있었다. 12세기 무렵 아부 하미드 무하마드 알가잘리가 제시한 규칙에 따르면, "읽을 때 스스로 소리를 들을 수 있을 정도로 큰 소리로 외쳐야"하며, "눈물에 대해 읽을 때, 자연스레 눈물이 솟아나지 않는다면 억지로라도 울어야 한다"고 되어 있다. (마샬 맥루한, 임상원 역, 『구텐베르크 은하계 : 활자 인간의 형성』, 커뮤니케이션북스, 2001, 175・185면; 알베르토 망구엘, 정명진 역, 『독서의 역사』, 세종서적, 2000, 72~73면)

5 알베르토 망구엘, 위의 책, 64~65면.

무렵의 일부 성서 필사본들은 오늘날 '만화책'을 떠올리게 할 만큼 그림들로 가득 채워지곤 하였다.[6] 이 시기 책은 '문자 텍스트'를 다수의 대중이 읽기 위한 목적으로 만들어지는 것이라기보다는, 오랜 수고와 노력으로 만들어지는 귀중하고도 희소성 있는 물건이었다고 할 수 있다.

문자 사용 역사에 있어서 '활판 인쇄'의 역사는 사실 극히 일부분에 지나지 않는다고 할 수 있다.[7] 본격적인 '기술(記述)'의 시대 — 혹은 '독서'의 시대 — 는 '종이'의 등장[8]이나 '문자'의 활용에 의해서가 아니라,

---

6 브뤼노 블라셀, 권명희 역, 『책의 역사 : 문자에서 텍스트로』, 시공사, 1999, 36~39면.

7 마샬 맥루한, 임상원 역, 『구텐베르크 은하계 : 활자 인간의 형성』, 커뮤니케이션북스, 2001, 149면.

8 서구의 경우, '책'의 역사를 연 것은 기원전 3000년경 식물을 가공하여 만든, 두루마리 형태의 '파피루스'였다. 기원전 3000년 전쯤 나일강 계곡에서 자라는 동명의 식물을 가공 처리하여 얻어진 것이 '파피루스'였다. 이것은 접기가 어렵고 양면 사용이 불가능하여, 양끝을 막대기에 말아서 만든 두루마리 형태를 취했다. 파피루스는 후에 그리스와 로마로 전해졌다. 로마 제국은 파피루스에 쓰인 '이야기'들을 제국 내에 보급하는 일에 힘썼다. 하지만 파피루스는 보관이 쉽지 않아 아직까지 남아있는 것은 많지 않다. 당시 소포클레스는 123편의 비극을 썼지만, 현재 남아있는 것은 복사된 사본을 통해 전해진 7편에 불과하다. 기원 전후 무렵, 낱장을 꿰맨 형태의 '코덱스(codex)' 형태가 등장했다. 양손에 들고 읽을 수 있으며 양면 기록도 가능했다. 현재의 책의 형태와 유사해진 셈이었다. '두루마리' 형태가 '코덱스'로 전환되면서, 독서의 방식도 근본적으로 수정되게 되었다. 여기에 사용된 재료는 파피루스가 아니라 '양피지'였다. 양피지는 양의 가죽에서 취한 것이었는데, 송아지나 염소의 가죽으로 만든 '밸럼지'도 함께 사용되었다. 당시 일반적인 판형의 책 한 권을 만들기 위해서는 양 열다섯 마리의 가죽이 필요했다. 비용 절약을 위하여, 불필요해진 책의 양피지들은 긁어내어 재활용하곤 했는데, 이를 '팔랭프세스트(palimpsestes)'라 불렀다. 오늘날에는 과학의 힘을 빌어, 지워진 양피지의 흔적을 복원하기도 한다. 양피지는 '종이'가 들어오기 전까지, 특히 중세 시대에 문서의 소재로 널리 활용되었다(브뤼노 블라셀, 위의 책, 14~19면 참고). 동양에서는 죽간(竹簡)이나 비단을 활용하여 글을 적다가, 2세기 무렵 후한시대 채윤이 발명했다고 알려져 있는 '종이'를 사용하기 시작했다. 채윤은 나무껍질, 마(麻) 부스러기, 헝겊 조각 등을 활용하여 '종이'를 만들었다고 알려지고 있다. '종이'는 150년경 돈황으로, 200년경 누란으로 전해졌고, 8세기경 아라비아인들에게 전해진다. 그 무렵 바그다드에는 제지 공장이 세워졌다고 한다. 종이는 10세기 무렵에는 이집트로 전해지고, 모로코를 거쳐 12세기 무렵 스페인으로 전해졌고 곧이어 피레네 산맥을 넘어 프랑스에까지 전해졌다고 한다. 종이의 발명 이후, 유럽의 기독교인들이 제지법을 알게 되는 데에는 1,000년의 세월이 걸렸다. 우리나라에는 4세기경 전해졌고, 7세기 고구려 승려 담징에 의해 일본에 전달되게 되

인쇄 '기술(技術)'의 발달로 인하여 본격적으로 시작된 것이었다. 16세기 중반 이후 구텐베르크의 인쇄술이 본격적으로 활용되기 시작하면서, '책'은 본격적으로 '서사'의 소통 수단이 되었다. 그때에 이르러 이제 '독서'가 '사적(私的)'으로, 그리고 편재적(遍在的)으로 이루어질 수 있는 토대가 마련된 셈이었다.

이 무렵부터 '묵독' 형식의 독서는 점차 확산되었다. 이때는 의도적인, 혹은 비의도적인 오독(誤讀)을 통해 종교개혁의 불씨가 생겨났으며, 개인의 이성을 강조하는 '근대 의식'이 싹트던 시기였다. 묵독을 통해, 독서가는 '발음'하는 데에 시간을 허비하지 않아도 되었다. 구텐베르크 이후, 점차 책은 자신의 소유물이 되었고, 독서는 곧 개인 지식의 바탕이 되었다.

주목할 만한 것은 '활자화된 텍스트'가 대량 복제된 것이라는 데에 있었다. 대량 인쇄된 책은 '권위'를 허물기보다는 '권위'들을 양산하고 분포시키는 결과를 낳았다. 더욱이 그 '권위'들 사이에는 지식의 정도에 따른 '위계질서'가 나타나기 시작했고, 때론 권위들 사이의 경쟁이 벌어지기도 했다. 고대 필사 문화에서는 가독성이 떨어지는 '책을 읽거나 암기하여 잘 베낄 수 있는 사람'이 중시[9]되었다면, 대량 인쇄 시대에는 동일한 책들을 읽었으되 남다른 지식 권위를 가진 '고급독자'들이 그 위계질서의 상층을 차지하게 되었다. 그들은 때로는 '학문'과 '교육'의 이름으로, 때로는 '비평'의 이름으로, '서사 텍스트'의 일반 독자들에게 자신의 독서를 통한 이해를 '준거'로 제시하였다. 아울러 그러한 '고급독자'들은 그들 스스로 '저자'의 지위에서도 활발히 활동하였다.

었다(안춘근 · 윤형두, 『눈으로 보는 책의 역사』, 범우사. 1997, 302~303면).

9 메소포타미아 시대 필사자들은 높은 계급을 차지했다. 문자라는 발명품은 텍스트를 복구하고 읽어내는 필사자의 능력에 크게 의존할 수밖에 없었다. 그런 능력이 발휘되지 않는다면, 텍스트는 침묵의 기호가 될 뿐이었다(알베르토 망구엘, 앞의 책, 267면).

대량 인쇄된 '서사 텍스트'를 통한 권위의 양산이 가능해지면서, '서사 텍스트'는 종교적 성격이나 공동체적 오락 · 연행의 성격보다는 '계몽'의 목적의식을 담아 활용되기 시작했다. 실제로 서구에서나, 우리에게 있어서나, 초기 '근대적 서사 텍스트'는 '계몽'의 담론이었다고 단언하여도 크게 지나치지는 않다.

한편, 근대 자본주의 사회가 자리잡아가면서, '인쇄소'나 '제지소'는 대규모의 노동자가 일하는 노동집약적 '공장'이 되었다. 자연히 '인쇄'와 '인쇄물의 유통'은 '자본'과 '국가권력'의 지배를 받기 시작했다. 대량 인쇄를 위해서는 '자본'이 필요했고, '권력'은 경우에 따라 위협적 요소가 될 수 있는 '대량인쇄물'을 통제하기 시작했다.

'대량 인쇄'가 보편화되면서, 이제 '서사 텍스트'는 최소한의 '상업성'을 확보하지 않고서는 유통되기 어려워졌다. '상업성'은 곧 텍스트의 대중성과 직결된다. 인쇄 기술이 발달하면 발달할수록, 그래서 동일한 인쇄물이 동시 다발적으로 더욱 광범위하게 유통될수록, '자본'과 '권력'의 영향력은 심화되었다.[10] 따라서, 텍스트 생산 과정에는 상업적 고려가 필연적으로 개입될 수밖에 없었다.

어쨌든 문학은 인쇄술의 발달과 책의 유통 체계 확립과 더불어, 상업적 유통이 가능한 '상품'으로 자리 잡게 되었다. 물론, 이것이 가능할 수 있었던 것은 '문자 언어'가 기록성과 보존성을 가지고 있는 매체라는 점 덕분이었다.

문제는, 근대 이후 '문학'이 '책'이란 매체를 통해 유통되는 일종의 '상품'으로 자리잡게 되면서, '문학'이 '문자텍스트'의 범주 안에만 갇혀버리게 되었다는 점이다. 앞서 언급했듯이 문학의 전체 역사에 비추어볼

---

10 제국주의의 식민지 경험을 했던 많은 제3세계 국가의 '언어', 특히 '문자언어'가 소멸되어간 것 역시도 기술력 있고 보편성 있는 '알파벳 인쇄 활판'의 힘에 굴복해갔기 때문으로 볼 수 있다.

때 활자화되어 '책'으로 소통된 역사는 매우 짧은 기간에 불과하다. 좀 더 과격하게 말하자면, '문자' 위주로 '문학'이 소통되고 있는 것은 불과 100~200년 사이에 일어나고 있는 일시적 '현상'에 불과하다고도 할 수 있다. 그럼에도 불구하고, 근대 이후의 '문학'이 활자화된 '책'이란 매체에 지나치게 의존하게 되었다는 것은 부인할 수 없는 '현실'이다.

여기에는 '문학'이 그저 향유와 소통의 대상이 되는 데에서 그치지 않고, 하나의 학문 체계로 자리 잡게 되는 과정과도 밀접한 관계가 있다. 문학이 문헌 중심의 학문으로 자리 잡게 된 데에는 도서관과 대학이라는 '제도'가 특별히 중요한 영향을 미친 것으로 보인다.

'문자'가 지식 체계와 사회 구조에 있어 지배적 위치를 차지하게 된 데에는 '책'의 생산과 보급이 중요한 역할을 했으며, 산업 시대 이전 '책'의 소통 구조에는 '도서관'이 무엇보다 중요한 역할을 담당했다. 기원전 3세기경, 알렉산드리아 도서관에서 도서를 분류하는 업무를 하였던 칼리마코스는 도서관을 8개의 주제로 구획하였다. 희곡, 웅변, 서정시, 법률, 의학, 역사, 철학, 시문집이 그 분류였다. 그 이후, 로마의 도서관들을 비롯해, 서구 유럽의 도서관들은 알렉산드리아 도서관의 분류를 모델로 삼았다.[11] 초기 기독교 도서관들은 서가 목록을 만들 때, 성경, 해설서, 성 아우구스티누스를 필두로 하는 초기 기독교 저술, 철학, 법률, 문법, 의학서 등의 순서로 나열하였다. 중세 이후에는, 대개 실용적 이유에서 책의 분류가 이루어졌다. 당시 도서관 이용자의 대부분은 성직자들이었고, 그들이 필요로 하는 서적은 특별히 찾기 쉬운 곳에 배치되었다.[12] 도서관의 도서 분류는 당대의 지식 체계를 반영하기 마련이었다.

---

11 매튜 배틀스, 강미경 역, 『도서관, 그 소란스러운 역사』, 넥서스, 2004; 라이오넬 카슨, 김양진 · 이희영 역, 『고대 도서관의 역사 : 수메르에서 로마까지』, 르네상스, 2003; 로이 매클라우드 외, 이종인 역, 『에코의 서재 : 알렉산드리아 도서관』, 시공사, 2004.

12 알베르토 망구엘, 앞의 책, 276~279면.

대학이라는 교육 기관은 중세시대 성직자와 수도사들에게 보다 높은 교육을 시키기 위해 생겨났다.[13] 서구에서 최초의 대학이라고 일컬어지는 볼로냐 대학은 11세기 무렵 설립되었다. 초기 대학의 중심 교육 분야는 '문법', '논리학', '수사학'으로, '말'과 '글' 표현과 밀접한 분야들이었다. 자연히 대학 교육은 '책'이라고 하는 언어 기록물에 의존하게 될 수밖에 없었다.

대학의 교과목들은 13세기 무렵 어느 정도의 체계를 갖추게 되었다. 14세기 무렵, 대부분의 대학들은 기존의 문법, 논리학, 수사학 등과 천문학, 기하학 등을 아울러 교양학부로 통합시키고, 신학부, 의학부, 법학부가 추가된 형태를 취하게 되었다. 이러한 대학의 교과 목록은 고대에 고안된 교부들과 중세의 지식 체계를 반영하고 있었다.[14] 물론, 이때 지식 체계는 '도서관'의 분류체계를 의미한다고 보아도 무방할 것이다. 다시 말하자면, 도서관의 분류 체계와 대학의 교과목 분류는 상동성을 가지고 있었다.

모든 교과목에서 교육은 소수의 '권위서'에 의존하였다. 이 권위서들은 인식의 일반적인 원칙들이 담겨 있다고 간주된 기본 텍스트였다. 문법에서는 프리스키아누스, 논리학・수사학・철학에서는 아리스토텔레스, 의학에서는 히포크라테스의 저작물, 신학에서는 성서, 법학에서는 민법대전과 교회법대전이 최고의 '권위서'를 차지하고 있었다. 실제 교육은 강독과 토론 위주로 이루어졌다. '강독'을 그대로 받아 적는 것은 금지되어 있어서 '암기'와 '대화'라는 고대의 교육 방식이 유지된 셈이었다. 하지만, 이런 형식의 교육에서도 '책'은 중요한 역할을 담당했다. 선생은 권위서를 기본으로 하여 몇몇 주해서를 참조하였다. 학생

13 이석우, 『대학의 역사』, 한길사, 1998; 크리스토프 샤를 외, 김정인 역, 『대학의 역사』, 한길사, 1999.

14 크리스토프 샤를 외, 위의 책, 44면.

들 역시 필기를 할 수 없다는 이유 때문이라도, 교재들과 일반 강독 해설서를 참조할 필요가 있었다.

당시 대학은 대학인들이 쉽게 책에 접할 수 있는 방법을 강구하고자 했다. 옥스퍼드를 비롯한 몇몇 대규모 대학들은 도서관을 갖추고 있었고, 그렇지 못한 대학들은 서적상을 통해 학생들이 축약본이나 견본을 이용할 수 있도록 권장했다.[15]

도서관은 대학의 교육과 연구의 중심이 되었고, 대학은 학문의 중심이 되어 갔다. 대학이 도서관을 바탕으로 점차 발전하면서, 대학의 학문 연구는 '책'과 '문헌' 중심의 지식 체계를 기반으로 이루어지게 되었다. 이후, 대학들은 점차 규모를 확대해나가게 되어 '종합대학교'의 체제를 갖춰나가게 된다. 이 과정에서 '칼리지'들의 분화, 혹은 새로운 칼리지의 추가가 이루어지는데, 이는 '도서관'의 책 분류 체계의 분화와 상당히 흡사한 양상으로 진행되었다.[16] 문학이 연극이나 음악 등 다른 예술 장르들과 별개의 학문 분야로 자리 잡은 것은 이러한 과정과 밀접한 관련이 있을 것으로 본다.

일제시대 조선총독부 도서관의 '신서부(新書部)' 도서 분류 현황을 보면, 철학・종교, 교육・사회, 법률・정치, 경제・통계, 어학・문학, 역사・지리, 이학・의학, 공학・군사, 산업・예술, 전서・잡찬(雜纂), 조선문(朝鮮門)[17] 등으로 분류되어 있었음을 확인할 수 있는데, 이는 듀이

---

15 크리스토프 샤를 외, 위의 책, 53면.

16 대학의 학과 분화는 대개 '사회적 수요'와 '학문 체계의 분화'를 원인으로 하여 이루어지는 것이 일반적이다. 그러나 광복 이후 우리의 대학에서는 정부의 정원 정책과 관련된 고등교육정책이나 대학의 이해관계에 따라 '학과 분화'가 이루어지는 경우가 훨씬 더 많았다(장동현, 「대학학과분화에 관한 분석적 연구」, 서울대 석사논문, 1984).

17 '조선문(朝鮮門)'은 조선과 관련된 서적을 지칭하는 것이었는데, 실제로는 만주, 몽골, 시베리아 지역과 관련된 서적까지 포함하고 있었으며, 조선을 '관문'으로 하여 대륙 침략의 야욕이 드러난 분과라고 할 수 있다. 한편으로는 우리의 고문서의 보관과 열람이 체계화되는 계기가 되기도 했다. 광복 이후 우리의 도서관 체계는 1947년 이후 박봉석이 조선총독부 분류를 기반으로 만든 것으로 알려진 '조선십진분류표'를

의 십진분류법(DDC : Dewey Decimal Classification)을 기반으로 하는 현재의 대다수 도서관 분류체계는 물론, '종합대학교'의 '단과대학' 분류와도 매우 흡사한 체계임을 한눈에 확인할 수 있다. 여기서 '문학'은 다른 '예술'과는 전혀 별개의 체계를 형성하고 있었고, '어학'과 결합하여 '언어'와 관련된 학문 분과를 구성하고 있었다. 반면, '예술'은 '기능(技能)'의 성격이 강조되면서 '산업'과 더불어 하나의 영역을 이루고 있었다.[18]

각 분야의 연구 문헌이 누적되고 연구 성과가 쌓여갈수록, 고정화된 도서 분류 체계와 학문 분과 체계를 상호 통합적으로 접근하기란 점점 더 힘들어졌다. 이 과정에서 '문학'은 '문자'의 독서 행위를 통해 소통되

국립중앙도서관 고문서 분류에 활용하였고, 신서(新書) 분류는 국제규격화된 듀이십진분류표를 활용하고 있다. 국립중앙도서관 편, 『국립중앙도서관 고문서해제』 Ⅰ·Ⅱ, 국립중앙도서관, 1972·1973; 서울600년사 홈페이지(http : //seoul600.visitseoul.net/seoul-history/sidaesa/txt/6-6-15-3-3.html) 참고.

18 일제시대 조선총독부 도서관 도서 열람 현황을 보면, 1920·1930년대에 걸쳐 '어학·문학' 분야의 열람 건수가 압도적으로 많았음을 확인할 수 있다. 다만 1930년대 후반 이후로는 '이학·의학' 분야도 '어학·문학' 분야 못지않게 관심 분야로 떠올랐음을 알 수 있는데, 이는 산업화와 과학 기술에 대한 관심이 증대되던 당대의 시대적 상황과도 밀접한 것이었다(조선교육회 편, 『文教の朝鮮(월간)』, 조선교육회, 1925~1942 참고).

부문별	第1門 철학·종교	第2門 교육·사회	第3門 법률·정치	第4門 경제·통계	第5門 어학·문학	第6門 역사·지리	第7門 이학·의학	第8門 공학·군사	第9門 산업·예술	第10門 전서·잡찬	朝鮮門 滿蒙·시베리아	계
본관	7,419	12,754	20,386	9,951	44,903	11,354	39,686	10,825	11,557	25,414	9,597	203,846
대중문고	2,075	2,875	2,531	2,551	11,352	2,738	1,914	2,536	1,575	12,213	1,593	43,953
합계	9,494	15,629	22,917	12,502	56,255	14,092	41,600	13,361	13,132	37,627	11,190	247,799

자료 : 吉村定吉 편, 「總督府圖書館 昭和7年(1932년) 閱覽現況」, 『朝鮮之圖書館』 제3권 2호, 朝鮮圖書館研究會, 1933.5, 23면.

부문별	第1門 철학·종교	第2門 교육·사회	第3門 법률·정치	第4門 경제·통계	第5門 어학·문학	第6門 역사·지리	第7門 이학·의학	第8門 공학·군사	第9門 산업·예술	第10門 전서·잡찬	朝鮮門 滿蒙·시베리아	계
열람자수	828	1,248	1,685	852	4,717	921	4,129	1,355	1,177	1,995	1,434	2,0341

자료 : 조선교육회 편, 「조선총독부도서관월보－昭和16년(1941년)5월 중」, 『文教の朝鮮』, 조선교육회, 1941.7, 59면.

고, '문헌'을 통해 연구되는 것이라는 관습은 제도화되는 데에 이르렀다. 요하임 패히의 언급처럼,[19] 교육적 · 학문적 관습에 의해 문학은 타 예술장르, 특히 대중적 예술장르로부터 분리되어 다뤄져 오게 된 것이다.

2) 근대 '문학' 개념의 편협성과 그 극복의 필요성

서사 텍스트와 매체의 관계를 연구하기 위하여, '말'과 '글'을 비롯한 매체의 변화 양상에 대한 몇몇 논의들을 검토함과 더불어, 우리에게 있어 '근대'의 출발과 함께 도입된 서구적 '문학' 개념이 어떻게 자리잡게 되었는지를 살펴볼 필요가 있다. 이는 '문학'이 '문자 언어 예술'과 동일시되어온 맥락에 대해 비판적 검토를 시도하기 위함이다.

오늘날 우리는 흔히 '문학'을 '언어로 된 예술'이라 간략히 정의하곤 한다. 회화, 조각, 음악 등과 더불어 '예술'의 한 장르로 인식되는 것이며, '언어'는 다른 예술들과 문학을 변별하는 표현 양식이자 매체라고 인식하고 있는 것이다. 본래, '문학(文學, literature)'은 동서양을 막론하고 학문(學問) 전반을 지칭하는 말이었다. 학문이 발달하고 세분화되면서, 문학은 '언어 예술 작품', 즉 '문예(文藝)', 그리고 그것을 대상으로 하는 특정 '학문 분야'를 의미하게 되었다.[20]

---

19 요아힘 패히는 '문학'이 '영화'나 'TV 드라마'와 같은 후발 서사 텍스트들과 더불어 다양한 매체 문화 가운데 일부로 자리 잡게 되었음에도, 학문적으로는 '영화'나 'TV 드라마' 등이 소홀한 대접을 받고 있는 것에 관하여 '교육학적 관습' 때문이라는 평가를 내리고 있다(요아힘 패히, 임정택 역, 『영화와 문학에 대하여』, 민음사, 1997, 5~8면). 영화나 TV 드라마는 어떠한 면에서, 종전 서사 예술의 확장, 그것도 매우 훌륭한 확장으로 볼 수 있을 것이지만, 그만한 학문적 범주로 받아들여지지는 못하고 있다(로버트 리처드슨, 이형식 역, 『영화와 문학』, 동문선, 2000, 19~21면).

20 이광수는 1929년 동아일보에 실린 「조선문학의 개념」에서 이미 '문학' 개념을 예술적 차원과 과학적 차원으로 양분하고 있다. "문학이란 말은 심히 意義가 廣博하고 모호하다는 것은 어느 문학론이나 (開卷劈頭에 반드시 하는 말이다. 그러나 가장 상식

우리의 경우, '문학'이 이러한 의미로 자리잡게 된 것은 서구의 영향을 받은 개화기 이후의 일이다. 이광수는 이 과정에서 '문학' 개념의 확립에 그 누구보다도 핵심적인 역할을 담당한 인물이었다고 일컬어진다. 그것을 다시 말하자면, 1910년대 무렵 이광수라는 개인에 의해 확립된 '문학' 개념의 영향이 현재에까지 미치고 있다는 것을 의미한다. 이광수를 비롯한 당시 사람들의 '문학'에 대한 인식이 어떠했는가를 살펴보는 일은 이제껏 많은 논의가 있어 왔음에도 불구하고, 다시금 언급하지 않을 수 없는 부분이다.

1910년 3월 『대한흥학보』에 '이보경'이라는 이름으로 실린 「문학의 가치」에서 다음과 같이 적고 있다.

> '文學'이라는 字의 由來는 甚히 요원ᄒᆞ야 확실히 其出處와 시대는 攷키 難ᄒᆞ나, 何如턴 其意義는 본래 '一般學問'이러니 人智가 점진ᄒᆞ야 학문이 점점 복잡히 됨애 '文學'도 차차 독립이 되야 其意義가 명료히 되야 詩歌, 小說 等 情의 分子를 포함ᄒᆞᆫ 文章을 文學이라 稱ᄒᆞ게 至하여시며, 英話에 (Literature) '文學'이라는 字도 쏘ᄒᆞᆫ 前者와 略同ᄒᆞᆫ 역사를 有ᄒᆞᆫ 者-라.[21]

이광수는 그 후, 지속적으로 '문학(文學)'의 개념(概念)과 정의(定義)에 대한 글을 발표하였는데, 1916년 『매일신보』에 연재한 「文學이란 何오」란 글에서는 "금일, 소위 文學이라 ᄒᆞᆷ은 西洋人이 사용하는 문학이라는 語義를 취ᄒᆞᆷ이니, 서양의 Literatur 혹은 Literature라는 語를 문학이라는 語로 번역"한 것이라며 서구적 문학 개념을 받아들이고 있음을 명

적으로 보아 문학이란 語는, (一) 藝術的인 부문, 즉 시가, 소설, 희곡을 주로 하는 文藝라 통칭하고, 또 그 작품을 創作이라 통칭하는 부문과, (二) 科學的인 부문, 즉, 문학개론, 詩論, 문학사, 문예평론 등 부문을 포함한 것이다(이광수, 「조선문학의 개념」, 『이광수전집』 16, 삼중당, 1964, 175면)."

21 이광수, 「문학의 가치」, 『대한흥학보』 11호, 1910.3, 15면(밑줄—인용자).

확히 밝히고 있었다.[22] '문학개론'의 성격으로 1924년 『조선문단』의 창간호부터 연재했던 「문학강화」에서는 또, 다음과 같이 적고 있다.

> 그중에도 '문학' 같은 말은 그 語義를 결정하기가 더욱 어려운 것이다. 그 어려운 첫 이유는, 그 우리 조선에서는 文學이라 하면 얼른 四書五經과 諸子百家와 史記와 詩와 文과 이러한 모든 漢籍을 연상함에 있다. 그래서 문학을 배운다 하면 이러한 것을 배움을 이르고, 文學者라 하면 이러한 것을 배운 자를 이른다. (…중략…) 지금 일본이나 조선이나 또는 중국에서까지도 文學이라 하는 것은 서양어 Literature의 飜譯인 것을 깊이 記憶할 필요가 있다. 대개 在來의 동양의 用語例로 보건댄, 위에도 말한 바와 같이, 詩와 文(本誌에 말하는 에세이 古文眞寶後集에 蒐集한 것 같은)은 문학으로 여겼으나, 소설, 각본 같은 것은 극히 천하게 보아서 文學에 참여를 아니 시켰는데, 서양어의 Literature 번역한 문학에서는 도리어 詩와 小說과 劇을 문학의 중심으로 보는 까닭이다. (…중략…) 그런즉, '문학'이란 무엇을 의미하는 말인고. 이에 대한 비교적 완전한 대답은, 이 문학강화 전부가 당할 것이어니와, 예비지식을 삼기 위하여 대강을 말하자면, "文學이란 어떤 종류의 예술적 형식에 의한 인류의 생활(사상, 감정 及 활동)의 상상적 표현인 文獻으로서 吾人의 감정을 動하는 것이라"할 것이다.[23]

요컨대 이광수는 자신이 사용하는 '문학'이라는 개념이 서구의 'Literature'에서 온 것임을 밝히면서,[24] 기존의 일반적인 '학문'으로부터 독립적으로 다루어져야할 '문학'은 시, 소설, 극을 중심으로 한 '문장(文

---

22 이광수, 「문학이란 何오」, 『매일신보』, 1916.11.10~23.

23 이광수, 「문학강화」, 『이광수전집』 16, 삼중당, 1964, 62~63면(밑줄－인용자).

24 이 문제와 관련해서는 황종연, 「문학이라는 譯語 : '문학이란 何오' 혹은 한국 근대문학론의 성립에 관한 고찰」, 문학사와비평연구회 편, 『한국문학과 계몽 담론』, 새미, 1999을 참고.

章)'이며, '문헌예술(文獻藝術)'인 것임을 명확히 하고 있다. 서구의 '문학' 개념을 받아들이면서, 무엇보다 '문장으로 기록한 것'이라는 점이 중요한 요건으로 작용함은 다른 논자의 당시 논의를 살펴보아도 알 수 있다.

> 文學이란 意義에 關하야도 時代와 人을 따라서 그 說이 不一하고 또 同時代에서라도 解釋을 따라서 廣狹의 차가 有하니, 支那로 論하야도 古世에는 文學을 文 혹은 著作物과 混同하며 혹은 道德的 意味를 利用하랴 하얏고, 泰西로 論하야도 吾人이 얼는 생각하기에는 自古로 文學에 대하야 意義가 一定한듯하나 그러나 사실은 그러하지 못하야 或은 文獻學으로 解釋하며 或은 文典學으로 摘意하며 或은 書籍으로 혼동하야 장구한 연간에 許多論議가 層出하얏더라 그 가운데 가장 廣漠한 定義를 논한 人은 십구세기 후반의 영국 대비평가오 또 시인인 마뛰, 아놀드(Matth Arnold)러라. 그는 말하되 "吾人이 書籍으로붓터 엇는 모든 知識은 文學이라"하얏더라. 이 定義는 爾來에 잇든 定義 가운데 가장 廣義의 定義니 만일 이 定義에 의하면 모든 書籍은 文學 아닐 수 업도다. (…중략…) 그러면 그 내용으로 논하야 文學은 空想 혹은 理想을 描寫한 것이오 他는 事實을 기록한 것이라 定할가. 그러나 우에 말한바, 司馬遷의 史記나 카-ㄹ라일의 佛國革命史와 갓흔 것은 空想도 아니오 理想도 아니오 정확한 事實을 技術한 것이나 역시 당당한 文學의 칭호를 占有한즉 그 내용만 관찰하야 事實非事實로만 구분하기도 不能하도다. 비록 空想이나 理想을 描出한 것이라도 文學의 일커름을 엇지 못한 것도 有하고 또 空想理想을 記한 것이 아니오 순수한 사실을 記한 것이라도 或은 매일의 경험을 기록한 日記라도 或은 必要에 因한 書翰도 文學의 가치를 有한 것이 多하니라.
>
> 그럼으로 文學의 意義를 論함에 吾人에게 知識을 공급하는 書籍은 文學이라 論定하기도 不能하고 或은 詩歌나 小說의 體裁를 具備한 것을 文學이라고 斷論하기도 不能하며 또는 內容이 空想과 事實임을 따라서 文學非文

學을 論하기도 不可하도다.[25]

文學은 其範圍가 廣范하고 其種類가 複雜하야 能히 簡明한 定義를 立하고 解釋하기 頗難하도다. 然이나 强히 表面上으로 解論하자면 曰, 文學은 美감상을 文字로 表現하는 것이라 할지라.[26]

최두선은 그 정의(定義)의 곤란한 점을 지적하고는 있으나 영국의 매튜 아놀드(Matthew Arnold)가 말한 "서적으로부터 얻는 모든 지식은 문학"이라는 명제를 1차적으로 받아들이고 있고, 안확 역시 '문학은 미적 감상을 문자로 표현하는 것'이라는 정의(定義)를 앞세우고 있다. 1910년대 무렵, '문학' 개념의 1차적 요건은 무엇보다 '문자'로 적힌 '문헌', 혹은 '문장'이어야 한다는 것이었다. 이 점이 문학에 대한 정의(定義)에 있어 계속적으로 언급되는 것은, 그 요건에 부합하는 정의(定義)는 너무나 광범위하다는 점이 지적될 수밖에 없음에도 불구하고, 기존의 '시가'나 '이야기'가 소통되던 방식과는 다른 방식, 즉 '문장'을 통한 소통이 '문학'의 제1요소임을 분명히 해둘 필요가 있었기 때문이었다.

당시 문학 개념의 정의(定義)에 있어 또 하나 중요한 부분은 '정(情)', 혹은 '심리(心理)'와 관련된 요건이었다.

그러면 '문학'이라ᄂᆞᆫ 거슨 무엇이며, ᄯᅩ 何如ᄒᆞᆫ 價値가 有ᄒᆞ뇨? 문학의 범위ᄂᆞᆫ 심히 넓으며 ᄯᅩ 其境界線도 甚히 朦朧ᄒᆞ야 到底히 一言으로 蔽之ᄒᆞᆯ슈ᄂᆞᆫ 無ᄒᆞ나 大概 情的 分子를 포함ᄒᆞᆫ 문장이라 하면 大誤ᄂᆞᆫ 無ᄒᆞ리라. 故로 古來로 幾多學者의 定義가 紛紛ᄒᆞᄃᆡ 一定ᄒᆞᆫ 者ᄂᆞᆫ 無ᄒᆞ고. 詩, 歌, 小說 等도 文學의 一部分이니 此等에ᄂᆞᆫ 특별히 文藝라ᄂᆞᆫ 名稱이 有ᄒᆞ니라.

---

25 최두선, 「문학의 意義에 관하야」, 『학지광』 3호, 1914.12, 26~27면.
26 안확, 「조선의 문학」, 『학지광』 6호, 1915.7, 69면.

원래 문학은 다못 情的 滿足 卽 遊戲로 싱겨나실디며 또 多年間 如此히 알아와시나 점점 此가 進步發展홈에 及ᄒᆞ야는 理性이 添加ᄒᆞ야 吾人의 思想과 理想을 支配ᄒᆞ는 主權者가 되며 人生問題解決의 擔任者가 된지라. (…중략…) 今日의 詩歌 小說은 결코 不然ᄒᆞ야 人生과 宇宙의 眞理를 闡發ᄒᆞ며 인생의 행로를 연구ᄒᆞ며 인생의 情的(卽 心理上) 狀態 及 變遷를 攻究ᄒᆞ며 또 其作者도 가장 深重ᄒᆞᆫ 態度와 精密ᄒᆞᆫ 관찰과 深遠ᄒᆞᆫ 想像으로 心血을 灌注ᄒᆞᄂᆞ니 昔日의 문학과 今日의 문학을 混同티 못홀디로다. 然ᄒᆞ거늘 我韓同胞 大多數는 此를 混同ᄒᆞ야 文學이라ᄒᆞ면 곳 一個 娛樂으로 思惟ᄒᆞ니 참 慨歎홀바-로다.[27]

이광수는 「문학의 가치」에서 '정(情)' 요소를 갖춘 '문장(文章)'이 곧 '문학(文學)'이라는 입장을 견지한다. 문학은 개인의 정적(情的), 혹은 심리적인 부분에 대한 관찰과 상상을 바탕으로 쓰여진 문장이라는 점이 보편적인 '학문'과의 변별되는 지점이라는 것이다.

우리의 心理的 活動이 엇더한가. 心理狀態는 心理學上 三種에 分하야 知・情・意로 論하고, 或 學者를 ᄯᅡ라서 이것을 二種에 分하야 知와 情意로 論하야 情과 意를 一種連續作用이라 하나니, 그러면 우리가 文學을 맛보아 그것이 生命이 有하다하면 우리의 心的 狀態의 엇더한 部分이 滿足함을 엇을가. (…중략…) 要하건대 文學은 글가운데에 情意를 늣는 것이니라. 이것이 勿論 완전한 定義는 아니라. 그럼으로 文學은 반드시 情意만 有하다 함이 아니오 情意가 그 主要部分이라 解釋함이 可하리로다.[28]

다시 文學의 功效로 말한진대 一面으로 觀하면 娛樂의 料와 消閑의 具가

27 이광수, 「문학의 가치」, 앞의 책, 16~17면(강조점-원문).
28 최두선, 「문학의 意義에 관하야」, 앞의 책, 27~28면(밑줄-인용자).

될 뿐이나 然이나 他面으로 보면 또한 人의 思想을 活動식히며 理想을 振興식히는 機械니라. (…중략…) 文學의 本領은 純文學이라 하는 詩歌 小說 敍事文 敍情文 등과 雜文學이라 하는 敍述文 評論文 等을 勿論하고 다 人間의 情神上 感銘과 理想上 活動을 與하는 바이라. 今에 文學과 政治와 比肩하면 政治는 人民의 外形을 支配한 者오 文學은 人民의 內情을 支配하는 者이라. 故로 一國民의 文明을 考함에는 政治의 變遷보다 文學의 消長을 察함이 大하며 또한 政治를 復興코자 할진대 몬져 人民의 理想을 復興하여야 其功을 可得하나니라.[29]

최두선과 안확의 글에서도, 문학은 '정의(情意)'와 같은 정신적 요소가 지배하는 것이라는 분명한 인식이 엿보인다. 일본 유학파를 중심으로 1900년대 무렵부터 '지(知)·정(情)·의(意)' 개념이 유행하였는데, 이 가운데 특히 '정(情)'의 개념은 서구의 'literature'의 개념과 결부되면서 '문학'을 정의(定義)하는 중요한 요소로 자리잡게 되었다.

개화기 무렵의 '계몽'이라는 거대 담론의 틀을 넘어서, 1910년대 무렵 문학이 '예술'로 인식되기 시작한 것[30]은 '정(情)' 혹은 심리(心理)라고 하는 추상적이며 반유교적(反儒教的)인 개념을 '문장(文章)', 즉 '문(文)'의 영역으로 끌어들이는 '문학'의 사회적·개인적 가치가 인정되었기 때문이라고 할 수 있다.[31]

당시의 '문학' 개념을 한마디로 요약하자면, "'정(情)'을 '문(文)'에 담아

29 안확, 「조선의 문학」, 앞의 책, 64면(밑줄－인용자).

30 김동식, 「한국의 근대적 문학 개념 형성과정 연구」, 서울대 박사논문, 1999.

31 이와 관련해서는 권보드래의 논의를 참고할 만하다. 권보드래는 우리의 '문학' 범주는 소설을 핵심에 두고 형성되었고, '민족적·예술적' 토대를 마련하면서 정립되었다고 말하고 있다. 여기서 그녀도 역시 '정(情)'의 개념을 주목하고 있는데, 고전적인 '문(文)' 개념의 통합적 가치가 무너지면서 등장한 서구적 '문학' 개념은 전통적으로 이어져 온 '문(文)'의 개념과 삼투적 영향 관계에 놓이게 되었다고 보고 있다(권보드래, 『한국 근대소설의 기원』, 소명출판, 2000, 25면).

놓은 것"이라고 말할 수 있을 것이다. 우리에게 있어 근대적 '문학' 개념은 근본적으로 '문자성'의 테두리 안에서 형성되어 온 셈이라 할 수 있는데, 특히 정서(情緖)와 심리(心理)처럼 추상적인 내면 — 개인 혹은 집단의 것 — 의 요소를 '문장' 안에 담아두는 서구적 '문학'의 존재는 일종의 '발견'과도 같은 것이었을지도 모른다. '문학(文學)'의 발견은 내면의 정서나 심리를 '문자(文字)'라는 매체(媒體)를 통해 표출할 수 있다는 인식의 발견이었다. 물론 그 이전에 존재했던 문장들에 내면의 정서나 심리가 내포되지 않았던 것은 아니나, '문자'라는 매체를 통해 다수의 대중들과의 교감이 이루어질 수 있다는 인식에 도달하고, 그 점에 있어서 문학의 가치와 의의를 깨달은 것은 1910년대 이광수를 위시로 한 이들의 성과라고 할 수 있을 것이다.

문제는 내면을 지향한 근대문학이 놓여 있는 당시의 사회적 맥락이 민족이나 국가와 같은 '전체' — 혹은 그러한 거대담론 — 를 지향하고 있었다는 점에서 생길 수밖에 없는 모순적 갈등이었다. 1910년대의 '문학' 개념에 대한 인식이 실제 '문학 작품'과 곧장 연결될 수 없던 이유가 바로 그러한 갈등 때문이었다. 또 한 가지 문제는 애초에 '문학(文學)'이란 기표 자체가 우리에겐 '학문(學問)'을 의미하는 것이었을 뿐 아니라, 새롭게 인식된 서구적 · 근대적 '문학'을 다수의 대중들과 소통될 수 있도록 하기 위해서라도 '문학'은 다시금 '학문'의 영역에서 다뤄질 필요가 있었다는 점이었다.

사실 우리의 경우, 서구적 의미에서의 '문학(文學)'은 학문 체계상 낯선 대상이었을 수밖에 없다. 그럼에도 불구하고, 중등 교육 과정에서부터 우리는 '문학'을 재빨리 필수 과목으로 받아들였다. 이광수는 「문학강화」에서 문학이 중요한 '학과'의 자리를 차지하게 된 이유를 다음과 같이 설명하고 있다.

어찌하여 중등교육에 文學史나 文學槪論이 필수과목이 되는가. 그것은 文學이 국민 생활에 극히 중요한 관계를 가진 까닭이다.

문학과 인생에 관하여서는 項을 달리하여 논할 기회가 있겠으므로 여기서 상론하기를 피하거니와, 娛樂과 敎養을 위하여 民衆이 가장 많이 섭취하는 것은 文學이다. 모든 예술 중에 회화, 조각, 음악, 극보다도 文學이 가장 감상하기도 용이하고 求得하기도 용이한 까닭이다. 다른 예술을 감상하려면 돈도 많이 들고, 또 기초적 교양도 많이 들고, 또 그 예술품이 있는 곳에 가지 아니하고는 求得할 수가 없거니와, 문학의 감상은 책 한 권만 사면 그만이요, 우편이 있는 곳에서는 어디서나 求得할 수 있고, 겸하여 언어와 문자만 알면 특별한 전공적 교양이 없더라도 불충분하게나마 감상할 수 있는 까닭이다. 이 때문에 문학은 모든 예술 중에 가장 通俗性과 普遍性을 가지게 된 것이요, 이 때문에 문학이 다른 모든 예술 중에서 가장 국민생활(한 국가를 표준으로 보면)에 密接緊着한 관계를 가진 것이다. 그런즉, 중등교육(그것은 국민교육의 中軸이다)에서 문학(특히 국문학)에 관한 기초지식을 일반국민에게 주어, 하여금 문학의 기원과 발달의 경로와 또 문학이란 어떠한 것임과 또 문학을 감상하고 비평하는 방법과 또 어떤 문학적 작품(가령 誰某의 작품, 무엇이라는 작품)이 가치 있는 작품인 것을 지시하는 것은 당연한 일이다.[32]

요컨대 '문학'이 가장 중요한 '학과(學科)' 가운데 하나가 된 것은 '문학'이 타 예술 장르보다 예술적으로 탁월해서라기보다는, '언어'와 '문자'만 알면 누구든지 이해할 수 있는 가장 대중적인 예술이기 때문이라는 것이다. 이광수는 문학이 모든 예술 중에 가장 통속적이며 보편적이기 때문에 국민 교육에 있어서 가장 필수적인 학과로 자리잡았다고 본

32 이광수, 「문학강화」, 『이광수전집』 16, 삼중당, 1964, 59면(밑줄−인용자).

것이다.[33]

아울러, 이광수는 아래와 같이 덧붙인다.

> 또 國家가 國文學을 尊重하는 한 이유가 있다. 소학교도 그러하거니와, 중학교의 소위 國語科란 것은 결국 國文學科다. 그 國民중에서 古來로 창작된 詩文중에 우수하고 대표적이라고 인정한 것은 편찬한 것이 國文讀本이란 것이다. <u>이렇게 國民教育에 國文學을 존중하는 이유는</u> 廣義의 품성도야라든가, 文字로써 사상과 감정을 표현하는 기술을 배우는 외에 <u>國民精神을 고취함에 있다.</u> 國民精神이라 함은 그 國民에게 특수하게 빼어난 이상과 감정을 이름이니, 이것은 그 國民의 정치 · 종교 · 습관 등에도 표현되지마는, 가장 순수하게 표현되는 데가 문학, 기타의 예술이다. 그러므로 國文學을 배우는 동안에 젊은 국민은 그 선조의 정신, 즉 國民精神의 감염을 받는 것이다. 이러므로 현대의 國家가 國文學을 존중하는 것이다.[34]

사실, 초기 '문학'이란 학문 체계는 '문학사'를 기반으로 하는 것이고, '문학개론'은 훨씬 뒤에 형성된 학문 분야였다.[35] 일제의 지배를 받던 당시, 우리의 '문학사'를 언급한다는 것은 당시의 '내지(內地) 문학', 즉

---

33 이해조의 「자유종」에서 국란의 발언을 유념할 필요도 있겠다. "보는 것은 다만 츈향젼 심청젼 홍길동젼들물샌이라 춘향젼을 보면 뎡치를 알겟소 심청전을 보고 법률을 알겟소 홍길동젼을 보아 도덕을 알겟소 말ᄒᆞᆯ진ᄃᆡ 츈향젼은 음탕교과셔오 심쳥젼은 쳐량교과셔오 홍길동젼은 허황교과셔라 ᄒᆞᆯ것이니 국민을 음탕교과로 가ᄅᆞ치면 엇지풍속이 아름다오며 처량교과로 가ᄅᆞ치면 엇지 장진지망이 잇스며 허황교과로 가ᄅᆞ치면 엇지 정대ᄒᆞᆫ 긔상이 잇스릿가 우리나라 란봉남ᄌᆞ와 음탕ᄒᆞᆫ 녀ᄌᆞ의 졔반악징이 다 이에셔 나니 그 영향이 엇더ᄒᆞ오(이해조, 『新小說 自由鍾』, 대한황성광학학보, 1910, 10~11면)." 여기서 이해조는 고소설 역시 하나의 '교과서' 역할을 해야 마땅하다는 인식을 엿보이는데, 이는 당시 '문학'이 이미 '학문'으로, 혹은 그것을 위한 '교과서'로서 역할을 해야 한다는 생각을 하고 있었던 것에 기인한다고 볼 수 있다.

34 이광수, 「문학강화」, 『이광수전집』 16, 삼중당, 1964, 59~60면(밑줄-인용자).

35 이광수, 위의 책, 59면.

'일본 문학'과는 변별되는 '조선 민족의 옛 문예 작품' — 특히, 한글로 기록되어 전해지는 것 — 을 발굴하고 정리하는 것이었다. 이광수는 1929년 1월 『신생(新生)』에 실린 글에서 다음과 같이 말하고 있다.

> 어느 나라의 文學이라 함에는 그 나라의 文으로 쓰이기를 基礎 條件으로 삼는 것이다. 중국문학이 漢文으로 쓰이고, 영문학은 英文으로, 일본문학은 日文으로 쓰이는 것은 元亨利貞이다. 만일 일본문학이 獨逸語로 쓰이고, 희랍문학이 梵語로 쓰이었다 하면, 「격몽요결(擊蒙要訣)」을 朝鮮文學이라 하는 膽大無學한 某대학교수도 驚惶失色할 것이다. 朝鮮文學은 朝鮮文으로 쓰이는 것이다.[36]

당시의 '우리 문학'은 조선어를 써서 창작되고 소통되는 '조선어 문학'을 의미하는 것이었다.[37] 어떠한 문학인가를 나누는 기준은 문학의 매체가 어느 나라의 '문자'로 되어있는가의 문제였고, 특정한 '문자'로 된 문학작품을 모아 정리하는 것이 바로 '문학사'였으며, 그것이 학문으로서 '문학'의 핵심적 과제였다. 이렇게 볼 때, 당시의 '국문학' 연구는 태생부터가 '민족주의'적·내셔널리즘적 성격을 가질 수밖에 없었던 셈이다.[38]

다른 글에서 이광수는 다음과 같은 언급을 하기도 하였다.

---

36 이광수는 이에 덧붙여, "'신라향가, 시조, 춘향전' 등과 더불어 서구의 영향을 받은 '신문학' 정도가 '조선 문학'이라 할 수 있다"고 말한다. 마지막으로 그는 "조선문학이란 무엇이뇨? 조선문(朝鮮文)으로 쓴 문학(文學)이라!"며 단언적으로 자문자답하고 있다. (이광수, 「조선문학의 개념」, 『이광수전집』 16, 삼중당, 1964, 175~178면)

37 이와 관련해서는 류준필, 「형성기 국문학 연구의 전개 양상과 특성」, 서울대 박사논문, 1998 참고.

38 당시의 '조선문학사'나 '조선문화사'를 언급하는 부분에서는 유난히 '단군' 이래의 왕조사를 내세우곤 하였다. '조선성', '조선문학'에 대한 관심이 결국 '국민성', '국민문학'으로 연결되고, 후에는 '제국신민' 이데올로기와 결부되어 '친일문학'에까지 연결됨은 이미 많은 논자들에 의해 논의된 바 있다.

> 어떤 나라의 문학은 그 나라의 語學이라는 흙에 핀 꽃이다. 國語를 떠난 文學이 있을 수 없고 또 國語도 文學으로 하여 보유되고 세련되고 발달되는 것이다.
>
> 朝鮮文學이 朝鮮語 위에 성립될 것은 無論이다. 그런데 조선어는 나날이 파괴되고 난잡하게 되는 과정을 밟고 있다.[39]

문자 중심의 '문학'에 '내셔널리즘'이 결합되게 된 것은 필연적인 것이었다. '인쇄'의 기술은 지방의 언어나 이민족의 언어들을 배제한 채, '중앙의 언어' — 표준어 — 를 공식화하는 결과를 가져왔다. '인쇄물'이나 '대중 매체'를 통해 '문자 문화'는 '근대적 내셔널리즘'이라는 획일적이고 중앙 집권적인 세력을 창출해냈다고 할 수 있다.[40]

'문학'이 '문(文)' 혹은 '문자 텍스트'의 범주 안의 개념으로 자리 잡으면서, '문학'에 있어서 어떠한 문자 언어를 매체로 활용하는가는 매우 중요한 문제로 대두될 수밖에 없었다. 우리가 '서구'로부터 들여온 근대적 '문학' 개념을 받아들인 채, 특히 일제 강점기란 시간적 토대 위에서 '조선 문학'을 논하는 데 있어서, 우리 민족의 '문자', 즉 '한글'의 존재는 매우 중요한 것일 수밖에 없었다.

근대의 '문학' 개념은 '내셔널리즘'과 '자본주의'의 형성과정과 그 시기를 공유한다. 더욱이 우리가 서구적 '문학' 개념을 받아들였던 시기는 우리의 국권 상실기와 거의 일치하며, 그 시기는 '한자'를 대신하여 '한글'이 지식인들에게 본격적으로 활용되기 시작하던 시기이기도 하

---

39 이광수, 「문학에 대한 所見」, 『이광수전집』 16, 삼중당, 1964, 189면(1929년 7월 23일~8월1일 『동아일보』 연재).

40 마샬 맥루한, 『구텐베르크 은하계』, 384면. 우리 문학뿐만 아니라, 어느 나라의 문학이든, 그 문학의 태동을 논할 때는 민족어·민족문자의 확립이 밀접하게 연관될 수밖에 없다. 이와 관련해서는 문명재·이동일 외, 『세계문학의 기원』, 한울아카데미, 2001을 참고.

였다. 결과적으로 '우리 문학', 혹은 '조선 문학'은 애초부터 문자성, 민족성 — 조선성 — 을 내포하는 개념으로 형성되었던 셈이다.[41]

광복 이후 60여 년이 흐르는 동안 우리의 '국문학'의 개념적 범주는 크게 달라지지 않았다. 광복 직후, 미군정기에 기틀이 세워진 우리말글의 교육 체계는 애국심 고취와 민족 의식, 그리고 반공주의라는 정치적 · 이념적 요구에 지배되고 말았으며,[42] 은연중 획득한 '보편성'에 대한 의문이 그다지 제기되고 있지 못한 실정이다. 고전 문학 연구가 '구전문학' 혹은 '구술문학'에 대하여 관심을 보이면서 '문자화되지 않은 문학 텍스트'를 연구 범주로 끌어들이기는 하였으나, 채록된 문헌텍스트를 중심으로 이루어지는 학문적 풍토는 '비문자(非文字)'의 영역을 '문자'의 영역으로 귀속시켜버리는 결과를 가져왔을 뿐이었다. '한문학' 작품들을 '국문학'의 영역으로 포함시킨 것은 문학의 매체가 된 '문자'가 무엇인가보다 '문학을 통해 소통되고 있는 내면'을 보다 중요시했다는 점에서는 의미가 깊지만, '문자' 중심의 문학 관념을 극복하는 데에는 별다른 도움이 되지 못했다.

우리는 우리의 교육 과정에서 '한국어'가 아니라 '국어'를, '한국문학'이 아니라 '국문학'을 배우고 있다.[43] 대학의 학과 체계에서 '국문학'은 다른 예술 장르들과는 '단절'되고, 타언어 문학 연구와는 '격리'되어 존재해오고 있다. '어문(語文)'이 무엇인가가 '문학'이란 학문을 분절하는 핵심 기준으로 작용하면서, '국어국문학과', '영어영문학과', '독어독문

---

41 베네딕트 앤더슨은 '민족'을 '상상의 공동체(imagined community)'로 파악하면서, 민족 개념의 형성에 인쇄자본주의가 큰 영향을 미쳤다고 주장한다(베네딕트 앤더슨, 윤형숙 역, 『상상의 공동체 : 민족주의의 기원과 전파에 대한 성찰』, 나남, 2002, 63면).

42 이에 대해서는 강진구, 「문학 텍스트의 정전화 과정과 문학권력 : 미군정기 중등국어 교과서의 선택과 배제를 중심으로」, 문학과비평연구회 편, 『한국문학 권력의 계보』, 한국출판마케팅연구소, 2004, 41~77면을 참고.

43 근래, 이러한 명칭 자체가 민족주의적이고 국가주의적인 이념이 깊게 깔려 있는 흔적이라고 보는 지적도 제기되고 있다(송효섭, 앞의 글, 99면).

학과'와 같은 학과 분류 체계가 유지되어오고 있는 것이다.[44]

일각에서는 '국학(國學)'이라는 이름으로 '내셔널리즘'의 기치 아래 인문학의 통합적 연구를 모색하는 시도도 나타나고 있다. 이는 국제화 시대에서 잊혀지기 쉬운 '전통'의 가치를 인문학의 입장에서 종합적으로 접근한다는 긍정적 측면이 있는 것도 사실이다. 하지만, 때로 학문적 '내셔널리즘'이 더욱 강화되는 경향으로 보이기도 한다.

그럼에도 '국문학'의 기존 범주들을 넘어서고자 하는 연구는 꾸준히 진행되어 왔다. '국문(國文)'의 범위를 넘어선 작품과 문학이론을 활용하는 연구나 비교문학적 연구, 그리고 연극이나 영화와 같은 인접 장르와의 비교 연구는 이미 오래 전부터 이루어지고 있었다. 근래에는 시나리오가 아니라 영화 자체를 텍스트로 다루는 국문학 논문들[45]이 등장하고 있으며, 일제시대 유성기 음반을 연구 대상으로 한 대중음악 연구 논문[46]이나 라디오 방송을 대상으로 한 연구 논문[47]이 나오기도 하였다.

그러나 연구 대상의 범위가 이렇듯 확대되고 있음에도 불구하고, 국문학의 대상과 그 매체의 범위가 어떻게 규정되어왔고, 또 어떻게 규정되어야 하는가에 대한 이론적 천착은 그다지 이루어진 바가 없다. 특히 '대학'의 학문 체계 내에서, '문학'이 대중 예술이나 새로운 서사 장르에 대해 개방적 태도를 보이는 일은 여전히 쉽지 않은 것이 사실이다. 앞

44 타 어문(語文)을 기반으로 한 대학의 '학과(學科)'들이 '영어영문학과', '독어독문학과', '불어불문학과' 중심으로 짜여있으며, '일어일문학과', '중어중문학과', '노어노문학과' 정도가 또한 상대적으로 많은 대학들에 개설되어 있는 학과라는 점을 살펴볼 때, 이러한 현상들은 '식민주의'나 '제국주의'의 잔재이거나 혹은 '선교사에 의한 대학의 설립', '종교의 대학에 대한 영향력'의 문제와도 연관되어 있다는 추측을 가능하게 한다.

45 백문임, 「한국 공포영화 연구 : 여귀의 서사기반을 중심으로」, 연세대 박사논문, 2002; 현철호, 「김기영의 〈하녀〉 연작 연구 : 영화적 특성과 근대성에 대한 인식을 중심으로」, 연세대 석사논문, 2004 등.

46 장유정, 「일제강점기 한국 대중가요 연구 : 유성기 음반 자료를 중심으로」, 서울대 박사논문, 2004.

47 서재길, 「한국 근대 방송문예 연구」, 서울대 박사논문, 2007.

서 언급했지만, '문학'의 개념이 새로 확립되고, '문학'이 하나의 학문 분과로 자리 잡게 되던 이광수의 시대, 그 무렵 '문학'이 중요시되었던 것은 그것이 대중들에게 쉽게 다가갈 수 있는 예술이었기 때문이었다. 그럼에도 현재의 '문학 연구'가 대중・대중문화와 상당한 괴리를 보이고 있다는 점은 모순된 현실로 지적될 수 있을 것이다. 이제 문학의 개념, 특히 '서사 문학'의 개념이 협소하게 한정되어 왔던 원인과 한계를 인식하고 '국문학'의 고정된 관습을 넘어설 필요가 있다고 본다.[48] 이로써 다양한 매체를 활용하는 서사 텍스트 전반의 변화 과정과 상호 간 영향 관계를 주목할 수 있으리라 생각된다.

3) 대중적 상품으로서의 서사 텍스트

알베르토 망구엘은 인류의 역사에서 '문자'의 등장은 가축의 수를 헤아리고 기록하기 위한 목적에서 이루어졌을 것으로 추론하고 있다.[49] 말하자면, '문자'의 기원 자체가 상업적인 목적과 결부되어 있다는 것이다.

본질적으로, 쓴다는 것은 독서를 전제로 한다. 다시 말해서, 그것을 소비할 대상을 필요로 한다는 것이다. 근대적 의미의 '책'의 고객이 확보된 것은 부르주아지가 본격적으로 등장한 이후의 일이다. 앞서도 언급했지만, 금속활자로 대량으로 인쇄된 책이 상업적으로 유통될 수 있었던 것은 도시의 팽창과 산업화의 추세 덕분이었다고 할 수 있다. 활판 인쇄는 대량으로 '책'을 보급할 수 있도록 만들었고, 한편으로는 '언

48 송효섭은 '국문학'의 '국(國)' 개념과 '문(文)' 개념을 차례로 해체하여, 역설적으로 국문학 담론의 확산을 모색할 것을 제안한 바 있다(송효섭, 앞의 글, 95~116면).

49 알베르토 망구엘, 앞의 책, 257~258면.

어'를 '지각과 탐구의 수단'이 아니라 휴대할 수 있는 '상품'으로 변화시키는 데 기여하였다.[50] 서사의 매체가 '말'에서 '문자'로 바뀜으로써 서사 텍스트의 사적 '소유'가 가능해진 덕분이었다.

조선 말기까지 우리의 서책들은 대개 50부에서 300부 가량의 부수를 간행하는데 그쳤다. 인쇄 기술 자체의 문제도 있었지만, 종이와 인쇄용 먹의 비용이 부담스러웠던 탓도 컸다.[51] 많은 부수를 간행해봐야 그것을 소비할 독자층이 충분히 확보되어 있지 못했기에 비용의 부담을 안고 책을 많이 간행하지 않은 것이다. 갑오경장 이전의 활자 인쇄는 반드시 필요한 양의 부수만 인쇄한 후, 그 조판을 바로 헐어버렸기 때문에, 한정된 부수 이상의 동일 텍스트가 존재하지 않았다.[52]

대량 복제 기술을 바탕으로 한 근대적 인쇄술이 본격적으로 도입된 이후로는 이전보다 훨씬 더 많은 부수의 인쇄물이 생산되었다. 더 많은 수의 대중이 동일한 텍스트를 함께 접할 수 있게 된 것이다. 이 변화는 그저 '기술(技術)'의 발달과 '인쇄부수'의 증가에 그친 것이 아니었다. 전대(前代)까지의 인쇄가 필요 — 독서수요 — 에 의해서 소극적으로 이루어진 것이라면, 이 시기부터는 수요 자체를 스스로 창출하고 확대시켜나갈 것을 목표로 인쇄가 이루어졌다고 할 수 있다. 좀 더 쉽게 말하자면, 과거에는 100명의 독자가 존재한다는 전제가 있을 때에 100부를 인쇄하는 식이었지만, 근대 이후에는 200부를 인쇄한 뒤 100명의 예정된 독자 외에 추가적으로 100명의 독자를 확보할 것을 목표로 하고, 그들을 독자 — 소비자 — 로 유인하는 전략을 쓰기 시작했다는 것이다. 요컨대 존재하는 독서수요 외에 새로운 수요를 창출하겠다는 전략의

50 마샬 맥루한, 임상원 역, 『구텐베르크 은하계 : 활자 인간의 형성』, 커뮤니케이션북스, 2001, 314면.

51 김동식, 앞의 글, 18~19면.

52 유탁일, 『한국문헌학 연구』, 아세아문화사, 1989, 37면.

등장이라 할 수 있다.

이러한 변화가 있었던 근대 전환기, 독자로 확보해야할 대중은 이데올로기적 계몽의 대상이거나 상업적 판매의 대상으로 인식되었다. 이런 관점에서, '대량'으로 인쇄된 인쇄물의 용도는 두 가지로 요약될 수 있을 것이다. 첫째는 더 많은 '대중들을 계몽시킬 목적'으로 인쇄된 경우이고, 둘째는 더 많은 '대중들에게 판매할 목적'으로 인쇄된 경우이다. 이를 우리의 경우에 적용해보자면 이해조의 「자유종」이나 장지연의 「애국부인전」 등이 전자의 경우라면, 「춘향전」과 같은 옛이야기를 '구활자본'에 담은 딱지본 소설들은 대개 후자의 경우였다고 할 수 있다.

이러한 시도를 가능하게 한 것은 '인쇄기술'의 발달이었고, 그 중심에는 '신문'의 등장이 있었다. 1890년대에서 1910년에 이르는 시기에는 다양한 이데올로기를 바탕으로 한 '신문'들이 다수 등장하였다. 이들 신문은 다양한 방식의 '이야기체'들을 담고 있었고, 독자들은 그 '이야기'들에 큰 흥미를 느끼게 되었다. 신문에 담긴 '활자화된 서사물'들은 신문의 상업적 판매에 있어 중요한 영향력을 갖게 되었다. 한글전용으로 펴낸 『독립신문』이나 『제국신문』 이후, 많은 신문들이 '한글'의 보급에 대하여 관심을 보였는데, 그것은 '민족 운동'이나 순수한 '한글 운동'의 차원으로 이해할 수도 있겠지만, '신문의 잠재적 독자층'을 확보하기 위한 상업적 전략으로도 이해할 수 있을 만한 것이었다.[53]

1910년 일제 강점기에 들어가면서, 한글로 된 신문은 총독부 기관지 성격의 『매일신보』와 지방지인 『경남일보』 정도만 남게 되었지만, '대량 인쇄물'의 대중적 영향력은 더욱 확대되어 갔다. 1910년대 이후부터

53 일제시대 들어서, 특히 1930년대 초반, 조선일보와 동아일보는 적극적인 문맹타파 · 한글보급운동을 벌였는데, 신문사 주도의 문맹타파 운동은 신문 보급을 확대하기 위한 것이라는 분석이 이미 그 당시에 제기되었었다(강준만, 『한국대중매체사』, 인물과사상사, 2007, 239~240면).

는 문학 작품들에 많은 지면을 할애하는 문예 잡지나 동인지들도 본격적으로 등장하기 시작했다. '문자 서사 텍스트'에 대한 독자층이 점차 형성되어가는 과정이었다.[54] 이때, '독자'란 다르게 말해서 '서사 텍스트'의 소비자, 혹은 그것을 전달하는 매체의 소비자라고 할 수 있을 것이다. 신문의 소비자로서, 혹은 단행본 책의 소비자로서의 '독자'는 서사 텍스트를 소비함과 동시에 '서사 텍스트'의 소통 과정에 참여하는 셈이다. 인쇄 매체의 생산과 유통 방식이 점차 대규모화되어감에 따라, 그리고 사회 자체가 자본주의화되어 감에 따라, 서사 텍스트는 '시장' 내에서 하나의 '상품'으로 기능하게 되었다.

그런데 문제는 '인쇄' 매체를 통한 상품이 충분한 소비자를 확보할 수 있을 만큼의 여건은 쉽게 성숙되지 않았다는 데 있었다. 특히 높은 '문맹률'은 소비자로서의 대중 독자를 확보하는 데 가장 큰 걸림돌일 수밖에 없었다.[55] 다만 '문맹률'이 점차 줄어들었던 것만은 분명하며, 도

---

54 1920년대를 전후로 한 인쇄물의 발행부수를 살펴보면 다음과 같다. 1910년대 중반 『매일신보』는 약 1만 부의 발행부수를 기록했고, 1918년~1924년 사이 『무정』은 1만 부 이상의 판매를 기록했다. 1921년 무렵 『창조』는 2천 부, 1924년 『조선문단』의 창간호는 1천5백 부, 2호는 2천 부를 찍었으며, 그 무렵 일간 신문들은 약 1만 부 정도를 찍었다. 당시 『개벽』에 실린 내용을 근거로 하면, 당시 조선 내에서 잡지를 구독한 인구는 총 7만 명 정도로 추산된다(천정환, 「한국 근대소설 독자와 소설 수용 양상에 대한 연구」, 서울대 박사논문, 2002, 26~27 · 57면).

55 개화기에서 일제시대까지의 문맹률과 관련해서는 노영택, 「일제시기 문맹률 추이」, 국사편찬위원회 편, 『국사관논총』 제51집, 탐구당, 1994을 참고. 이 논문이 인용하고 있는 1920년대 『동아일보』의 자료를 통해 짐작해보자면, 1920년 무렵까지 문맹률은 90%를 훨씬 넘어섰던 것으로 보인다. 전국적인 문맹률 조사는 일제가 1930년에 '국세조사'를 할 때 이루어졌다. 이 조사에 의한 통계를 보면, 일본어와 한글을 모두 읽고 쓸 수 있는 사람은 6.78%, 일본어만 읽고 쓸 수 있는 자는 0.03%, 한글만을 읽고 쓸 수 있는 사람은 15.44%였으며, 일본어와 한글 모두 읽을 수도 쓸 수도 없는 '문맹자'는 77.73%에 달하는 것으로 나타나있다. 특히 여성 문맹률은 92.04%로 조사되었다. 지역별로 보면, 평남과 경기도의 문맹률이 각각 69.9%, 70.7% 정도로 낮은 편이었으며, 경북, 경남, 충북, 전남 등은 80% 이상의 문맹률을 보였던 것으로 드러나 있다. 이 논문의 자료를 통해 짐작해 보건대, 1900년 전후 개화기 무렵의 문맹률은 통계가 무의미할 정도로 높은 수준이었을 것으로 보이며, 1930년대의 문맹퇴치운동에 불구하

시 지역의 경우 그 추세가 확연했던 것도 분명하다. 따라서 서사 텍스트의 '독자-소비층'은 점차적으로 확대되어갈 수 있었을 것이다. 다만, '문자 매체'에만 집착할 필요가 없었던 것은 '연극', '영화', '방송'과 같은 매체들을 통해서도 '서사 텍스트'는 소통될 수 있었기 때문이다.

'인쇄 매체'에 비해 보다 체계적인 유통 방식이 요구되는 '영화' 장르의 서사 텍스트나 훨씬 더 큰 자본의 투자가 요구되는 '방송' 매체를 통한 서사 텍스트의 경우는 '상품'으로서의 성격이 더욱 강할 수밖에 없었다. 더군다나 전파를 이용하는 대부분의 '방송'은 책, 영화, 연극과는 달리, 직접적인 소비자 개인에 과금(課金)하는 방식이 아니라, 불특정 다수를 대상으로 하는 '광고'를 통해 수입을 창출하는 방식이어서, '상품성'을 광고주나 자본가에게 인정받아야 한다는 특성도 지니게 된다. 보다 발전된 '기술(技術)'을 활용하는 매체일수록 '자본'이 필요했고, 그러한 매체를 통해 소통되는 서사 텍스트는 '상품'으로서의 대중적・상업적 매력이 필수적이기 마련이었다. 거꾸로 말하자면, '서사 텍스트'가 대중들에게 관심을 끌게 되면서부터 그것은 시장 내 '상품'으로서의 가치를 지니게 되었고, 그 가치의 정도는 그 서사 텍스트의 대중성과 직결되는 문제가 되었다고 할 수 있다.

기술과 자본의 발달은 끊임없이 새로운 '매체'를 탄생시켜 나갔다. 그런데, 새로운 매체의 등장은 그저 기술의 발전으로 인한 자연스러운 결과만은 아니었다. 새로운 매체는 기술의 발전에 의지하여 등장하는 것일 수도 있지만, 그 매체에 기반한 서사 텍스트가 본격적으로 소비되기 위한 사회문화적인 토대의 변화가 전제되어 있다고도 할 수 있다. 또한 기술자본의 입장에서는, '신매체'를 탄생시켰을 때 얻을 수 있는 '상업적 이익'에 대한 예측도 이루어져야만 했을 것이다.

고 1940년 무렵에도 6,70% 이상의 문맹률을 기록하였던 것으로 보인다.

우리가 흔히 '뉴미디어'라고도 말하는 '신매체'란 최근에 등장한 디지털 전자 매체만을 언급하는 것이 아니다. 음성 언어가 지배하던 시대에 등장한 '문자'나 '활자'도 '신매체'였으며, 100년 전 '딱지본'이나 '신문' 역시 획기적인 '신매체'였다. 그러한 '신매체'는 그때마다 획기적인 반향을 불러일으키곤 했겠지만, 기존의 매체를 완전히 소멸시키거나 완벽히 대체하면서 등장한 경우는 거의 없었다. 매체의 변이 양상은 기존의 것을 '대체(代替)'하듯 이루어지는 '진화(進化)'라기보다는 늘 대중들 속에서 '경쟁'하는 관계였으며, 항상 기존의 매체를 참조하고 활용하는 방식으로 변모하여 왔다. '신매체'의 등장은 일정한 사회문화적 변화 위에서 기술의 발달을 촉매로 이루어져 왔으며, 신매체를 활용한 '서사 텍스트'는 기존 매체의 서사 텍스트들과의 경쟁과 영향관계 속에서 대중들과의 소통의 기회를 맞이해 왔던 것이다.

2. 서사의 재매개와 서사 텍스트의 수사학적 구성

1) 서사의 재매개 역학

인간의 심리는 언어라는 수단을 통해 매개될 수 있다. 앞서 살펴본 것처럼, 근대적 '문학' 개념은 특히 '문자' 언어에 근간을 둠과 동시에 개인의 '정서'와 '심리'를 주목함으로써 형성될 수 있었다. 이것을 다시 바꾸어 말하자면, 문학은 인간의 정서와 심리를 '문자'라는 매체를 통해 매개[56]함으로써 존재하는 것이라 할 수 있다.

타인과의 발화 이전에 인간은 이미 자신의 과거 경험과 심리적 상태를 인식하는, 내적인 언어 활동을 하게 마련이다. 앤소니 폴 커비는 '발화하는 주체'와 '발화되는 주체'를 분리하여 사고한다면, '언어'를 매체로 하여 이루어지는 정신적 기술 행위로서의 '자기-서술(self-narration)'의 과정을 주목할 수 있게 된다면서, 이를 '준-서사(quasi-narrative)'라는 용어를 사용하여 설명한 바 있다.[57] 이는 폴 리쾨르(Paul Ricoeur)가 말하는 '전-이해(pre-understanding)'[58]와도 유사한 개념이기도 한데, 요컨대 인간의 내적 사고의 과정과 물리적 체험도, 언어적 표현의 과정이 내재되어 있다고 볼 수 있다는 주장들이다.

이러한 관점에서, 줄리아 크리스테바(Julia Kristeva)는 두 명 이상의 사람이 함께 발화(發話)-수화(受話)의 과정에 참여하는 커뮤니케이션의 경우를 도식화하면서 다음과 같이 (ㄱ)에서 (ㄴ)으로 수정하였다.

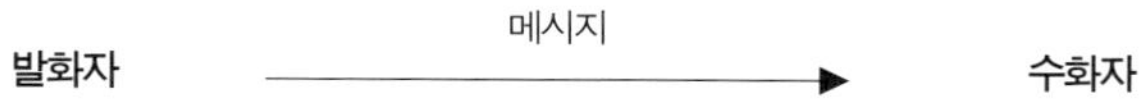

(ㄱ)

(ㄴ)

크리스테바는 이러한 도식과 함께 "말한다는 것은 곧 스스로에게 말

---

56 본 연구에서 '매개(mediation)' 혹은 '재매개'는 '행위'의 의미를 내포한 서술적 용어로, '매체(medium)'는 매개의 기능체를 의미하는 것으로 구별하여 사용하도록 하겠다.

57 Anthony Paul Kerby, *Narrative and the Self*, Bloomingstone and Indianapolis : Indiana UP, 1991, 3면.

58 폴 리쾨르, 김한식 · 이경래 역, 『시간과 이야기 I : 줄거리와 역사 이야기』, 문학과 지성사, 1999, 146~147면.

하는 것"이라고 언급한다.[59] 그녀는 발화자 혹은 수화자는 외부 타인과의 소통 이전에 늘 '내적 수화 · 발화'의 과정을 거치기 마련이라고 보고 있는 것이다.[60] 이렇게 본다면, 위의 (ㄴ)도식에서 언어는 '발화자'와 '수화자'의 내적 영역에서 각각 매체로 기능한다고 말할 수 있다. 양쪽의 영역에서 '언어'를 통해 매개된 메시지는 양자(兩者) 간의 소통 과정에서 표출된 '음성 언어'로서 재차 매개된다. 결국, 두 사람 이상의 언어적 소통은 '언어'를 통해 '재매개(remediation)'됨으로써 이루어지는 것이라고 할 수 있다.

'재매개(remediation)'라는 개념은 제이 데이비드 볼터(Jay David Bolter)와 리처드 그루신(Richard Grusin)이 '비매개 (immediacy)'와 '하이퍼매개(hypermediacy)' 사이 모순의 극복을 고민하며 제시한 개념이다. 매체들(media)이 매개의 자취를 지워버리려 하는 '비매개'적 경향과 매체를 증식시키고자 하는 '하이퍼매개'적 경향을 동시에 보인다는 점을 설명하면서, 그들은 '재매개' 개념을 끌어들인다.[61] 투명성과 비투명성 사이를 진동하는 매체의 정체를 밝히는 과정에서 '재매개'의 성질이 드러나게 된 것이다.[62]

그들은 '재매개'란 새로운 매체가 앞선 매체 형식들을 개조하는 형식 논리라고 정의하면서, "모든 매개는 재매개"이자 "재매개는 매개의 매개"라고 언술한다. 각각의 매개 행위는 다른 매개 행위에 의존하며, 각각의 매체가 매체로 기능하려면 서로를 필요로 한다.[63]

---

59 줄리아 크리스테바, 김인환 · 이수미 역, 『언어, 그 미지의 것』, 민음사, 1997, 14~15면.

60 이에 대해서는 졸고, 「서사텍스트의 구성 원리 연구 : 1930년대 단편소설을 중심으로」, 서강대 석사논문, 2000, 10~16면을 참고.

61 제이 데이비드 볼터 · 리처드 그루신, 이재현 역, 『재매개 : 뉴미디어의 계보학』, 커뮤니케이션북스, 2006, 3면. 여기서 '비매개'와 '하이퍼매개'란 개념은 본 연구에서 '투명화'와 '반성화', 혹은 '재매개의 투명성'과 '재매개의 반성성'이라고 칭할 개념과 근본적으로 동일하다.

62 위의 책, 18면.

앞서 언급한 '언어'의 재매개 역할은 이러한 관점에서 다시금 입증된다. 볼터와 그루신에 따르면, '모든 매개되는 것은 이미 매개되었던 것'이며, 매체를 통해 소통되는 모든 것은 상호매개적인 관계를 가지는 것이다. 문학적 논의에서 자주 언급되는 '재현(re-presentation)'도 결국 "모든 현시(presentation)는 재현"이라는 인식의 바탕 위에서 나온 말이라고 볼 때, "모든 매개는 재매개"라는 명제는 그리 낯설거나 뜻밖의 것으로 여겨지지 않는다. 게다가 이미, 마샬 맥루한은 그 유명한 "미디어는 메시지다"라는 명제를 내세우며 이렇게 말한 바 있다.

> 모든 미디어의 '내용'은 언제나 또 다른 미디어임을 의미한다. 말은 씌어진 것의 내용이고, 씌어진 것은 인쇄의 내용이며, 다시 인쇄는 전보의 내용이다. '말하는 것의 내용은 무엇인가'라는 질문을 받게 될 경우, 우리는 반드시 '그것은 실제적인 사고 과정이며 그 과정 자체는 비언어적인 것이다'라고 답하게 된다.[64]

맥루한은 '말'이 '글'의 내용이듯, 모든 매체는 또 다른 매체를 '매개'한다고 보고 있다. 맥루한은 '매체를 통해 전달되는 것이 메시지'라고

---

63 위의 책, 65~66면. "모든 매개는 재매개"라는 언급은 마치 "모든 해석은 재해석"이라는 리쾨르의 인식을 연상시킨다. 이미 프레드릭 제임슨이 언어로 또다시 언어를 지시해야하는 난처함을 말하며 사용한 '언어의 감옥'이라는 표현이나, 보들리야르가 실재와 인공물을 구분하는 것의 어려움을 언급하며 사용한 "시뮬라시옹(Simulation)"을 떠올릴 법도 하다. 이미 보편화된 후기 구조주의적 관점으로부터 "텍스트의 바깥은 없다"는 데리다의 관점에 이르기까지, '원본'과 '구성된 것'의 명확한 구별은 불가능해진 것으로 파악한다. 볼터와 그루신의 입장은 이것은 매체의 매개 과정에도 적용할 수 있다는 것인데, 그들에 따르면 이미 매개되지 않은 채 매개되는 것은 있을 수 없으며, 매개된 것과 실재의 것도 구별할 수 없다. 그들은 "매체(media)는 재매개하는 그 무엇"이라 정의하며, '하나의 표상 형식이 다른 매체를 거의 또는 전적으로 참고하지 않고 존재한다고는 생각할 수 없다'고 주장한다. 위의 책, 76면 참고.

64 마샬 맥루한, 김성기 · 이한우 역, 『미디어의 이해 : 인간의 확장』, 민음사, 2002, 36면(밑줄-인용자).

보는 과거의 관점을 '결국 그 메시지도 매체'라는 관점으로 전환시키고 있는 것이다. 그러나 맥루한의 위 언급과는 달리, 말과 글의 선후관계, 언어와 비언어적인 것의 경계조차 불명확하다고 보는 것이 후기구조주의 이후의 일반적 인식이다. '언어사전(言語辭典)'이나 '백과사전(百科事典)'이 그러하듯, 언어는 또 다른 언어로써 설명될 수밖에 없는 것이며, 결국 언어 바깥의 것은 없다고도 할 수 있다. 앞서 크리스테바의 도식을 떠올린다면 '실제적 사고 과정' 역시 언어적이지 않다고만은 할 수 없게 된다.

다만 볼터와 그루신의 '재매개' 개념은 텔레비전이나 컴퓨터 게임과 같은 근래의 '신매체'에 초점을 맞추고 있는 것에 반해, 본 연구는 '재매개'의 개념을 근대 이후 등장한 다양한 매체와 그것을 통해 소통되는 서사 텍스트 전반으로 적용하고자 한다.

재매개의 과정을 조금 더 이해하고, 조금 다른 측면에서 접근하기 위해, 회화와 사진을 떠올려 볼 수 있겠다. 회화는 2차원적 평면 위에 선과 색을 표현하는, 가장 역사가 오래된 예술 장르 가운데 하나이다. 짐승들이나 자연 환경을 주로 대상으로 삼던 원시 회화로부터, 회화는 인간이 시각을 통해 감각한 '이미지'를 2차원 평면에 옮겨놓는 일이 무엇보다 중요했다. 그러나 회화의 '사실성'에는 뚜렷한 한계가 있을 수밖에 없었다. 사진은 회화의 한계를 획기적으로 뛰어 넘는 것이었다. 그리스・로마 시대로부터 '카메라 옵스큐라(camera obscura)'를 통해 실상(實像)을 재현하려는 노력이 있었으며, 레오나르도 다빈치 시대를 거쳐 18세기 이후부터는 회화의 보조수단으로써 어둠상자를 이용하기도 하였는데, 사진 기술은 '실상의 재현'을 현실로 만들어낸 것이다. 사진은 2차원적 평면으로 된 '회화'를 재매개화하면서 발전한 기술이라 할 수 있다.

그런데 여기서 회화, 혹은 사진이 담아내려 한 '실상'이라는 것은 사실 인간의 눈을 통해 보이는 시각적 이미지일 뿐, 실제 현실과 일치되는 것은 아니다. 인간 역시, 빛의 굴절과 반사로 벌어진 현상을 시각이라는 감각을 통해 매개하여 받아들이고 있을 뿐이다. 다시 말해서, 회화와 사진 모두, 인간의 시각에 의해 이미 '매개'된 실재(實在)를 나름의 기법 — 혹은 기술 — 으로써 평면적 이미지로 '재매개'하는 것이라 할 수 있다.

다시, 근대문학 개념의 문제로 돌아가 생각해보자. 전통적인 구비서사의 경우, 서사의 화자는 '전달자'나 '이야기꾼(teller)'의 역할을 맡을 뿐, 이야기에 관여하지 않고 참여하지 않기 마련이다. 전통적 구비 서사는 신(神)이나 다른 인물들의 행위나 그와 관련된 사건을 전달하는 데에 중점을 두기 마련인데, 이때 서사 내부에 화자는 존재하지 않는다. 아니, 화자는 서사 내부에 있어서는 안 된다고 해야 할 지도 모른다. 중세시대까지 서사 예술가들은 "자신의 존재를 사라지게 하려는 시도"를 하며 서사를 소통시켰다.[65] 구비 서사에서 화자는 자신의 암기와 낭송을 통해 이야기와 청중 사이를 "재매개한다(remediate)."[66] 이때, 화자는 스스로를, 그러니까 '매체'를 숨기는 방법으로 서사를 소통시킨다. 단적으로, 서사의 매체는 서사의 소통 과정에서 매체가 사라지기를 바란다고 말할 수 있을 것이다. 물론, 서사의 내용이 사실적으로 진실되게 소통되기를 바라기 때문이다. 때로, 구비 서사의 화자가 서사 속 인물의 목소리를 흉내내듯 말하거나, 몸짓과 표정으로 그 인물의 심리를 전달하려는 것, 또 과장되게 청중과의 친밀감을 자극하기도 하는 것은 서사 소통 과정에서 '사실성(reality)'을 부여하기 위한 노력이다. 청중의

65 로버트 숄즈 · 로버트 켈로그, 임병권 역, 『서사의 본질』, 예림기획, 2001, 78면.

66 위의 책, 같은 곳에서는 "매개한다(mediate)"는 표현을 썼는데, 여기에선 "재매개한다"는 표현으로 대체하였다. 앞서 언급했듯, '매개'는 결국 '재매개'일 수밖에 없다는 견해를 반영한 것이다.

입장에서 '매체'가 '(재)매개'하고 있다는 의식이 사라질수록 서사는 더욱 사실적으로 다가오기 마련이다.

근대 이후, '문자'는 인간의 심리를 수사학적으로 재현하는 수단이 되면서 서술자의 정서나 서술자 자신이 서사 안으로 스며들 수 있게 하였다. 문자를 매체 수단으로 삼은 근대문학은 인간의 심리를 소통과 소비가 가능한 것으로 만들었다. 그런데, '재매개'의 관점으로 바라본다면, 결국 '문자'라는 매체로 소통되는 것은 이미 경험・심리 작용 내에서 '언어를 통한 매개'를 거친 것이라 할 수 있으며, 때로는 '음성 언어'를 통해 매개되어 소통되던 것을 '문자'를 통해 '재매개'한 것이라 할 수 있다. 근대문학, 특히 소설을 문자 서사 텍스트라는 이름 붙인다면, 다음과 같은 도식이 가능할 것이다.

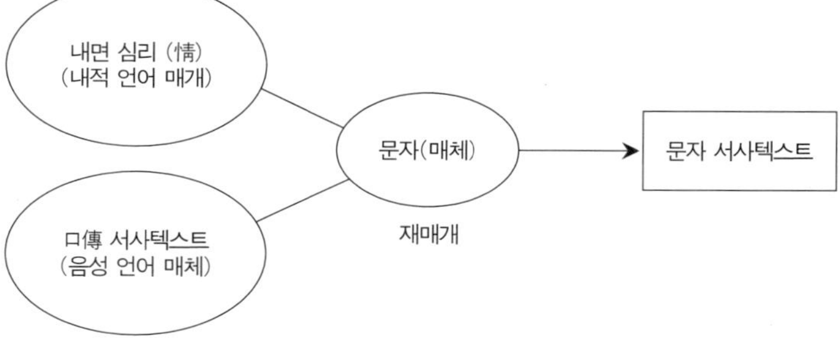

대표적인 근대적 서사 텍스트라 할 수 있는 '소설'은 기존에 존재하던 수많은 표현 양식 — 이미 매개된 것 — 을 자신의 것으로 포괄해냄으로써, 다시 말해 재매개함으로써 형성될 수 있었다고 해도 과언은 아닐 것이다.[67] 소설은 기존의 구술 서사는 물론이고, 역사, 서신 등을 재

67 마르트 로베르는 유럽 근대 사회에서 소설이 단시간에 거둔 놀랄만한 성공을 '벼락부자' 혹은 '제국주의적 영토 정복'에 비유하고 있다. 그는 "미성년 장르라는 대열로

매개하면서 다양한 형식과 내용으로 발전해나갈 수 있었다.

이 과정에서 소설 역시, '문자'라는 매체를 독자들이 의식하지 못하게 하는 방식으로 사실성을 확보할 수 있었을 것이다. 그런데 특히 주목할 만한 것은, 근대소설이 택한 방식은 다름 아니라 '서술자'라는 존재를 통해 그것이 마치 구비 연행되는 것처럼 인식되도록 하였다는 점이다.[68] 1인칭이든, 3인칭이든, 그리고 서술자의 존재가 뚜렷하든, 그렇지 않든, 소설의 '서술자'는 문자 서사 이전의 구비 서사 화자처럼, 인물과 사건, 상황을 피서술자나 내포독자 — 궁극적으로는 독자 — 에게 전달하는 역할을 하는 셈이다. 또 한편으로, 초기 근대소설이 독자적(獨自的)인 소통 매체를 갖지 못하고, 신문이나 잡지와 같은 대중인쇄매체에 의존하여 소통되었던 점을 유념한다면, 신문·잡지라는 매체의 속성에 기대어 '소설'이란 새로운 장르의 서사를 대중들이 친숙하게 받아들일 수 있는 기회를 얻기도 했으며, 때로는 신문·잡지 매체의 특성의 영향을 강하게 받을 수밖에 없었음도 기억할 필요가 있다.[69]

근대 연극이나 영화와 같은 경우는, 별도의 서술자가 없이 인물의 대화와 행동이 직접적으로 관객들의 감각 — 특히 시각과 청각 — 에 전달된다는 점에서, '재매개'의 존재감이 크게 느껴지지 않는 서사 텍스트라고 할 수도 있을 것이다. 사실, 대개의 연극과 영화가 이미 문자텍스트화되어 있는 희곡이나 시나리오를 재매개하는 방식으로 만들어진

부터 벗어나고 전례 없는 어떤 힘을 구가하게 된 소설은 (…중략…) 이웃들의 영토를 끈기 있게 병합함으로써 거의 모든 문학영토를 식민지 상태로 떨어뜨리기까지 했다"면서, "무한한 확장을 유일한 법칙으로 삼는 정복자의 자유를 가진 소설은, 옛날의 문학적 계급적 제도를 결정적으로 없애버리고, 모든 표현 형식들을 제 것으로 삼고 있으며, 모든 문학적 기법들을 그 사용 자체의 정당성을 가려하지도 않은 채 그의 이익을 위해 활용하고 있다"고 주장하였다(마르트 로베르, 김치수·이윤옥 역, 『기원의 소설, 소설의 기원』, 문학과지성사, 1999, 11~12면).

68 말로우에 의해 서술되는 콘래드의 소설 『암흑의 심연』은 그러한 예가 될 수 있을 것이다(로버트 숄즈·로버트 켈로그, 앞의 책, 77면).

69 제3장의 1·2절에서 다시 언급하게 될 것이다.

다는 점을 떠올린다면, 연극과 영화의 '재매개' 방식은 한층 중층화된 재매개 구조를 보다 더 깊숙히 감추는 방식으로 구성되어 있다고 할 수 있겠다.

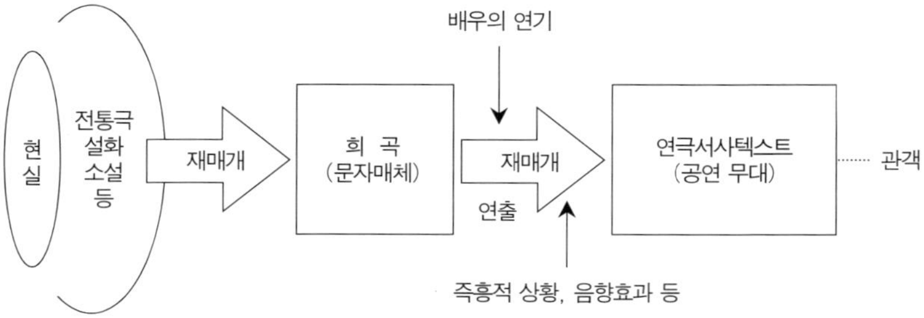

연극서사의 재매개와 소통

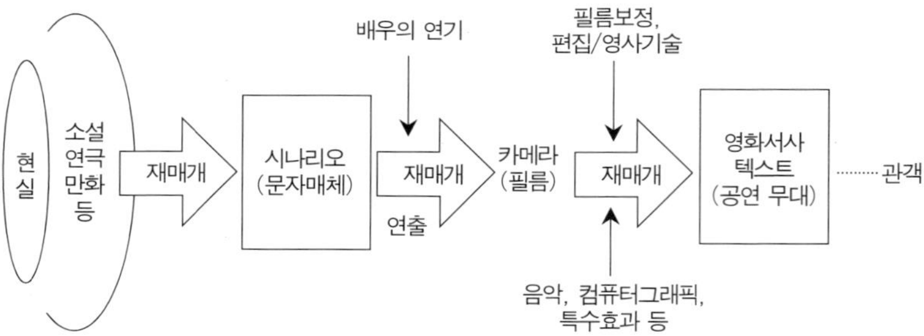

영화서사의 재매개와 소통

연극은 전통극이나 구전 서사, 소설, 혹은 작가의 내면을 문자 매체로 재매개함으로써 만들어진 '희곡'을 바탕으로 한다. 희곡은 연출 과정을 통해 다시금 재매개됨으로써 무대 위에 올려지는데, 여기에는 배우의 연기, 음향 효과 등이 동반된다. 이로써 연극은 '무대'라는 현실적 시공간을 매체로 하여 관객들과 소통되는 '서사 텍스트'가 되는 것이다.

영화는 배우들의 연기가 관객 앞에서 이루어지는 것이 아니라 카메라 앞에서 이루어지는 것이고, 그것은 필름에 담겨진 뒤 다시금 여러 가지 기술적 과정을 거쳐 영사됨으로써 관객과 소통된다.[70] 그러므로 영화는 연극보다도 조금 더 복잡한 재매개의 과정을 거침으로써 소통되는 서사 텍스트라고 할 수 있다.

연극과 영화는 희곡・시나리오와 같은 문자 서사 텍스트를 중층적으로 재매개하게 되는데, 그 과정은 대개 관객들에게 '사실감'을 주는 것을 목적으로 한다. 연극 무대 위의 배우들은 '문자' 상태의 대사를 자신의 음성을 통해 연기함으로써, 관객들이 그것을 3차원적 현실에서 체험하는 대화 상황으로 느낄 수 있도록 희곡을 재매개하게 된다. 영화에 활용되는 각종 기술과 효과는 대개, 2차원적 평면 위에 비춰진 '빛과 그림자'일 뿐인 이미지를 관객들이 '현실감' 있게 느낄 수 있도록 하기 위해 활용되는 것이다. 그런데 애초에 모든 서사는 본질적으로 우리들 삶과 현실을 재매개함으로써 만들어진 것이라는 점을 떠올린다면, 연극과 영화의 중층적인 '재매개'는 현실에서 거듭 멀어져가는 듯하지만, 결국은 현실에 다시 가까워지려는 시도였다고 할 수 있다. 그러한 목적

---

70 영화의 재매개 과정에서 '필름'의 단계로 서사가 1차적으로 '저장'된다는 점은 종종 소설과 같은 문자 서사 텍스트를 영화와 비교하는 이들이 간과하는 지점이다. 영화는 '필름'으로 기록되는 텍스트임에도 불구하고, 관객은 '필름'으로 영화 서사를 소통하는 것이 아니라 '필름의 영사(映寫)'를 통해 서사를 접할 수 있게 된다. 아마도 이 때문에 '필름'으로 재매개된 단계는 종종 간과되는 듯하다. 영화 서사를 만드는 이들 — 주로 영화감독 — 은 카메라의 프레임 안쪽 2차원적 평면에 배우와 배경, 소품 등을 적절하게 배치하는 '미장센(mise en scène)'의 과정을 통해 시나리오를 '필름' 위로 재매개하게 된다. 2차원적 평면인 '필름'은 1초에 24장의 프레임에 빛을 통과시키는 '영사기'를 통해 스크린에 투사되고, 이로써 관객은 비로소 영화 서사 텍스트를 접하게 되는 것이다. 이렇게 보면, 영화는 '시간을 (필름 위에) 공간화'시킨 뒤에, 다시 '(필름이라는 평면) 공간을 (투사의 과정을 통해) 시간화'시킴으로써 만들어지는 서사라고 할 수 있을 것이다. 반면, 일반적으로 소설은 시간적 스토리가 종이 위 평면에 인쇄되어 '공간화'된 것이라 할 수 있는데, 종이 위의 소설이 다시금 '시간성'을 얻는 것은 오로지 '독자'의 독서 행위와 상상력에 의해서만 가능하다.

을 달성하기 위해서는 역시 '재매개'의 작용은 감춰지고 투명화될수록 유리할 것이다.

근래 많이 논의되었던 '가상 현실(virtual reality)'은 현실보다도 더 현실 같은, 보드리야르식으로 말하자면 '시뮬라시옹'의 서사를 구현하고자 했던 것인데, 이는 '매체'가 '매개'하고 있다는 점을 어떻게 하면 최대한 의식하지 못하게 할 수 있을까를 고민한 결과였다. 그런데, 재매개의 과정을 의식하지 못하도록 한 채 인간의 온갖 감각적 체험을 재현하려 한 '가상 현실'은, 오히려 컴퓨터와 같은 첨단 디지털 매체를 통해 매우 복잡한 '재매개'의 과정을 거쳐서 구현되는 것이다.

이렇게 본다면, '재매개'는 보다 발전된 테크놀로지의 영향을 받거나 보다 복잡한 재매개의 과정을 거칠수록, '재매개'의 과정을 보다 감추려는 의도를 실현해왔다고 할 수 있다. 그 과정을 통해, 서사 텍스트는 보다 실제 현실에 가까운 방향으로, 보다 사실성을 획득하는 방식으로 발전해왔다고도 할 수 있다.

하지만, 때로 서사 텍스트는 그것이 소통되는 '매체' 자체의 특성을 극대화하여 드러내거나, 매체 자체를 부각시키고 노출시키는 방식으로 변화하기도 했다. 어느 쪽으로의 변화이든, 그것은 '매체'에 대한, 그리고 '서사와 매체의 관계'에 대한 관심과 주목이 있었기에 가능한 것이었을 것이다.

2) 재매개를 통한 서사 텍스트 장르의 수사학적 구성

문자를 통해 재매개된 서사 텍스트, 특히 근대소설이 '문자' 중심으로 소통되는 매체의 등장과 함께 형성되었음은 앞서 살펴본 바 있다. 우리의 경우, 구활자본 고소설이 '딱지본'의 형태로 소통되었던 과정은 문자를 통해 '재매개'됨으로써 형성된 소설의 모습을 전형적으로 보여주는 예라 할 수 있다.

구전(口傳)을 통해 소통되던 이야기 방식에 비해, 문자를 통한 이야기 방식은 여러 측면에서 이전과 다를 수밖에 없었다. 암기에 의존하는 전달에서 기록에 의한 전달로, 모여서 듣는 방식에서 사적(私的)인 읽기로, 즉흥적이고 유동적인 전개에서 고정적이고 체계적인 전개로 변모하게 된 것은 그 변화의 대표적 양상이었다.

과거 구전의 이야기는 뚜렷하게 기록할 방법이 없었기에 현재에 이르러 명확한 분석은 어려우나, 지금까지도 구술을 통해 전해지고 있는 '민담'이나 '전설'은 '문자'로 재매개되기 이전의 서사 텍스트 모습을 짐작하게 해준다.

> 그러니께 그 중이 며느리 보구 하는 말이, "당신 감 집에 인제 조금 있다가 큰 재앙이 내릴 테니까, 당신 빨리 집으루 들어가서, 평소에 제일 귀중하게 생각하는 것이 무어 있는지, 두세 가지만 가지구서 빨리 나와섬낭, 저 불타산을 향해서 빨리 도망질하라구." 그랬단 말야. 그러니까 그 며느리가 급히 자기 집으루 들어가서, 방 안에 자기 아들을, 뉘어서 재우든 아이를 들쳐업구, 또 그 여자가 인지 명지를 짜던 그 명지 도토마리를 끊어섬나를 이구 나오다가, 그 또 자기네 집에서 개를, 아주 오마 잘 거시기 하던 모낭이야. 귀엽게 기르던 개를 불러 가지구서 나와섬낭, 그 불타산을 향해서 달음박질루 가는데, 명지 도토마리, 개, 어린애, 어린애를 업구 명지 도토마리를 이구, 개를 불러 가지섬구나를 인지 그 불타산을 향해서 얼마쯤 가는데, 그 때까지 아주 명랑하던 하늘이 가분자기 흐리면서 뇌성벽력을 하드니 말야. 근데 그 중이 먼저 무슨 주의를 시켰나면, "당신, 가다가서 뒤에서 아무런 소리가 나두 절대루 뒤를 돌아보면 안 된다"는 거를 인지 부탁을 했는데, 이 여인이 가는데 갑자기 가분자기 뇌성벽력을 하면서 그 벼락치는 소리가 나

니까, 깜짝 놀래서 인지 뒤를 돌아봤단 말야. 그러니까 그 자리에서 그만 화석이 돼서. 그 사람이 그만 화석이 되구 말았다는 게야.[71]

위에 인용한 것은 고등학교 교과서에 실려 있는, 황해도 장연읍에서 전해진다는 한 '전설'의 채록 내용이다. 오래도록 구전되어온 전설을 '암기'를 통해 '음성 언어'로 표현한 것을 '채록'이라는 과정을 통해 '문자화'한 것이다. 물론 문자화의 과정을 거친 것이지만, 구술의 상황을 충분히 짐작할 수 있을 만큼 음성적 전달에 가깝도록 표기하려 애쓴 흔적이 역력하다. 그런데 흔히 '장자못 전설', 혹은 '홍수 전설'이라고도 불리는 이러한 전설은 강원도 춘천의 신북면을 비롯한 전국 각지의 '못' 근방에서 쉽게 찾아볼 수 있다. 기독교 성경에서 언급되는 '소돔과 고모라' 이야기에서도 롯의 아내가 '뒤를 돌아보지 말라'는 금기를 어겨 소금 기둥이 되었다는 이야기가 나올 정도로, 비슷한 서사적 내용을 가진 이야기는 동서고금에 적지 않다. '초월적 존재로부터 금기를 전달받았음에도, 그 금기를 어김으로써 벌을 받게 된다'는 식으로 더 추상화하면 유사한 이야기는 부지기수로 늘어난다.

그런데 항상 '금기'란 먼저 전달되어야 뒤에 일어날 '형벌'에 대한 경계가 되고, 서사적으로는 '복선'이 될 수 있다. 인식되지 못한 금기는 금기일 수 없다. 그런데 위에 인용한 전설의 '금기'는 밑줄 친 부분에서 보듯, 구술 과정에서 뒤늦게 언급되고 말았다. 문자로 재매개된 이후에 소통되는 이야기라면 있기 힘든 일이다. 실제로 문자화되면서 재정리 과정을 거친 민담집에 실린 '홍수 전설'이나 문자화된 성경에서 전하는 '롯의 아내' 이야기는 '금기'가 먼저 뚜렷하게 전달되고 있음을 확인할 수 있다.

---

71 김용구 구술, 조희웅 채록, 「용소와 며느리바위」, 『고등학교 국어(상)』, 교육인적자원부, 2002(밑줄-인용자).

구술을 통해 소통되는 이야기에서는 '사건'의 선후 과정, 즉 '스토리(story)'의 전개가 무엇보다 중요시될 수밖에 없다. '암기'를 통해 전달되는 이야기에서 '선후(先後)'는 그것이 시간적인 것이든, 인과적인 것이든 암기가 가능하도록 해주는 가장 중요한 요소다. 따라서 구술적 이야기꾼은 선후에 의거하여, 이야기를 암기하고 전달한다. 그럼에도 위에 언급한 전설의 구술 과정에선 '금기'의 전달이라는 사건이 뒤늦게 언급되고 말았다. 이것은 의도한 것이 아니라, 구술 과정에서의 실수에 의해 벌어진 일이라고 볼 수밖에 없을 것인데, "뒤를 돌아본다"라는 사건이 실제로 벌어지는 시점(時點)에 구술자가 빠뜨리고 이야기하지 않고 지나간 '금기의 전달' 사건이 떠오르며, 뒤늦게 언급되게 된 것으로 볼 수 있다.

음성 매체, 즉 구술로 소통되는 서사는 서사적 순서나 연대기, 즉 에포스(epos)에 의해 암기되고 전달된다. 그러나 그 서사적 순서의 규칙은 '문자화된 것'을 바탕으로 파악되고 분석되기 마련이다. 프롭의 러시아 민담 연구도 '문자화된 텍스트'를 바탕으로 이루어질 수밖에 없었다. 다시 말해서, 서사적 규칙은 구술적 소통을 가능하게 하지만, 그 규칙이 발견되고 논의되는 것은 '문자화 된 서사 텍스트'를 통해 이루어진다는 것이다. '문자화'를 전제로 서사를 다루는 문학이 '학문'의 범주에 포함될 수 있었다는 점도 역시 마찬가지 맥락이다. 음성은, 데리다적 관점에서 '문자'를 바탕으로 소통될 수 있었으며, 문자는 음성을 재매개함으로써 소통되는 것이다.

음성을 재매개화하여 문자 서사 텍스트가 형성된 대표적인 사례는 개화기 무렵의 서사 텍스트들에서 흔히 발견될 수 있다. 문자를 통해 서사가 소통되면서, 가장 먼저 서사화된 텍스트들 가운데에는 유난히 문답형 또는 왈체 서사가 많았으며, 연설체 서사도 적지 않았다.

그만 두어라 신문 보ᄂᆞᆫ 소ᄅᆡ도 듯기 실타 웨요 우리가 얼마 ᄌᆞ미도 잇슬 뿐 외라 공부로 알고 보ᄂᆞᆫᄃᆡ요 그게 무슴 공부란 말이냐 일샹 ᄒᆞᄂᆞᆫ 말이 외국은 칭찬ᄒᆞ고 내 나라는 나무ᄅᆡ며 그럿치 안으면 인구가 얼마라던지 어느 나라에ᄂᆞᆫ 수립 수츌ᄒᆞᆫ 물건이 얼마라 돈이 얼마라 ᄒᆞ여 ᄒᆞᄂᆞᆫ 말이 늘 그 말인즉 그러니 엇지ᄒᆞ란 말이며 그거슨 알아 무엇에 쓰ᄂᆞ냐 허허 그 말슴 마시오 우리도 그런 것만 다 알 것 ᄀᆞᆺᄒᆞ면 나라이 셰샹에 가난ᄒᆞ여 더마다 살 수 업다고 외국인의게 슈모도 아니 ᄒᆞᆯ 것이오 ᄯᅩᄒᆞᆫ 오늘날 대한셔도 군함을 가지고 쳥국으로 발셔 건너 가겟슴네다.[72]

○독립 협회 총ᄃᆡ 위원 즁에 남궁억씨가 몬져 말 ᄒᆞ야 ᄀᆞᆯᄋᆞᄃᆡ 우리 총ᄃᆡ 위원 다셧 사ᄅᆞᆷ이 온 ᄯᅳᆺ은 (…중략…) 대뎌 리용익이가 젼후로 ᄒᆞᆫ 일의 형샹은 다 말슴 아니ᄒᆞ야도 모든 대신 ᄭᅴ셔 다 짐쟉 ᄒᆞ시려니와 (…중략…) 그 벼슬을 쩨고 그 죄를 샹당ᄒᆞᆫ 법률에 쳐 ᄒᆞ쇼셔 ᄒᆞᆫᄃᆡ ○의졍 셔리 찬졍 셔졍슌씨 ᄀᆞᆯᄋᆞᄃᆡ (…중략…) 확실ᄒᆞᆫ 증거가 잇쇼 ᄒᆞ거ᄂᆞᆯ ○독립 협회 총ᄃᆡ 위원 최셕민씨 ᄀᆞᆯᄋᆞᄃᆡ (…중략…) 그다지도 몰으시ᄂᆞ닛가 ᄒᆞᆫ디.[73]

위의 두 인용은 초창기 신문에 실린 내용이다. 여기에서는 '대화' 또는 '토론'의 상황을 그대로 옮겨 놓은 흔적이 역력하다. 이 내용을 곧바로 '서사 텍스트'라 지칭하기는 어렵겠지만, 음성 언어 매체를 통한 대화를 '문자' 매체를 활용하여 '재매개'한 것으로 보는 데에는 무리가 없다. 두 인용 가운데, 앞의 인용은 두 사람의 대화가 반복적으로 제시되어 있는데, 각각의 발화자를 구별하기가 조금은 까다롭다. 반면 뒤의 인용은 'ᄀᆞᆯᄋᆞᄃᆡ'라는 어휘나 '○' 표시를 통해 발화자를 비교적 명확하게 구분할 수 있도록 해놓았다. 앞의 인용이 대화를 그대로 '채록'한 것

72 「ᄂᆡ보」, 『협셩회회보』, 1898.2.12.
73 「대신과 회원의 문답」, 『독닙신문』, 1898.8.2.

이라면, 뒤의 인용은 '서술자'의 존재가 드러나는 재매개라고 할 수 있을 것이다.

대화 형식으로 되어 있는 『논어』를 비롯해서 대화적 서사로 짜여진 정철의 「속미인곡」과 같은 조선시대 가사(歌辭) 작품들에 이르기까지, '왈체' 혹은 '대화체' 형식은 한문체와 한글체를 막론하고 이미 오랜 역사를 가진 것이라 할 수 있을 것이다. 그러나 개화기 무렵, 특히 신문(新聞)들에서 많이 보이는 왈체, 토론체, 대화체는 '문자화된 서사 텍스트'가 자리잡게 되는 과정과 관련 깊다는 점에서 주목해야만 한다. 특히, 좀 더 구술의 내용 그대로를 '사실적'으로 옮기려는 시도들이 엿보이는데, 그것은 '언문일치'와 '순 한글체' 문장을 추구한 당시의 노력과 더불어, 근대적 '문학' 개념의 확립과 관련지어 이해할 필요가 있다. 음성언어로 소통되는 '구어(口語)'를 문자로 재현하려는 시도는 곧 '문자'를 통한 '재매개'의 시도로 볼 수 있을 것이며, 그것은 '문자 서사 텍스트'가 수사적으로 구성되는 과정을 엿볼 수 있게 해준다.

허구적으로 구성된, 근대 서사 텍스트의 초창기 사례로 꼽히는 「소경과 안즘방이 문답」이나 「거부오해(車夫誤解)」는 실제 발화된 '구어'를 그대로 재매개하지 않는 방식으로도 서사적 텍스트를 만들어내고, 또 소통될 수 있음을 보여주었다.

> 소경과 안즘방이 문답
>
> 일젼에 엇더ᄒᆞᆫ 소경 한아이가 막ᄃᆡ를 ᄯᅮ덕거리고 모쳐망건가 압흐로 지나가ᄂᆞᆫᄃᆡ
>
> 그곳에셔 망건일ᄒᆞᄂᆞᆫ 안즘방이가 그 소경을 불너 갈오ᄃᆡ 여보게 그동안 엇지허여 오ᄅᆡ 맛나지 못허엿나
>
> 소경이 ᄃᆡ답혀되 ᄌᆞ연 그럿케되엇네마ᄂᆞᆫ 그동안 ᄉᆞᆯ이나 잘먹엇나
>
> 여보게 아모 말말게 말허면 긔가 막히네 ᄉᆞᆯ를 먹기컨니와 ᄉᆞᆯ먹ᄂᆞᆫ 사ᄅᆞᆷ의

입도 구경치 못허네

젼일에ᄂᆞᆫ 가로상에 슐먹고 쥬정허는쟈도 만터니 근일에는 별노 엇어볼 슈 업데 아마 후쥬 죄인으로 잡혀갈가 두려ᄒᆞᆷ인지

아니 돈이 극귀허여 그럿치 신화 한푼 엇어 보기ᄂᆞᆫ 하늘에 별짜기오 구화죠차 구경ᄒᆞᆯ슈 없스니.[74]

이는 추상적 '계몽 의식'을 두 사람의 대화로 구체화하고, 또 '문자'로 재매개화하는 과정을 통해 생산된 서사 텍스트라고 볼 수 있을 것이다. 뿐만 아니라, 이해조의 「자유종(自由鍾)」이나 「원앙도(鴛鴦圖)」와 같은 신소설은 거의 대부분의 내용이 '대화'로 채워지면서, 동시에 '신소설'을 표방한 서사 텍스트로 주목할 만하다.

군슈 : 여보 마누라 이 노릇을 엇지ᄒᆞ면 죠탄 말이오.

ᄒᆞ며 입맛을 쩍쩍다시고 안졋ᄂᆞᆫ 사ᄅᆞᆷ은 평안도 양덕군수라 그 부인 임씨가 대경소괴를 ᄒᆞ야

부인 : 웨 무신 걱졍되ᄂᆞᆫ 일이잇소.

군슈 : 걱졍도 여간 걱졍이 안이오 ᄅᆡ일이라도 우리 치힝ᄎᆞ려 올나갈 밧게 슈가 업소.

부인 : 이 동안에 도목이 되엿다더니 원을 갈니셧소.

군슈 : 원이나 갈엿스면 걱졍ᄒᆞᆯ것 무엇잇소 의례히 올나갈터이지.

부인 : 그러면 무슨 결쳐ᄒᆞ기 어려온 송ᄉᆞ가 드럿소.

군슈 : 안이오 공교ᄒᆞᆫ일이잇셔 굽도졋도 ᄒᆞᆯ슈가없셔 그리ᄒᆞ고.

부인 : 갑갑ᄒᆞᆫᄃᆡ 온자 걱졍만 마르시고 무슨일인지 말삼이나 ᄒᆞ시구려.[75]

---

74 『大韓每日申報』, 1905.11.17, 3면.

75 이해조, 『원앙도』, 보급서관, 1912, 1~2면.

위의 인용에서 보다시피, 당시 신소설들 가운데 상당수는 '대화체'를 그대로 옮겨놓는 형식으로 쓰여져 있다. 이 역시 '문자'로의 재매개 과정을 뚜렷하게 보여주는 예로 볼 수 있을 것이다.

여기서 앞서 언급했던 회화와 사진의 문제를 다시 한 번 떠올려보자. 회화가 재매개하는 것은 실재나 시각(視覺)만이 아니다. 르네상스 이전, 서구 회화는 고대 신화나 기독교 성경과 같은 기존의 '서사 텍스트'를 재매개하는 경우가 더 많았다. 문자 서사 텍스트 역시 '구어'로 된 서사를 재매개하면서 형성되었다고 해도 과언을 아닐 것이다.

문자 서사 텍스트를 또다시 다른 장르의 서사 텍스트로 재매개하는 경우도 적지 않았다. 가장 대표적인 것은 연극의 경우일 것이다. 근대적 연극은 '희곡'이라는 문자 서사 텍스트를 '재매개'하는 방식으로 소통되는 장르이다.

> 금번에 본샤에셔 가쟝 참신훈 연극시료로 취미진진호고 포복절도홀 각본을 창작호여 명일부터 본지에 긔지호겟스오니 브시요 졔군이여 뎨일착으로 희극 병자삼인이라 호는 것이 츌싱홀터이오며.[76]

> 제1장
>
> 여교사 이옥자 본저
>
> 무대에는 이옥자의 집 방안이요, 그 부엌에는 밥 짓는 제구와 소반 그릇 등물이 널려 있는데, 부엌에는 이옥자의 남편되는 정필수가 불도들이지 아니하는 아궁이에서 밥을 짓느라고 부채질을 하고 있다.
>
> 정 : 아아참, 세상도 괴악하고 강원도 시골 구석에서 국으로 가만히 있어서, 농사나 하고 들어 엎드려 있었으면 좋을 것을 이게 무슨 팔자란

76 『每日申報』, 1912.11.16, 3면.

말이오. (…중략…) 이렇게 밥이나 짓고 있으니, 이런 망할 놈의 팔자가 어데 있나, 계집을 이렇게 상전같이 섬기는 놈은 나밖에 없을 걸.

(하며 중얼거리고 앉아 있는데 쌀집 주인 여편네 업동어머니가 달음질하며 문을 열고 들어오며)

업 : 아이고 무얼 하시오. 서방님이 부엌에서 밥을 다 지시네.

(하며 들어오는데, 정필수는 창피라고 부끄러워 어찌할 줄을 모르다가 시침을 뚝 떼이며)

정 : 응, 업동어멈인가. 오늘은 우리 마누라란 사람이 학교에 가서 입때까지 아니 오네 그려. 그래서 할 수 없이 지금 내가 밥짓는 연습을 하고 있는 중일세. 그러나 자네 집 쌀은 왜 그렇게 문내가 나나, 응.

업 : 그럴 리가 있나요. 언제든지 댁에 가져오는 쌀은 상상미로 가져오는데요.

정 : 아, 이게 상상미야. 좀 이 쌀 내음새를 맡아 보게.[77]

위는 최초의 근대 희곡이라 일컬어지는 조중환의 「병자삼인」의 연재예고와 첫 회 부분을 인용한 것이다. 위의 인용에서 보듯, '연극의 각본'임을 분명히 한 「병자삼인」은 대화체를 재매개한 형식이다. 괄호 안의 지문에서 서술자의 존재마저 느껴진다는 점에선 '희곡'의 특성인 '서술적 자아의 결여'[78]가 뚜렷하진 않지만, 철저히 구어적인 대화를 표방한 점은 주목할 만하다.

희곡 텍스트는 '대화'를 중심에 놓는 가장 대표적인 서사 텍스트다. 대화는 희곡에서 인물 간의 '내부적 의사 소통'이 되며, 이것은 연극 무대로 올려질 때 연출가·배우와 관객에 의해 다시 한 번 소통의 망 위

---

77 『每日申報』, 1912.11.17, 3면, 재인용 : 이재명 편, 『우리 극문학의 흐름』 1, 평민사, 2000, 11면.

78 이상란, 『희곡과 연극의 담론』, 연극과인간, 2003, 11면.

에 놓이게 된다. 다시 말하자면, 희곡은 대화를 재매개함으로써 형성되며, 연극은 문자 텍스트인 희곡을 재매개함으로써 소통되는 서사 텍스트라고 할 수 있다.

영화의 경우도 이와 유사하다. 연극이 희곡을 재매개함으로써 이루어진다면, 영화는 시나리오를 재매개함으로써 이루어진다.[79] 초기 영화는 그저 '움직이는 이미지'에 불과했고, 뚜렷한 서사조차 없었으나, 무성영화 시대를 거쳐 토키, 즉 유성영화 시대에 오면 대중적인 서사 텍스트로서의 입지를 확고히 하게 된다.

전파를 이용하는 '방송' 역시, 서사 텍스트의 매체가 되곤 했는데, 대개 '문자 텍스트'를 재매개하는 방식으로 소통되곤 하였다. 우리의 경우, 라디오 방송 초창기에 '방송 소설'이라는 이름으로 소설의 '음성 낭독'이 전파를 통해 소통되기도 하였으며, 최근에도 '라디오 드라마'는 '대본'이라고 하는 문자 텍스트를 근간으로 하여 재매개됨으로써 소통되고 있다.

최근에 주목을 받고 있는 인터넷 매체 역시, 그 밑바탕은 '문자 텍스트'라고 할 수 있다. '인터넷 소설'처럼, 그 소통의 매체만 온라인으로 바뀌었을 뿐, 종이책에 인쇄된 소설과 근본적으로는 크게 다르지 않은 서사 텍스트도 있지만, 인터넷이 결국 HTML이라고 하는 '텍스트'로 짜여진다는 점을 생각할 때 더욱 그러하다. 인터넷은 네티즌, 혹은 유저가 모니터를 통해 보게 되는 것이 '문자'이든 '동영상'이든, 근본적으로는 '0'과 '1'이라고 하는 디지털 언어로 재매개됨으로써 소통되는 것이다. 물론, 인터넷에 업로드·다운로드하거나, 인터넷 페이지를 보는 유저들은 이미지와 동영상을 다루지만, 그것이 인터넷을 통해 소통되기 위해서는 복잡한 '디지털 재매개'의 과정이 전제되어 있어야만 하는

---

79 이상란은 이를 '내부와 외부의 이중적 의사소통'이라 설명하면서, 희곡과 연극은 상호텍스트성과 상호 매체성을 가진다고 언급한 바 있다(이상란, 위의 책, 41~50면).

것이다.

서사의 재매개는 언제나 '소통'이라고 하는 인간의 일상적 행위, 더 나아가 인간의 삶 자체를 다시금 재매개하려는 것이라 할 수 있다. 이를 위해 서사의 소통은 '재매개'의 과정 자체를 감추거나 투명화하는 방식으로 구현되려는 경향이 있다. 전통적인 구비 서사의 경우, 대개 서사의 전달자인 화자는 이야기 내부에 직접 참여하지 않는다. 구비 서사의 화자들은 '자신의 존재를 사라지게 하는 방식'으로써 서사를 소통시킬 수 있었다. 말하자면, 서사 소통 과정에서의 매체가 되는 스스로를 '투명화'하는 방식으로 서사를 재매개한 것이다. 문자를 매체 수단으로 삼은 근대 서사, 즉 근대소설은 인간의 심리를 소통과 소비가 가능한 것으로 만들었다. 이때, 근대소설 역시 '문자'라는 매체를 독자들이 의식하지 못하도록 투명화하는 방식으로 서사의 사실성을 획득할 수 있었다. 초기의 근대적 서사는 대화체, 연설체, 토론체 형식이 많았는데, 그것은 '문자'의 재매개 과정을 최대한 감추고, 구술적 상황을 그대로 옮겨오려는 시도였다고 할 수 있다. 그러한 단계를 거쳐 형성된 근대소설이 택한 방식은 '서술자'라는 존재를 통해 마치 구비 연행되는 서사인 것처럼 독자가 인식하도록 한 것이었다. 근대 연극이나 영화의 경우에는, 별도의 서술자가 없이 인물의 대화나 행동이 직접적으로 관객들의 감각, 특히 시각에 전달된다는 점에서 '매체'의 존재감은 자연스럽게 투명화될 수 있었다. 대부분의 연극과 영화는 문자텍스트인 희곡이나 시나리오를 '재매개'하는 방식으로 상연・상영되는데, 한층 중층화된 재매개 구조에도 불구하고 '매체'가 투명화될 수 있는 것은 배우의 '연기'나 영화적 테크놀로지와 같은 '기술(技術)'의 덕분이었다. 디지털 매체를 통해 구현되고 있는 '가상 현실(virtual reality)'은 테크놀로지를 통해 인간의 온갖 감각적 체험을 동시에 재현하되, 재매개 과정은 의식되지 않도록 하려는 고민의 결과물이다.

서사는 인간의 삶을 사실적으로 담아내려한다는 목적을 가지고 있다. 그러나 서사의 재매개가 언제나 '투명성'만을 지향하는 것은 아니다. 서사는 때로 '재매개'의 과정을 일부러 노출시키고 부각시키는 방식으로, 다시 말해서 '재매개'의 과정 자체를 반성적으로 드러냄으로써 소통되기도 한다. 이는 서사가 소통되는 '매체' 자체에 대한 관심이 '매체'나 '재매개 과정' 자체를 소통시키려는 시도에 의해 나타나는 결과이다. '근대소설의 예술성'에 대한 자각이 일었던 1920년대 말 이후의 '메타 소설'이나 '소설가 소설', 연극 공연 무대가 재현하는 현실에 대한 반성에서 비롯된 브레히트적 연극이나 '극중극(劇中劇)'의 형식들은 그러한 사례라 할 수 있을 것이다.

3) 춘향 서사의 재매개 양상

우리의 경우, 서사 텍스트가 매체로 소통되는 과정에서 다양한 '재매개'의 과정을 보여주는 사례는 '춘향 서사'[80]의 경우에서 뚜렷하게 살펴볼 수 있다. '춘향 서사'는 우리에게 있어 가장 대표적이고 대중적인 서사라 할 수 있다. 판소리 춘향가를 비롯해 필사본 · 판각본 · 활자본에 이르는 고전소설 「춘향전」은 120여 종의 판본으로 지금까지 전해지고 있다. 현재 전해지는 가장 오래된 춘향 서사 텍스트는 한시(漢詩)로 된 만화옹 유진한의 「춘향가」로 알려져 있다.[81] 유진한은 18세기 중엽에

---

80 설성경은 판소리 〈춘향가〉의 필사본으로부터 판각본 · 활자본 소설 「춘향전」에 이르는 다양한 '춘향 서사'를 『춘향예술사 자료 총서』(국학자료원, 1998)라는 이름으로 8권의 책을 묶어 펴낸 바 있다. 설성경은 춘향 서사에 대한 애정의 표현으로 '춘향예술사'라는 이름까지 붙이고 있지만, 여기에서는 연극, 영화, 마당극, 오페라 등 보다 다양한 장르를 아울러 '춘향 서사'라는 이름을 붙이기로 한다.

81 설성경, 『춘향전의 통시적 연구』, 박이정, 1994, 174면.

판소리 춘향가를 직접 듣고 7언시로 된 2,800자의 장편 한시를 지었다. 그 내용을 보면 이도령이 과거에 급제 후, 여러 관직을 역임한 뒤에 비로소 어사가 된 점, 훗날 별도의 정실부인을 따로 얻은 점 등이 우리가 알고 있는 일반적인 춘향 서사와 다르지만, 구비 연행되던 춘향 서사를 '문자'로 기록한 첫 사례라는 점에서 의미가 있다 하겠다.

판소리 〈춘향가〉의 경우, 창자나 연행 상황에 따라 더늠이나 삽입시가를 비롯하여 그 내용이 다소간의 차이를 보이기 마련이었다. 이후 판각본과 활자본 등 다양한 방식으로 '문자화'되어 소설로 정착된 「춘향전」 역시 그 판본이 무척이나 다양하다. 춘향가와 춘향전이 다양한 판본으로 꾸준히 생산・유통된 것만 보아도, 당시 대중들에게 인기를 누렸음을 충분히 짐작할 만하다.

19세기 들어서도 춘향 서사의 인기는 지속되었다. 1912년 1월 1일 『매일신보』에는 『옥중화』라는 제목의 춘향 서사가 연재되기 시작하였다. 연재 당시 『獄中花』라는 제목 아래에는 '春香歌講演'이라는 부제가 괄호 안에 붙어 있었으며, "名唱 朴起弘 調 / 解觀子[82] 刪正"이라고 소개되어 있어, 판소리 〈춘향가〉를 문자로 '재매개'한 것임을 분명히 밝히고 있었다.

> 獄中花 (春香歌講演)
>
> 名唱 朴起弘 調
>
> 解觀子 刪正
>
> 絶代佳人 삼겨날제 江山精氣 타셔난다 (…중략…) 此時 使道 子弟 道令님이 계시되 일홈은 夢龍이오 年光은 十六世라 風采는 杜牧之오 얼골은 冠

82 이해조의 필명.

玉이라 爲人이 早達ᄒᆞ야 詩律風流와 好酒耽花ᄒᆞ야 밤이면 東嶺明月을 玩賞ᄒᆞ고 낫이면 花柳楓菊에 놀기를 됴화ᄒᆞ니 可謂 豪俠ᄒᆞᆫ 奇男子라

一日은 道令님이 春興을 못익의여 房子 불너 부르시되

너의 고을 됴흔 勝地江山 어ᄃᆡ가 第一인다

房子 엿자오ᄃᆡ

工夫ᄒᆞ시ᄂᆞᆫ 道令님이 勝地ᄎᆞ저 무엇ᄒᆞ시랴오

道令님 ᄒᆞ시ᄂᆞᆫ 말ᄉᆞᆷ

天下第一 名勝地 到處마다 글구로다 내이롤께 드러보라 箕山穎水 別乾坤에 巢父許由 노라잇고 赤壁江 秋夜月에 蘇子膽이 노라잇고 黃鶴樓 姑蘇臺 滕王閣 鳳凰臺에 文章名筆 자최로다 ᄂᆡ ᄯᅩ한 豪俠士라 東園桃李 片時春을 ᄂᆡ 어이 虛送ᄒᆞ랴 잔말말고 아뢰여라

房子 다시 엿ᄌᆞ오ᄃᆡ

小人의 고을에 別般勝地 업ᄉᆞ오나 낫낫치 아뢰리라.[83]

위는 당시 연재된 『옥중화』의 첫 회의 첫 부분 일부를 인용한 것이다. 여기에 옮기면서, 세로쓰기를 가로쓰기로 고치고, 띄어쓰기를 적용하였으나, 줄의 바꿈과 들여쓰기 한 것은 가급적 원형의 손상을 주지 않으려 하였다. 위 인용에서 보듯, 판소리 창자의 사설 부분이 아닌, 인물의 발화 부분은 "방자 엿자오ᄃᆡ", "도령님 ᄒᆞ시ᄂᆞᆫ 말ᄉᆞᆷ"과 같이 '발화주체'를 명확히 하고 있으며, 발화된 내용은 한 칸을 띄어 적음으로써 구별을 뚜렷이 하고 있다.

판소리가 한 사람의 창자에 의해 연행되는 것이었음에도 불구하고, 그것을 '문자'로 재매개하는 과정에서 '발화주체'에 따라 '발화내용'을 구별하여 표기하는 것은 유의할 필요가 있었다. 따라서 「옥중화」의 신

83 『매일신보』, 1912.1.1, 6면.

문 연재에서도 그 점을 세심하게 고려한 흔적이 역력하다. 위에 인용한 부분에 이어지는 부분에는 다음과 같은 부분도 보인다.

> 道令 : 이의 尊長이 바로 훨셕넘고 나 後陪使令上座로 안치고 房子 너도 올나오너라.
>
> 房子 : 惶悚ᄒᆞ오이다.
>
> 道令 : 누른송이 엇더ᄒᆞ냐 어셔 올나안져라.[84]

이와 같은 '발화'의 재매개는 마치 희곡의 한 부분을 연상시킨다. 다만 차이가 있다면, 희곡은 대개 연행을 통해 발화될 것을 전제로 하여 '문자'로 쓰여진 것이고, 위의 인용과 같은 경우는 이미 연행된 판소리를 문자로 옮겨놓은 것이라는 점이다. 『옥중화』의 이와 같은 표기 방식은 신문 연재에서 뿐만 아니라, 단행본으로 출간되어서도 큰 차이 없이 유지되었다.

3월 16일까지 『매일신보』에 연재된 후, 같은 해 8월 『옥중화』는 보급서관(普及書館)에서 단행본으로 출간되는데, 이때 책의 뒷부분 서지사항 면에는 "編譯者 李海朝"라고 적혀 있어, '판소리 춘향가'를 재매개한 것임을 분명히 하고 있었다. 보급서관에서 발행된 『옥중화』는 1913년 세차례, 그리고 1914년에도 세 차례 중판(重版)을 거듭할 만큼, 큰 인기를 누렸다.[85] 그런데 여기서 흥미로운 것은 1917년 5월 박문서관(博文書館)에서 '제10판'으로 발행된 『옥중화』에는 "著者 李海朝"라고 표기되어 있다는 점이다. 1912년 보급서관 발행본과 1917년 박문서관 발행본 사이에는 내용상 뚜렷한 차이는 거의 나타나지 않는다. 그럼에도 불구하

---

84 위의 글.

85 『옥중화』 제6판, 보급서관, 1914, 서지사항 면(조선총독부도서관—국립중앙도서관 소장본).

고, 이해조는 신문연재 시에는 창자의 이름을 앞세우고 자신은 '책정(刪正)'의 역할로 하였고, 1912년 보급서관 발행본에는 '편역자', 1917년 박문서관 발행본에는 '저자'라고 스스로를 칭하고 있다. 이는 서사 텍스트의 내용보다는 '매체'적 특성을 인식하고, 춘향 서사를 재매개하는 과정 자체의 중요성을 자각한 결과로 볼 수 있을 것이다.

개화기 이후, '춘향 서사'는 대중적인 공연 무대에도 곧잘 올려졌다. 애초에 판소리 춘향가로 연행되던 것이었던 만큼, 무대 위의 춘향 서사는 낯선 것이 아니었다. 판소리 명창에 의해 공연되는 경우도 있었지만, 여러 배우의 연기를 통한 연극으로 재매개된 경우도 있었으며, 영화로도 만들어졌다. 이 시기의 연극과 영화의 텍스트는 공연되거나 상영되었던 그대로의 텍스트는 확인하기가 어렵지만, 당시의 신문기사나 관람기 등의 자료를 통해 짐작할 수 있다.

1910년대 초, 당시 대표적 공연장이던 광무대에서는 '춘향가병창', '춘향가 舞童'과 같은 공연이 올려졌었고,[86] 1920년대에는 각지의 기생조합 혹은 권번(券番)이 '춘향전연의'라는 제목의 공연을 열기도 했다[87]고 한다.

1932년 7월 6일자 『매일신보』에는 「劇團 太陽劇場 春香傳 上演」이란 기사가 실려, 춘향 서사가 연극 무대에 올려졌음을 알 수 있게 한다. 1936년 9월 26일 『매일신보』 3면에는 「극예술연구회 창립5주년 기념공연 - 연극 춘향전」이라는 기사와 「聲樂演奏會에서도 春香傳」이라는 기사가 연이어 실려 있다. 극예술연구회의 연극 〈춘향전〉은 1936년 무렵부터, 고전소설이나 역사소설을 각색하여 연극으로 올리는 데에 관심을 보인 유치진의 첫 번째 성과물이었다. 이 연극은 고전소설 「춘향

86 『매일신보』, 1913.12.16 · 1914.1.27; 유민영, 『한국 근대연극사』 증보판, 단국대 출판부, 2000, 111～112면 참고.

87 유민영, 위의 책, 145면.

전」 뿐만 아니라, 이광수의 「일설춘향전」의 영향도 받아 만들어진 것이었는데,[88] 이후 수차례 다시 상연되기도 했다. 조선성악연구회에 의해 공연되었다는 후자의 기사는 당시 명창들에 의한 창극 형태였던 것으로 추정된다.[89] 이러한 기사들은 당시 춘향 서사가 다양한 장르와 매체로 재매개되고 있었음을 짐작하게 한다.

춘향 서사의 공연은 일본에서도 이루어졌었다. 〈춘향전〉의 연극 각색과 일본 공연에도 참여한 장석주가 쓴 「〈春香傳〉의 朝鮮公演」[90]이란 기사에서는 "조선사람들 누구나 알고 있는 고대예술의 대표작이기 때문에 조선에서 춘향전을 연극 무대에서 상연하는 것은 기대가 된다"면서, 동경 극단이 일본에서 먼저 공연 무대에 올린 연극 〈춘향전〉이 조선으로 '역수입'되어 무대에 오른다고 알리고 있다. 당시 연극과 영화를 넘나들며 배우로 활약한 김동원의 회고[91]에 따르면, 한국에서 학생들에 의해 공연되었던 연극 〈춘향전〉을 무라야마 토모요시[村山知義]가 가부키 형식과 신극 형식을 절충하는 방식으로 연출하여 무대에 올렸다고 하는데, 교토, 도쿄 등지에서 인기리에 공연되었다고 한다. 이 공연이 1938년 다시 서울에서 공연된 것인데, 이때 배우가 일부 바뀌고 의상은 한국식으로 하였으나, 분장은 가부키식으로 하였다고 한다. 이 공연은 『매일신보』에서 후원을 하였기 때문에, 『매일신보』에 여러 차

88 유치진은 이와 관련하여 "춘향전이란 우리의 좋은 고전이면서도 아즉 내가 본 한에서는 연극다운 각색이 없었"다고 말하며, 수년전부터 각색해보자 했던 야망이 성취된 것이라고 말하면서도, 이광수의 「一說春香傳」의 영향도 받았다고 말하였다. 유치진은 아울러 애초에 4막 11장으로 각색하였으나, 공연시간의 제약 때문에 9장면만 공연에 올리고 2장면은 삭제하였다고 밝히고 있다(유치진, 「춘향전 각색에 대하야」, 『극예술』 제5호, 극예술연구회, 1936.9, 20~22면).

89 조선성악연구회에 대해서는 유민영, 『한국 근대연극사』 증보판, 단국대 출판부, 2000, 175~195면 참고.

90 『매일신보』, 1938.9.30, 8면.

91 김동원 구술, 김성희 채록, 「성장환경과 연극배우로의 입문」, 한국문화예술위원회(구술로 만나는 한국예술사, http://oralhistory.arko.or.kr).

례 홍보되고 언급되었다. 1938년 10월 26일자 9면에는 공연장 사진과 함께 「春香傳初日盛況」이라는 기사가 실려 있는데, 공연 첫날 2천 명이 넘는 대관객이 모여들어 큰 성황을 이루었다고 한다.

1939년에 만들어진 극단 고협(高協)은 1940년 3월 부민관에서 창립 1주년 기념 공연으로 유치진 각색의 〈춘향전〉을 상연하였는데, 공연에 앞서 '춘향전 전람회'를 개최했다고 한다. 화신(和信)에서 열린 이 전람회는 1주일간 20여만 명을 동원했다고 하니[92], 당시 춘향 서사에 대한 대중적 관심은 실로 대단하다고 하지 않을 수 없다.

1940년 9월 11일자 『만선일보』에는 〈춘향전 오페라타〉 공연에 대한 공고가 실려 있으며, 같은 신문 9월 28일자 6면에는 「寶塚쇼의 公演 歌劇 春香傳 大人氣」라는 기사가 실려 있는 등, 당시 '춘향 서사'가 다양한 방식으로 공연 무대에 재매개됨으로써 인기를 누렸음은 충분히 짐작할만하다.

그 무렵, 춘향 서사는 다양한 방식으로 공연됨과 아울러 수많은 '개작'을 통해 문자텍스트로도 끊임없이 재매개 되었다. 1912년 『옥중화』 이후, 30년간 각종 이본과 개작본을 합쳐 100회 가까이 간행되었고, 매년 수만 부 이상의 '춘향 서사'가 팔려나간 것으로 알려져 있다.[93] 이광수와 같은 유명한 작가가 1925년 9월부터 이듬해 1월까지 『동아일보』에 『一說春香傳』을 연재하기도 했던 것은, 그만큼 '춘향 서사'가 끊임없는 개작과 재매개의 욕망을 불러일으키는 원천임을 짐작하게 한다. 1930년

---

92 "高協 創立 一週年 記念 春香傳 展覽會 …… 오는 사월로서 창립 일주년을 마지하는 극단 고협에서는 이달 이십삼일부터 사흘 동안 시내 부민관에서 유치진씨 각색의 「춘향전」을 상연하기로 되엇는바, 이에 앞서 동극단에서는 십이일부터 닷새동안 시내 화신 갤러리에서 춘향전 전람회를 개최하여 방금 크게 인기를 끌고 있다(『조선일보』, 1940.3.13, 재인용 : 유민영, 앞의 책, 394~395면).

93 김기진, 「대중소설론」, 홍정선 편, 『김팔봉문학전집』 1, 문학과지성사, 1988, 128~129면; 천정환, 「한국 근대소설 독자와 소설 수용 양상에 대한 연구」, 서울대 박사논문, 2002, 37~39면 참고.

대 초 개벽사(開闢社)에서 발행한 잡지 『제일선(第一線)』에는 「모던춘향전 : 漫畵漫文」[94]이 실려 있는데, 여기에서는 조선시대를 배경으로는 하고 있으나, 춘향이는 "미스, 코리어의 칭호를 듯는"다고 서술되어 있고, 춘향 모는 "老眼中에 「데카메론」 한구절을 골똘히 읽"는 장면이 등장하며, 춘향과 몽룡은 맥주를 마시며 사랑을 즐기고, 헤어질 때에 몽룡이 "불란서에서 주문해온 '貞操帶'"를 춘향에게 건네주는 등, 현대화되고 희극화된 묘사와 서술이 곳곳에 눈에 띈다.[95] 1940년대 『조광』에도 「억지춘향전」이라는 제목의 춘향 서사가 연재되는 등, 대중 잡지에서는 더욱 파격적인 내용의 춘향전 개작이 이루어지기도 했다.

춘향 서사는 영화로도 활발히 재매개 되었다. 1922년 연쇄극[96]의 형태로 춘향 서사의 영화화가 처음 시도[97]된 이래, 1923년에는 일본 제작진들과 조선인 배우들에 의해 만들어져 조선 대중을 상대로 한 민간 영화 〈萬古烈女 春香傳〉가 나오기에 이르렀다. 이 영화는 우리 서사를 바탕으로, 조선 땅에서 조선인 배우들에 의해 촬영된 최초의 영화로 평가[98]되었고, 당시 기대 이상으로 큰 인기를 누렸다고 한다. 당시 "춘향전은 전편이 가사(歌詞)로 시종(始終)되었으므로 이것을 완전한 영화로 제작하기에는 막대한 노력이 들었을 것"[99]이라는 언급은 춘향 서사가 기존에 존재하는 것이기는 하지만, 영화로 재매개하는 과정은 만만치 않을 수밖에 없는 것이었음을 짐작하게 한다. 사실 이 영화는 큰 인기

94 김규택, 「모던춘향전 : 漫畵漫文」, 『제일선』, 개벽사. 1932년 11월호에 제1회 연재 개시.

95 김웅초, 「억지춘향전-連載讀物 : 漫文漫畵 」, 『조광』, 조선일보사출판부. 1941년 연재.

96 '연쇄극'에 대해서는 제3장의 3절에서 상술하기로 한다.

97 "이번에 金小浪군은 수천 여 원의 돈을 들여 斬新한 活動寫眞을 박혀 日前에 완성되었으므로 (…중략…) 古代小說 春香歌 演劇을 改良ᄒᆞ여 活動寫眞을 박이었다는 것이 특색인데 全北 南原에서 치르던 光景도 자못 壯觀이라더라(「金小浪一行의 連鎖活動寫眞 十八日부터 團成社에서 처음 開幕」, 『매일신보』, 1922.4.17)."

98 「朝鮮映畵界의 過去와 現在-最初 映畵는 春香傳」, 『동아일보』, 1925.11.19.

99 「映畵劇으로 表現된 春香傳」, 『매일신보』, 1923.8.22~24, 재인용 : 김종욱 편, 『실록 한국영화총서(上) : 1903~1945.8』, 국학 자료원, 2002, 158~159면.

를 누렸지만, 그것은 영화 자체의 온전한 성공은 아니었다. 이 영화가 성공할 수 있었던 세 가지 요인은 '춘향 서사'가 확보하고 있었던 대중적 인기와 그 배경이 되는 '남원'을 실사(實寫)로 볼 수 있다는 점, 그리고 몽룡과 춘향역을 맡은 김조성과 한명옥의 인기 덕분으로 분석된다.

> 이 寫眞의 主演者 김조성군은 朝鮮 劇界의 新進 俳優로 一躍하여 幹部의 班列에 끼우게 된 후로, 京鄕의 愛劇家를 熱狂케하던 이름 있는 俳優라, (…중략…) 女主人公 春香으로 扮裝한 한명옥은 妓生 紅裙 叢中에 가장 一般 靑年의 周圍를 끌고 있는 代表的 美人으로.[100]

> 春香傳 (東亞文化協會 作品) 十二年度에 製作된 作品이니 本映畵가 조흐니 언짜느니 朝鮮映畵界에 있어 첫 作品이었다. 春香傳은 우리 朝鮮의 固有한 古代 戀愛小說이니 누구나 모롤 사람 업시 다 아는 이 소설을 映畵化식히려 이쓰든 早天氏 苦心談에 依하면 非常한 努力과 注意를 抑하엿고 멀리 南原ᄭᅡ지 가셔 實地 撮影을 하엿슬 ᄲᅮᆫ만 아니라 朝鮮 固有한 風俗習慣을 어대ᄭᅡ지 尊重하고자 無限 注意를 다 하엿다 한다. (…중략…) 李道令이 廣寒樓에 보따리 걸치고 섯든 光景이 눈압헤 암암하다. 人形 갓흔 春香이의 畵面이 眼前에 彷徨한다. 좌우간 본 영화는 失敗엿다. 人氣를 잇끈 것이 映畵보다도 春香傳이란 偉大한 小說의 힘이엿든 것이다. 먼저 나는 이러한 興味를 가지고 期待하엿섯다. 우리에게는 劇史가 업기 때문에 그러한 文章小說을 더욱이 戀愛小說인 春香傳을 우리의 固有한 劇의 動作 表情이 업는 心的 情緖로 얼카인 그 소설을 果然 映畵劇으로서 生命을 살닐 슈 잇슬가? 氣分劇으로 셔야만될 春香傳인대 엇더흔 脚色下에 映畵化식힌 것인가. 그러나 영화화한 춘향전은 실패엿다.[101]

---

100 위의 글.
101 이구영, 「조선영화의 인상」, 『매일신보』, 1925.1.1, 8면(밑줄-인용자).

영화 〈만고열녀 춘향전〉은 인물들의 감정 표현이 서툴렀고, 무성영화라는 한계도 있었지만, 춘향 서사를 연극보다도 앞서 극화(劇化)했다는 점[102]에서 큰 의미가 있다고 할 수 있다. 이로써 춘향 서사는 한두 사람의 창(唱)으로 소통되거나 강담사에 의해 구술되던 전통이 '문자'의 재매개를 거쳐 독서의 방식으로 소통되게 된 지 수십 년 만에 다시 '영상(映像)'이라는 매체를 통해 재매개되는 데에 이르렀다.

1935년에는 경성촬영소에서 조선 최초의 발성 영화가 만들어지는데, 이 역시 〈춘향전〉이었다. 이명우가 감독을 맡은 이 영화는 이광수의 「일설 춘향전」을 원작으로 밝히고 있으며, 홍난파가 음악에 참여하기도 했다.[103] 당시 단성사에서 상영된 이 영화를 본 안석영은 녹음과 음악이 '토키영화'로서는 아쉬웠으나, "미술, 음악, 문학 등 예술의 각 부문을 완전히 흡수해버리는 토키에 대하여서는 앞으로 여기에 적당한 각 부문의 인사(人士)를 맞이"하여야 할 것이며, "춘향전 토키 일편이 나옴으로써 조선 영화계의 성장이 빠를 것"이라는 기대도 표명[104]하고 있다.

연극 무대 위에 실사(實寫)를 곁들인 형태였던 연쇄극의 단계가 10여 년 만에 '토키 영화', 즉 유성(有聲) 영화로 발전하는 과정을 선도한 것은 바로 '춘향 서사'였다는 것은 의미심장하다. 그것은 춘향 서사가 가지

---

102 "조선에 연극이 생긴 후로, 춘향전을 순수한 연극 각본으로 각색하여 무대에 올리려고 무한히 노력한 사람도 한 둘이 아니었으나 오늘까지 그 목적을 達치 못하였었는데 이제 이것이 조천(早天) 씨의 힘으로 예술적 가치가 있는 순수한 영화 극으로 완성되어 조선 고대의 문예적 작품이 세계에 소개된 것은 우리가 스스로 치하할 만한 일이요, 조선에 처음으로 완전한 활동사진 필름 하나가 생기게 되었다는 의미로 조천 씨의 절대한 노력에 대하여 경의를 표함이 좋을 것이다(「映畵劇으로 表現된 春香傳」, 『매일신보』, 1923.8.22~24, 재인용 : 김종욱 편, 『실록 한국영화총서(上) : 1903~1945.8』, 국학 자료원, 2002, 158~159면)."

103 김종욱 편, 위의 책, 873면.

104 안석영, 「조선 토키 춘향전을 보고-조선 영화계의 장래를 말함」, 『조선일보』, 1935.10.11~13.

고 있는 서사적 매력 자체 때문이기도 했지만, 새로운 영화적 시도에도 불구하고 관객들의 관심을 끌 수 있는 대중성에 대한 확신이 있었기 때문이기도 했다. 타 서사 장르보다 상대적으로 많은 자금과 기술이 투입되어야 하는 영화 장르, 특히 토키 영화는 당시로서는 부담스러울 수밖에 없는 모험적 시도였을 것인데, 춘향 서사의 변함없는 대중적 인기는 충분한 담보가 될 수 있었을 것이다. 당시 평자들은 대체적으로 혹평 일색[105]이었으며 감독 스스로도 "지금 생각하면 식은 땀이 흐른다"[106]고 말할 만큼 어설픈 부분이 적지 않았지만, 대중들은 이 영화를 보러 몰려들었다.

무엇보다, '토키 영화'로 만들어진 춘향전의 의미는 춘향 서사가 여러 사람의 목소리를 통해 재매개되어 소통되게 되었다는 데에 있다 하겠다. 그것은 기존의 창자(唱者)나 변사(辯士)를 통해 소통될 때의 '음성'과는 전혀 다른 방식의 소통이었다. 각 인물의 목소리가 서술자의 중개 없이 전달된다는 점에서 '토키'로 만들어진 춘향 서사는 분명히 획기적인 것이었다. 이는 근대적으로 각색된 연극 〈춘향전〉이 유치진에 의해 상연된 것보다도 1년 앞서서 대중들과 만난 것이었다. 기술적으로 어색함이 많았음에도 불구하고, 발성영화는 불과 2・3년 만에 영화 시장을 장악하게 되었고, 무성영화 시대의 변사(辯士)들이 일자리를 걱정하는 처지가 되고 말았다.[107] 그만큼 새로운 테크놀로지를 바탕으로 한, 새로운 매체의 재매개 방식은 예상보다도 빠르게 대중들의 호응을 얻을 수 있었던 것이다. 사건의 진행과 대화의 전달에 대한 어떠한 설명과 해설 없이, 서사를 전달할 수 있었던 것은 관객들의 이해력이 뒷받

---

105 박기채, 「영화 일년의 개관적 회고」, 『조선일보』, 1935.12.12~1; 서광제, 「조선영화계의 일년」, 『신동아』 제50호, 1935.12.

106 이명우, 「春香傳을 製作할 때 : 朝鮮映畵監督 苦心談」, 『조선영화』 제1호, 1936.10.

107 「활동사진 변사 좌담회」, 『조광』 제30호, 1938.4.

침되었기 때문에 가능했던 것[108]이었지만, 이는 너무나 대중적으로 잘 알려진 서사였던 '춘향 서사'를 통해 실험되었기 때문에 역시 실현될 수 있었던 것이기도 했다.

1936년에는 이규환 감독에 의해 후일담적 상상력을 발휘한 「그 후의 이도령」이란 영화가 만들어지기도 했다. 1941년 명보영화사가 제작하고 이병일이 감독을 맡은 〈반도(半島)의 봄〉은 당시 영화계의 모습을 짐작하게 할 뿐만 아니라, 춘향 서사를 영화화하는 과정을 짐작하게 해 주는 영화다. 광복 이전의 영화가 현재 거의 전해지지 않지만, 〈반도의 봄〉은 어렵게 발굴되어 2006년 3월 한국영상자료원을 통해 공개된 바가 있다. 두 차례 일반 공개를 통해 밝혀진 〈반도의 봄〉은 영화적으로도 매우 놀라운 수사적 짜임을 갖춘 작품이었다. 이 영화는 영화제작자 영일과 영화감독 허훈, 그리고 평양에서 영화배우의 꿈을 꾸며 상경한 정희가 여러 가지 역경을 딛고 영화를 제작하는 과정을 담고 있는 '자기 반성적(self-reflexive) 영화'이며 메타 영화다. 그런데 이들이 제작하려고 했던, 영화 속의 영화는 다름 아닌 〈춘향전〉이었다.

〈반도의 봄〉의 첫 장면은 춘향이 가야금을 연주하는 장면이다. 잠시 후, 카메라가 줌-아웃(zoom-out)되면서, 춘향을 찍고 있는 카메라와 제작진, 그리고 촬영장의 모습이 화면 속으로 들어온다. 이들이 촬영하던 영화 춘향전은 이후 제작에 큰 어려움을 겪게 된다. 그 이유는 바로 춘향 역을 맡고 있던 배우가 갑자기 자취를 감추고, 제작진이 머물던 합숙소의 하숙비가 도난당해 영화 제작 자금에 문제가 생겼기 때문이었다. 〈반도의 봄〉은 대자본을 필요로 하는 영화라는 매체장르가 겪을

---

108 위의 좌담회 내용 가운데 한 부분을 옮기면 다음과 같다.
함대훈(사회) : 발성영화가 들어온 뒤에 해설을 합니까?
박응면(변사) : 지금도 하는 데가 있습니다.
함대훈(사회) : 조선 사람 관객에게 한해서만 해설을 할 필요가 있습니까?
서상필(변사) : 관객들의 지식과 이해력이 늘어가니까 앞으로는 필요가 없겠지요.

수밖에 없는 갈등을 드러내고 있을 뿐만 아니라, 당시의 영화계, 연예계를 비롯한 대중문화 전반의 모습을 엿볼 수 있는 작품이기도 하다. 특히, 영화 속 영화인 〈춘향전〉의 대사는 한국어로 이루어져 있는데 반해, 영화 제작 현장에서는 일본어로 대화가 오가고 있음은 당시 영화 제작 환경을 짐작하게 해주는 부분이기도 하다. 〈반도의 봄〉 속의 〈춘향전〉은 방자의 행동과 대사를 비롯해 매우 희극적이지만, 그 바깥의 이야기는 다소 어둡고 암울한 예술가들의 현실을 드러내고 있다. 영화 속 〈춘향전〉은 결국 '내선일체'를 내세우는 반도영화사의 구원으로 성공적으로 촬영이 마무리되고 흥행에도 성공을 거두게 되며, 정희와 영일이 성공을 목격한 뒤 일본 도쿄로 떠나면서 〈반도의 봄〉은 마무리된다. 영화 〈반도의 봄〉은 1940년대 들어 전쟁이 본격화되면서, 영화 제작 환경이 급속도로 악화되고 있던 현실을 보여주는 듯하며, 공금을 횡령하려 해가면서도 "어떤 괴로움이 있더라도 이 영화만은 꼭 완성시켜야 한다"는 영일이나 대기실에서 쓰러져 병원으로 실려가기까지 하는 정희의 모습은 〈춘향전〉에 대한 조선인들의 사랑과 애착을 짐작하게도 해준다.[109]

광복 이후에도 춘향전의 영화화는 꾸준히 지속되었다. 1947년 첫 칼라 영화로 시도되었던 것도 역시 춘향 서사였고,[110] 1955년 이규환 감독의 〈춘향전〉은 전쟁 이후 처음으로 크게 흥행에 성공한 작품으로 이후 충무로 전성시대의 개막을 알린 작품이었다. 1957년 김향 감독의

109 김려실은 〈반도의 봄〉의 감독 이병일이 정말로 만들고 싶었던 영화는 어쩌면 영화 속 영화인 〈춘향전〉이었을지도 모른다고 추측하기도 하였다(김려실, 『투사하는 제국 투영하는 식민지 : 1901~1945년의 한국영화사를 되짚다』, 삼인, 2007, 273면).

110 「朝鮮映畵도 天然色으로 朴基采 監督 春香傳 着手」, 『문화일보』, 1947.5.10, 1면. 당시 『문화일보』는 박기채가 감독을 맡아 자유영화사에서 제작하는 〈춘향전〉이 '조선 최초의 총천연색 영화'가 될 것이라면서, 이 "역사적 작품 춘향전의 주인공을 본사 후원으로 모집"한다고 공고를 하였다. 그러나 이 영화는 후에 제작이 중단되고 말았다.

「대춘향전」, 1958년 안종화 감독의 「춘향전」, 59년 이경춘 감독의 「탈선춘향전」이 잇달아 만들어지기도 했다. 1961년 최초로 완성된 칼라 시네마코프 영화 역시, 홍성기 감독의 〈춘향전〉이었다. 같은 해, 조금 늦은 시기에 신상옥 감독에 의해 만들어진 〈성춘향〉은 아시아 영화제와 베니스 국제 영화제에 출품되고, 해외에 수출되기도 했으며, 엄청난 흥행적 성공을 거두기도 했다. 이 두 영화가 동시에 경쟁적으로 만들어질만큼,[111] 춘향 서사는 여전히 인기있는 영화 매체의 재매개 대상이었다. 1971년 태창영화는 첫 번째 70밀리 필름 영화로 〈춘향전〉을 제작하기도 했다. 비교적 근래인 2000년 임권택 감독에 의해 만들어진 〈춘향뎐〉은 한국 최초의 칸 국제영화제 경쟁부문 본선 진출작이 되기도 했으니, 춘향 서사는 영화사(映畵史)의 중요한 대목마다 '최초'의 자리를 차지하고 있다고 해도 과언을 아닐 것이다. 그만큼 춘향 서사는 자주 영화화되었고, 또 인기를 누렸다고 할 수 있다.[112] "한국 사람이면 누구나 새로운 춘향전을 보러 갈 준비가 되어 있다"[113]는 언급이 조금도 어색하지 않을 정도로, 춘향 서사는 지속적으로 영화화되었고, 또 관심과 인기를 끌었다.

1930년대 말에는 「流線型 春鄕傳」이라는 제목의 만극(漫劇)이 유성기 음반에 담겨 유통되기도 했다. 신파극 배우였던 김원호가 몽룡역, 재즈

111 이와 관련해서는 이형표 구술, 이순진 채록, 「신상옥과의 만남, 신필름의 기술기반을 마련하다」, 한국문화예술위원회(구술로 만나는 한국예술사, http://oralhistory.arko.or.kr) 참고.

112 북한에서 춘향전은 처음에 봉건적 신분질서에 대한 미온적인 태도 때문에 비판의 대상이기도 했지만, 1980년 무렵부터 여러 차례 영화화되기도 했다. 특히 1979년 조선예술영화촬영소에서 백인준, 김승구 시나리오, 유원준 연출로 제작된 예술영화 〈춘향전〉에는 1935년작에 춘향 역을 맡았던 문예봉이 월매 역을 맡아 화제가 되기도 했다. 1988년 평양예술단에 의해서는 민족가극 〈춘향전〉이 공연되었는데, 원작에 비해 계급적 전선을 뚜렷이 한 작품이었다(북한 사회과학원 주체문학연구소 편, 『문학예술사전(하)』, 과학백과사전종합출판사, 1993, 95~98면).

113 김려실, 앞의 책, 137면.

가수이기도 했던 복혜숙이 춘향 역, 지경순이 방자 역을 맡아 극 형식으로 구성되어 있는데, 그 내용은 매우 현대적으로 각색되어 있었다.

몽룡 : 얘, 방자야.
방자 : 네.
몽룡 : 이놈아!
방자 : 헤헤, 나리요?
몽룡 : 하하, 나리요? 이놈 방자놈 대답 한번 하이칼라로 하는구나.
방자 : 하하 원래 시대가 하이칼라 시대가 되어서 레코드 속에 들어있는 방자놈 저도 모던 식해서 그렇습니다.
몽룡 : 하여간 지금 광한루로 이도령 본인께서 하이킹을 가시는 길이었다.
방자 : 두말하면 군소리 아들이지요.
몽룡 : 오라 잔소리라?
방자 : 때렸지!
몽룡 : 맞았단 말이지?
방자 : 그렇고 말고.
몽룡 : 하여간 옛날 이도령은 광한루에 구경을 나올 때는 당나귀를 타고 다니었는데, 나는 요모양의 신식이라고 자전거를 타고 다니니깐 무릎팍이 쑤셔서 이거 암만해도 관절염으로 병원에 입하를 하기 쉽겠다.[114]

위의 채록에서 보듯, 「유선형 춘향전」에는 '하이칼라'라든지 '모던'과 같은 영어 표현에다 '자전거'와 같은 근대 문물까지 등장하고 있다. 또한, 방자는 스스로를 "레코드 속에 들어있는 방자놈"이라고 지칭하고

114 KBS 사회방송 '흥겨운 우리가락' 음악 자료실(http://bbs5.kbs.co.kr/ezboard.cgi?db=SCRdata); 채록 자료는 최동현 · 김만수 편저, 『일제강점기 유성기 음반 속의 극 · 영화』, 태학사, 1998, 398면 참고.

있는데, 이는 자기 반성적(self-reflexive) 언급으로 볼 수 있는 표현이다. 이는 이 만극 자체가 기존의 매체로 소통되던 서사를 그대로 옮긴 것이 아니라, 매체에 대한 인식이 뚜렷한 상태에서 수사적으로 재매개된 것으로 볼 수 있게 하는 대목이라 할만하다. 또한 "옛날 이도령은 광한루에 구경을 나올 때는 당나귀를 타고 다니었"다는 부분은 기존에 소통되던 일반적인 춘향 서사를 이미 알고 있는 '독자', 혹은 '관객'이 다시 이 레코드의 청자이자 소비자로 소급 호명되고 있음을 짐작하게 한다.

이태준은 1940년, 다양한 춘향 서사에 대해 이렇게 말하기도 했다.

> 춘향전은 대개 넷가지로 음미할 수 있다. 책으로, 영화로, 연극으로, 소리로. 보는 이 또라 모다 소감이 다르겠지만 아직 나의 소감은 소리에서 가장 좋았다. 즉 아직은, 소리만치 다른 표현들은 춘향전의 맛을 깊이 풍겨주지 못하는 것 같다.
>
> 춘향전은 누구 한 개인이 단시일에 結稿해놓은 것이 아니라 수백년간 수많은 사람들의 입심과, 몸짓과, 理想에서 다듬어진 것이다. 그런데 수많은 '사람'이란 대부분이 唱客들이였다. 그러므로 춘향전은 아직까지도 소설이 아니요, 희곡이 아니요, 오직 광대의 소리대본이다. 이 소리 대본이기 때문에 소리로 듯는 춘향전이 가장 좋은 '춘향전의 맛'인 것은 元亨利貞이다. 소설로 읽을 때 느끼던 어색과 허풍이 소리판에서는 모다 격에 맞고 心然으로 發展한다. 무대에선 보기에 低劣하던 '러브신―'이 소리판에서는 詩傳風의 淑人君子로 나온다. 더구나 全羅道 사투리의 춘향의 말씨는 이야말로 원판 춘향이로구나 싶다.
>
> '소설 춘향전'은 문제 밖이요, '연극 춘향전', '영화 춘향전'은 이 앞으로 문제다. '소리 춘향전'은 수백 년을 두고 발전한 것이다. 영화와 연극이 1·2년으로 '소리 춘향전'의 지위를 탐내는 것은 허영이다. 연극은 연극으로, 영화는 영화로, 각기 自道에서 신편성의 춘향전을 원대히 계획치 않으면 않

> 될 것이다. 무론 아모리 신편성이라 하더라도 춘향전은 춘향전이고 보기 위해 '춘향전의 맛'을 길을 우물은 '소리 춘향전'일 것이요, 연극이나 토키—에서 춘향, 춘향 모, 향단, 방자의 말씨는 남원에서까지 가서라도 거짓말로 채집해야 할 것도 물론이다. 고증이라는 것보다도 춘향전 그것의 현실이 강요한다고 보아 옳을 것이다.[115]

여기서 이태준은 춘향 서사의 제 맛은 '소리'로 불릴 때 느낄 수 있다고 말하고 있는데, 이는 판소리 창으로 불리어온 춘향 서사가 가장 오랜 역사를 갖고 있으며, 가장 친숙하기 때문인 것으로 보인다. 이태준도 의식하고 있듯, 연극이나 영화가 당시로서 아직 충분한 기회를 갖지 못하였기 때문이지, 매체적 속성이 춘향 서사에 부적합하다고 볼 수는 없다.[116]

해방 이후, 춘향 서사는 영화나 창극, 마당놀이 등과 같은 연행 서사의 형태로 끊임없이 재매개되고 재창조되어 왔다. 1950년대에 춘향 서사는 이미 유럽에서 발레 공연으로 재매개되어 공연[117]되기도 했을 만큼, 다양한 방식으로 변모해왔다. 춘향 서사는 지금까지 그래왔던 것처럼, 앞으로도 새롭게 등장하는 매체에 부합되는 방식으로 재매개될 것이며, 또 새로운 방식으로 소통될 것임이 분명하다.[118]

---

115 이태준, 「춘향전의 맛」, 『문장』 2권 7호, 1940.9, 83면.

116 비교적 최근에 만들어진 춘향 서사 영화인 임권택 감독의 2000년 작 〈춘향뎐〉이 가장 판소리 춘향가를 잘 살리면서 재매개된 작품이라는 점은 아이러니하면서도 시사적이라 할 수 있다.

117 강수진, 「50년전 유럽인들 발레로 '춘향전' 봤다」, 『동아일보』, 2006.10.12(http://www.donga.com/fbin/output?n=200610120039).

118 춘향 서사는 라디오나 TV와 같은 전파 매체를 통해서도 끊임없이 재매개되었다. 2005년 KBS에서 방송된 TV 드라마 〈쾌걸 춘향〉은 남원을 공간으로 하고 있고, 주요 인물들의 이름이 성춘향, 이몽룡, 변학도이긴 하지만, 고전적인 춘향 서사의 색채는 거의 찾아보기 힘들었다. 사실, '춘향'이라는 이름이 없다고 하더라도, 돈과 권력을 무기로 삼은 한 남성에 의해 두 남녀의 순수한 사랑이 위기를 맞게 된다는 춘향 서사

이렇듯, 서사 텍스트는 '재매개'를 통하여 전혀 다른 양상의 장르로 변환되어 소통될 수 있는 성질을 갖고 있다. 근래 흔히 '원 소스 멀티 유스(one source multi-use)'라는 표현을 사용하기도 하는데, 실질적으로 다매체 시대의 상품화된 서사의 양상을 설명하기에 유용한 표현이기도 하지만, '원 소스(one source)'라고 하는 실체의 비고정성과 불확정성을 담지하지 못하였다는 점에서 오해의 여지도 있는 표현이다.

앞서 춘향 서사의 몇 가지 사례를 살펴보았지만, '재매개'는 문자텍스트를 바탕으로 이루어지는 경우가 많았다. 연극이 희곡, 영화가 시나리오라는 각각의 문자텍스트를 바탕으로 '재매개'된다는 점에서 그렇게 보임직도 하다. 하지만 문자텍스트가 항상 재매개의 원천이 된다고 말할 수는 없다. 각각의 매체가 실제 소통되는 과정에서, 매체 자체의 특성이 부각됨으로써 문자의 재매개 과정이 큰 의미를 가지지 않을 수도 있으며 문자텍스트의 과정이 생략된 연극이나 영화도 존재한다.[119] '문자'가 이미 실재(實在)를 매우 추상화한 것이라는 점 때문에, 보다 구체적이고 사실적인 것을 추구하는 매체나 텍스트의 경우에 '문자'의 재매개는 오히려 감추어지기 일쑤다. 더욱이, 애초에 '문자'가 재매개했

의 모티프는 그야말로 수없이 많이 변주되어, TV 드라마의 관습적 소재처럼 쓰이고 있다. 춘향 서사를 바탕으로 재매개된 컴퓨터 게임도 몇 차례 등장했으나, 아직까지 완성도나 인기면에서 부각될만한 경우는 거의 없었다. 근래 휴대 전화용 게임으로 등장한 〈열혈춘향〉은 모바일 게임의 한 흐름이 된 '타이쿤(어떠한 물건을 생산하고 판매하여 이익을 창출하는 방식의 게임)' 장르를 채택하고 있는데, 춘향 서사의 서사적 줄기는 전혀 남아 있지 않다. 춘향 서사의 전통과 인기를 고려할 때, 춘향 서사를 근간으로 하여 재매개된 컴퓨터 · 모바일 게임이 앞으로 좀 더 발전적으로 모색될 가능성은 충분하리라고 본다.

119 '즉흥극'이나 다큐멘터리 영화의 경우 문자언어로 된 대본이 존재하지 않거나, 큰 비중을 차지하지 못하는 경우도 많으며, 간략한 시놉시스 정도로 대체되는 경우도 있다. 또한 문자로 된 대본 대신 그림 형식의 콘티에 의존하여 만들어지는 영화도 적지 않다.

던 '감정'이나 '3차원적 현실'은 연극·영화·인터넷에서 보다 실감나게 재현되기에, '문자'가 그러한 매체를 활용하는 서사 텍스트를 재차 '재매개'하는 경우도 적지 않다. 영화가 다시 소설책으로 만들어지거나, 컴퓨터 게임의 시나리오가 문자텍스트로 재구성되는 경우도 적지 않다.

서사 텍스트의 '재매개'의 과정에서 때로는 재매개의 과정을 '투명'하게 함으로써 실재(實在)를 직접 소통하는 것처럼 여기게끔 하기도 하며, 매개의 과정을 부각시킴으로써 '매체'적 특성이 중시되기도 한다. 이러한 과정을 통해, 서로 다른 장르의 서사 텍스트는 상호 영향을 주고받으며, 그리고 서로 '재매개'하며 구성되어온 것이다.

우리에게 있어 '춘향 서사'는 가장 대표적이고 대중적인 서사이면서, 가장 다양한 '매체'를 통해 새롭게 재매개되어 온 서사이다. '새로운 매체'가 등장하는 무렵에 대중들은 '신매체'에 대한 호기심은 있으나, 그것의 소통 방식에 익숙하지 않기 마련이다. 따라서 서사 텍스트의 생산자는 신매체에 의한 재매개 과정을 투명화시킴으로써 서사의 소통이 원활히 이루어질 수 있도록 시도한다. 춘향 서사는 대중들에게 매우 익숙한 서사였다는 점에서, 그것이 낯선 매체를 통해 전달되더라도 대중들은 '신매체'에 대한 별다른 거부감 없이 친숙하게 수용할 수 있었을 것이다. 춘향 서사는 구비 연행을 통해 소통되던 판소리에서, 신문 연재나 딱지본을 통해 활자로 재매개된 소설 「옥중화」로, 무대 위의 연행을 통해 소통되는 창극이나 연극으로, 새로운 매체가 등장할 때마다 다양하게 '재매개'되어 왔다. 특히 영화로 만들어진 춘향 서사는 최초의 민간 대중영화, 최초의 발성영화, 최초의 칼라 시네마코프 영화 등, 새로운 영화적 테크놀로지와 결합할 때마다 변함없는 대중들의 인기를 누려왔다는 점에서 주목할 만하다.

제3장 신매체의 등장과 근대 서사 텍스트의 대중적 소통 양상

1. '신문'의 등장과 활자 중심 문학의 확립

1) 근대 전환기 '신문'의 등장과 역할

근대 전환기 무렵 등장한 '신문'은 그 시기의 가장 중요한 '신매체'였다. 말하자면, '신문'의 등장은 근대적 대중 매체가 본격적으로 출현한 사건이었다고 할 수 있다.

서구의 경우, 대체로 1609년 『아비조』라는 주간 신문을 최초의 신문으로 꼽고 있으며, 1650년 라이프치히에서 발행된 『아인콤멘데 차이퉁엔(*Einkommende Zeitungen*)』을 최초의 일간신문으로 보고 있다.[1]

---

1 베르너 파울슈티히, 황대현 역, 『근대 초기 매체의 역사 : 매체로 본 지배와 반란의 사회문화사』, 지식의풍경, 2007, 347~353면. 여기서 파울슈티히는 구술매체 가인이나 전단지, 서신, 설교 등이 '신문'의 전사(前史)로서의 뿌리라고 파악하고 있다.

우리의 경우, 1882년 일본을 다녀와 한성판윤이 된 박영효가 일본인 기자(記者)와 활판공(活版工)을 초빙해온 후, 박문국(博文局)에서 신문을 창간할 준비 작업을 하였던 것이 신문 역사의 출발점이었다. 그 결실을 본 것이 1883년 10월 창간된 『한성순보(漢城旬報)』였다.[2] 최초의 신문이라 일컬어지는 순한문체 신문 『한성순보』는 급변하던 정세 속에서 41호를 마지막으로 폐간되고 말았다. 1886년 1월 『한성주보(漢城週報)』란 제호로 복간되기도 하였지만, 1888년 7월 박문국의 폐지와 더불어 다시 폐간되기에 이른다. 1896년에는 순국문체를 도입한 최초의 민간 신문 『독립신문』이 창간되었다. 근대적 신문 제작은 이 무렵부터 본격적으로 활성화되기 시작하였으며,[3] 대중들의 일상에 신문이 자리잡기 시작하였다. 당시 한국을 시찰하고 돌아간 영국 왕립지리학회 회원 이사벨 버드 비숍 여사의 회고[4]를 보면, 이미 그 무렵 신문은 대중들에게 빠른 속도로 퍼져나갔다고 짐작할 수 있겠다.

1897년에는 감리교 선교사 아펜셀러가 주도하는 주간지 『죠션(대한)

---

2 『별건곤』 1930년 7월호에 실린 「朝鮮 新聞 雜誌 年歷 及 發達史」에는 다음과 같은 설명이 나온다. "상술함과 가티 官報를 新聞의 원조라 하면 우리 朝鮮에 잇서서는 官報의 一種인 所謂 「기별지」가 신문의 원조라 하겟고 또 民間에 잇서는 野談, 野史가튼 것이 또한 新聞의 일종으로 볼 수 잇다. 然而 그 시초된 시대에 이르러서는 아측 상세한 記錄이 업스나 新羅史에 의하면 신문왕 二十年 壬辰(西紀 六八二－거금 1248年 前)에 설총이 吏讀文을 지다 官府 文札에 用하얏다 하얏슨즉 그때부터 긔별지가 시행된 것을 족히 짐작하겟다. 그러나 所謂 近代式의 新聞은 이태황 20년 계미(거금 47年前)에 일본인 井上角五郎의 주간하에 창제된 漢城旬報니, (…중략…) 민영익의 추천으로 井上 氏를 촉탁으로 雇聘 하얏섯는데 계미년에 (…중략…) 博文局을 설치하는 동시에 박문국 사업으로 이 순보를 계행하게 된 것이엿다(壽春學人, 「朝鮮 新聞 雜誌 年歷 及 發達史」, 『별건곤』, 1930.7, 23～27면)."

3 이종수, 「조선신문사 : 사상변천을 중심으로」, 『동광』 28호, 1931.12, 69～75면; 임우성, 「조선신문사」, 『비판』 6권 8호, 1938년 8월, 2～10면; 서광운, 앞의 책, 20～50면; 최기영, 『대한제국시기 신문연구』, 일조각, 1991, 12～24면, 75～84면, 114～119면.

4 "국문 신문을 옆구리 끼고 거리를 다니고 있는 풍경과 또한 각 점포마다 이 신문을 펴놓고 읽고 있는 광경이란 참으로 1896년 이래의 새로운 현상이었다(이사벨라 버드 비숍, 이인화 역, 『한국과 그 이웃 나라들』, 살림, 1994)."

크리스도인회보』가 창간하였다. 1898년 창간된 주간 『협셩회회보』는 몇 개월 뒤 최초의 일간지 『믹일신문』으로 발전하여 1년여간 지속되었고, 같은 해 『대한신보(大韓新報)』, 『제국신문(帝國新聞)』[5] 등 순국문 신문의 창간이 잇달았다. 『대한황성신문』의 판권을 물려받은 『황성신문(皇城新聞)』도 1898년 국한문 혼용체로 발행되었다. 1904년에는 일본인이 발행한 국한문혼용 신문 『대한일보(大韓日報)』[6]가 창간되었고, 영국인 베델이 사장을 맡고 양기탁 등이 주도하여 순한글과 영문로 만든 『대한매일신보(大韓每日申報)』[7]도 창간되었다. 1906년에는 일진회 기관지 『국민신보(國民新報)』와 천도교 주도 하에 발행된 『만세보(萬歲報)』, 천주교 조선교구 기관지 『경향신문(京鄕新聞)』 등이 잇달아 창간되었다. 1907년 새로 신문지법이 발효된 이후로는, 1907년에 이완용 내각의 기관지 『대한신문(大韓新聞)』이, 1909년에 대한협회의 기관지 『대한민보(大韓民報)』와 지방지 『경남일보(慶南日報)』가, 1910년 1월에는 친일신문 『시사신문(時事新聞)』 등이 창간된다. 1910년 한일합병 이전까지 간행된 신문은 이외에도 『황성신문』의 전신이었던 『경성신문(京城新聞)』(1898.3~4)과 『대한황셩신문』(1898.4~8), 『시사총보(時事叢報)』(1899.1~8), 『대동일보(大同日報』(1909.10~1910.2) 등이 있었다.[8]

5　초기의 제호는 『뎨국신문』이었으나 곧 『帝國新聞』이란 한자 제호를 사용하였다. 본 연구에서는 『제국신문』으로 통칭하기로 한다.

6　1906년 8월에 폐간된 후, 같은 해 10월에 재간된 이후로 1910년까지는 일어로 발간되었다.

7　『대한매일신보』는 창간 당시 순한글로 2면, 영문으로 4면, 총 6면으로 만들어졌다. 1905년 8월부터는 영문판과 국문판을 별도로 만들어 발행했는데, 이때 국문판은 국한문 혼용으로 만들어졌다. 1907년 5월부터는 한글판을 따로 창간하여, 한글판·국한문판·영문판 3종을 발행하기 시작했다. 이후 본 연구에서는 일반적으로 『대한매일신보』라고 표기하기로 하되, 각 판형의 수록사항을 적시(摘示)할 필요가 있을 때에는 각각의 제호를 따서 한글판은 『대한미일신보』, 국한문혼용판은 『大韓每日申報』, 영문판은 『The Korea Daily News』로 구별하여 적기로 한다.

8　국회도서관 사서국 편, 『한국 신문·잡지 연표 (1881~1910)』, 국회도서관, 1967.

이 무렵, 사회적으로는 '개화사상'을 비롯한 각종 이념의 '계몽'이 무척 강조되고 있었다. 주지하다시피, 이 시기의 신문은 대체로 해당 신문을 주도하던 이들의 이념적·종교적 첨병과도 같은 역할을 하던 매체였다. 각 신문 매체의 목적의식은 그 이념에 따라 달랐으며, 대상으로 삼을 독자층도 달랐다. 어떠한 독자층을 겨냥하고 있는가에 따라 신문의 편집 체제나 채택한 문체는 매우 상이하게 나타나기도 했다.

초기 근대신문들은 근대적 개화사상을 비롯한 '이념'을 계몽하기 위한 목적으로 '이야기' 형식을 활용하였다. 1884년 6월 14일 『한성순보』에는 「아리스토텔레스전[亞里斯多得里傳]」이 실리는데, 이는 근대적 신문에 실린 최초의 '서사 텍스트' 양식으로 평가된다.[9] 이외에도 당시 신문들에는 '이야기' 형식의 논설, 이른바 '서사적 논설'이 널리 활용되었다.[10] 1897년 5월 7일 『그리스도신문』에 실린 「코기리와 원숭이의 니야기」를 비롯해, 『독립신문』, 『대한매일신보』 등에 많은 '서사적 논설'이 수록되었다.[11] '서사적 논설' 가운데에는 계몽적 의도나 현실 비판적 의도가 뚜렷한 글들도 적지 않았다.

의식의 계몽에 초점을 맞춘 '서사적 논설'들과는 조금 다른 형태로, '소설(쇼셜, 小說)'을 표방한 '이야기' 형식들이 1906년 이후에 본격적으로 등장한다. 1906년 2월 6일 『대한미일신보』에는 한글작품 「청루의녀전」의 연재가 시작되었고, 2월 20일부터 3월 7일까지는 「거부오해(車夫

9 김찬기, 「『한성순보』 소재 '아리스토텔레스전'에 관한 연구」, 『한국 근대소설의 형성과 전』, 소명출판, 2004, 231~252면.

10 이 시기 신문에 실린 서사적 성격을 띤 '논설'의 양식을 김영민은 『한국 근대소설사』(솔, 1997)에서 '서사적 논설'이라 이름 붙인 바 있으며, 조선 후기 야담 형식과의 연관성을 논증하고 있다. 이러한 양식의 '논설'에 대해서는 정선태의 『개화기신문의 논설 수용 양상』(소명출판, 1999) 이후 더욱 많은 논의가 이루어지고 있다.

11 이 시기 신문에 수록된 단형 서사물 자료들은 김영민·구장률·이유미 편, 『근대계몽기 단형 서사문학 자료전집』, 소명출판, 2003에 정리되어 있으며, 연세대 근대한국학연구소 편, 『근대계몽기 단형 서사문학 연구』, 소명출판, 2005는 이를 바탕으로 한 연구들을 모은 것이다.

誤解)」가 연재되었는데, 이 연재가 게재된 지면은 '소설란'이라고 명기되어 있었다.

앞서 언급했듯이, 1906년 무렵부터는 꽤 많은 종류의 신문들이 발행되기 시작했다. 1898년 창간되었던 『제국신문』과 『황성신문』이 가장 대표적인 중앙지로 자리잡은 가운데, 1906년에 창간된 『만세보』와 『경향신문』 등도 대중적인 신문으로 떠올랐다. 1890년대 후반의 신문들은 '문체'에 따라 독자층이 근본적으로 차별화되어 있었지만, 1906년을 즈음하여 신문들 간에는 한정된 '독자층'을 놓고 경쟁 관계가 형성되기 시작할 수밖에 없었다.

『만세보』는 알려진 바처럼, 천도교 세력을 기반으로 창간된 신문이었다. 본래 '동학(東學)'이란 이름에서 '천도교'란 새로운 교명을 내세울 때부터 이들은 '신문'의 힘을 활용할 줄 알았다. 천도교측은 1905년 12월 1일 교주 손병희의 명의로 『대한매일신보』와 『제국신문』에 '천도교'의 출현을 '광고'하였다. 이후 천도교는 '제도권' 안의 종교로 인정받기 시작했다. 이 무렵 천도교측은 친일단체 일진회와의 제휴 관계를 청산하려는 움직임을 보이는데, 이 과정에서 일진회측의 『국민신보』을 견제하기 위한 작업으로써 『만세보』 창간을 꾀했다는 추론도 가능할 듯 보인다.[12] 『만세보』는 창간 준비 과정부터 『황성신문』이나 『대한매일신보』에 창간을 예고하는 광고를 게재하곤 하였다. 1906년 6월 17일 『만세보』는 몇 차례의 발행 연기 끝에 창간호를 펴내는데, 『만세보』측은 창간호 수만 매를 발행하여 무료로 배부하였다.[13] 새로 창간된 신문을 무료 배포한 것은 기존 신문의 독자들에게 해당 신문의 존재를 알리려는 매우 적극적인 '광고 전략'이라고 할 수 있다. 그만큼 1906년 당시

12 최기영, 앞의 책, 74~75면.

13 『만세보』, 1906.6.17, 3면. 「告白」. "本報 第一號는 數萬枚를 印刷ᄒᆞ야 貸金을 受치 아니ᄒᆞ고 都下에 廣布ᄒᆞ오니 購覽코ᄌᆞᄒᆞ시는 僉君子는 本社로 請求ᄒᆞ시옵."

의 '신문'은 나름대로의 경쟁 속에서 '시장'을 형성하고 있었다고 할 수 있다.

그 무렵, 이념적으로 차별적이었던 신문들 사이에는 상호 비판이 일상화되기도 했다. 당시 최대 약 1만 부 정도의 발행부수[14]로 최대 신문이었던 『대한매일신보』는 친일 계통의 신문들과 여러 차례 충돌을 빚었었다. 1904년 10월 7일 『대한ᄆᆡ일신보』는 'ᄒᆞᆫ 기막힐 신문이라'는 제목의 '론셜'에서 자사 신문과 영국인 사장 배설을 먼저 비난한 일본인 신문 『대한일보』에 대해 강도 높은 비판을 가하고 있다. 1907년 무렵에는 일진회 기관지 『국민신보』나 이완용 내각의 기관지 『대한신문』과 같은 친일 신문들과 대립각을 뚜렷하게 했다. 아래의 인용은 그와 같은 대립 양상을 보여주는 사례가 될 것이다.

> 슯흐다 뎌 국민신보와 대한신문 긔쟈야 너희 뇌수가 엇지ᄒᆞ야 어두며 너희 머리가 엇지ᄒᆞ여 완악ᄒᆞ며 너희 낫겹질이 엇지ᄒᆞ야 듯거우냐 (…중략…) 대한신문이 나셔 국민신보와 닙부리를 셔로 맛초며 흘닌 츔을 셔로 주어먹으며 걸쥬ᄀᆞᆺ치 사오나옴을 도와주는 심술노 셔로 비필이 되어셔 ᄒᆞ나흔 슈컷이 되고 ᄒᆞ나흔 암컷이 되야 압헤셔 부르고 뒤에서 응ᄒᆞ며 죽을 힘을 다ᄒᆞ여 본보를 공격ᄒᆞ다가 심지어 말ᄒᆞ기를 본긔쟈는 흰낫에 누른 터럭이오 깁흔 눈에 놉흔 코라고 됴롱ᄒᆞ여 평론ᄒᆞ더니.[15]

이념적으로 차별성이 뚜렷하지는 않았던 신문들 사이에도 상호간에 경쟁은 치열했다. 당시 순 국문 신문인 『제국신문』은 특히 부녀자층과

---

14 당시 『대한매일신보』의 발행부수는 초기 4천 부에서 후기 최대 1만3천 부, 『제국신문』과 『황성신문』은 각각 2~4천 부 정도였던 것으로 알려져 있다(김영민, 『한국 근대소설의 형성과정』, 소명출판, 2005, 110면).

15 『대한ᄆᆡ일신보』, 1907.12.17 론셜.

하층민들을 대상으로 인기가 있어서, 국한문 혼용인 『황성신문』과 더불어 신문 독자층을 사실상 양분하고 있었다. 그런데, 1907년 5월 23일부터 『대한매일신보』가 순 한글판 신문을 새로 발행하기로 하자, 『제국신문』은 그 해 5월 4일자에 '본보 확장ᄒᆞᆫ 일'이라는 글을 싣고 새로운 기계를 도입했음을 알리고, 17일자부터 지면을 확장 발행하였다. 『대한매일신보』의 순 한글판 신문 발행을 계기로, 『제국신문』은 지면도 확장하고, 한문체 기사를 도입함으로써 지식인층 독자들도 겨냥하는 등 여러 가지 변화를 꾀하게 된 것이었다. 그러나 결국, 『제국신문』의 무리한 투자는 재정난을 불러왔다. 1907년 9월 『제국신문』은 재정의 고갈로 일시 폐간하기에 이르고, 사장을 비롯한 운영진의 개편을 통해서야 그 다음 달에 속간할 수 있었다.[16] 1909년 창간한 『대한민보』의 경우에 '날씨예보'와 '만화'를 1면에 싣는 편집을 보였던 것도 후발주자로서의 차별성을 선보이려는 시도라고 볼 수 있을 것이다.

앞서도 잠시 언급했듯이, 이 시기 신문들에서 또 한 가지 주목할 만한 것은 '소설'이라는 이름의 고정적 지면이 만들어지기 시작했다는 것이다. 앞서 언급한 『대한매일신보』 뿐만 아니라, 『황성신문』, 『만세보』, 『제국신문』, 『경향신문』 등이 1906년 일제히 '소설'이라 이름 붙은 글을 싣기 시작했다.[17] '소설'이란 명칭의 '글'이 실린 것은 이때가 처음은 아니었지만,[18] 이 시기부터 신문 지면에서 '소설'이란 명칭이 눈에

16 최기영, 앞의 책, 31~36면.

17 구장률, 「근대계몽기 소설과 검열제도의 상관성」, 『현대문학의연구』 제26집, 한국문학연구학회, 2005.6, 201면.

18 '소설(小說)'이란 명칭의 지면을 따로 둔 것은 1897년 1월 12일자 『한성신보』가 처음이다. 1897년 1월 『한성신보』에는 3회에 걸쳐 「상부원사해정남(孀婦冤死害貞男)」이라는 이야기가 실리는데, 이것이 실린 지면을 '소설(小說)'이라 칭하고 있다. 그러나 『한성신보』의 경우, '잡보(雜報)'에 실린 글과 '소설(小說)'에 실린 글 사이에 뚜렷한 차별성은 엿보이지 않는다(김영민, 「한국의 근대신문과 근대소설」, 『현대소설연구』 제29호, 한국현대소설학회, 2006.3).

띄게 늘어난 것은 분명하다. 또 한 가지 주목되는 사실은 이 무렵부터 연재물의 게재가 늘어나기 시작한다는 점이다.[19]

이 시기 신문들은 '서사'의 양식을 대중적인 판매와 영향력을 증대시키는 데 있어 가장 중요한 도구로 활용하기 시작했다. '이야기', 즉 '서사'는 조선시대 '야담'으로부터 근대신문 초기 '서사적 논설' 등에 이르기까지 대중들의 '흥미'를 유발하는 데에는 가장 유리한 텍스트 양식이었으며, 대중들을 대상으로 '경쟁'을 벌여야하는 신문사측에서 이 점을 인식하지 못할 리 없었다. 이 과정에서 '연재'라는 방식의 텍스트적 전략도 등장하게 되었다.[20] 당시 신문에 담긴 '문자 서사'들은 신문의 상업적 판매에 있어 중요한 영향력을 가지고 있었다. 1906년 『만세보』에 연재되었던 이인직의 신소설 「혈의 누」를 비롯하여 다양한 형식과 내용의 서사물들이 신문에 연재되었고, 대중들의 호응을 얻었다. 신문 매체를 통한 '연재소설'은 이념적 '계몽'의 역할과 더불어, '재미'를 제공하여 신문의 상업적 요구에 부합해야 하는 책무까지 갖추어야 했다.

한편, 당시의 신문 연재소설에 있어서 '신문'은 단순히 문학작품이

---

19 구장률은 1906년 신문 검열이 본격화되면서, 신문의 집필진들은 검열을 피할 수 있는 내용과 지면을 안정적으로 채워줄 수 있는 형식의 게재물이 필요했고, 그 결과 등장한 것이 '연재물', 특히 '소설(小說)'이라 이름 붙은 단형 서사적 연재물이었다고 보고 있다. 『제국신문』의 경우, 1907년 5월 17일부터 연재된 「혈의루」 하편은 이전의 '소설(小說)'과는 또 다른 이데올로기적 지향과 표현 형식을 갖고 있다는 점에서 차별성을 보인다(구장률, 위의 글, 199~228면).

20 프랑스에서는 '연재소설'을 로망－페이통(roman-feuilleton) 또는 페이통(feuilleton)이라 한다. 이 말 뜻에는 '(신문의) 문예란'이란 의미가 담겨 있다. 연재소설이란 방식은 19세기 초 프랑스에서 발생하여 유행한 소설 양식으로, 처음에는 격주간지에 연재되기 시작하였다. 1829년 『파리평론 Revue de Paris』을 창간한 베롱은 직접 그 잡지에 연재소설을 게재하기 시작했다. 1836년에는 지라르댕이 신문에 연재소설을 싣기 시작했다(민병덕, 앞의 글, 28면). 신문이나 잡지에 연재한 형태는 아니지만, 1840년경 영국의 작가 찰스 디킨스는 『골동품 상점(*The Old Curiosity Shop*)』이라는 소설을 한 주(週) 단위로 쪼개어 출간하여 큰 관심을 모으기도 했었다. 당시 대서양을 오가는 여객선이 이 소설을 싣고서 미국에 도착하면, 수많은 사람들이 몰려 다음 이야기가 어떻게 진행되었는가에 관심을 나타냈다고 전해진다.

실리는 지면의 역할에 그치지 않았다. 신문에 실리는 사회적, 국제적 사건과 뉴스들은 연재소설의 내용에 그대로 반영되기도 했다. 작가들에게 신문은 자신의 작품을 발표하는 매체인 동시에, 소설 속 사건 소재를 취하는 장(場)이기도 한 셈이었다.[21]

근대 전환기 무렵의 신문 매체가 처음으로 등장한 '근대적 대중 매체'라는 중요한 의미를 지니고 있음은 두말할 필요가 없다. 이 당시의 신문은 이데올로기적 계몽의 목적으로 탄생된 것이 대부분이기도 했으며, 그렇게 등장한 신문은 '근대문학'의 형성기와 맞물려, 근대문학, 특히 '소설'의 중요한 매체로 기능하게 되었다.

2) 사건과 발화의 재매개와 '기자(記者)'의 서사 : 사실(事實)의 서사

근대 전환기 무렵의 신문에 대한 논의에서 '계몽성'을 비롯한 이데올로기적 의의에 대한 언급은 그간 수없이 많이 진행되어 왔다. 그럼에도 불구하고, 오히려 '신문'이라는 매체 자체의 특성을 간과하는 경우도 적지 않았다.

신문은 예나 지금이나, '사실'을 신속히 보도하는 것을 가장 큰 사명으로 삼고 있는 대중 인쇄 매체이다. 당시의 신문들의 편집 체제는 지금과는 많이 달랐지만, 일어난 사건을 명확하고 간결한 사실로써 보도

21 20세기 초에 활동했던 일본의 목일마(牧逸馬)와 같은 작가는 신문의 일자와 소설의 일자를 일치시키면서, 당일 신문에 실린 사건과 소설의 내용을 일치시켜 나간 것으로 유명했다. 개화기 무렵 우리 신문소설의 내용과 신문 속 사건과의 연관성에 대해서는 다음을 참고. 신지영, 「『대한민보』 연재소설의 담론적 특성과 수사학적 배치」, 연세대 석사논문, 2003, 69면; 양문규, 「1900년대 신문・잡지 미디어와 근대소설의 탄생」, 연세대 근대한국학연구소 기초학문연구팀 편, 『한국 근대 서사양식의 발생 및 전개와 매체의 역할』, 소명출판, 2005, 23면; 이희정, 「1910년대 『매일신보』 소재 단편소설연구」, 『현대소설연구』 제25호, 2005.3, 338~341면.

하고, 이를 바탕으로 여론을 형성하여야 한다는 책무는 본질적인 것이라 할 수 있다.

초기 신문들은 정보 자체의 전달 이상으로 신문사의 계몽 의도를 크게 부각[22]시키고 있었는데, 그 의도를 실현하는 대표적인 방식이 '서사'의 활용이었다. 서사적 논설이라 칭할 수 있는 당시 신문 서사들은 인물과 관련된 일화를 소개하거나 문답체, 토론체 방식을 주로 활용하곤 하였다.[23]

인물의 일화를 다루는 방식은 야담이나 '전(傳)'과 같은 기존의 서사체에 뿌리를 두고 있었다. 최초의 신문 연재 서사물로 꼽히는 「아리스토텔레전[亞里斯多得里傳]」을 비롯하여, 초기 신문들에 실린 「라파륜 ᄉᆞ젹」, 「을지문덕」, 「의틱리국아마치젼」, 「령남 안동짜에」, 「슈군의 뎨일 거룩ᄒᆞᆫ 인물 리슌신젼」 등[24]과 같은 장·단형 서사들은 기존에 존재하던 역사나 전(傳), 야담에 바탕을 두고 있는 것이었다.[25] 특히 「아리스토텔레스전」이나 「라파륜 ᄉᆞ젹」, 「의틱리국아마치젼」 등은 서양의 인물을 다룬, 일종의 번역 '서사'였다. 다시 말하자면, 이러한 초기 신문 서사들은 기존의 서사를 계몽의 의도를 담아 재매개하는 방식으로 대

---

22 가령, 『만세보』의 창간호 첫 머리에 놓인 「사설(社說)」은 다음과 같이 시작된다. "萬歲報라 名稱ᄒᆞᆫ 新聞은 何를 爲ᄒᆞᆷ이뇨. 我韓人民의 智識啓蒙키를 爲ᄒᆞ야 作ᄒᆞᆷ이라(『만세보』, 1906.6.17, 1면)."

23 김영민, 「근대계몽기 단형 서사문학 개관」, 연세대 근대한국학연구소 편, 『근대계몽기 단형 서사문학 연구』, 소명출판, 2005, 17~19면; 정선태, 『개화기신문 논설의 서사 수용 양상』, 소명출판, 1999.

24 「라파륜 ᄉᆞ젹」, 『그리스도신문』, 1901.5.16~30; 「을지문덕」, 『그리스도신문』, 1901.8.22, 「의틱리국아마치젼」, 『대한미일신보』, 1905.12.14~21; 「령남 안동짜에(제목은 없으며 기사의 앞 부분)」, 『제국신문』, 1906.9.18; 금협산인, 「슈군의 뎨일 거룩ᄒᆞᆫ 인물 리슌신젼」, 『대한미일신보』, 1908.6.11~10.24.

25 김찬기는 이러한 서사들을 '인물 기사'라 칭하면서, 역사적 위인을 대상으로 한 '전(傳)계 인물 기사'와 여항의 인물의 일화를 다룬 '야담계 인물 기사'로 유형을 나누고 있다(김찬기, 「근대계몽기 신문 잡지 소재 인물 기사 연구」, 연세대 근대한국학연구소 편, 『근대계몽기 단형 서사문학 연구』, 소명출판, 2005, 277~298면).

중들에게 전달되었다고 할 수 있다. 사실, 기존의 서사 역시도 '인물'의 실제 행적을 '재매개'한 것이라 할 수 있다. 기존의 서사들은 대중성이 강한 '신문'이라는 매체를 통해 소통됨으로써, '행적'은 '사건'이 되고, '전(傳)'은 '인물 기사'가 될 수 있었다.

당시 신문 서사 가운데 많은 부분을 차지하던, 문답체나 토론체 서사는 인물의 '발화'를 '문자'로 재매개하는 방식으로 구성되는 것이라 할 수 있다.

> 무지옹이란 친구가 말ᄒᆞ기를 지금 셰상이 이럿케 요란ᄒᆞ니 언졔나 간경이되며 이ᄉᆞᆺ히 외국 사ᄅᆞᆷ이 틈을 엿보다가 무삼 혼란을 닋여 우리 나라에 큰히가 업겟ᄂᆞ냐 ᄒᆞ눈지라 관셰ᄌᆞ라 ᄒᆞᆫ 친구가 ᄃᆡ답ᄒᆞ되 혹 그런말도 잇슬듯ᄒᆞ여 그러ᄒᆞ되 무삼 일이던지 크게 변ᄒᆞᄂᆞᆫ ᄯᅢ에ᄂᆞᆫ 셰상이 요란치 안코ᄂᆞᆫ 되ᄂᆞᆫ일이 업ᄂᆞᆫ지라 그런고로 젼에도 말ᄒᆞ엿거니와 중츄원의 관을 민회즁으로 ᄂᆡᆫ다 ᄒᆞᄂᆞᆫ거시 우수운듯 ᄒᆞ여 그러ᄒᆞ되 우리 동방 몃쳔년에 쳐음으로 ᄉᆡᆼ긴 일이즉 그럿케 큰일이 엇지 순리로 되기를 바라리오 필경 크게 고동이 된 연후에 되어야 장구ᄒᆞᆫ 법이오 ᄯᅩ 지금 ᄉᆞ셰를 술피건ᄃᆡ 간셰지빈가 셔로 톄결ᄒᆞ야 나라졍령을 어즈럽게 ᄒᆞ미 졍부 대신들이 그 직분을 닥지 못ᄒᆞ야 ᄇᆡᆨ셩이 졍령을 밋지 아니ᄒᆞ고.[26]

> 청황 말숨 : 짐이 귀국과 우리 나라이 동심 합력ᄒᆞ야 지닉기를 지극히 불ᄋᆞ노라.
> 이등씨 말 : 폐하의 불ᄋᆞ시ᄂᆞᆫ ᄯᅳᆺ을 외신이 흠앙ᄒᆞ오며 두 나라 관민들 교졔가 ᄂᆞᆯ마다 친밀ᄒᆞ야 셩의를 밧들기를 밋숩나이다.
> 청황 말숨 : 청국에 얼마나 잇스려나뇨.

26 「어리셕은 사람들의 문답」, 『제국신문』, 1898.11.26, 1면(밑줄―인용자).

이둥씨 말: 二쥬간즘 잇스러 ᄒᆞ오며 북경에는 七八일 류 ᄒᆞ려 ᄒᆞ옵나이다.[27]

위의 인용문은 모두 두 사람의 '문답' 형식으로 된 서사이다. 그 가운데 앞의 인용문은 '○○가 말ᄒᆞ기를', '○○가 ᄃᆡ답ᄒᆞ되'와 같은 형식의 간접적 발화 인용으로 되어있으며, 뒤의 인용문은 마치 희곡처럼 발화자만 명기한 채, 발화 내용이 직접 인용되는 방식으로 되어 있다. 'ᄀᆞᆯᄋᆞᄃᆡ' 혹은 '왈(曰)'체 형식의 간접 진술이든, 희곡과 같은 직접 진술이든, 문답체 서사는 별도 서술자의 존재가 필요 없이, 발화 내용을 '사실' 그대로 재현 — 재매개 — 하는 것이라 할 수 있다.[28] 당시의 문답체 서사는 문자 매체로 재매개되었지만, 전달자의 '재매개'나 개입은 최소화된 채, 구술적 상황 그대로를 옮겨놓듯 쓰여진 것이다.

연설이나 토론과 같은 '제도'적 말하기 방식이 도입[29]되면서, 그와 같은 구술적 상황을 다시금 문자로 재매개해 놓은 듯한 서사도 나타났다.

론셜

○ 향일에 엇더ᄒᆞᆫ 션비 륙칠인이 ᄒᆞᆫ곳에 모히여 약간 비반을 베풀고 경회를 담론홀식. ᄒᆞᆫ션비 ᄀᆞᆯᄋᆞᄃᆡ ᄃᆞᆯ도 ᄇᆞᆰ고 눈도 희고 손도 잇고 술도 잇고 안쥬도 잇스니 진실노 됴흔 밤이라 엇지 그져 지나리오. 우리 각각 마음ᄃᆡ로 운ᄌᆞ를 내여 구곡심쟝의 만단회포를 시륡노음영홈이 엇더ᄒᆞ뇨 ᄒᆞᆫ션비 ᄀᆞᆯᄋᆞᄃᆡ 시는 ᄯᅳᆺ슬 말ᄒᆞ며 노래는 회포를 붓치는 거시로ᄃᆡ ᄉᆞ방이 바람갓치 음작이고 만민이 물결ᄀᆞᆺ치 요동ᄒᆞ거늘 이ᄯᅢ를 당ᄒᆞ야 구구록록ᄒᆞᆫ 글귀는

---

27 「청황과 일신의 문답」, 『독립신문』, 1898.10.21.

28 근대 서사에서의 발화 재현 문제에 대해서는 류준필, 「근대계몽기 매체와 언어의 재현」, 한기형 외, 『근대어 · 근대매체 · 근대문학 : 근대매체와 근대 언어질서의 상관성』, 성균관대 대동문화연구원, 2006, 183~218면 참고.

29 이에 대해서는 신지영, 「연설, 토론이라는 제도의 유입과 감각의 변화」, 『한국 근대문학연구』, 한국근대문학회, 2005.6, 25~34면 참고.

지어 무엇세 쓰리오 대장부 셰상에 나매 맛당히 우흐로 황샹을 도아 병침 옥톄의 근심을 업게ᄒᆞ며 아ᄅᆡ로 구원ᄒᆞ야 공업을 죽ᄇᆡᆨ에 드리우며 일홈이 만고에 쎠거지지 안케ᄒᆞ는 거시 사나희의 일이오 그러치 못ᄒᆞᆯ진ᄃᆡ 맛당히 션졍형가의 삼쳑 장금이나 쥬ᄒᆡ력ᄉᆞ의 ᄉᆞ십근 텰퇴를 예비ᄒᆞ야 셩상의 총명 가리우며 나라르르 병들게 ᄒᆞ고 ᄇᆡᆨ셩을 ᄒᆡ롭게 ᄒᆞ는 쇼인ᄇᆡ를 일됴에 소멸ᄒᆞ고 쳥쳔 ᄇᆡᆨ일지하에 쾌ᄒᆞ게 죽는거시 장부의 긔습이라 써근 션비의 음풍 영월과 단장젹귀를 원ᄒᆞ지 안노라 슐잔을 마신후에 무고히 통곡ᄒᆞ니 방타ᄒᆞᆫ 눈물이 비ᄀᆞᆺ치 나리는지다 또ᄒᆞᆫ 션비 ᄀᆞᆯᄋᆞᄃᆡ 녯적에 쥭림에는 완젹의 무리 닐곱 사ᄅᆞᆷ이 모힌고로 쥭림 칠현이라도 ᄒᆞ고 항산에는…….[30]

신문에 실린 것은 아니지만, '토론소설'이라는 명칭이 붙어 있던 이해조의 『자유종』이나 안국선의 『금수회의록』과 같은 신소설들 역시 토론을 문자서사화[31]하는 양상으로 구성된 서사 텍스트라 할 수 있을 것인데, 이러한 서사 양상은 당시 매우 흔하게 찾아볼 수 있는 것이었다.

그런데 연설과 토론은 대개 문자로 된 원고를 바탕으로 진행되기 마련이다. 그리고 연설체 · 토론체 서사는 다시금 '발화'를 '문자'로 재매개한 것처럼 구성되기 마련이다. 말하자면, 연설체 · 토론체 서사는 문자를 음성으로 재매개한 것을 재차 문자로 재매개한 것이라 할 수 있다.

이와 같이, 당시 신문 서사들은 인물의 일화를 다루는 서사나 문답체 · 토론체 서사들은 구비적 전통 위에 있는 '발화'를 어떻게 '문자'로 옮길 것인가에 대한 고민을 통해 수사적으로 구성된 텍스트라고 할 수 있다.[32] 발화를 어떻게 하면 있는 그대로, 혹은 사실적으로 '문자화'시

---

30 『제국신문』, 1898.12.22, 1면(밑줄 – 인용자).

31 이에 대해서는 졸고, 「토론의 서사화와 근대의 형성」, 『한국소설연구』 5집, 한국소설학회, 2003, 58~84면 참고.

32 음성을 '문자'로 재매개하는 문제와 별개인 서사 유형도 있었다. 가령, 위인들의 일화나 일생을 다룬 서사가 그러한 예들이다. 그런데 이 경우에는 외국의 서사(敍事)나

킬 것인가의 문제는 자연스럽게 '언문일치(言文一致)'의 문제와 연관되었고, '한글전용'의 문제와 연관되었다. 또한 당시 신문들이 한 사람의 구독자에 국한되어 소통된 것이 아니라, 여러 사람 사이에 돌려 읽기도 했다는 점에서, 보다 쉽게 읽을 수 있는 '띄어쓰기'의 도입도 이루어지게 되었다. 요컨대, 『독립신문』이 주도한 바 있었던, 언문일치, 한글전용, 띄어쓰기와 같은 당시 신문 매체의 시도는 '음성의 문자로의 재매개'라는 문제를 해결하기 위한 방안으로 모색된 것으로도 볼 수 있을 것이다.

'음성'의 사실적인 '문자'적 재현의 문제와 아울러, 우리는 신문 매체가 가지고 있는 '사실' 추구의 속성을 다시 한 번 유념할 필요가 있다. 신문이라는 매체가 '사실'을 대중들에게 전달하는 것이 무엇보다 중시된다는 점은 신문을 통해 소통되는 서사 텍스트에 있어서도 중요하지 않을 수 없다. 신문은 실제 현실에서 벌어지는 사건을 '문자'로 재매개함으로써 전달하는 매체이다. 신문의 등장과 함께 '근대문학'이 형성되고, '근대소설'이 형성되었다는 사실은 이와 관련지어 살펴보아야만 한다. 근대소설은 신문에 실리면서 본격적으로 쓰여지고 소통되기 시작하였는데, 당시 소설도 또한 '사실'에 기반하여야 한다는 강박적인 책무를 느끼고 있었던 것으로 보인다.

> 무릇 쇼셜은 테ᄌᆡ가 여러 가지라 한가지 젼례를 들어 말ᄒᆞᆯ 수 없스니 혹 졍치를 언론ᄒᆞᆫ쟈도 잇고 혹 졍탐을 긔록ᄒᆞᆫ쟈도 잇고 혹 샤회를 비평ᄒᆞᆫ쟈도 잇고 혹 가졍을 경계ᄒᆞᆫ쟈도 잇스며 기타 륜리 과학교재 등 인ᄉᆡᆼ의 쳔ᄉᆞ만ᄉᆞ즁 관계 안이되ᄂᆞᆫ쟈이 업ᄂᆞ니 샹쾌ᄒᆞ고 악챡ᄒᆞ고 슯흐고 즐겁고 위ᄐᆡᄒᆞ고 우슌것이 모도다 됴흔 ᄌᆡ료가 되야 긔자의 붓끗을 ᄯᅡ라 ᄌᆞ미가 진진한

한문으로 기록된 역사(歷史)를 '번역'하는 문제가 중요한 문제로 대두되게 된다. 이때는 '번역'의 문제가 바로 이러한 서사의 '재매개'에 있어 핵심적 관건이 되었다.

쇼셜이 되나 그러나 그 지료가 미양 녯사룸의 지나간 쟈최어나 가탁의 형질업는 것이 열이면 팔구는되니 근일에 져술훈 박졍화 화셰계 월하가인 등 수삼죵 쇼셜은 모다 현금에 잇는 사룸의 실디사젹이라 독쟈제군의 신긔히 넉이는 고평을 임의 만히 얻엇거니와 이졔 또 그와 굿흔 현금 사룸의 실지으로 화의혈(花의血)이라ᄒᆞ는 쇼셜을 식로 져술홀시 허언랑셜은 한구절도 긔록지 안이ᄒᆞ고 뎡녕히 잇는 일동 일셩을 일호 차착업시 편즙ᄒᆞ노니 긔쟈의 지료가 민텹지 못홈으로 문쟝의 광치는 황홀치 못홀지언뎡 ᄉᆞ실은 젹확ᄒᆞ야 눈으로 그 샤룸을 보고 귀로 그 ᄉᆞ정을 듯는 듯ᄒᆞ야 션악간 죡히 밝은 거울이 될만홀가ᄒᆞ노라.[33]

위의 인용은 이해조가 1911년 『매일신보』에 「화의 혈」을 연재하기 시작하면서, 1회분 앞에 써놓은 글이다. 여기서 이해조는 새로 연재하는 소설을 '허언낭설(虛言浪說)' 없이, '사실' 그대로 기록하겠다고 호언하고 있다. 신문이 실제 사건과 사실을 재매개하는 매체이듯, 신문에 실리는 소설 역시 '사실'을 재매개하겠다는 의지의 표명이다.

대표적인 초기 신소설로 꼽히는 이인직의 「혈의 누」는 1906년 『만세보』를 통해 연재되었다.

부인은 겁이 ᄂᆞ셔, 간이 셔늘ᄒᆞ고 男子는 선녀를 만는듯ᄒᆞ야, 홍김겁김에 가슴이 두군거리면셔, 슘소리는크고, 목소리는 아니나온다. (…중략…) 사람이 겁이 ᄂᆞ다가 오릭되면, 악이 ᄂᆞ는법이라, 겁이 날때는 슘도 크게 못 쉬다가 악이 ᄂᆞ면 반벙어리갓튼 사람도, 말이물퍼붓듯 나오는 일도 잇다.

부인 : 여보 왼 사람이오. / 여보 딕답좀ᄒᆞ오. / 여보 남을 붓들고 썰기는, 우이 그리 써오. / 여보 벙어리로. 도적놈이오. 도적놈이거든 닉몸에 옷이

33 『매일신보』, 1911.4.6, 1면(밑줄－인용자).

ᄂᆞ 버셔쥴터이니, 다 가져가오.

그 男子가 못싱긴 마음에 어긔뚱ᄒᆞᆫ 싱각이 낫다. 말ᄒᆞᆫ마듸가 엄두가 아니나던 위인이 불갓튼 욕심에 말문이 함부루 열렷다.[34]

위의 인용에서 보듯, 「혈의 누」에는 "~ㄴ다"와 같은 현재시제 서술어미를 사용하고 있으며, 인물의 발화 부분은 마치 희곡처럼 인물을 명시한 채 발화 내용을 직접 인용하고 있다. 현재 시제의 사용은 서사의 현장감을 고양[35]시키고 있으며, 발화의 직접 인용은 전대 소설에서 많이 나타나는 "~ᄒᆞᆫ는 말ᄉᆞᆷ이", "~왈"과 같은 간접 인용 방식에 비교하자면 서술자 존재를 투명화시킴으로써 사실감을 주는 효과를 준다고 할 수 있다. 이러한 서술 방식 역시 '사실'적인 사건과 발화의 재매개를 구현하는 방식으로 이해할 수 있다.

여기서 주목해야 할 것은 당시 신문 연재소설을 주도하였던 작가들은 곧 신문사 소속의 '기자'였다는 점 때문이다. 잘 알려진 대로, 당시 대표적인 신소설 작가로 꼽히는 이인직은 『국민신보』와 『만세보』의 주필이었으며, 『대한신문』을 직접 창간하여 사장에 취임하기도 했다. 위에 인용한 「화의 혈」의 첫머리에서 스스로를 '기자'라 칭하고 있는 이해조는 1903년 『제국신문』의 기자로 근무하기 시작하여 『황성신문』의 편집에도 참여했다. 최찬식도 1903년 『대한일보』 기자로 근무하였고, 1906년 『국민신보』 주필로 참여한 바 있었다. 1909년 경남 진주에서 창간된 지방지 『경남일보』에 소설을 발표한 박영운은 스스로를 '소설기자'라고 칭하기도 하였다.[36]

당시 신소설을 비롯한 근대적 서사 양식의 시도가 대체로 '신문기자'

34 『만세보』, 1906.7.24・25. 각 1면.

35 김교봉・설성경, 『근대전환기 소설연구』, 국학 자료원, 1991, 257~258면.

36 이재선, 『한말의 신문소설』, 한국일보사, 1975 참고.

들을 통해 이루어졌고, 또 '신문매체'를 통해 소통되었다는 점은 매우 중요한 문제가 아닐 수 없다. 요즘 신문들을 보아도 그러하듯, 신문의 대부분의 내용은 "누가 무엇이라 말했다"는 '발화'와 "누가 언제 무엇을 했다"는 '사건'으로 채워지기 마련이며, 그것은 객관적 '사실'을 지향하며 문자화되기 마련이다. 이것은 사실을 기록하는 사람, 즉 '기자(記者)'의 기본적 책무와도 같은 것이었다. 당시, 신문을 통해 소통되던 초기 근대 서사들은 발화와 사건을 '문자'로 재매개함으로써 형성된 것이었고, 그것은 '기자'들에 의해 이루어졌다.

1910년대까지 '신문', 특히 '신문기자'를 중심으로 '근대적 서사 텍스트'의 형식은 형성되어갔다. '신문기자'를 겸하던 당시의 작가들은 기존에 이미 존재하던 '서사 양식'을 신문이라는 연속간행적 인쇄 매체에 적용시키려 했다. 우선적으로는 '인쇄매체'에 싣기 위하여 '문자화'하는 과정이 선행되어야 했고, 대중적 매체라는 성격상 '흥미'를 유발할 수 있어야 했으며, 지속적인 게재가 가능하도록 하기 위해 '장형화'될 필요도 있었다. 아울러, '신속성'과 '사실성'을 생명으로 하는 신문 매체의 특성상, 동시대성과 당대성 역시 '서사 텍스트'의 중요한 요건이 되었다.

요컨대, 신문의 두 가지 속성, 즉 '사실성'과 '대중성'은 그대로 '신문소설' 혹은 '신문서사'의 속성이 되었다. 여기서 '대중성'은 신문 소설이 가졌던 통속성과 연결되며, 신문이 '소설'을 미끼로 하여 구독을 이끌어내려는 전략을 편 것과 관련된다.[37] 바로 이 과정에서 형성된 '근대적 서사 텍스트', 그것은 '소설'이란 이름으로 우리의 근대문학에 자리잡게 된 것이다.

---

37 '사실성'의 문제는 문학 이론의 오랜 주제인 '미메시스'와 '세미오시스', 즉 '있는 것'과 '있어야할 것'이라는 문제로 나누어 살펴볼 수 있을 것이다. 당시 신문 소설이 추구했던 '사실성'은 실제 사람들의 실생활과 밀접한 현실에서 소재를 취한다는 '미메시스'로서의 사실성과 실제 사회가 이렇게 되어야 한다는 '세미오시스'적인 사실성을 복합적으로 의미한다고 볼 수 있다.

3) 저널리즘과 상업성의 문학

1910년 한일합병 이후에도 신문에는 꾸준히 '서사물'이 게재되었고, 인기 역시 지속되었다. 다만, 한글로 발행되는 신문이 얼마 되지 않은 점이 문제였다. 1910년 일제의 국권 강탈과 더불어 『대한매일신보』는 총독부 기관지 성격의 『매일신보』로 탈바꿈하게 되었다. 1만 부 이상 발행되던 『대한매일신보』와는 달리 『매일신보』는 3천 부 수준으로 그 발행부수가 급감하게 되었다. 『매일신보』는 독자의 투고를 장려하거나 통속적 내용의 번안소설을 게재하는 등의 방식으로 독자를 확보하기 위한 노력을 벌여나갔다. 특히 다수의 문학작품들은 여타의 신문 문체와 달리 '순 국문체'로 게재하는 등, '소설'은 여전히 신문 독자를 유인하기 위한 유용한 수단으로 활용되었다. 이인직과 이해조는 그러한 『매일신보』를 통해 여러 작품들을 선보였다. 특히 이해조는 합일합병 이후, 『매일신보』의 기자가 되어 1910년부터 1913년 사이에만 15편 가량의 신소설과 개작 고소설을 발표하였다.[38] 『매일신보』의 사장을 역임하기도 한 이상협을 비롯하여, 조일제, 김성진 등도 이 무렵 번안 소설들을 발표하였다.

1910년대 신문연재소설들 가운데 무엇보다 주목할 만한 작품은 1917년 『매일신보』에 연재된 이광수의 『무정』이었다. 후에 대중적 작가로 유명해진 최독견은 『무정』이 『매일신보』에 연재되었던 당시, 독자들은 "목마른 끝에 청량제를 만나듯이 탐독"했다고 밝히고 있다.[39]

38 한일합병 직후인 1910년 10월 12일 「화세계」를 시작으로 하여 이해조는 약 2년간 십수 편의 작품을 『매일신보』를 통해 발표한다. 특히, 조중환의 번안소설 「쌍옥루」가 연재를 시작한 1912년 7월 17일 이전까지 『매일신보』에 실린 장형 서사는 모조리 이해조의 작품이었다(김재영, 「1910년대 '소설' 개념의 추이와 매체의 상관성」, 연세대 근대한국학연구소 기초학문연구팀, 『한국 근대 서사양식의 발생 및 전개와 매체의 역할』, 소명출판, 2005, 241면).

이는 당시 신문 독자들이 '인기 연재소설'에 얼마나 푹 빠져들었었는가를 짐작하게 해주는 대목이다.[40] 당시 폭발적인 인기를 모았던 『무정』의 작가 이광수는 훗날 『삼천리』 지면을 통하여, 그 당시를 다음과 같이 회고하고 있다.

> 5원씩이었으니까. 매일신보사에서 매달 주는 고료가요, 하루에 20전 폭도 못 되지요. 그러다가 처음 시험한 이 신문소설이 인기가 났던지, 무정을 끝내자 곧 계속해서 무얼 하나 더 쓰라고 하기에 다시 붓을 잡아 「개척자」를 쓰기 시작하였더니, 그때에는 일약 20원을 주더구만. 4배 폭등이지요. 매월에.[41]

이광수의 고료가 크게 늘어났다는 것은, 그만큼 '연재소설'의 상업적 효과가 컸다는 것에 대한 반증이라 할 수 있다. 하지만, 사실 1910년 이후 국문으로 발행되던 신문들이 대부분 폐간 조치되었고, 총독부에서 발행하는 『매일신보』만이 유일하게 남은 국문 중앙지였기 때문에, 신문간의 상업적 경쟁은 활발하지 못했다. 그럼에도 『매일신보』는 이해조, 이광수, 조중환 등으로 이어지는 '서사성' 강한 대중적 소설들로 과거의 계몽적 · 언술적 서사가 차지하던 공간을 채워나갔다. 그만큼 '독자'의 확보에는 여전히 신경을 곤두세우고 있었다는 얘기다.[42]

---

39 최독견, 「新聞小說雜草」, 『鐵筆』 창간호, 1930.7, 28면.

40 본래 이광수의 『무정』은 '국한문 혼용체 소설'로 발표될 예정(『매일신보』 1916.12.26)이었다는 것을 볼 때, 애초에는 지식인 계층을 예상독자로 한정하고 있었다고 짐작할 수 있었다. 그러나 1917년 1월 1일 실제 연재가 시작되면서는 '순국문체'로 연재되었으며, 그 결과 『무정』은 대중적 인기를 누릴 수 있게 되었다(김영민, 「1910년대 신문의 역할과 근대소설의 정착과정」, 연세대 근대한국학연구소 기초학문연구팀 편, 『한국 근대 서사양식의 발생 및 전개와 매체의 역할』, 소명출판, 2005, 162~164면).

41 이광수, 「"無情" 등 全作品을 語하다」, 『삼천리』 1937.1(『이광수전집』 16, 삼중당, 1964, 300~301면).

42 김영민은 당시 『매일신보』가 문필가에게 요구한 것은 이념이나 체제의 홍보보다는

1910년대 『매일신보』에서 주목되는 부분 가운데 하나는 문예 작품들을 '현상모집'한 점이었다.

〈懸賞募集〉

本社에서 各地 奇聞을 揭載ᄒᆞ야 讀者 眼前에 望遠鏡을 置ᄒᆞᆫ 듯이 坊坊曲曲의 奇事 美談을 昭然히 知케 ᄒᆞ기 爲ᄒᆞ 左와 如ᄒᆞᆫ 記事 諸般을 募集ᄒᆞ오며 記事ᄒᆞ야 보ᄂᆡ시ᄂᆞᆫ 諸氏의게 1, 2, 3 等을 選擇ᄒᆞ야 懸賞이 有ᄒᆞᆫ 同時에 俗謠, 詩, 笑談, 短篇小說, 抒情敍事 等도 募集ᄒᆞ오니 應募하실 이ᄂᆞᆫ 左開諸項 中에셔 隨意 投稿ᄒᆞ시옵.[43]

독자들의 투고를 받아 게재한 것은 그 이전의 신문들에서도 찾아볼 수 있지만, 문예 작품을 공식적으로 '현상모집'한 것은 1910년대 『매일신보』에 이르러 본격화된 것이다. 1912년 3월 1일부터 『매일신보』는 「塗聽塗說」이란 이름의 '독자투고란'을 고정적으로 배치하기 시작하였다. 그 명칭은 「四面八方」, 「독쟈구락부」, 「매일구락부」, 「투셔함」, 「독자긔별」 등으로 변화하지만, 상당 기간 동안 꾸준히 '독자투고란'을 할애하고 있었다. 특히, 일반적인 '기사'나 '논설'의 투고에 그치지 않고, 위의 인용에서 보듯, 시나 단편소설과 같은 문예작품의 모집이 가능했다는 것은 그만큼 당시 '문학작품'에 대한 독자들의 관심이 높아졌다는 것이고, 직접 창작할 것을 꿈꾸며 습작을 하는 이들도 적지 않았음을 짐작하게 해준다. 당시 신문들의 현상모집은 텍스트를 생산할 필자의 확보를 위해서도 필요한 것이었다.

대중적 흥미의 제고였다고 파악한다(김영민, 「1910년대 신문의 역할과 근대소설의 정착과정 : 『매일신보』를 중심으로」, 연세대 근대한국학연구소 기초학문연구팀, 『한국 근대 서사양식의 발생 및 전개와 매체의 역할』, 소명출판, 2005, 153면).

43 '현상모집', 『매일신보』 1912.12.10.

본격적으로 '신문 연재소설'의 상업성이 부각되기 시작한 것은 1920년 『조선일보』, 『동아일보』의 창간 이후, 이들을 비롯한 일간 매체가 증가하기 시작하면서부터였다. 20년대 중반 이후, 『조선일보』, 『동아일보』, 그리고 『조선중앙일보』[44]까지 민간 3대지의 경쟁은 점차 심화되기 시작했다.

1930년대 들면서, 신문 간 경쟁은 점점 치열해지고, 연재소설의 인기는 더욱 높아지면서 독자층 또한 두터워졌다. 이 시기, 소설가나 신문사 측 모두가 '신문 연재소설'의 대중성과 상업성을 크게 주목하고 있었다. 방응모가 인수한 조선일보에서 홍명희의 『임꺽정전[林巨正傳]』 연재를 재개[45]하는 등, 판매 경쟁에 대한 적극적인 의욕을 보이자, 동아일보는 1매 50전 하던 연재소설의 원고료를 1원으로 크게 인상하는 대응 전략을 펼치기도 했다.[46]

> 新聞人에의 눈으로는 내용이 무엇보다도 제일 먼저 고려되는 것이 '이 소설이 신문지상에 적합하냐, 매일 백 몃십행식 련재를 하여 신문을 장식하면 독자가 그 때문에 끈흐려는 신문을 끈치를 못하고 그냥 구독을 하겟느냐, 이 소설은 그만한 흥미와 매력을 가젓느냐, 첫 회부터 이소설은 독자의

---

44 1924년 3월 최남선이 창간한 『시대일보』가 재정난으로 폐간되자, 1926년 『중외일보』가 그 뒤를 이어 창간하였다. 이 역시 재정난으로 폐간된 후, 1930년 10월 14일 『중앙일보』가 창간하였다. 『중앙일보』는 『조선일보』와 '폭로전'까지 주고받으며 경쟁을 벌였지만, 역시 폐간되고 말았다. 그 뒤를 이어 1933년 여운형을 사장으로 하여 창간된 것이 『조선중앙일보』였다.

45 1928년 11월 21일부터 『조선일보』에 연재되기 시작한 홍명희의 『林巨正傳』은 '신간회' 사건과 관련하여 홍명희가 구속되자, 연재가 중단되었다. 당시 형무소장의 집 앞에 독자들이 몰려가 홍명희의 석방을 주장하였고, 이에 못 이겨 홍명희의 옥중 집필을 허락했다는 일화가 전해질만큼 『林巨正傳』의 인기는 대단했다고 전해진다. 『조선일보』 연재는 1939년 3월 11일까지 이어졌으며, 1940년 『조광』 10월호에도 발표되었으나, 결국 미완성으로 연재는 끝이 났다.

46 서광운, 앞의 책, 193면.

> 흥미를 넉넉히 끄을겟느냐, 중도에서 읽기 시작해도 넉넉히 흥미를 끄을겟느냐' 하는 것.[47]

위의 인용에서 김동인은 신문 소설은 독자가 그 때문에 '신문을 끊지 못하게' 하는 효과를 가져야하며, 첫 회부터 독자의 흥미를 끌 수 있어야 한다고 말하였다. 당시, 신문 소설에게 가장 요구되는 덕목은 '재미'였으며, 그것은 신문의 판매 부수를 위해서도 필요한 것이었고, 신문 소설의 독자들 또한 가장 원하는 조건이었다.

> 신문소설은 특별히 아기자기한 재미가 잇서야 한다. 심한 時에는 재미잇고 업는 여부가 그 소설 전체를 평가하는 척도나 범주가 되고 만다.[48]

1938년 조선일보에 실린 이태준과 최재서의 「평론가 대 작가 문답」[49]에서 이태준은 신문소설을 쓸 때, 각기 독자층이 다른 신문사의 주문에 따라 독자의 흥미를 유발할 수 있도록 쓰는 것이 신문소설을 쓸 때 무엇보다 중요하게 생각하는 점이라고 언급하기도 하였다. 아울러 이태준은 1940년 『문장』에 실린 「조선의 소설들」이라는 글에서 다음과 같은 언급을 한 바도 있다.

> 신문소설은 날마다 일정한 분량으로 끊되 단일화한 내용이 강한 인상으로 24시간 동안 여러 가지의 독자 머리 속에 또렷이 남도록 할 것, 그러면서 다음 회를 마음이 졸여 기다리게 하는 매력을 남게 할 것, 물건 싸는 신문지에서 중간의 어느 한 회를 읽고라도 그 소설 때문에 곧 그 신문의 독자가 되

47 김동인, 「신문소설은 어떻게 써야하나」, 『조선일보』 1933.5.14.
48 염홍섭, 「통속작가에 일언-특히 신문소설작자에게」, 『동아일보』, 1937.6.24.
49 『조선일보』, 1938.1.1.

고 말게 할 것, 그러자니 매회 매회가 알기 쉽고 새롭기는 첫머리 같고, 아기자기하고 다음 회엔 무슨 결말이 날 것 같기는 끄트머리 같도록 할 것, 이런 것들이 아마 신문 소설의 중요한 조건들일 것이다.[50]

김동인[51]에 따르면, 당시 신문 소설의 독자들은 가정부인과 학생들이 대부분이었으며, 상인들이나 공장근로자 등으로 확대되어 나갔다. 신문연재소설은 신문에 종사하는 문필인이나 직업적 작가군의 등장, 신교육의 보급으로 인한 문맹률의 감소 등의 사회적 요인과 함께 점차 발전해 나갔다.

그런데 신문연재소설의 대중성 획득이 그저 저절로 얻어진 것만은 아니었다. 신문사와 작가들은 대중들을 독자로 확보하기 위해 나름의 전략을 세워야만 했다. 말하자면 신문연재소설에 요구되는 조건들이 있었던 셈이다. 신문연재소설은 그 매체의 특성상, 1회당 매수가 제한되어 있었다. 또한, 그 지면의 마지막에 날마다 긴장감을 주어, 다음 회로 흥미를 연결시킬 수 있어야 했다. '흥미'를 위해서는 심리 묘사보다는 대화 장면이나 긴박한 사건이 많이 포함되도록 해야 했으며, 대중성을 위하여 내용의 전개가 지나치게 복잡하지 않도록 할 필요가 있었다.[52]

1930년대 신문 연재소설들 가운데, 현대의 문학사나 비평에서도 가장 높은 평가를 받은 작품 가운데 하나인 염상섭의 『삼대』 역시, 상업성에 대한 부담에서 자유로울 수는 없었다. '흥미'와 '재미'에 대한 부담

---

50 이태준, 「조선의 소설들」, 『문장』, 1940.9, 284면.

51 김동인, 「신문소설은 어떻게 써야하나」, 『조선일보』, 1933.5.14.

52 영미에서는 벼랑 끝에 매달린 듯 아슬아슬하고 긴박한 순간에 이야기를 그쳐 다음 회를 보고 싶도록 만드는 연재 방식을 가리켜 '클리프행어(cliffhanger)'라는 표현을 쓰기도 한다. '신문연재소설'의 형식적 특징과 관련해서는 민병덕, 앞의 글; 임성래, 「신문소설의 입장에서 본 '혈의 누'」, 대중문학연구회 편, 『신문소설이란 무엇인가』, 국학자료원, 1996, 7~28면을 참고.

을 느끼면서 연재되기 시작할 수밖에 없었던 것이 당시 신문 소설의 현실이었다.

> 삼대가 사는 중산계급의 한 가정을 그려보랴 합니다. 한 집안에서 살건만은 삼대의 호흡하는 공긔는 다릅니다. 즉 가튼 시대에 살면서도 세가지 시대를 각각 대표합니다.
>
> 또한 종래의 작품에 나타난 뚜렷한 사건은 유심적(唯心的)의 신구사상-신구 도덕의 충돌이엇으나 시대의 진전을 따라서 유심적 경향에서 유물적 경향으로 옮겨가서 단순한 도덕 문제라든지 가족제도의 구습구관의 파기라는 부분적 노력에서 한걸음 더 나가서 사회적 의식이 깊어간 데에 같은 신구 충돌에도 그 뜻이 새롭습니다.
>
> 필자는 그 새로운 뜻을 뼈로 삼고 조선의 현실 사회의 움직이는 모양을 피로 하고 중산계급의 살림과 그들의 생각을 살로 부쳐서 그리려는 것이 이 소설입니다. 또한 재미없는 소설이 아닌고로 아무쪼록 흥미있게 쓰려하지마는 그렇다고 웃는 것만이 인생의 일은 아니니까 깁히 생각게 하는 묵에도 있는 작품이 되기를 스스로 기대하고 잇습니다.[53]

당시, 신문사가 '문학계'에 미치고 있었던 영향력은 만만치가 않았다. 1910년대까지의 '신문소설'들이 주로 기자에 의해 쓰여진 것이었다면, 1920·1930년대 이후의 작가들은 주로 신문사들로부터 받는 '고료'로 생활을 하는 입장이 되었다. 1940년경 백철은 그 무렵의 작가들은 저널리즘의 요구에 맞추어 상업주의적 상품을 제공해온 셈이라고 말하기도 할 정도였다.

53 염상섭, 「작자의 말―『삼대』 연재예고」, 『조선일보』, 1930.12.27(밑줄―인용자).

新聞이나 雜誌가 언제부터 企業的인 형태를 띠고 근대의 輕薄한 文化史上에 등장했는지 나는 지금 확실한 연대를 調査하지 못하고 있거니와 하옇던 현대의 저너리즘은 일종의 상업주의로 눈에 띄이는 것이 나의 솔직한 感想이다. 그것은 상품을 팔기 위한 宣傳이요 誇張이요 廣告의 연장에서 결코 거리가 멀지 않다. 물론 근대에 있어 이 저너리즘을 중심으로 하고 쌓어올린 그 문화탑을 전연 무시하는 것은 아니나 그 문화탑이야말로 하나의 바벨탑에 불과한 것이리라. (…중략…) 저너리즘의 문화에 있어 그 개개작품이 그렇다고는 할 수는 없으나 그 중에는 순수한 요소는 최고한도로 밖에 발휘되지 못한 粗成濫造品이 많기 때문이다. 그것은 저너리즘의 문화가 모두 그 기업적인 신문사나 잡지사의 영리적인 상업적인 방침과 계획과 요구와 주문에 응한 것이요 문화인들은 개개의 수공업자에 불과했던 때문이다. 근대의 그 분화된 모든 문화영역을 종합하여 一堂에 陳列하면 그 종류와 분량은 족히 현대의 문화백화점을 버릴 수 있겠지만 거기에서 각 개인의 문화인의 위치는 근대의 문화백화점이 영리주의로서 내거른 宣傳主義에 응하여 그들의 주문에 맞도록 상품을 만들어서 제공한 경향이 다분히 있었다는 것은 누구나 부인하지 못한 사실이다 …….[54]

신문들이 문학계에 더욱 큰 영향력을 행사하기 시작한 것은 신춘문예의 등장과도 밀접한 관련이 있었다. 동아일보는 1923년부터 신춘문예를 현상 모집하기 시작하였다. 이 이후, 동인지 출신들과 등단 신진들, 신문사 소속 작가들의 갈등도 있었으며, 특정 신문에 소속된 필자는 타 신문사에 글을 쓰지 못하도록 제한을 받기도 하였다. 1936년 10

54 백철, 「신체제와 저너리즘」, 『인문평론』, 1940.11, 20~23면(밑줄 - 인용자).
이 글은 1940년 이후, 이른바 '신체제'에 걸맞는 저널리즘의 요구가 새롭게 대두되고 있다는 내용이 주를 이루고 있으나, 1930년대 신문・잡지들의 노골적인 상업적 경향에 대해 언급한 부분을 인용한 것이다.

월호 『신인문학』지는 당대의 기성문인들을 초대하여 개최한 '문예좌담회'의 내용을 싣고 있는데, 여기에서 문인들은 객관성과 형평성에 있어 신문사를 신뢰하기 힘들다고 말하기도 하고, 신문사간의 경쟁으로 인한 폐쇄성에 불만을 표출하기도 하면서, '고료' 문제에 있어서 신문사측에 아쉬운 마음을 표출하기도 하고 있다.

노자영 : 아까도 말슴드렸지만 조선에 문학상이 하나 있으면 좋겠는데요.
최재서 : 하나 있으면 퍽 좋겠지요. 문단에 주는 영향이 퍽 클 것입니다.
조문덕 : 그러나 조선서는 신문사에서 밖에 더 할 곧이 없지 안을가요.
최재서 : 그러나 문학상은 신문사엔 기대하지 안습니다.
김환태 : 신문사에서 한다고 하면 자기 신문사에 관계 있는 사람에게 줄 염려가 있으니까요.[55]

최재서 : 신문사에 고료를 올려달라고 좀 진정을 해봤으면 어떨가요. 일회에 이원이란 참 못할 일이두군요.
노자영 : 그 운동방법을 좀 말슴하시지오.
정지용 : 너머 솔직이 쓰지 마십시오.
최재서 : 고료가 좀 많어야 일회 이회 힘을 드려 쓸 수가 잇지 안습니까?
노천명 : 그런데 신문사에 그 '뿔럭'을 없애버렸으면 좋겠두군요. 어느 신문사에든지 입사하면 딴 신문엔 도시 쓰지 못하게 하니까요.
정지용 : '東京朝日'인가 어덴가하는 데서는 파리에 가 잇는 武林無想庵씨가 그 社의 客員인데 글을 쓰든말든 매월 꼭꼭 생활비를 보내준다두군요. 조선서도 좀 그랬으면 좋겠두군요.[56]

---

55 최재서 외, 「문예좌담회」, 『신인문학』, 1936.10, 21면.
좌담회의 참가자는 최재서, 김환태, 정지용, 노천명, 이선희, 노자영, 조문덕이었다.
56 위의 글, 23면.

1930년대, 신문 간 경쟁이 치열해지고 일제의 간섭 또한 강화되면서 신문들은 '대중성'과 '상업성'에 몰두하는 경향을 보였다. 일각에서는 '신문'이 '자본주의의 상품'이 되어버렸으며, 그 사회적 책무는 망각한 채, '아편적 역할'을 하고 있다는 비난까지 제기될 정도였다.

> 조선에 잇서서 지금 가장 만흔 발행부수를 갖고 잇난 신문은 東亞日報일 것이다. 나는 동아일보를 실례로 하야 설명을 해 나가랴 한다. 처음 낫타낫슬 째 그째의 동아일보는 民族의 公器, 社會의 木鐸, 民衆의 거울 등등의 뜻을 가진 標語를 내어걸고 公然 쏘는 隱然히 민중 교양의 기관, 民衆 指導의 기관으로 自處하엿다. 이 신문사에 自處에 대하야 一般은 조곰도 해괴하기는커녕 도리혀 당연한 것으로 녁이엿다. (…중략…) 그러나 시대는 一轉하엿다. 오늘의 동아일보의 어느 구석에 그째의 熱에 타는 기사가 실니어 잇는가. (…중략…) 그째의 동아일보 記者는 일종의 志士, 일종의 指導者로 생각되엿슴에 반하야 오늘의 동아일보 기자는 다른 은행 회사 관청의 被傭人과 하등 다름이 업는 단순평범한 월급쟁이에 불과하다. (…중략…) 에로그로의 기사와 스포-츠 라듸오 등 오락 기사를 滿載함에 의하야 민중의 정치적 관심을 쌔앗고 비판력을 우둔게 하며 <u>一言以蔽之하면 아편적 역할을 하게짜지 된 것이다. 다른 모든 자본주의 사회에 잇서서의 오락 '문화생활'을 위한 상품과 마찬가지로!</u>[57]

신문 소설도 이 같은 흐름 위에 놓여 있었다. 초기의 신문 소설이 '대중성' 외에도 '계몽성'을 중요시했었던 데에 비해, 1930년대 이후 신문소설은 더욱 노골적으로 '대중성'을 추구하였다. 그와 더불어 신문소설의 통속적 성향에 대한 '비판'의 목소리 또한 높아져갔다.[58] 앞서 인용

---

57 권일문, 「신문론」, 『비판』, 1933.1, 62~64면(밑줄-인용자).

58 홍랑, 「타락한 민간신문」, 『제일선』, 1933.2, 7~8면에서도 당시 신문들이 "민중을 리

한 바 있는 1936년 『신인문학』지의 '문예좌담회'에서 신문소설의 통속성에 대한 비판적 언급들을 몇몇 발췌하여 옮겨보자면 다음과 같다.

> 정지용 : 신문 소설은 일일이 볼 수도 없고 기대할 바이 못됩니다.
>
> 김환태 : 통속소설은, 다시 말하면 신문소설은 처음부터 흥미만 중심으로하고 아무케나써도 관계치않다는 의식을 가지고 쓰기 때문에 그럴듯한 작품이 없읍니다.
>
> 김환태 : 조선서 신문소설을 쓰는 이들은 돈과 생활을 위하여 그저 되는대로 쓴다고 말들하두군요. 그러나 그들이 정말 잘 쓰면 얼마나 잘쓸랴는지오.
>
> 김환태 : 조선의 장편이란 찌나리쯤을 위한 신문소설이기 때문에 비평을 했댔자 효과가 없지요.
>
> 정지용 : 신문소설은 시골이나 가야 읽게 되지오. 어데 서울서야 읽을수 있나요(一場大笑).
>
> 최재서 : 신문소설이란 '스넙뻬쯤- 다시말하면 하류계급에 있는 사람들이 소설을 통하여 귀족계급과 교류를 할 수 있게 되고 미인이 아닌 사람이 미인의 세계에 등장하게 되며 황홀을 느끼는 점에서 통속소설의 가치를 알 수가 있읍니다.[59]

이들의 대담을 보면, 신문소설에 대한 기성 문인들의 비난에 가까운 폄훼를 볼 수 있다. 이들에 따르면, 신문소설은 그저 '돈'을 위해 아무렇게나 쓴 흥미 위주의 소설로, 비평할 가치도 없으며, 비평하려고 해도

드하는 목탁으로서의 역할이 사라지고, 상품화되고 부르주아의 기관화되고 있다"는 지적이 엿보인다.

59 최재서 외, 「문예좌담회」, 16~24면(밑줄-인용자, 이 인용은 이어지는 대화가 아니라 부분발췌된 것임).

구해 읽기도 쉽지 않고, 상류계층의 생활을 부러워하는 시골 촌부(村夫)들이나 읽는 저급한 문학으로 취급받고 있다.

신문연재소설의 통속성, 더 나아가 고대 소설이나 외국 소설을 그대로 번안하여 옮기는 등 '상업성'에만 골몰하는 경향에 대하여 독자들의 항의도 나타났다. 다음은 1930년 『별건곤』의 독자투고란에 실린, 한 일반 독자가 신문사측에 불만을 표한 투고 내용이다.

> 소설가튼 것은 엇지 그리 고대소설을 내이기 조와들 하는지요. 한 신문에서 내이기 시작하면 서로 압흘 닷토와 눈들이 별개서 짜라 내이니 아마 판매 정책이겟지요. 其中 서유기 가튼 것은 불교 밋는 중[僧] 독자나 엇으려고 하지만은 홍루몽 갓튼 것은 엇던 독자를 엇으려고 함닛가? 신문이란 미신 악습을 타파하고 신문화를 수립하는 책임이 잇거늘 그와 가튼 소설을 연재하야 일반 깨어가는 민중에게 더욱 미신과 혼미를 늘여 주니 그 엇전 心思란 말이요.
>
> 사진은 물건너 섬나라에서 건너오는 것을 건너와 독자 일반의게 배부되는 날 곳 짜서 내이니 아모리 번역생활을 하는 우리요 철몰으는 민중이기로 낫도 안이 간지러운지 그러케 당장한단 말이요 다음부터는 두어두엇다가 일반 독자가 이저버린 다음에 써먹도록 하시오.[60]

이 무렵 작가들은 '상업성'과 '대중성'의 딜레마에 빠져들기 시작하였다. 독자를 만나기 위해서, 그리고 자신에게 지면을 제공할 '신문사'의 입장을 고려할 때, 어느 정도의 '상업성'은 필수적이었지만, 주로 신문에 연재되었던 소위 '통속소설'들은 '상업성'과 '대중성'만을 노골적으로 추구한다는 비난에 직면하였다. 뿐만 아니라, '상업성'과 '대중성'의

60 石村生, 「나의 抗議 : 신문 경영자에게」, 『별건곤』, 1930.8, 77~78면.

측면에 있어서도, 그 무렵 새롭게 등장한 영화 매체의 대중적 파급력에 상당한 부담을 느끼기 시작하였다.

통속소설의 정반대편에 위치하여 '예술지상주의'를 표방했던 김동인이 1930년대 동아일보에 역사 소설 『젊은 그들』을 연재하기 시작하자, 일각에서는 '김동인의 훼절'이라는 비난을 가하기도 했다.[61] 그만큼, '신문연재소설'은 통속성에만 치우친 '저급한 문학'으로 취급되었던 것이며, 그러한 소설을 쓴다는 것은 소위 '예술로서의 문학'을 포기하는 것으로 간주되는 일이었다. 당시 김동인은 그럼에도 신문소설이 갖는 경제적 매력에 대해 이렇게 말하고 있다.

> 물론 신문 소설이란 것은 대중을 신문 소설 영역까지 끌어올리는 역할을 하지만, 그 반면에 문학을 등한하는 것이라, 조선문학은 신문 소설의 창성으로 하여 뒷걸음친 것이었다.
>
> 그러나 신문에 한 편의 연재소설을 쓰기 시작하면 그것을 쓰는 동안은 이렁저렁 생활이 안정되기 때문이었다. 7·8개월 동안 생활의 안정을 얻는다 하는 일은 사실 생활의 경제적 기초를 못가진 文士들에게는 여간한 큰일이 아니었기 때문이다.[62]

이와 같은 토로는 이무영도 언급한 바가 있다. 이무영은 '경제적 문제'로 인해 어쩔 수 없이 신문 소설을 써야하는 자신의 심경을 다음과 같이 말하고 있다.

> 필자 자신도 작가적 양심을 전혀 버리고 싶지는 않다. 아사(餓死)할지언

61 당시 동아일보의 편집국장은 이광수였는데, 그는 김동인에게 "작가로서의 자존심을 버리고, 독자 본위로 집필할 것"을 강력하게 요청했다고 전해진다.

62 재인용 : 서광운, 『한국신문소설사 : 1880~1970』, 해돋이, 1993, 193면.

정 저널리즘의 사도가 되고 싶지는 않다. 이러한 결심을 한 것은 한두 번이 아니었다. 그러면서도 신문소설을 쓰게 되는 자신을 돌아볼 때 어떤 때는 눈물이 나도록 자신이 불쌍하여진다. 남과 같이 작가로서 일가를 이루지도 못한 채 이대로 통속작가로 흘러버리는가 생각하고는 며칠씩 잠을 못 잔 때가 많다.[63]

그런데, 같은 시기 이무영은 다른 글에서 예술성을 가진 '순문학'을 옹호하고, '대중성'만을 내세우는 통속소설들을 강하게 비판하기도 하였다.

조선의 문학 운동은 대중문학의 침범으로 인하여 완전히 소멸되는 듯한 느낌을 최근에 와서는 한창 더 절실히 깨닫는다. (…중략…) 대체로 순문학은 대중에게 호응하는 그 무엇을 갖고 있으면서도 예술로서의 진실미(眞實味)와 심각미(深刻味) — 이러한 예술이 요구하는바, 제조항을 구비한 문학을 이름일 것이라는 것과 대중문학이라면 상기한 제요소보다도 대중의 저급한 취미에만 호응키에 급급한 말하자면 현실성도 심각미도 없는 — 있다 하더라도 적은 스토리의 전개와 건실치 못한 어구로 대중을 농(弄)하는 문학을 말함이라는 정도로는 무찔러 말할 수 있지 않을가도 한다. 다시 한번 말하자면 한 작품을 창작할 때에 그 작자가 그 작품을 대중에게 보내면서도 조곰도 양심의 가책을 받지 않는 그만한 작품이라면 필자는 그 작품을 통속문학 내지 대중문학이라고 하고싶지 않다는 것이다. 이럴진대 응당 여기서 작가적 양심이라는 것에 대한 정의가 또한 문제될 것이나 이것까지는 제삼자로서 논의할 성질의 것이 아니겠으므로, 이점은 작가 각자의 문학에의 순정에 맡기려고 한다.[64]

63 이무영, 「신문소설에 대한 관견」, 『신동아』 4권 5호, 1934.5, 재인용 : 천정환, 『근대의 책읽기』, 333~334면.

이무영은 1934년 5월, 같은 시기에 서로 다른 잡지에 실린 두 개의 글을 통해, '통속적 신문소설'을 쓸 수밖에 없는 자신의 처지를 토로하기도 하면서도, '통속적 문학'에 대하여 비판을 가하기도 하고 있는 것이다. 이처럼 당시의 작가들은 '예술성'과 '대중성'의 갈래에서 일종의 위선적 강박관념을 느꼈던 것으로 보인다.

초기 '소설 문학'은 독자이자 소비자인 '대중'을 확보하기 위해, 혹은 '대중'을 만날 수 있는 매체를 모색하기 위해, 적지 않은 노력을 기울였었다. 그러나 어렵게 확보한 '대중'이 다시 '상업성'과 '통속성'이라는 부메랑으로 되돌아와 예술을 위협한다는 사실을 깨닫게 된 것은 불과 2, 30년만의 일이었다. 1930년대 후반 만연한 '대중성' 우위에 대한 역반응으로, 이 시기 작가들은 '통속문학'이 아닌 '예술성'과 '미학', '순수'를 유난히 강조하기도 하였다.

> 하여간 나는 일개 文壇人으로서 문학에 있어서의 '純粹'라는 것을 생각하기 요새보다 더 절실한 적이 없다. 純粹란 별 다른 것이 아니라, 모든 비문학적인 野心과 政治와 策謀를 떠나 오로지 빛나는 문학정신만을 옹호하려는 毅熱한 태도를 두고 말함이다. 문단의 思潮가 전면적으로 혼돈 속에서 헤매고 있을 때 문학인-지식인의 긍지와 특권을 유지 옹호해주는 것은 오직 순수에의 정열이 있을 뿐이다.[65]

물론 위에 인용한 유진오의 글이 촉발한 '순수논쟁'은 기성문인들과 신인작가들과의 감정 대립화된 경향이 있었으나, 분명한 것은 당시의 문인들이 '문학의 상업화・통속화' 경향에 대한 위기의식을 느끼고 있

---

64 이무영, 「대중문학이 가져야할 길」, 『학등』 제7호, 1934.5, 29~31면.

65 유진오, 「문예시평 : '순수'에의 지향-특히 신인작가에 관련하야」, 『문장』 제1권 5호, 1939.6, 139면.

었다는 점이다.[66] 이 과정에서 '예술가'로서의 괴로움을 직접적으로 토로하는 소위 '예술가 소설'이라 불리는 메타적 경향의 소설들도 활발히 등장하게 되었으며, 서구의 '심미주의'에 대한 맹목적 경도가 심화되기 하였다.[67] 바야흐로, 독자의 확보 문제를 둘러싼 딜레마, 대중성과 예술성 사이의 줄다리기가 본격화된 셈이었다.[68]

---

66 위에 인용한 유진오의 글에 대한 반론은 김동리, 「'순수' 이의(異義)－유씨의 왜곡된 견해에 대하야」, 『문장』 제1권 7호, 1939.8, 142～148면을 참고. 이 밖에 30년대 후반 '문학의 통속성'과 관련된 논의로는 다음과 같은 것들이 있다.
안회남, 「본격소설론 : 진실성과 통속성에 관한 제언」, 『조선일보』, 1937.2.20.
안함광, 「순수문예 시비 : 문제의 번복성과 시대성」, 『조선일보』, 1940.6.5.
안회남, 「통속소설의 이론적 검토」, 『문장』 제2권 9호, 1940.11.

67 이 문제는 다음 절에서 '전문 문인'들에 의한 문학의 생산을 언급하며 다시 논의될 것이다.

68 신문 연재소설에 요구된 '오락성'과 '상업성'은 광복 이후에도 변함이 없었다. 연재소설의 성패(成敗)가 신문 판매량과 직결되어 각 신문사마다 인기 소설가를 영입하기 위해서 치열한 경쟁을 벌일 정도였다. 1950년대 전쟁 직후, 각 신문들은 점차적으로 증면을 실시했고, 1959년에는 조석간(朝夕刊) 8면으로 발행하기에 이르렀다. 이 무렵 각 신문들에는 두 편의 연재소설을 싣는 것이 일반화되었으며, 그 중 한 편은 역사물, 다른 한 편은 애정물 중심의 현대물을 연재하곤 하였다. 1950년대에도 작가들은 신문사측의 상업적 요구 때문에 적지 않은 갈등(김동윤, 『신문소설의 재조명』, 예림기획, 2001, 41면)을 겪었지만, 한편으로는 신문 연재소설 덕분에 인기 있는 작가로 떠올라 크게 주목을 끌 기회를 얻기도 했다. 1950년대에는 김내성의 『청춘극장』, 정비석의 『자유부인』 등이 신문소설로서 큰 호응을 얻은 경우였다. 1970년대에는 『조선일보』, 『동아일보』, 『중앙일보』 등이 치열한 판매 경쟁을 벌이면서 최인호의 『별들의 고향』(조선일보), 박범신의 『불의 나라』(동아일보), 조해일의 『겨울여자』(중앙일보) 등이 주목을 끌었다. 이 세 작품들은 모두, 후에 신성일, 장미희 등 당대 최고 인기 배우들을 캐스팅하여 영화로 만들어지면서 또다시 큰 인기를 모으기도 했다. 1980년대 이후, 매체 환경이 급속도로 변화하면서 신문 소설이 차지하는 영향력은 점차 줄어들었다. 신문 연재소설이 신문의 판매에 미치는 영향력도 미미해졌으며, 작가들이 문학 작품의 매체로서 '신문'을 선호하는 경향도 많이 약화되었다. 이러한 변화는 크게 두 가지 요인으로 설명할 수 있을 것이다. 외적으로는 TV나 영화를 비롯한 대중매체의 발달로 인하여 '신문소설'이 갖는 오락적 속성이 그다지 매력적이지 못하게 된 이유로 설명할 수 있을 것이며, 내적으로는 과거에 비해 신문사에서 '문인'이 차지하는 비중이 약화되면서 신문 내 '문학'의 역할이 줄어들게 된 영향도 있었던 것으로 보인다. 1910년대까지 기자와 문인의 구분이 불분명할 정도였다면, 1920·1930년대에는 신문과 작가의 관계는 '고료'를 매개로 한 '고용' 관계로 변모하였으며, 1950년대 이후에는 인기 신문과 인기 작가가 '대중적 인기'를 바탕으로 서로를 활용

2. '잡지' 및 '단행본'의 유통과 문학 독자의 형성

1) 딱지본 및 단행본의 유통과 '동인지' 및 '문예지'의 등장

근대 이전, '소설'들은 '필사본'의 형태로 전승되고 소통될 수 있었다. 필사본은 '독자'이자 동시에 '필자'인 '필사자'에 의해 손으로 한 권씩 베껴 적어야 했기 때문에 전파 속도가 매우 느릴 수밖에 없었다. 필사본으로 유통되던 소설들 가운데, 「사씨남정기」 등 몇몇 편을 제외한 대부분은 원저작자조차 명확하지 않은 이야기들이었고, 그것은 필사자에 의해 조금씩 변형되기 마련이었다. 필사본을 돌려 읽은 사람들이나 필사자 스스로가 책에다가 독후감을 기술하거나 첨언을 하는 경우도 많았다. '필사본' 이후, '방각본' 소설이 등장하기 시작했다. 간기(刊記)가 밝혀진 방각본 국문소설로는 경판본 『삼설기(三說記)』(1848)와 완판본 『구운몽』(1862)이 가장 앞선 것으로 알려져 있다.[69]

'필사본' 시대의 독자는 매우 제한적일 수밖에 없었다. 다소 과장되게 말하자면, '필사본'의 독자층은 '필사자' 집단에 한정되어 있는 수준이라고도 할 수 있었다. 필사본 시대의 '서사 텍스트'의 소통은 '독서'를 통해서 이루어지기보다는, 암기에 기반한 '구전(口傳)'의 형식에 의존하는 형편이었다.

하는 관계가 되었다고 할 수 있다. 다만 1950년대 이후에도 『동아일보』의 김성한, 『서울신문』·『한국일보』·『조선일보』를 거친 선우휘, 『조선일보』·『동아일보』를 거친 오상원 등, 언론인이자 문학 작가인 경우가 없지 않았지만, 언론인으로서의 활동과 작가로서의 활동이 구분되어 있었다는 점에서, 1910년대의 경우와는 전혀 다른 경우였다고 보아야 할 것이다.

69 최초의 한문본 방각본은 1725년 나주본 『구운몽』이다(소재영, 「이야기책 읽기와 대중문화의 전개」, 『한국의 딱지본』, 범우사, 1996, 7면).

그러나 방각본의 등장 이후, 과거에는 없었던 새로운 독자층이 등장하게 되었다.[70] 방각본은 서울과 안성, 전주 등지에서 출판되었는데, 이 지역은 양반가(兩班家) 여성들이나 신흥 상인 등과 같이, 새로운 소비자가 될 수 있는 잠재적 독자가 많은 지역이었다. 방각본의 발행으로 인하여, 독자층은 단순히 양적으로 '확대'된 것이 아니라, '서사 텍스트'의 소비자인 '독자층'을 새롭게 '개척'하는 결과를 가져왔다고 보아야 할 것이다.

우리가 흔히 '딱지본'이라고 부르는 구활자본은 그 독자층을 더욱 넓고 깊게 파고들었다. '딱지본'이라는 이름은 알록달록한 그림이 그려진 표지 때문에 붙인 것이었는데, 가장 흥미로운 대목을 표지 그림으로 삼는 경우가 많았으며, 이는 잠재적 독자의 호기심을 유발하는 일종의 '광고' 효과를 갖고 있었다. 구활자본은 사실 상업성이 없을 경우, 생산과 소비가 불가능한, 애초부터 '상업적' 목적이 뚜렷한 매체였다.

1912년 보급서관(普及書館)에서 간행한 이해조의 『옥중화(獄中花)』가 최초의 구활자본 소설로 알려져 있으며, 1930년대 말까지 250여종의 딱지본 소설이 60여 곳의 출판사를 통해 출간되었다고 한다. 필사본이나 방각본이 전문적인 전기수(傳奇叟), 강담사, 소리꾼에 의해 '연행'의 형식으로 소통된 반면, 구활자본은 그러한 방식 외에도 '서점'을 통해 판매되거나 '세책방(貰冊房)'의 대여를 통해 직접 '독자'를 만나기도 했다.[71]

개화기 무렵의 신문연재소설들 가운데 『만세보』에 연재되었던 『혈

---

70 大谷森繁, 「조선조의 소설독자연구」, 고려대 박사논문, 1984, 124면.

71 1916년 박문서관에서 출간한 딱지본 『심청전』은 첫 페이지에 "演劇小說沈淸傳"이라 표시되어 있다. 당시 판소리계 고소설의 구활자본 소설도 강담사나 전기수의 연행을 통해 소통되는 경우가 많았음을 짐작하게 할 뿐만 아니라, 인물의 대사 부분이 '연극적 성격'을 갖고 있음을 인식하고 있는 것으로 볼 수 있을 것이다. 실제로 이 딱지본의 대사 부분은 마치 희곡처럼 발화주체와 발화내용을 뚜렷하게 표시해놓고 있기도 하다.

의 누』, 『귀의성』, 『大韓每日申報』에 연재되었던 「水軍 第一偉人 李舜臣」, 『제국신문』에 연재되었던 『빈상설』 등은 후일, 다시 단행본으로 출간되었다. 반면, 『제국신문』에 연재된 『허생전』, 『대한미일신보』에 연재된 『미국독립스』는 단행본이 먼저 출간된 후, 신문에 연재된 경우였다.[72] 당시 신문 연재소설이 '딱지본'으로 다시 재출간되면서는 상업적 성격이 더욱 부각되기 마련이었다.[73]

딱지본이란 '매체'의 등장은 당시, '책'이 상업적 상품으로서의 가치가 있음을 입증하는 중요한 '사건'이었다. 이해조의 『자유종』이나 최찬식의 『추월색』과 같은 인기 신소설들도 딱지본으로 판매되고 읽혔다. 그러나 1910년을 전후로 한 불과 3~4년을 제외하고는, 창작된 신소설에 비해 딱지본 고소설의 출간이 훨씬 양적으로 풍성했고, 대중적 인기도 신소설이 고소설을 따라오지는 못했다.[74] 다수의 인기 작품들은 대개 필사본이나 방각본 시대의 고소설을 옮겨놓은 경우들이었다. 이는 '딱지본'의 등장이 그저 다른 방식의 매체를 통해 동일한 내용의 '서사

72 한원영, 앞의 책, 327면.

73 "출발에서부터 상업적 언론 및 인쇄 자본의 영향으로부터 자유로울 수 없었던 신소설은 이념을 담아내는 도구가 아니라, 누구나 돈을 주면 구매할 수 있는 상품으로 그 위상이 변화한다."
김석봉, 「신소설의 대중적 성격 연구」, 서울대 박사논문, 2003, 36~42면 참고.

74 김기진은 1929년 4월 『동아일보』에 연재한 「대중소설론」에서 다음과 같이 말한다. "재래의 소위 '이야기책'이라는 『옥루몽』, 『구운몽』, 『춘향전』, 『조생전』, 『유충렬전』, 『심청전』 같은 것은 연년이 수만 권씩 출간되고 이것들 외에도 『추월색』이니 『강상루(江上淚)』니 『재봉춘(再逢春)』이니 하는, 20・30전 하는 소설책이 10여 판씩 중판을 거듭하여오되, 이것들은 모두 통속소설의 권내에도 참석하지 못하여 왔다. 이것들 울긋불긋한 표지에 4호 활자로 인쇄한 100매 내외의 소설은 '고담책', '이야기책'의 대명사를 받아가지고 문학의 권외에 멀리 쫓겨 온 것이 사실이다. 그러나 신문지에서 길러낸 문예의 사도들의 통속소설보다도 이것들 '이야기책'이 훨씬 더 놀라울 만큼 비교할 수 없게 대중 속에 전파되어 있는 것도 또한 사실이다. (…중략…) 그러므로 대중소설이란 명사는 명사로서만 우리들의 귀에 생소할 뿐이요, 실제에 있어서는 이미 오래 전부터 존재하여온 것임을 우리들은 이 자리에서 시인해야 한다(김기진, 홍정선 편, 「대중소설론」, 『김팔봉문학전집』 1, 문학과지성사, 1988, 128~129면)."

텍스트'를 상업적으로 유통하는 것이었을 뿐, '소설' 자체의 본질적 변화를 이끌어내지는 못했다는 것을 의미한다.

이것은 '딱지본'의 등장이 갖는 파급 효과가 약했기 때문이라기보다는, 이미 형성되어 있던 '방각본 독자 시장'을 안전하게 흡수, 확대하는 데에 주력했기 때문이었다. 또한, 이미 '딱지본 소설책' 시장이 형성되었음에도 '새로운 콘텐츠', 즉 새로운 내용과 형식의 '신소설'이 충분히 공급되지 못했다는 점도 그 이유일 것이다.

개화기 무렵 등장한 '신소설'은 탐정소설의 형식을 빌거나, 엽기적인 살인, 범죄 등 자극적이고 통속적인 소재를 많이 다루고 있었다는 점에서 충분히 대중적인 성격을 갖고 있었다. 그러나 '딱지본'화한 고소설들이 갖고 있는 고정적 독자층의 현실적 벽이 만만치가 않았다. 신소설은 신문 연재를 통해 저변을 넓혀갔지만, 독자적(獨自的)인 영역에서의 소비층을 확보하기는 쉽지 않았다. 독자적(獨自的)인 '인쇄 상품'으로서의 신소설이 문학 작품 외에도 다양한 '읽을거리'를 안겨주는 '신문'이라는 종합적 대중 매체와 경쟁하기란 매우 벅찬 것이 사실이었다. 더군다나, 매우 높았던 문맹률로 인하여 '문자 텍스트'화된 신소설이 대중 독자층을 새롭게 개척하기도 어려웠다.

단행본은 신문이나 잡지의 연재소설이 지속적인 독서가 어렵다는 점, 특히 평론을 하기 어렵다는 점 때문에 요구된 측면도 있었다.

> 다른 나라에서도 文藝運動에 기여하는바, 月刊 雜誌의 역할이 결코 적지 안은 것이나 모든 조건이 보담 不利한 조선에서는 문예에 관한 연구적 논평이라든지 작품 등이 單行本으로 출간되여 讀者大衆을 마지하게 되는 경우는 극히 稀少한 것이며 모다가 월간 출판에 의하야 발표됨으로서 그 수명을 다하게 되는 것이다.
>
> 더욱이 朝鮮 中央 양 신문이 휴간된 이후로는 그러한 경향이 더욱 濃厚하

엿든 것이니 시간적 가치를 全生命으로하는 月評文을 비롯하여 기타 문예 작품의 전부가 월간 잡지로 쏠니게 되엿든 것이다.

이리하야 문학과 잡지의 관계는 보담 긴밀하게 되고 따라서 잡지 문예란은 자못 喧騷한 편이엇다. 이리하야 잡지 문예란은 조선에 이서서 문화에 部門的으로 공헌함이 만엇고 문예의 보급이라는 견지에서 적지 안은 역할을 하여 왓다 할 것이다.[75]

잡지 연재소설은 그나마 신문 연재소설보다야 경우가 나았지만, 모든 연재 형식의 소설들은 일단 연재된 후에 독자와의 관계가 단절되기 쉽다는 문제를 안고 있다.[76] 신문 장편소설이 당대의 비평계나 기성 문단으로부터 상대적으로 폄하되게 된 데에는 그것이 문학적으로 저속하거나 지나치게 통속적이라는 이유도 있었겠지만, 연재된 작품들을 독자들이 다시 접하기 어렵다는 것 역시 심각한 문제였다. 앞서 인용한 바 있었던 '문예좌담회'에서 문인들은 이렇게 말하고 있다.

이선희 : 웨 평론가들이 단편소설은 비평을 하던서도 장편소설은 평을 하지 안습니까?

정지용 : 아마 읽지를 못하니까 평을 못하겠지오(場內 笑聲).

김환태 : 나도 신문의 장편소설을 읽으려 햇으나 어데 읽을수가 있읍디까? 어떤 작자를 평해보랴도 그의 단행본도 없고하니 참 불가능이지오.[77]

---

75 안종언, 「1932년 문단의 개관과 신년문단의 전망」, 『비판』, 1933.1, 113면(밑줄-인용자).

76 민병덕, 앞의 글, 186~195면.

77 최재서 외, 「문예좌담회」, 『신인문학』, 1936.10.

이러한 이유는 비평가들의 입장에서도 난점(難點)이었지만, 독자들과의 소통이라는 차원에서도 문제였다. 1920년대 중반 이후, 연재소설들은 '단행본 도서'로 재출간되는 경우가 점차 많아지기 시작했다. 1929년 발행된 박문서관(博文書館)의 도서목록 '문예소설류란'을 보면 161종의 소설 목록이 나열되어 있다. 이 가운데 대부분은 신문연재를 했던 장편소설을 재출간한 경우였으며, 잡지에 수록한 단편소설들을 모은 소설집의 형태도 상당수를 차지했다.[78]

사실, '단행본'으로 출간된 소설이 신문이나 잡지의 독자층 범위를 넘어서기란 쉽지 않은 것이었다. 그러한 상황에서도 '단행본 도서'로 출간된 소설들은 이미 '연재'를 통해 어느 정도의 '상업성'이 보장되었다고 판단되는 경우이거나 '문학적 가치'를 비평가들로부터 확보한 경우에 한정될 수밖에 없었다.

별도의 단행본 시장이 자리잡게 되는 일은 독자적(獨自的)인 '독자층(讀者層)'이 확보되어야만 가능한 일이었다. 1923년 이후 신문관에서 발행한 저렴한 가격의 문고판 소설책들 — 이른바 '육전소설'들[79] — 이 등장한 이후, 단행본 시장은 어느 정도의 경쟁력을 가지게 되었고, 대체로 1930년대 중반 무렵부터 '단행본 도서' 형태의 소설 출판을 구입할 수 있는 시장의 조건이 어느 정도 만들어졌다고 볼 수 있었다. 이 무렵부터 작가들은 연재 과정을 거치지 않은 '장편소설'을 통해 독자를 확보할 수 있다고 여기게 되었다.

한편, '프로문학론'이 활발하게 제기되었던 1920년대 후반, 이른바 신경향파 문학을 내세우던 이들 사이에 논쟁이 벌어졌다. 그것은 그들

78 하동호, 『한국 근대문학의 서지연구』, 깊은샘, 1981, 11~45면.

79 1923년 신문관에서 문고본 형식으로 발행하던 딱지본 소설은 '육전소설(六錢小說)'이라고도 불렸는데, 당시 책값이 6전이었다는 데에서 유래한 명칭이었다(소재영, 앞의 글, 11면).

이 문학에 담고자 했던 이념과 사상을 어떻게 대중들에게 전파하고 소통시킬 것인가의 문제였다. 신문의 경우는 이미 상업적 목적에 치우쳐, '통속소설'의 전유물처럼 취급되기 시작하였다. 당시 『개벽』이나 『조선지광』과 같은 잡지들은 이들에게 유용한 매체가 되었지만, 일제의 검열과 삭제, 연재중단, 압수가 잇따르면서 그러한 목적을 달성하기란 쉽지 않았다.

프로문학을 내세우던 이들이 주목한 매체는 직접적으로 독자를 만날 수 있고, 전달하고자 하는 '내용'도 충실히 담을 수 있는 단행본 형태의 '장편소설'이었다. 김남천은 '장편소설'이란 형식에 대하여 다음과 같이 말하였다.

> 장편소설이 자본주의사회의 전형적 문학형식이라는 문제만은 거의 확정적으로 의견의 일치를 본 것 같으다. 批評家는 그의 소설의 미학을 고대나 중세기의 敍事詩, 傳說, 이야기에서 求하여다가 현대의 소설을 다스릴려고 하는 까닭에 절망론에 도달하는 결과를 보였고, 작가는 소설의 운명을 깊이 깨닫지 못한 탓에 개인취미를 무제한으로 개방하고, 불건강한 정신으로부터 문학을 직힐려는 노력에 吝嗇하여, 恣意의 범람에 몸을 잡치고 있다. 이리하여 우리는 한가지로 장편소설이 자본주의사회의 전형적 문학형식이란 것을 망각하여 버린 것이다.[80]

위의 인용에서 김남천은 '장편소설'을 '자본주의 사회의 전형적 문학형식'이라 말하고 있다. 결과적으로 볼 때, '장편소설'은 프로문학을 내세운 이들의 목적을 달성할 수 있는 '매체' 역할을 해내지 못했다. 독자들은 신문과 같은 대중 매체의 광고 지원을 받지도 못하고, 이념 계몽

80 김남천, 「소설의 운명」, 『인문평론』 제13호, 1940.11, 7~8면(밑줄-인용자).

적 성격으로 무장된 '단행본 장편소설'을 외면하였다. 장편소설은 그 자체로 소비・판매되어야 한다는 점에서 하나의 '자본주의적 상품'이 되어야했으나, 프로문학 작가들의 장편소설은 그와는 상반된 성격일 수밖에 없었다. 장편소설이 그 자체로 작가에게는 문학의 매체로 기능하고, 독자에게는 상품으로 의미를 가질 수 있었던 것은 1930년대 후반 무렵 소수의 작가에게만 해당되었을 뿐이고, 해방 이후에나 본격화될 수 있었다.[81]

다시 근대 전환기 무렵으로 돌아가 '잡지' 매체를 살펴보기로 하자. 1900년대를 전후로, 신문이라는 대중 매체가 서사의 형성에 영향을 미치고, 또한 서사의 매체로 활용되었음은 앞서 언급한 바 있다. 당시 신문 외에도 '잡지'가 새로운 매체로서 등장하기 시작하였다. 1896년 2월 첫 호를 발행한 『친목회 회보』는 최초의 잡지로 일컬어진다. 1900년을 전후로 하여 『대조선독립협회 회보』(1896～1897), 『일진회 회보』(1904), 『대한자강회 월보』(1906～1907) 등이 각종 협회의 기관지 형태로 발행된 잡지였고, 『조양보』(1906～1907), 『家庭雜誌』(1907～1908) 등과 같이 비교적 대중성을 띤 잡지들도 발행되었다. 이 무렵 잡지들 가운데 가장 주목할 만한 것은 역시 『소년』이었다. 1908년 11월 첫 호를 발행하여 1911년까지 발행된 이 잡지에는 「海에게서 少年에게」와 같은 신체시뿐만 아니라, 「거인국 표류기」, 「사랑의 勝戰」과 같은 서양 소설의 번역물이 게재되기도 했다.[82] 한편 1900년대 일본 유학생들은 『대한흥학

---

81 해방 이후, 우리의 경우에는 '단행본 장편소설' 못지않게, 중단편 소설을 모은 '소설집' 형태의 단행본이 각광을 받았다. 특히 1970년대 이후에는 '소설집'의 형식이 가장 대표적인 '문학매체'로 자리잡기도 하였다(권영민 편, 『한국문학 50년』, 문학사상사, 1995 참고). 이는 '중단편 소설'에 적합한 '문학잡지'라는 매체를 중심으로 소설이 발표되고 소통되었던 특성과 1970년대 이후 본격화된 도시화・산업화에 발맞추어 '도서 유통 구조'가 크게 변화했다는 점이 맞물려 이루어진 결과로 파악된다.

82 김근수 편저, 『한국잡지개관 및 호별목차집』, 영신아카데미 한국학연구소, 1973, 21～29면 참고.

보』(1909～1910)와 같은 '학회 기관지' 형식의 잡지를 발행하면서 '서사' 형식의 문학 텍스트들을 발표하기도 하였다.

1910년 한일합병 이후, 『매일신보』를 제외한 거의 모든 신문・잡지 매체가 폐간되자, 문학 작품을 발표할 매체 자체가 극히 제한되게 되었다. 1910년대를 최남선・이광수의 '2인 문단 시대'라고 흔히 말해온 이유 가운데 하나는 신문 기자들과 그들 2인을 제외한 다른 사람들이 문학 작품을 발표할 기회를 얻기 쉽지 않았기 때문이기도 했다. 그나마 '서사 텍스트'의 소통 '매체'로서 기능을 하였던 것은 최남선이 주도했던 월간 종합지 『청춘』(1914～1918)과 재일본 동경 조선유학생 학우회의 기관지로 출발했던 반년간 잡지 『학지광』(1914～1930)이었다.[83] 이들 잡지에는 주로 유학생 또는 유학 경험자들의 작품이 실리곤 했다.

신문연재소설이 통속화되어가던 1920년대 무렵, 유학생들이 국내로 돌아와 '문학가', '전문 문인'을 자처하면서 자신들의 정체성을 드러낼 '매체'를 스스로 만들기 시작하였다. 1918년에 창간된 『태서문예신보』(1918～1919)와 1919년 2월에 창간된 『창조』(1919～1921), 그리고 곧이어 등장한 『폐허』(1920～1921), 『백조』(1922～1923) 등이 그것이었다. 이들은 동인지 형식으로 발행되면서 문학 작품을 발표하는 '매체'가 되었다. 『청춘』, 『학지광』에 이어 『창조』, 『백조』, 『폐허』와 같은 매체들에 실린 서사 텍스트들은 신문소설들과는 달리, 작가 자신의 '체험'을 바탕으로 하여 지식인들 '내면 의식'을 표현하려한 작품들이 주를 이루었다. 특히 이들의 '유학 체험'은 작품의 창작에 직접적인 영향을 미쳤다.

또한, 『창조』를 비롯한 이른바 '문학 전문지'들의 등장은 종합지 형태의 신문이나 잡지의 일부분을 차지하던 시나 소설이 독자적(獨自的)

83 『청춘』의 경쟁지였으며 최찬식, 백대진 등 다케우치 그룹이 주도했던 『신문계』는 1913년에서 1917년까지 4년간에 걸쳐 48호나 펴낸 중요한 잡지이지만, 근대문학적인 글을 많이 실지 않았다.

인 '연속 간행물' 매체를 확보하게 되었다는 점에서 중요한 의미를 지닌다고 할 수 있겠다. 달리 말하자면, '문학 전문지'의 탄생은 작가들의 입장에서는 이념이나 상업적 요구로부터 비교적 자유롭게 작품을 발표할 수 있는 지면 —'매체' — 를 얻게 되었다는 점에서 또한 중요한 것이었다. 『창조』의 발행을 주도했던 김동인은 다음과 같이 술회하고 있다.

> 처음에는 화제가 그 방면으로 배회하였었지만 요한(耀翰)과 내가 마주앉으면 언제던, 이야기의 종국은 '문학담'으로 되어 버렸다.
>
> "정치운동은 그 방면 사람에게 맡기고 우리는 문학으로-"
>
> 이야기는 문학으로 옮았다.
>
> 막연한 '문학담' '문학토론'보다도 구체적으로 新文學運動을 일으켜보자는 것이 요한(耀翰)과 내가 대할 적마다 나오는 이야기였다.
>
> 이 밤도 우리의 이야기는 그리로 뻗었다. 그리고 문학운동을 일으키기 위하여 동인제(同人制)로 문학 잡지를 하나 시작하자는 데까지 우리의 이야기는 진전되었다.[84]

위의 인용처럼, 『창조』를 비롯한 동인지 잡지들은 '정치'와 '계몽'의 문제와는 별개의 '순문학 매체'에 대한 요구로써 생겨났다고 볼 수 있다.

사실 『창조』는 온전한 의미에서 '동인지'로 보기 힘든 부분이 많았다. 예술주의를 표방하는 취지와는 거리가 먼 이광수의 글을 싣기 위해 거듭 요청을 했다는 것이나, 한 호의 발간 비용을 부담하는 조건으로 문학청년들의 글을 게재해주었다는 사실, 상업적 판매를 목적으로 광고를 유치했다는 점, 월간 발행을 목표로 하여 정기 독자를 모집했다는 점 등[85]은 『창조』를 '동인지'로 보기 어렵게 만드는 요인들이다. '동인

84 김동인, 「문단 30년의 자최」, 『신천지』, 1948.3～1949.8, 재인용 : 『김동인전집』 제6권, 삼중당, 1976, 9～10면.

지'적 성격 여부와는 별개로, 『창조』는 '문학 전문지'로서의 위상만은 분명히 평가받을 만하다. 그러나 『창조』는 월간 발행의 목표를 지키지 못하고, 불과 2년 만에 9호를 끝으로 폐간되고 말았다. 물론 그렇게 된 결정적 요인은 지속적 발행을 보장할 수 있는 상업적·경제적 뒷받침이 되지 못했기 때문이었다.[86] 『창조』가 '동인지'를 표방했음에도 불구하고 상업적인 모색을 시도했지만, 결국 뜻을 이루지 못했던 것은 결국 당시 '문학 전문지'가 가질 수밖에 없는 한계를 넘어서지 못했기 때문이었다. 그 한계라는 것은 두 가지로 언급할 수 있을 텐데, 첫째는 당시 '문학작품'이 하나의 잡지를 채우고 독자들을 유인할 만한 충분한 '대중적 매력'이나 '품질' — 달리 말하면 '상업성'과 '작품성' — 을 갖추고 있지 못했다는 점을 지적할 수 있을 것이다. 다시 말하자면, 대중을 대상으로 하는 매체로서 갖추어야할 만큼의 '내용'을 양적·질적으로 확보하지 못했다는 것이다. 두 번째 이유는 『창조』의 발행 직후인 1920년, 『조선일보』, 『동아일보』와 같은 신문들이나 『개벽』과 같은 종합잡지들이 잇달아 창간되면서, 작가들 입장에서는 '문학작품'을 실을 매체가 크게 확대되었고, 독자들 입장에서는 '문학작품'만이 실린 '문학 전문지'를 '종합지' 대신 선택해야할 이유를 찾기 힘들었기 때문이었다.

이러한 상황은 『창조』 이후의 여타 동인지들의 경우도 크게 다르지 않았다. 따라서 『폐허』나 『백조』를 비롯한 대부분의 동인지들은 대개

---

85 이와 관련해서 김영민, 「문학 동인지의 탄생과 근대소설의 변모」, 『한국 근대소설의 형성과정』, 소명출판, 2005, 202~204면 참고.

86 김동인, 「문단 30년의 자취」, 『신천지』, 재인용 : 『김동인전집』 6권, 삼중당, 1976. "폐간한 이유에는 여러 가지가 있겠지만, 이만했으면 조선 신문학의 주춧돌도 놓였겠다 하는 것도 하나의 이유요, 『창조』가 아닐지라도 동인들의 글의 발표기관(신문, 잡지)가 많이 생겼으니 동인지가 필요 없게 되었다 하는 것도 하나의 이유지만, 『창조』 폐간의 진정한 원인 내지 이유는 무제한한 入費였으니, 마지막에는 3,000부까지 소화되었지만 그 買上代金은 어디론가 없어지고 매번을 새로 새 비용을 내 온 것이 괴로웠다."

두어 차례 발행되고 사라지고 말았다.[87] 잠시 우후죽순처럼 등장했다 사라진 '동인지'들과 달리, 1920년대 들어 등장한 '종합지'나 30년대 이후 본격화된 '월간문예지'들은 비교적 지속적인 발행이 가능했다.

1920년대로 접어들면서, 『개벽』을 비롯한 종합지들은 문학 작품을 발표할 수 있는 매체로서 각광을 받게 되었다. 1920년에 창간한 『개벽』은 박영희와 김기진을 대표로 하는 프로 문학 논객들의 글을 싣는 등, 3할 정도를 문예면에 할애하고 있었다. 또한 염상섭, 나도향, 현진건 등의 문인의 등용문 역할을 하기도 하였다. 많은 동인지, 잡지, 문예지들이 대부분 단명했던 1920년대 초반 상황에서 『개벽』이 6년 넘게 꾸준히 발행되었다는 점은 그 자체로 충분히 의미가 있는 것이었다.[88]

『개벽』은 창간호부터 일제의 압수와 삭제 등 탄압을 거듭 받으면서, 오히려 지식인 계층을 비롯한 대중들의 호기심을 끌어 모았다. 창간 1주년 기념호인 13호(1921년 7월)에는 기발간한 내용의 일부를 모아 "美麗한 洋製로 一冊에 合編하야 特價로 提供"한다는 내용이 들어 있는 것을 볼 때, 당시 독자들의 관심과 요구가 상업적으로도 성과를 거둘 만큼의 수준이었음을 짐작하게 한다.[89] 실제로 『개벽』은 호를 거듭하면서 증면과 더불어 가격 또한 상승하였는데, 1924년경에는 7~8천 부를 인쇄하고 모두 매진되는 등 큰 인기를 누렸다.[90]

1920·1930년대 발행된 잡지들의 경우에도 '상업성'은 중요한 문제

87 초기에 종합지적 성격이 상대적으로 강했던 『태서문예신보』가 16호까지, 『창조』가 9호까지 발행되었지만, 『폐허』는 2호, 『백조』는 3호, 『장미촌』, 『폐허이후』는 단 한 호를 내는 데에 그쳤다.

88 최수일, 「『개벽』의 출판과 유통 : 1~30호를 중심으로」, 민족문학사학회 편, 『민족문학사연구』 제16호, 2000.6, 140~188면.

89 위의 글, 153~154면 참고.

90 박영희, 「신흥문학의 대두와 개벽 시대 회고」, 『조광』 32호, 1938, 54면.
그러나 최수일, 위의 논문, 167면에서 언급하듯, 일제의 압수 등을 고려할 때, 실제 판매부수가 그 정도 수준이었는지는 분명하지 않다. 다만, 모임 등에서 돌려 읽었던 독자들을 고려할 때, 『개벽』의 독자가 1만 명에 이르렀다는 예측은 충분히 가능할 것이다.

일 수밖에 없었다. 『개벽』의 후신이라 할 만한 『별건곤』은 1926년 11월에 창간되어 적지 않은 공간을 문학 텍스트에 할애하는 등, 1920년대 후반 이후 문학의 소통 매체로서의 기능을 담당했다. 동시에 『별건곤』은 상업성을 강화한 모습을 보여주었는데, 1927년 신년호에서 별책 부록으로 '신년 출세 말판'과 같은 놀이 도구를 주기도 하였으며,[91] '돈 없이 사는 세상', '명사의 운수 판단기', '경성암흑가 탐방기' 등 상업성 짙은 기사와 단편 만화를 싣기도 하였다. 이는 『별건곤』이 1934년 3월에 이르기까지 통권 101호를 발행하는 지속성을 보여줄 수 있는 요인이 되었음에 틀림없다. 주요한, 이광수가 주도했던 『동광』(1926～1927, 1931～1933)이나 『중앙』(1933～1936), 『신동아』(1931～1936), 『조광』(1935～1944, 1946～1948)같이 신문사에서 발행하던 종합지들은 더욱 더 상업적인 모습을 보이면서, '영화배우들의 인터뷰'나 '유명 작가에 대한 소문의 진상', '남자가 인기를 얻는 방법' 등과 같은 선정적인 기사들[92]도 마다하지 않았다. 아울러, 『어린이』, 『소년중앙』, 『소년』, 『신여성』, 『여성』, 『신가정』과 같은 특정 계층을 대상으로 한 잡지들도 등장하기에 이르는데, 특히 『어린이』, 『신여성』은 모두 『별건곤』을 발행하던 '개벽사'에서 발행하던 잡지였다는 점을 고려해볼 때, 당시 잡지의 독자층이 어느 정도 분화될 만큼 확보되고 있었음을 반증하는 것이라 할 수 있다.[93]

---

91 『별건곤』은 1927년 신년호는 목차 부분에 "조선잡지계의 경이!! 大大偉觀 / 인쇄술도 이럿듯 찬란하기는 조선서 처음이외다. 표지만 보고도 이삼십전 앗갑지 안흔 신년호. 삼십여 기사는 紳士, 老人에게도 흥미 진진. 세계 각국 정월 풍속과 정월 유희도 滿載. / 신년 출세 말판(조선서 처음보는 大遊戱具) ; 왼 집안 식구가 팔구세 小兒로부터 오육십 노인까지 왼 가족이 一室에 모여서 즐겁게 자미잇게 놀수잇는 大遊戱具! 十頁大의 凹版 印刷! 개벽社가 드리는 新年 선물! 이것 까지 쪄드리고도 갑은 단 십오전임니다"라며 자찬을 늘어놓고 있다.

92 나추향, 「이면으로 본 남녀배우의 생활상」, 『동광』 1932.11, 100～103면; 「설문 : 인기설문」, 『조광』, 1937.6, 154～155면(이광수, 이기영, 임화, 한설야 등 설문); 「설문 : 배우」, 『조광』, 1938.6, 346～353면(문예봉, 심영, 남궁 선 등 설문); 안석영, 「朝鮮文壇三十年側面史 : 文人들의 로맨쓰」, 『조광』, 1939.3, 210～217면 등.

『개벽』이 박영희, 김기진을 비롯한 카프 세력들의 '매체'로 크게 활용되었다면, 이광수의 조언을 바탕으로 방인근이 창간하였던 『조선문단』은 민족문학 계열의 매체로 활용되었다.[94] 『개벽』과 『조선문단』은 '신문'과 더불어 1920년대 전반 문학의 주요 '매체'로 자리매김 되었다. 특히 이 두 잡지는 200자 원고지 1매당 50전씩의 고료를 지불하는 등, 문인들과 문학작품의 상업적 '가치'에 대해서도 충분히 인정을 해주고 있었다.

작가와 작품을 대우해주기 위해서라도, 문학 전문지들 역시 판매부수와 관련한 상업적인 성격을 소홀히 할 수 없었다. 『조선문단』은 '순문예지'의 성격을 띠면서도 기업적인 경영 방식을 취했다. 이광수가 주재, 전영택과 주요한이 고문으로 자리하였는데, 방인근은 발행인 겸 편집인을 맡았는데, 그는 영업과 유통의 영역까지 담당하는 등 기업화된 방식으로 잡지를 운영하였다고 전해진다.[95] 초기 동인지적 성격을 띠었던 것에서 탈피하여, 외부 원고를 적극적으로 유치하였던 것도 방인

---

93 1931년 신년호를 기준으로 '開闢社'에서 발행하던 잡지의 정가는 한 호(號) 구입시를 기준으로, 『別乾坤』이 5전, 『어린이』가 10전, 『新女性』이 20전, 『彗星』이 30전이었다. 『別乾坤』 31년 신년호에는 '5전 잡지' 정책으로 '백만 독자'를 갖게 되었다고 말하면서, '대중적 전략'의 성공을 자찬하는 권두언이 실려 있다. 실제로 『별건곤』이 100만 독자를 확보하고 있었는지는 의심이 되지만, 20년대 초에 비해 '독자층'이 크게 늘어났던 것만큼은 분명한 것으로 보인다.

94 『개벽』은 1922년 5월 이광수의 「민족개조론」을 실었다가 독자와 문단의 엄청난 항의에 직면하기도 했다. 『조선문단』은 창간호 권두사에서 노골적이진 않지만, "우리는 참된 종교와 참된 과학으로 더부러 참된 예술이 사람의 동물성을 변하여 사랑의 사람으로 화하는 세 천사인 것을 밋는다"는 말로써, '경향문학'의 흐름에서 벗어난 '예술지상주의'를 내세울 것을 표명하였다. 『조선문단』은 최서해를 첫 번째 추천 신인작가로 내세운 것이나 김기진의 「문예사상과 사회사상」, 박영희의 「문예비평의 형식파와 맑스주의」와 위의 책을 실기도 하는 등, '민족문학'에만 집착했다고 볼 수는 없다. 이렇게 볼 때, 『개벽』과 『조선문단』의 이념적 성향을 반드시 이분법적으로 볼 필요는 없으나, 두 잡지가 카프를 둘러싼 여러 논쟁의 중심에 있었던 것만은 분명하였다.

95 김병익, 『한국문단사 1908~1970』, 문학과지성사, 2001, 98~100면.

근의 주장이었다고 한다. 1924년 10월 창간한 『조선문단』은 창간호 1천 5백 부가 일주일 만에 매진된 후 재판을 찍었으며, 2호, 3호도 재판을 거듭하여 3천 부 가량을 찍어내는 등 상업적 성공을 거두었다.

계몽성과 사회적 책무가 중요시되던 신문과는 달리, 단행본 문학은 오직 그 작품을 요구하는 독자들을 위해 존재하는 것이고, '잡지' 역시 비교적 구체적이고 분화된 계층의 요구에 의해 만들어지고 소통되는 매체이다. 근대문학, 혹은 근대 서사의 매체로서 '단행본'과 '잡지'가 기능하게 되었다는 것은 문자의 재매개를 통해 소통되는 '문학' 자체의 발전이 이루어졌으며, 그것을 소비할 소비층의 확보와 분화가 이루어졌다는 것을 의미한다고 볼 수 있겠다.

2) 묘사의 재매개와 전문 문인(專門文人)의 서사 : 내면 인식과 지각의 서사

1920·1930년대 무렵, 동인지나 문예전문지 등의 매체에 작품을 발표하던 이들은 스스로를 전대(前代)의 '기자(記者)'와 구별되는 '문인(文人)'이라 인식하면서, 나름의 집단의식을 가지게 되었다. 이들은 경성 시내 다방 카카듀와 멕시코 등지를 중심[96]으로 '공동체 집단'을 형성하기도 하고, 때로는 자신들의 목소리를 모으기도 하였으며, 이념적 대립과 논쟁도 활발히 전개하였다. 이른바 '문단(文壇)'이 형성되어가는 과정이라 할 수 있었으며, 그 중심에는 '동인지', '종합지', '문예지'를 포괄

96 사랑방 정도에 한정되어 있던 대인 교류의 공간은 다방과 카페의 등장으로 획기적인 전환을 맞는다. 1894년 독일 여인 손탁이 고종의 도움으로 러시아 공사관 앞에 당구장 설비를 갖춘 '정동구락부'라는 다방을 차렸다고 하며, 1927년 조선인이 경영한 최초의 다방 '카카듀'가 생기면서 본격적인 서구적 사교 공간이 등장하게 되었다(손유경, 한국현대문학회 편, 「1930년대 茶房과 '文士'의 자의식」, 『한국문학과 풍속』 1, 국학자료원, 2003, 93~123면).

한, '잡지(雜誌)'라는 매체가 있었다.

1920년을 전후로 등장한 '동인지'는 여러 가지 한계에도 불구하고, 오로지 '문학' 만을 위한 매체였다는 점에서 중요한 의미를 가진다. 여기서, 동인지가 '문학'만을 담고 있는 매체라는 것이 중요하다기보다는, '문학'만을 담을 매체가 요구되었다는 점에 특히 주목할 필요가 있다. 동인지를 만들어낸 이들에게 있어 '문학'은 계몽의 수단이거나 정치의 방편이거나 상업적 대상일 수 없었다. 그렇기에 그들은 '예술'에 대한 일념으로 사비를 털어 동인지를 만들어내는 일에 동참하였을 것이다.

> 우리 조선에서 쟁이라는 천한 명사를 붙이는 그 사람들에게 다른 나라에서는 예술가, 발명가라고 명예 있는 칭호를 줍니다. 우리도 남과 같이 문명한 생활을 하려면 쟁이라고 부르던 그들에게 선생, 대개라는 칭호를 돌려야 되겠고 그들의 발명심, 창조력을 장려하며 청년된 자는 각각 스스로 예술가, 발명가가 되겠다는 결심을 가져야 될 줄 압니다.[97]

위의 인용에서 보듯, 당시 동인지에 참여한 이들은 '예술가'로서의 정체성을 뚜렷이 하고자 했다. 특히 주목할 것은 이들이 '예술가'를 곧 '발명가'와 다르지 않게 인식하였다는 점이다. 예술가는 사실을 옮기는 '기자'와는 달리, 예술적 현실을 창조하고, 발명할 수 있는 존재가 되어야 했다.

특히 서사 장르인 소설 문학은 그러한 현실의 창조, 발명이 무엇보다 중요시될 수밖에 없는 장르였다. 동인지 시대의 소설은 문학사에서 흔히 단편소설의 확립이나 자연주의와의 영향 관계 등으로 설명되곤 한다. 이 당시 동인지를 통해 발표한 소설이 추구하였던 것은 '예술로서의

97 백악, 「신비의 막」, 『창조』 제1호, 1919.2, 25면.

소설'이었고, 그것은 '묘사(描寫)'를 통해 도달할 수 있으리라 여겨졌다.

> '小說인 小說'이람은 무엇이냐. 이는 내가 말 안트라도 알 듯 하다. 즉 예술이 許ᄒᆞ는 조건에 ᄒᆞ나이라도 完備ᄒᆞᆫ 作品은 곳 '소설인 소설'이겟다고 생각ᄒᆞᆫ다. 예술이라는 조건은 무엇이냐. 그는 사람 사람을 ᄯᅡ라 다소의 차이는 잇겟다. (…중략…) 예술이 '무엇'을 發露ᄒᆞ는 수단이 되는 이상에는 最高ᄒᆞᆫ 技工美의 極致가 잇서야 되겟다고 나는 생각ᄒᆞᆫ다. 즉 繪畵는 描寫的 技工美의 極致, 音樂은 演奏的 技工美의 極致, 小說은 역시 小說的 描寫의 極致가 안이면 作家自身의 感情을 表現ᄒᆞ는데 큰 弊害가 잇스리라고 생각ᄒᆞᆫ다.[98]

앞서 살펴보았듯이, 근대적 문학 개념은 인간의 심리와 정서를 문자로 재매개할 수 있다는 발견으로부터 형성될 수 있었다. 그런데 1910년을 전후로 하여 '신문' 매체를 중심으로 형성된 서사들은 내면의 재매개에 중점을 두지 못했다. 1910년대의 신문 서사들이 구술적 상황을 사실적으로 문자화하는 데에 집중하고, 사건을 사실적으로 제시하는 방식으로 구성되었다면, 1920년 전후의 동인지 소설들은 비로소 인간 내면과 외면을 '묘사'하는 데에 집중함으로써 구성되었다고 할 수 있다.[99] 요컨대, 동인지 시대 소설의 '재매개'는 사건이나 발화의 재매개가 아니라 '묘사'의 재매개라 할 수 있으며, '말해주기'를 대신하는 문자가 아니라 '보여주기'를 대신하는 문자를 통한 재매개라 할 수 있을 것이다.

---

98 抱耿, 「ᄭᅩᆺ피려 ᄒᆞᆯ ᄯᅢ－創造 八號를 닑고」, 『창조』 제9호, 41면.

99 "1900년대에서 1920년대에 이르는 도정은 소설에서 내면의 위상과 비중이 점차 커지는 과정과 동궤이다. 이를 두고 '개인의 발견'이라 부르는데 이러한 과정은 '동인지 문학'에 이르러 하나의 정점을 맞이한다(박헌호, 「매체로서의 근대소설과 내면의 서사」, 한기형 외, 『근대어·근대매체·근대문학 : 근대매체와 근대 언어질서의 상관성』, 성균관대 대동문화연구원, 2006, 438면)."

그리고 그 묘사는 곧 현실의 재창조였다.

> 예술이란 무어시냐, 여긔 대한 해답은 헤일 수 없이 만치만, 그 가운데 그 중 정당한 대답은, "사람이, 자기 기름자의게 생명을 부어너어서 활동케하는 세계 — 다시 말하자면, 사람 자기가 지어노흔 사랑의 세계, 그것을 니름이라"하는 것이다.
>
> 엇더한 요구로 말믜암아 예술이 생겨낫느냐, 한마듸로 대답하려면, 이거시다. 하누님의 지은 세계에 만족치 아니하고, 엇던 불완전한 세계던 자기의 정력과 힘으로써 지어노흔 뒤에야 처음으로 만족하는, 인생의 위대한 창조성에서 말믜암아 생겨낫다.[100]

> 톨스토이는 자기가 창조한 자기의 세계를 자기 손바닥 우에 올려노코, 자기가 조정하며, 그것이 가짜던 진짜던 거긔 만족하엿다. 이거시 톨스토이의 예술가적 위대한 가치일 수밧게 없다.[101]

위에 인용한 김동인의 언급은 톨스토이처럼, 우리의 문학도 세계, 즉 예술적 현실을 창조하는 것이어야 하며, 그것이 예술가의 책무이자 가치라고 강조하고 있는 부분이다. 이같은 인식은 김동인이 『창조』에 게재한 소설 「배따라기」에 잘 드러나 있다.

> 됴흔 일긔이다.
>
> 됴흔 일긔라도, 하늘에 구름 흔뎜없는 — 우리 '사름'으로서는 감히 졉근치 못홀 위엄을 가지고, 노피서 우리 조고만 '사람'을, 비웃는 듯이 나려다

---

100 김동인, 「자긔의 창조한 세계 : 톨스토이와 떠스터예프스키 — 를 비교하여」, 『창조』, 1920.7, 49면.

101 위의 책, 52면.

보는, 그런 교만훈 하늘은 아니고, 가장 우리 '사람'의 리해자인 듯이, 나추 뭉글뭉글 엉긔는 분홍빗 구름으로서 우리와서로 손목을 잡자는, 그런 하늘이다. 사랑의 하늘이다.

나는, 잠시도 멋지 안코 푸른 물을 황해로 부어나리는 대동강을 향훈 모란봉 기슭, 새파라케 도다나는 풀 우에 뒹굴고 이섯다.

이날은 삼월 삼질, 대동강에 첫 배노리ᄒᆞ는 날이다. 감—아케 나려다보이는 물우에는, 결결이 반작이는 물결을, 푸른 료리배들이 타고 넘으며, 거긔는 봄 향긔에 취훈, 형형색색의 션률이 유단보다도 보드러운 봄공긔를 흔드르면셔 나라온다. 그러고, 거긔서, 기생들의 노래와 함께 나라오는 됴션 아악(雅樂)은, 느리게, 길-게, 류탕ᄒᆞ게, 부드럽게, 그러고 ᄯᅩ 애츠럽게, — 모든 봄의 졍다움과 슷ᄶᅡ지 됴화치안코는 안 두겟다는 듯이, 대동강에 흐르는 식컴은 봄물, 청류벽에 도타나는, 푸르른 풀어음, 심지어 사람의 가슴속에 봄에 ᄲᅱ노는 불븟는 핏줄기ᄶᅡ지라도, 습긔만흔 봄공긔를 다리노코, ᄯᅥᆯ리지 안코는 두지 안는다.

봄이다. 봄이 왓다.

(…중략…)

나는 두어 번 소리나게 읊은 뒤에 담배를 부처무럿다. 담뱃내는 무럭무럭 하늘로 올나간다.

하늘에도 봄이 왓다.

하늘은 나잣다. 모란봉 ᄭᅩᆨ닥이에 올나가면, 넉넉히 만질 수가 이스리만큼 하늘은 낫다. 그러고, 그 나즌 하눌보다는 오히려 더 높이 있는 듯한 분홍빛 구름은 뭉글뭉글 엉긔면서 이리저리 나라단닌다.

나는, 봄향긔에 취ᄒᆞ여서, 한참 구름을 ᄯᅡ라 눈을 구을리다가, 눈을 댱림(長林)으로 향ᄒᆞ엿다.

댱림의 그 푸른빗. ᄶᅢ 자란 밀보리들노 샛파라케 장식훈 그 댱림, 그 푸른빗. 만족훈 우슴을 ᄯᅴ고 그 벌에서서 내다보는 농부의 표정은, 보지 아나도 생각할 수가 이섯다.

구름은 작고, 하늘을 나라단니는 모양이다. 그 밑 우에 비최엿던 구름의 기름자는, 그 구름과 홈께 저편으로 몰녀가며, 거긔는, 세계를 아까 만드러 노은 것가튼 새로운 록빗이 퍼저나간다.

(…중략…)

나는, 이러훈 아름다운 봄경치에, 이러케 마음껏 봄의 속색임을 드를째는, 언제던, 유-토피아를 생각지 아늘수 업다. 우리의 시시각각으로 애를 쓰며 수고후는 것은 — 그 목뎍은 무엇인가, 역시 유-토피아 건셜에 잇지 아늘가. 유-토피아를 생각홀째는, 언제던, 그 '위대한 인격의 소유쟈'며 '사람의 위대홈을 씃까지 즐긴' 진나라 시황을 생각지 아늘수업다.

우리가 엇지후면 죽지를 아니홀가 후여, 동남동녀 三百을 배를 태워 불사약을 어드려 써내보내며, 예슐의 샤치를 다후여, 아방궁을 지으며, 매일 신하몃천명과, 잔채로서 즐기며, 이리하여, 여긔 한 유-토피아를 세우려던 시황은, 몃만의 력사가가 엇더타고 욕을후던 그는 참말로 참 삶의 향락쟈며, 력사 이후의 뎨일 큰 위인이라고 홀수가잇다. 그만훈, 순젼훈 용긔잇는 사람이 잇고야, 우리 인류의 력사는 씃이날지라도 한 '사람'을 가젓섯다고, 홀수잇다.[102]

김동인은 「배따라기」의 도입부에서, 봄날의 하늘과 풍경을 다양한 방식으로 묘사하고 있다. 여기서 더욱 주목되는 것은 김동인이 봄날의 풍경 묘사를 자연스럽게 진시황과 유토피아로 연결시키고 있다는 점이다. 위의 인용을 통해 볼 때, 김동인은 예술가적 내면을 통해 현실을 지각하고, 그것을 새롭게 문학으로 창조하는 것이 예술의 가치이며, 곧 유토피아적 세계의 실현이라고 인식하고 있는 듯하다. '묘사'는 곧 내

102 김동인, 「배짜락이」, 『창조』 제9호, 1921.5, 2~3면(강조점 – 본문).

면의 지각(知覺)과 감상을 '문자'로 재매개하는 것이며, 예술적 창조 행위다. 또한, 그것은 동인지 소설과 그것을 쓴 동인작가들이 지향하고자 하는 근본적 목표와도 같은 것이었다.

사실적인 회화나 사진, 그리고 '활동사진'이라 불린 영화에 대한 체험은 당시 작가들에게 '사실적 묘사'에 대한 욕망을 불러일으켰을 것이다.[103] 김동인은 비평가를 "활동사진에 대훈 활동사진의 변사(辯士)"[104]라고 말한 바 있는데, 여기서 활동사진은 바로 소설 혹은 문학작품을 지칭하는 것이라 할 수 있다. 그만큼 당시 소설들은 시각적 이미지를 문자로 재매개하는 것에 관심을 기울였다고 할 수 있었다. 그리고 그것은 외면의 묘사뿐만 아니라 내면 심리의 묘사를 시도하는 데에까지 이르렀다.

개인의 내면을 문자로 재매개하는 방식 가운데 가장 보편적이고 흔한 것은 바로 '일기'라는 형식의 글이다. 또한 개인과 개인이 대면하여 구술적 대화를 나누는 것이 아니라, '문자'로서 내면과 정서를 교환하는 가장 오랜 전통의 글 형식은 바로 '서간'이다. 김동인이 『창조』의 3호부터 5호까지에 걸쳐 연재한 소설 「마음이 여튼 자여」는 주인공 K가 C에게 보낸 편지글로 시작된다.

> 구월 이십일일.
>
> 형님—
>
> 마츰내 고백할날이 왓슴니다.
>
> 언제던지 형끠서 직접으로나 혹은 편지로 "무슨 번민이 잇거든 내게 다

---

103 "『태서문예신보』에는 4호부터 「스켓취 첩」이라는 고정란이 꾸며졌다. 이 연재 산문 기획이 드러내는 것은 '회화처럼 외부대상을 보여주는 글'에 대한 새로운 욕망이다 김행숙, 『문학이란 무엇이었는가 : 1920년대 동인지 문학의 근대성』, 소명출판, 2005, 182면)."

104 김동인, 「비평에 대하여」, 『창조』 9호, 54면.

말하라" 하섯지만 저는 종내 못하엿서요. 제 성질 가운데 별한 것이 잇셔서 이 사건을 다른 사람의게 알게하려면 싀기의 불이 압셔서 니러나는고로 마츰내 못하엿슴니다.

그럿치만 지금은 꿈질거리고 잇지못하게 되엿슴니다.

마츰내 고백할 날이 왓슴니다.

이 편지를 보시고 형믜서 助力을 하시던지 안하시던지 그것은 문제 박기의다. 아니! 인제는 엇더한 힘으로 助力을 하셔도 效力이 나타나지 안으리만큼 사건의 左右는 결정되엿슴니다. 다만 同情만 하여주시면 그것으로 넉넉하의다.[105]

또한 9월 21일자 편지 내용 안에는 K의 일기가 담겨 있다.

K의 일기 여긔저긔.

四월 六일

봄날 두고도 별노 갑갑한 날이다.

저녁을 먹고 참다 못해서 뛰여나갓다. 서문밧을 나셔서서 무슨 생각을 한 것 갓지만 생각이 안난다. 무슨 대단이 자미잇고도 쓸데업슨 생각이엿섯다.

(…중략…)

그럿치만 나는 갑갑하다 — 쓸쓸하다. 이 活人畫가 내게 무슨 관계가 잇는고, 그들은 그들 나는나. 그들이 그 노래를 내게 드르라고 부른바도 아니고 —

아! 나는 그만 고독으로 나의 삶을 씃내여야는가![106]

김동인은 위에 인용한 「마음이 여튼 자여」에서 일기나 서간문의 형

105 김동인, 「마음이 여튼 者여」, 『창조』 제3호, 1920.12, 27면.
106 위의 글, 32~33면.

식을 통해, 한 개인의 내면을 '문자' 매체로 전환시켜 드러내는 효과적인 서술 방식을 사용하고 있었다. 내면 심리를 고백하는, 가장 사적(私的)인 문자 텍스트라 할 수 있는 일기나 서간문 형식을 소설의 형식과 접목시킴으로써, 내면 심리를 문자로 '재매개'한 서사 텍스트를 창조해낼 수 있었던 것이다. 이렇게 볼 때, 1920년대의 소설들에서 일기체 · 서간체가 유행한 것[107]은 결코 우연한 일이 아니다. 당시 서간체 · 일기체 소설의 유행은, 내면을 묘사하듯, 문자로 표현하고자 했던 욕망의 분출이었다고 볼 수 있다.

1920년 이전의 신문 서사들에서도 내면의 묘사나 심리 표현이 전혀 나타나지 않은 것은 아니다. 그러나 내면을 문자로 재매개하는 것에 중점을 두게 된 것은 문학의 예술성을 부각시키고, 문학을 하는 이들 스스로 예술가 의식을 가짐으로써 등장한 '동인지'라는 매체와 밀접한 관련이 있다고 하겠다. 신문은 철저히 상업성을 목적으로 하는 것이었든, 아니면 불특정 다수를 향한 계몽을 목적으로 하는 것이었든, 결국은 보다 많은 사람들에게 소통되는 것이 궁극적인 목적일 수밖에 없다. 반면, 동인지는 무조건적으로 보다 많은 사람을 독자 대상으로 삼고자 한 매체가 아니라는 점에서 내면 '성찰'의 기회를 충분히 가질 수 있었다. 다시 말하자면, '동인지'라고 하는 문학 전문 매체의 등장은 '문자'가 재매개할 수 있는 대상에 대한 보다 진지하고 확대된 검토를 이끌어냈고, 그 결과 '문자'는 발화나 사건이 아닌 '내면'의 영역을 재매개할 수 있게 되었다고 말할 수 있을 것이다. 그런 의미에서, 진정한 근대적 '개인'의 발견은 동인지 매체를 통해 가능해졌다고 할 수 있을 것이다.

107 이광수가 1917년 『청춘』에 연재한 「어린 벗에게」는 최초의 서간체 소설로 꼽힌다. 서간체 소설들에 대한 연구는 최혜실, 「1920년대 서간체 소설의 서술유형」, 『한국현대소설의 이론』, 국학자료원, 1994; 노지승, 「1920년대 초반 편지 형식 소설의 의미」, 『민족문학사연구』 제20호, 민족문학사학회, 2002.6을 참고.

이는 문학이 일방적인 외부적 사실의 전달이 아니라 내면이 교류하고 상호 소통되는 '매체' 자체가 될 수 있다는 인식을 바탕으로 하고 있는 것이다. 근대문학의 매체가 된 '문자'는 어차피 매우 추상적인 기호체계이며, 그러한 '문자' 매체는 추상적 관념이나 내면의 묘사를 위한 '물감'과 '붓'으로 활용될 수 있는 것이었다. 그러한 인식을 바탕으로, 동인지 매체의 서사는 신문 서사가 집착하던 발화, 혹은 사건이 없는 '재매개'의 대상을 발견하고 그것을 재매개할 수 있게 된 것이다. 그것은 바로, 사건 없는 인물, 즉 '권태'의 발견이었다. 권태로운 내면조차 문자로 재매개할 수 있다는 인식과 그러한 실험은 1920년대 '예술가'로서의 문인에 의해 이루어질 수 있었다.

동인지는 1920년을 전후로 짧은 시간동안 우후죽순 등장했다가 이내 사라졌지만, 동인지라는 매체가 만들어낸 '문인 의식'은 그 이후 변함없이 지속되었다. 1920년 초반, 소위 '문인'들은 독자적인 집단을 조직화할 생각을 하게 되었고, 조선문인회의 기관지로 『뢰내쌍쓰』라는 잡지가 한 차례 발행되기도 했다.[108] 이 시기 문인들은 문자를 매체로 하는 '예술가'의 지위를 희망했으며, 그것은 기존의 신문 기자와의 변별을 희망하는 것이었다.[109]

1920년대 중반부터 등장한 '문학전문지'들은 전문문인의 외연을 확대하는 데에 힘쓰기 시작하였다. 『조선문단』은 창간호부터 이광수의 '문학강화'와 주요한의 '시(詩)작법'을 연재함으로써, 창작에 대한 실제적 관심을 유도하였다. 김안서의 「시작법」, 김동인의 「소설작법」, 염상섭의 「소설강화」도 연재하였다. 특히 『조선문단』은 제1호부터 현상

108 염상섭, 「經過의 大略」, 『폐허이후』, 1924.2, 131~132면.

109 박종화의 회고에 따르면 종합지나 신문사의 인사들이 참여하려 한다는 이야기를 듣고 '그들이 어찌하여 문인이냐'고 반문하며 불만을 표하면서, 스스로 가입을 거절했다고 한다(박종화, 『역사는 흐르는데 청산은 말이 없네』, 삼경출판사, 1979, 456면).

추천제를 두어 수많은 신진 작가들을 배출시켰다. 『조선문단』을 통해 등장한 작가로는 1호 최학송, 3호 채만식, 4호 임영빈, 한설야(한병도), 박화성, 8호 계용묵(자아청년) 등이 있었다. 일반 독자들의 투고를 받았던 것은 이미 초기의 신문・잡지들에도 흔히 있었던 일이나, 『조선문단』의 경우는 체계화된 방식으로 신인 작가의 등용문 역할을 담당했다. 아래는 『조선문단』 창간호에 실린 원고 모집 공고이다.

> 〈매호 남녀 투고모집 규정〉
> 選者 : 이광수, 주요한, 전용택
> 모집 종류 : 단편소설(5천 자 이내) 희곡(5천 자 이내) 시(隨意) 시조(隨意)
> 논문(2천 자 이내) 감상문(2천 자 이내) 小品文(5백 자 이내)
> 서간문(천 자 이내) 일기문 기행문(천 자 이내) 독자통신(엽서 1매)[110]

이처럼 『조선문단』이 문학 작품의 창작법을 안내하고, 적극적으로 신인을 등용하려 했던 것은 당시의 '문학청년'이나 '작가지망생'들이 적지 않게 잠재되어 있었음을 보여주는 것이기도 하다. 또한 이는 '순문예지'에 참여할 작가와 그것을 소비할 독자를 확보하여, 안정적인 입지를 갖추기 위한 '근본적 전략'이라고도 평가할 수 있을 것이다.

1939년 2월호를 내며 창간한 『문장』은 일제 말기 가장 대표적인 '순문예지'였다. 『문장』지는 두 번째 호를 발행하면서, 절판된 창간호에 대한 독자들의 호응에 감사하면서도 책값을 초과하는 제작비가 들었던 사정을 밝히고 있다. 창간호를 화려하게 꾸밈으로써, 독자들의 관심을 크게 끌어 모아두려는 나름대로 '현대적'인 마케팅 방식까지 동원되었던 셈이었다.

---

110 『조선문단』 창간호, 1924.11, 72면.

창간호가 발매된지 오일만에 절판되었다. 再版하려 했으나 인쇄소에서 그만 解版을 해버렸다. 아모튼 조선출판계에 이런 盛事가 처음일 것이다. 이 명예스러운 기록에 우리는 교만하기 전에 더욱 자중하여 文壇 諸氏들의 鞭撻을 바란다. 당분간 한가지 遺憾되는 것은 筆者들에게 대한 사례다. 記者가 만드는 記事가 없고 전부 사는 原稿뿐인데다가 처음이라 덜컥 많이 박을 수는 없어 單價가 여간 비싸게 먹지 않는다. (…중략…) 창간호가 인건비는 말고 책만 每部에 三十六錢이 먹히었다. 이 數字에는 모다 놀랄 것이지만 사실이다. 서점에는 三十一錢씩에 주고 五錢씩 미찌고 팔았다. 도저히 고료라고 명칭할 정도로 사례하지 못했음을, 枚數 많은 작자에 더욱 그랬음을, 미안히 생각한다. 그러나 二號는 부수가 훨신 늘었음으로 미찌지는 않는 고마움을 고료에 기우리려 한다. 부수가 늘어감에 따라 정당한 數字에까지 고료를 끌고 올라가려는 성의만은 처음부터 文章社의 정신임을 말해둔다.[111]

위의 인용에도 언급되고 있지만, 『문장』은 그 내용을 전부 '고료'를 지급한 원고로 채우고 있었다는 점에서, 기자에 의해 작품이 집필되던 초기 신문이나 동인들의 원고를 모았던 동인지들과는 전혀 다른 방식으로 만들어졌다고 할 수 있다. 『문장』이 발행되던 1930년대 후반에 오면, '문인'들이 전문적인 직업으로 자리잡고 대우를 받게 되었음을 짐작할 수 있는 대목이다. 또한 그만큼 '문학 작품'이 대중적・상업적으로 소통될 수 있는 매체가 다양해졌다는 얘기도 될 수 있다.

『문장』은 창간호에 이태준의 「문장강화」 연재를 통해 문장 쓰기의 방법을 게재하고 있는데, 이는 『조선문단』이 초기에 이광수의 「문학강화」를 실었던 것과 매우 흡사한 것으로, 이러한 원고가 다분히 목적 의

111 김연만, 「餘墨」, 『문장』 제2집, 1939.3, 200면. 참고로 초기 『문장』지의 판매 정가는 40전이었으며, 김연만은 초대 편집 겸 발행인이었다.

식을 갖고 실리고 있음을 추정케 해준다. 또한, 『문장』은 『조선문단』 이상으로 체계적인 추천과 등단의 절차를 갖추고 있었다.

〈추천작품모집〉

신인을 위해 以下의 규정으로 추천 작품을 상시 모집함.

시조 : 이병기 選 - 1인 1회 3편 이내

시 : 정지용 選 - 1인 1회 3편 이내

소설 : 이태준 選 - 1인 1회 1편, 단편에 限하되 사백자 원고지로 30매 이내

[규정]

一. 당선작품은 추천작품으로 본지에 게재하고 기성 작가와 동등한 고료를 進呈함.

一. 매월 마금날은 初五日.

一. 詩면 詩, 小說이면 小說로, 추천을 세번 얻는 작가에겐 그 후부터는 기성작가로서 대우함.

一. 무슨 원고든 반환치 아니함.

一. 원고는 淨書할 것은 무론, 철자법과 떼여쓰는 것 다 正確히 할 것.

一. 皮封에 '추천응모원고'라 쓸 것.[112]

위의 인용은 『문장』 창간호에 수록된 '추천작품모집' 공고이다. 여기서 주목되는 것은 과거 여타의 신문・잡지의 원고 모집과 달리, 시조・시・소설이라는 세 가지 장르에 한정된 투고를 받았다는 점이다. 이는 『문장』지가 그만큼 '전문 문학지'를 표방했다는 반증이기도 하지만, '문학'의 외부적 범주와 내부적 세부 장르가 확고해진 시기임을 보여주는

112 『문장』 창간호, 1939. 2, 101면.

것이기도 하다. 또한 세 차례 추천으로 기성 문인으로 '등단'하게 되는 『문장』의 신인추천제도는 훗날 해방 이후 『현대문학』이나 『문예』지와 같은 문학 전문 잡지의 추천 제도로 이어졌으며, 이 같은 '추천' 제도는 문단의 중추적 작가들을 배출하는 데 큰 공을 세웠다.[113]

3) 예술로서의 문학의 확립과 상품으로서의 문학의 소비

1920년을 전후하여 등장했던 동인지들 가운데 가장 대표적이었던 『창조』는 '예술'로서의 문학의 가치를 내세웠다. 김동인은 『창조』를 만

---

113 광복 이후에는 1950년대 『현대문학』과 『사상계』와 같은 월간지가, 1960년대 이후에는 『창작과 비평』, 『문학과 지성』 등과 같은 계간지가 문단 중심 세력이자 문학작품의 주요 매체로 자리잡기 시작하였다. 계간 문예지 시대의 출현을 알린 『창작과 비평』이 '계간'을 발행주기로 택한 이유는 사실 별다른 이유가 있는 것이 아니었다고 한다. 『창작과 비평』의 창간을 주도했던 백낙청의 회고에 따르면, 당시 교수직을 수행하면서 시간적 여유가 많지 않았다는 점을 감안할 때, 기존의 월간 잡지보다 더 충실히 만들기 위해서는 '계간' 발행이 보다 적절할 것이라는 판단을 했을 뿐이었다고 한다(이용성, 「1960년대 비판적 지식인 잡지 연구 : 『사상계』의 위기와 『창작과 비평』의 등장을 중심으로」, 『한국학논집』 제37집, 한양대 한국학연구소, 2003, 193~214면). 어쨌든, 월간지·계간지를 중심으로 '소설'이 발표되는 것이 일반화되면서, '소설문학', 특히 소위 '본격문학'의 중심은 '단편소설' 면에 쏠리게 되었다. 특히 계간지는 발행주기가 비교적 길기 때문에, 상대적으로 '연재소설'을 게재하기 보다는 '단편소설'을 여러 편 싣는 것이 일반적이었다. 또한 신문연재소설을 비롯한 '장편소설'이 통속적 성향을 띠는 경우가 많았던 데 비해, 단편소설은 학문적 평가와 비평적 관심에 있어 상대적으로 유리한 위치에 놓이게 되었다. 그것은 단편소설이 주로 실린 월간지·계간지가 곧 문학 비평계를 이끌어나가는 중심이 되었기 때문이기도 했다. 특히 『현대문학』이 주도한 '현대문학상', 『사상계』가 주도했던 초기의 '동인문학상'이나 월간지 『문학사상』이 주도하는 '이상문학상'과 같은 문학상들이 대개 '중단편소설' 가운데 수상작을 선정하는 전통을 갖고 있다는 점은 단편소설 위주의 문학 풍토 형성에 영향을 줄 수밖에 없었다. 이 같은 월간지와 계간지들은 그간 문학을 둘러싼 논쟁의 중심이 되기도 하였고, 새로운 작가와 작품이 탄생하는 근거지 역할을 하기도 하였지만, 근래 들어 문단의 폐쇄성이나 문단의 권력화 문제를 둘러싼 지적도 제기되기도 하는 실정이다(강준만·권성우, 『문학권력』, 개마고원, 2001).

들 당시를 회고하면서 다음과 같은 언급한 바 있다.

> 그 동인회날 먼저 작정해야 할 것은 誌名이였다.
>
> '문예'로 하자. '조선문학'이라 하자. 거저 '문학'이라 하자. '광명'이라 하자. '예술'이라 하자. 별별 의논이 다 나왔으나, 결국에는 '창조'라 하기로 하였다. 宗敎臭있다는 비난도 있었으나 藝術은 즉 創造라는 의미에서 이렇게 작정을 한 것이였다.[114]

'예술로서의 문학'을 내세운 것은 내면에 대한 성찰을 바탕으로, 이제껏 문자화되지 못했던 내면 — 마치 '폐허'와도 같은 — 을 '문자'라는 매체를 통해 표면화함으로써 가능해진 것이었다. 위의 인용에서 보듯, 당시 동인지 동인들이 특별히 '창조'라는 의미를 강조한 것은 내면의 묘사가 곧 또 하나의 '창조' 행위에 해당된다는 인식의 바탕 위에서였다.

> 엇더한 要求로 말믜암아 藝術이 생겨낫느냐, 한마듸로 대답하려면, 이거시다. 하누님이 지은 世界에 滿足지 아니하고, 엇던 不完全한 世界던 自己의 精力과 힘으로써 지어노흔 뒤에야 처음으로 滿足하는, 人生의 偉大한 創造性에서 말믜암아 생겨낫다.[115]

문학이 기존에 존재하던 문자 서사나 구술적 발화를 모방하듯 '재매개'하는 데에서 그치지 않고, 인간의 심리를 '발견'하고 '개인'을 창조해낸다는 것은 '서술자'의 존재를 뚜렷하게 인식한 1920년을 전후로 한 근대문학의 성과라고도 할 수 있을 것이다.[116] 물론, 이것은 '문자', 특히

---

114 김동인, 「편집자가 본 조선문단측면사 : 『創造』 시대 회고」, 『조광』 4권 6호, 1938.6, 44~45면.

115 김동인, 「자긔의 創造한 世界」, 『창조』 제7호, 49면.

'인쇄된 책'이 비교적 대중들에게도 익숙해지고, 필자들이나 작가들에게도 그 매체적 특성이 파악됨으로써 가능한 것이었다.

그러나 결국 그러한 문학 역시 함께 소통할 '독자'를 확보하지 못한다면, 공허한 것일 수밖에 없었다. 실제로 1920년을 전후로 등장했던 '동인지'들은 대중들과 소통될만한 상업적 전략도, 문학적 토대도 충분하지 못했기에 지속적인 발행이 쉽지 않았다. 『창조』, 『백조』, 『금성』 등은 김동인, 홍사용, 양주동 등 일부 문인들이 가산(家産)이나 학자금까지 끌어들여 발행을 충당하는 형편이었다.[117] 애초에 '동인지'를 표방하였기 때문이기도 하나, 작가들에게 '고료'가 제대로 지불될 수 있는 사정이 아니었으며, 작가들은 각각의 유학 경험과 친분에 따라 뿔뿔이 흩어져 우후죽순 '동인지'들을 만들었다 폐간했다를 반복했다. 당연히 이와 같은 방식의 발행이 오래 지속될 수는 없었다. 1920년대 들어 '신문'의 지면과 자본이 문인들을 지배하였던 것은 '동인지' 시대가 사실상 실패로 끝난 결과이기도 했다. 대중성을 확보한 신문 매체는 문인들에게 '생계'를 보장해줄 수 있는 수입원이 되었고, 1920년에 창간된 『개벽』과 같은 종합잡지들도 작가들에게 어김없이 '고료'를 제공해주는 '매체'가 되었다. 다만, 앞서 신문 소설의 상업화를 논하면서 언급했듯이 전문 문인들에게 '고료'를 제공해주는 매체는 문인의 자율성과 예술성을 저해하는 요소가 되기도 했으며, 전문 문인의 확대라는 명목의 신인작가 등용도 상업적인 목적으로 이용되기도 했다. 가령, 1930년대 후반 들어 잡지들은 '신인작가'들에게 지면을 크게 할애하기도 했는데, 이 역시 상업적인 이유와 관련이 깊었다. 상대적으로 신인작가의 고료가 적었기 때문이었다.

116 이와 관련해서는 오문석, 「1920년대 초반 '동인지'에 나타난 예술이론연구」, 상허학회 편, 『1920년대 동인지 문학과 근대성 연구』, 깊은샘, 2000, 96~108면 참고.

117 김병익, 『한국문단사 1908~1970』, 문학과지성사, 2001, 100~102면.

최재서 : 그런데 요새 잡지에 웨그리 기행문이 많습니까?

조문덕 : 독자가 좋아해서 청하니까, 내는 것이 아닐까요.

노자영 : 조선 청년들이 퍽 우울하고 고적(苦寂)을 느끼기 때문에 외국을 단인 기행문을 실려주면 퍽이나 좋아하두군요. 그런 기사를 쓰는 것은 역시 쩌날리쯤 정책이지요.

정지용 : 참 어려운데.

최재서 : 그러다가는 旅行者 競技者가 모다 문단에 등장하고 문단인은 그만 퇴장하겠군요.

(…중략…)

조문덕 : 『중앙』에서 신인을 많이 등장시키는 것은 무삼 까닭입니까?

노천명 : 나는 손을 떼였읍니다. 그러나 무엇보다드 고료 문제지오.[118]

1920년대 중반 이후의 종합 잡지들은 신문 매체와 마찬가지로 대중들을 대상으로 한 '상업성'에 민감하였고, 무엇보다 독자들, 즉 소비자들의 기호(嗜好)에 관심을 기울일 수밖에 없었다. 또한 필자들에게 '고료'를 지급하여 '원고'를 모집하는 것이 일반화되면서, 스스로 신인작가들을 모집하여 육성하고, 또 그러기 위해 '작문법'이나 문학 이론, 해외문학 번역물들을 게재하는 등, '문학'을 둘러싼 생산과 소비의 '시장'을 근본적으로 구축하기 위해 노력하기도 했다.

이미 '전문적인 작가'로서 자신의 위치를 분명히 한 지식인 문인들의 입장에서 자신들만의 활동 영역이 요구될 수밖에 없었다. 더욱이 이들은 이미, 나름의 이념과 문학적 인식, 그리고 '동인지' 활동 경험을 통해 '분파'를 형성하기 시작하였고, 자신들의 사상과 문학을 표출할 '매체'를 가져야만 했다. 그 결과는 『조선문단』과 같은 순문학지의 등장이나

118 최재서 외, 「문예좌담회」, 『신인문학』, 1936.10(밑줄－인용자).

특정한 '사상'으로 결집된 KAPF의 출현으로 이어지기도 했다.

별도의 간섭 없이 소통될 수 있는, 문학의 또 다른 활로가 되는 '매체'는 바로 직접 독자를 만나는 '단행본'이었다. 앞서 살펴보았듯이, 단행본을 통한 문학의 소통은 이미 1900년 전후로 이미 활발히 이루어지고 있었다.

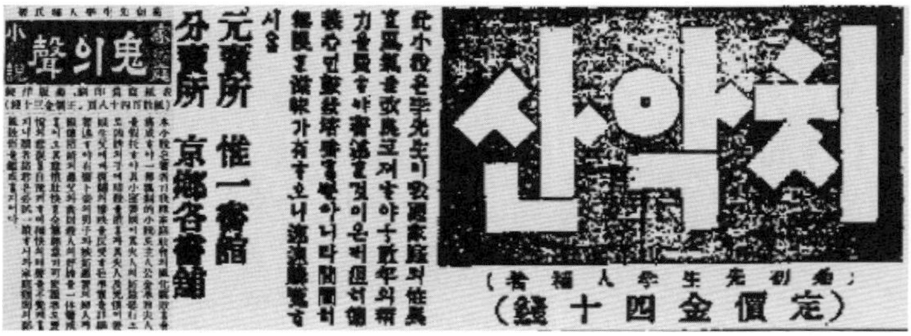

『황성신문』 1907.8.27.4면; 『황성신문』 1908. 10.16. 3면.

치악산

菊初 先生 李人稙 著 (定價 金 四十 錢)

此小說은 李先生이 我國 家庭의 怪異훈 風氣를 改良코져 ᄒᆞ야 十數年의 精力을 費ᄒᆞ야 著述훈 것이온딕 但히 德義心만 鼓發培養훌 ᄲᅮᆫ만 아니라 間間히 無限훈 滋味가 有ᄒᆞ오니 速速購覽ᄒᆞ시옵.

元賣所 惟一書館.

分賣所 京鄕 各 書舖[119]

위의 인용은 『황성신문』에 실린 이인직의 구활자본 신소설에 대한 광고 문구이다. 1908년 『치악산』에 대한 광고에서는 이 소설의 계몽적

119 『황성신문』, 1908.10.16(밑줄－인용자).

성격과 더불어, '무한한 재미'를 강조하며 구독(購讀)을 권유하고 있다. 신문 광고를 적극적으로 활용하면서 '소설책'을 판매하였다는 것은 이미 소설을 '상품'으로서 인식하고 있었음을 짐작하게 하는 대목이다.

그러나 단행본 문학이 소비자로서의 독자를 어느 정도 확보할 수 있게 된 것은 1930년대 이후에서야 가능해졌다. 1938년 이광수의 『사랑』은 박문서관의 '현대걸작장편소설전집' 1・2권으로 출간되었다. 신문이나 잡지의 연재 없이 두 권짜리 단행본으로 바로 출간된 것인데, 이른바 '전작 장편'이라 불리는 이러한 방식의 출판은 『사랑』이 처음이었다.[120] 『사랑』은 초판 2천 부를 찍고 재판 1천 부, 3판 1천 부까지 모두 매진되자 4판 2천 부를 인쇄하였다고 할 만큼, 큰 인기를 모았다.

1939년에는 『매일신보』의 현상공모를 통해 당선된 박계주의 『순애보』는 신문 연재 후에 곧바로 단행본으로 출간되어 1개월 만에 1천 부를 판매하고, 7개월 만에 7판을 발행[121]했다고 하며, 김말봉의 『찔레꽃』은 1937년 『조선일보』 연재 후 1939년에 인문사에서 단행본으로 발행되어 6판 6천 부 가량이 판매되었다고 한다. 이 무렵, 이광수의 『사랑』이 포함된 박문서관의 제1, 2기에 걸친 '현대걸작장편소설전집'과 이기영의 『고향』을 비롯한 한성도서의 '현대조선장편소설전집' 등이 기획되고 출판되었던 것은 단행본 소설 시장이 그만큼 안정적으로 확대되었음을 짐작하게 해준다.

특히 1930년대 들어 '역사소설' 붐이 일어나면서, '전작장편' 시장은 상당한 소비층을 확보할 수 있었다. 단행본 소설 시장의 확보는 문학이 신문이나 잡지의 '도구'의 역할을 벗어날 수 있는 기회기도 했지만, 결국 '문학'이 하나의 자본주의적 '상품'으로서 취급될 수밖에 없는 상황을 직면한 것이기도 했다.[122] '매체'의 딜레마 속에서 문학은 제도화되

---

120 『조광』, 1938.12, 226면 광고 참고.
121 『매일신보』, 1939.10.29, 1940.6.1 광고.

거나 상품화되는 양자의 길의 선택을 강요받고 있었다.

1940년을 전후로 일제의 전시동원체제가 강화되면서부터 문학이라는 '상품'에도 중요한 변수가 생겨났다. 사회적으로 문학을 즐길만한 여유가 없어진 측면[123]도 있지만, '용지난'[124]은 문학 출판 시장의 확대가 더 이상 불가능한 상황을 맞게 한 것이었다.

3. '연극' 및 '영화'의 등장과 서사 관객의 형성

1) 근대 연극・영화의 형성기와 서사의 조직적 생산

앞서도 언급했던 것처럼, '고소설'이 딱지본 시장을 장악했던 근대전환기 무렵, 신소설이 차지할 '시장'의 여지(餘地)는 사실 별로 없어 보였다. 활자본 인쇄물이란 신매체가 '고소설'이란 기존의 서사를 활용했던 것과는 반대로, 새롭게 창작된 신소설은 당시 등장한 신매체의 영역을 엿보기 시작했다. 문맹률이 높았던 당시 신소설이 대중들을 만날 수 있는 유리한 방식 가운데 하나는 당시 형성되기 시작한 근대적 '연극 무대'를 활용하는 방법이었다.

근대 초기에 '문자화'된 서사 텍스트 양식들에도 서사를 전달하는 이

122 김기진은 대중의 영향을 받아 통속소설들이 범람하고 타락했다고 비난하기도 했으며(김기진, 「통속소설소고」, 『조선일보』, 1928.11.9), 안회남은 역사소설은 사이비 문학, 통속소설의 아류이며, 소설의 외형을 빌어 기술된 야사에 불과하다고 비판하기도 하였다(안회남, 「통속소설의 이론적 검토」, 『문장』, 1940.11).

123 김동인・이태준 대담, 「문예 대진흥시대 전망」, 『삼천리, 1939.4, 124~125면.

124 「출판사담」, 『박문』, 1939.3, 22면.

야기꾼 — 서술자 — 의 모습은 '강담사'나 판소리 '사설'의 형태처럼 내재화되기도 했다. 당시의 독자들은 '문자화된 서사 텍스트'를 읽을 때에도 뚜렷한 서술자가 존재하지 않는 '이야기' 방식을 이해하기 쉽지 않았다. 이러한 문제를 해결하기 위한 방편 중의 하나로 전대(前代)에부터 존재했던 '유희적', 혹은 '연행적' 방식의 서술 양식을 '문자 서사 텍스트'에 도입하려는 시도가 행해지기도 하였다.[125]

초기 신소설은 '연극화'를 전제로 쓰여지거나, 아예 '희곡'의 형식으로 쓰여지는 경우도 많았다. 이인직의 「은세계」는 1908년 동문사(同文社)에서 간행될 당시 표지에 '신연극'이라고 표시될 만큼, 신연극의 각본을 의도하고 쓰여진 것으로 보인다. 실제로 이인직은 같은 해 11월 원각사를 통해 이 작품을 연극으로 상연하였다. '협률사', 그리고 그 뒤를 이은 '원각사'와 같은 근대적 실내 연극 무대가 생겼지만, 그곳에서는 주로 기존의 민속극이 올려지거나 '판소리'를 분창(分唱)하여 연행하는 '창극(唱劇)'이 공연되었고, 간혹 서양으로부터 수입한 '영화'를 상영하는 공간으로 활용되는 경우가 대부분이었다.[126] 이러한 실정에서 실제 현실과 인물을 바탕으로 한 이야기인 「은세계」가 무대에 올려진 것은 매우 획기적인 일이었다.

사실 1910년대까지 '연극 무대'란 매체는 대개 「춘향가」, 「유충렬전」 등과 같은 판소리 · 고전 소설을 바탕으로 한 '창극'이나 그것을 개작한 형태의 초기적인 '신연극'으로 채워졌다. 신문이 처음 등장했을 때 그 매체를 차지했던 서사물도 '기존의 서사'였으며, 딱지본이 처음 등장했을 때 많은 사람들에게 인기를 모았던 것은 고전소설을 비롯한 '기존의

125 이와 관련해서는 김기란, 「한국 근대 계몽기 신연극 형성 과정 연구 : 연극성을 중심으로」, 연세대 박사논문, 2004와 양세라, 「개화기 서사 양식에 내재된 연극적 유희성 연구(1)」, 『현대문학의 연구』 제22집, 한국문학연구학회, 2004. 2, 235면을 참고.

126 유민영, 『개화기연극사회사』, 새문사, 1987, 34～43면.

서사'였음을 상기할 필요가 있다.

그러나 당시, 판소리를 바탕으로 한 창극 공연들은 관중들로부터 비난을 받기도 했다.

> 圓覺不圓……新門內 圓覺샤ᄂᆞᆫ 新演劇을 시행ᄒᆞ야 풍속을 改良ᄒᆞ고 民智를 發達케 ᄒᆞᆫ다고 各報에 廣布ᄒᆞ더니 近日에 春香曲, 沈淸歌로 蕩子淫婦의 耳目을 眩惑케 ᄒᆞ야 多數 金錢을 奪入ᄒᆞᄂᆞᆫ대 ᄒᆡᆼ錢은 何處에 盜用하ᄂᆞᆫ다지 不知ᄒᆞ거니와 幾千圜의 損害를 被ᄒᆞ야 不遠間 廢止가 될터이라더라.[127]

이 같은 비판은 '연극' 혹은 '무대'라고 하는 신매체를 새로운 방식으로 활용하지 못하고 전통적 연행의 '재매개'에 그치고 있음에 대한 불만의 표명이며, 달리 말하자면 대중들이 이미 새로운 '신극'에 대한 욕구를 느끼고 있었음을 보여주는 것이라 할 수 있다.

위와 같은 비난은 사실, 일본과 같은 외국에서 먼저 도입된 신극을 체험한 유학파나 식자층들에 의해 이루어진 것으로 보인다. 그때까지 근대적 극을 명확하게 인식한 극작가도 연출가도 없었기 때문[128]에 이와 같은 비난은 어쩌면 무리한 것일 수밖에 없었을 것이다.[129]

그럼에도 연극이 신매체로 주목받을 수밖에 없었던 것은 배우들의 '목소리'를 현장에서 직접 연행을 통해 접할 수 있다는 매체적 속성 때문이었다. 1920년대에도 크게 개선된 바 없는 '문맹률'은, 앞서 언급한 신문·잡지·단행본 시장의 성장에도 불구하고, 문자 서사 텍스트의 '독자층'을 획기적으로 확대하지는 못하였다. 1921년경 현철은 "신문잡

---

127 『大韓每日申報』, 1909.3.13(유민영, 『한국 근대연극사』 증보판, 단국대 출판부, 2000, 46면 참고).

128 유민영, 『한국 근대연극사(증보판)』, 단국대 출판부, 2000, 87면.

129 결국 신극은 일본의 신파극을 도입하면서 실현되었고, 이때 도입된 신파극들은 급속도로 대중들에게 인기가 확산되었다.

지의 主務者는 신문잡지로써 문화를 進達하랴고 하지마는 이천만 동포 중에 신문잡지를 購讀하는 이가 十萬이 되지 못한다 하니, 넘우 少數일 뿐만 아니라 동포 중에는 우리 朝鮮文이라도 아는 이가 과연 며치나 되는지"라며 한탄한면서, '민중극' 운동을 제창하기도 하였다.[130] '문맹'과 무관하게 대중들과 소통할 수 있는 '연극'이란 형식은 '서사 텍스트'의 생산자, 특히 문화적 계몽을 목적으로 하는 이들에게는 매우 매력적인 것일 수밖에 없었다. 이 무렵의 연극은 '계몽'이나 '이념적 교육'을 목적으로 활용되기 위한 모색이 이루어지도 했으며, 학생극으로 출발했던 김우진, 유치진 등에 의해 발전된 형태의 '근대적 연극'으로 나타나기도 했다.

근대적 연극이 서사적 매체로 자리잡을 수 있었던 데에는 일본 유학파를 중심으로 조직과 단체를 만들어 벌인 신극운동이 큰 영향을 미쳤다. 윤백남은 1922년 '민중극단'을 만들어 활동하던 중, 대구에서의 인기에 힘입어 1923년 경성에서의 공연을 본격화하였다.[131] 민중극단은 신파극이 예술적 가치를 인정받지 못하고 있던 한계를 인식하고, 창작극과 번역극 공연을 적극적으로 시도함으로써 신파극의 개량을 모색하였다. 동경 유학파였던 박승희와 김기진은 사회주의자에 대한 당국의 경계[132]와 여배우 발굴의 어려움을 딛고, '토월회'를 창립하여 본격적인 근대극을 선보이기 시작하였다.[133] 이들은 주로 버나드 쇼나 체

130 현철, 「문화사업의 급선무로 민중극을 제창하노라」, 『개벽』 10호, 1921.4, 111면.

131 「민중극단 흥행 : 인사동 조선극장에서」, 『동아일보』, 1923.2.8.

132 「동경유학생의 연극단 : 경시청에서는 비상 경계 중」, 『조선일보』, 1923.4.13.

133 동경 유학생들이었던 토월회의 주요 회원들은 여름 방학을 맞아 연극이나 미술 전람회 등을 통해 대중들에게 자신들의 유학 경험과 서구적 문화 체험을 전달하고자 했었다. 그러나 여배우와 관련된 '돌발적 문제' 등의 원인으로 한두 차례 연극 공연이 연기되기도 하였다(「토월회 제일회의 연극공연회」, 『동아일보』, 1923.6.13). 이들의 첫 공연은 1923년 7월 4일부터 5일간 조선극장에서 열리게 되었는데, 다음은 그 당시 신문(『매일신보』, 1923.7.4)에 실린 공연 광고의 내용이다.

홉 등의 서구극을 번역하여 새로운 연극의 면모를 대중들에게 알리는 데에 주력했다.

유치진, 홍해성 등을 중심으로 1931년에 조직된 '극예술연구회'는 처음에는 연극 강좌를 개설하여 연극에 대한 대중의 이해를 넓히는 데 주력하였다가, 이후에는 실제 연극 공연 활동을 전개하였고, 『극예술』이라는 기관지를 발행하기도 하였다. 1934년 동경 유학생들이 현지에서 조직한 '동경학생예술좌'는 일본에서 여러 차례 공연을 벌이기도 하였고, 귀국 후에는 '극예술연구회'의 후신이라 할 만한 '극연좌'와 결합하여 활동을 전개하기도 하였다.

근대적 연극은 이처럼 새로운 형태의 연극을 먼저 접한 유학생들을 통해 시도되었고 발전되어 왔는데, 이들의 신극 운동과 연극 활동은 '조직'과 '단체'를 중심으로 전개되었다. 그것은 연극이 공연을 하기 위해서는 연출과 연기자 등 다수의 인원이 반드시 필요하고, 반복적이고 집단적인 연습이 요구되는 서사 텍스트라는 특성을 갖고 있기 때문이기도 하였고, 근대적 연극이 아직 낯설기만 한 미지의 영역이었기에 집단적이고 조직적인 연구 활동이 전제되어야 하는 이유 때문이기도 했다.

20세기 들어 근대적 연극과 더불어, 대중적인 파급력이 강력한 서사 텍스트를 꼽으라면 역시 '영화'를 들 수 있을 것이다. 1889년 미국의 에디슨은 필름을 자동으로 회전시켜 전구의 불빛을 비추는 방식으로 '키네토스코프'라는 영사기를 발명하였는데, 이것은 오직 한 사람만이 들여다 볼 수 있을 뿐이었다. 그 후, 1895년에 이르러 프랑스의 뤼미에르 형제는 다수의 대중들을 대상으로 상영이 가능한 '시네마토그라프'를

단체 : 동경 토월회 / 목적 : 제1회 공연
작품 : 「飢渴」(전일막, 유젼 피로트 원작) / 「그 남자가 그 여자의 남편에게 엇더케 거짓말을 하엿나?」(전일막, 쎄나드 쇼 원작) / 「熊(곰)」(전일막, 안톤 체호프 원작) / 「吉植」(전일막)
일시 : 7월 4일부터 5일간
장소 : 조선극장

선보였다. 공장을 나서는 노동자의 모습이라든가, 기차역에 도착하는 열차의 모습을 담은, 1분도 채 안 되는 분량의 내용이었지만, 이로써 '영화'라는 새로운 매체의 역사가 시작되었다.

그로부터 대략 10년쯤 지나 우리에게도 '영화'라는 매체가 선보이게 되었다. 우리에게 있어 처음 영화가 소개된 시점은 여러 논란[134]이 있으나, 대개 1903년을 그 기점으로 보는 것이 가장 공식적인 견해로 받아들여지고 있다. 그 근거가 되는 것은 1903년 『황성신문』에 실린 다음과 같은 광고였다.

> 동문내(東門內) 전기회사 기계창에서 시술(施術)ᄒᆞᄂᆞᆫ 활동사진(活動寫眞)은 일요(日曜) 급(及) 음우(陰雨)를 제(除)ᄒᆞᆫ 외(外)에는 매일 하오(下午) 팔시(八時)부터 십시(十時)ᄭᆞ지 설행(設行)ᄒᆞᄂᆞᆫᄃᆡ 대한급구미(大韓及歐美) 각국의 생명도시(生命都市), 각종 극장의 절승(絶勝)ᄒᆞᆫ 광경(光景)이 구비(具備)하외다. / 허(許) 입료금(入料金) 동화(銅貨) 십전(十錢).[135]

그러나 1901년 9월 『황성신문』에는 이미 당시 조선에서 상영된 영화를 관람하고 쓴 기록이 남아있는 것으로 보아, 대중적 상영이 아닌 영화 상영은 1903년 이전부터 이루어지고 있었을 가능성이 크다고 할 수 있겠다.

> 「論說 : 사진이 산 사람의 활동보다도 활동적이다[寫眞活動勝於生人活動]」
> 사람들이 활동사진을 보고 신기함에 정신이 팔려 입을 다물지 못하고 참으로 묘하다고 찬탄하여 마지않는다. 사진이란 곧 촬영한 그림에 지나지 않는데도 그것이 배열되어 움직이는 것이 마치 사ᄅᆞᆷ이 살아서 움직이는 것

134 강준만, 『한국대중매체사』, 인물과사상사, 2007, 147면; 김려실, 앞의 책, 22~34면.
135 『황성신문』, 1903.6.23.

과 같이 가히 움직이는 그림[活畫]이라 할 만하다. (…중략…) 활동사진이 끝나고 나자 이토록 눈을 현혹시키는 법이 있는가하고 의문을 갖는 사람이 많았다. 촬영한 그림이 몸이 되고 전기가 그것을 움직임으로써 활동하게 되는 것이니, 우리나라는 어느 세월에 이같이 묘한 기술을 터득할 수가 있을 것인가라는 탄식까지도 나왔다. (…중략…) 오늘날 사람들이 활동이라고 한답시고 하는 것을 보면 그들이 어찌 실제로는 활동하지 않는 화면 속의 사람과 같으리오마는 화인(畵人)의 활동은 오히려 생동감이 있는데 생민(生民)으로서 능히 활동을 하지 않는 것이 오늘날 대한(大韓)의 선비와 같아서 하는 말이다.[136]

위의 인용은 당시의 급변하는 세계적 흐름에도 불구하고 그에 적극적으로 대처하지 못하고 있는 선비들을 비판하고 있는 '논설'이지만, 당시 사람들이 낯설은 '활동 사진'을 보고 받은 충격을 잘 전달해주고 있다.

1938년 4월호 『조광』에 실린 「활동사진 변사좌담회」에서 한 변사가 "처음 들어온 것은 한 삼십칠팔년 될거요"라고 말하고 있는 점을 보거나, 1899년 미국의 여행가 엘리아스 버튼 홈즈가 고종 황제 앞에서 영화를 상영했다는 기록도 있는 것을 보면, 대략 1900년을 전후로 하여 '영화'라는 새로운 매체는 이 땅에 소개되었던 것으로 보이며, 1903년경 들어 대중적인 상업적 영화 상영이 본격화된 것으로 추정할 수 있다. 또한, 1907년 무렵부터 『대한매일신보』를 비롯한 당시 신문에 '활동사진 광고'가 빈번하게 실렸음을 보면, 1900년대 후반부터는 영화 상영이 비교적 고정적이며 정기적으로 이루어지고 있었음을 짐작하게 한다.

---

136 「論說 : 寫眞活動勝於生人活動」, 『황성신문』, 1901.9.14. 인용문은 『실록 한국영화총서(上)』을 토대로 현대어에 가깝게 옮겨놓은 것이다(김종욱, 『실록 한국영화총서(上) : 1903~1945.8』, 국학자료원, 2002, 113~114면).

四月 二十一日부터 歐美 各國에 有名ᄒᆞᆫ 活動寫眞을 新門外 停車越便(新橋西便) 洋屋에셔 開催이온 바.

—『대한매일신보』, 1907.4.21

今番에 始作ᄒᆞᆫ 活動寫眞은 法國 巴里京에셔 有名ᄒᆞᆫ 거시오.

—『ᄃᆡ한매일신보』, 1907.4.24

우리의 영화 역사에 있어서, 최초로 '영화'라는 매체를 활용하여 '서사 텍스트'를 만들어낸 것은 〈의리적 구토〉를 그 기점을 삼고 있다. 1908년경 원각사에서 일본 유학을 다녀온 신장균이라는 사람이 금강산의 풍경을 '환등(幻燈)'에 담아온 것을 상영했다는 기록[137]이 있기도 하고, 몇 편의 기록 영화가 만들어져 상영되기도 했지만, '영화' 기술과 매체를 활용하기는 했으나 '서사 텍스트'라고 보기는 힘든 형태들이었다. 1919년 만들어져 단성사에서 공개된 〈의리적 구토〉 역시 온전한 의미에서의 '영화'는 아니었다.[138] 그것은 처음에 영화화면을 전개시킨 뒤에 중요한 장면에서 배우들이 등장하여 실연(實演)을 하는 방식으로 이루어지는 이른바 '연쇄극(連鎖劇, Kino-drama)'의 형식이었다.

"朝鮮 活劇 撮影 단셩사에셔 영샤ᄒᆞᆫ다"

근ᄅᆡ 활동샤진이 됴션에 만히 나와 ᄋᆡ극가(愛劇家)의 환영을 飛翔히 밧어오나 쳣지 오날날 ᄶᆞ지 됴션인 ᄇᆡ우의 활동사진은 야죠 업셔셔 유감 즁에 그를 경영코져 ᄒᆞ나 돈이 만히 드는 ᄶᆞ닭에 엄두를 ᄂᆡ지 못ᄒᆞ던 바 이번

137 심훈, 「조선영화총관 : 최초 수입 당시부터 최근에 제작된 작품까지의 총결산」, 『조선일보』 1929.1.4.

138 연쇄극 「형사 고심(刑事苦心)」이 먼저 촬영되었으나, 「의리적 구토」가 13일 먼저 상영되었기 때문에 최초의 '연쇄극'으로 불리고 있다(이와 관련해서는 김종욱, 앞의 책, 127~135면).

단셩샤쥬 박셩필 씨가 오쳔여원의 거ᄋᆡᆨ을 ᄂᆡ여 신파 신극좌 김도산 일ᄒᆡᆼ을 다리고 경셩 ᄂᆡ외의 경치 됴흔 장소를 ᄯᅡ라가며 다리와 물이며 긔챠 뎐챠 자동챠ᄭᅡ지 리용ᄒᆞ야 연극을 ᄒᆞᆫ 것은 쳐쳐히 ᄇᆡᆨ인 것이 네 가지나 되ᄂᆞᆫ 예뎨(藝題)인바 그 외 경성 전시가의 경치를 박여 실사를 ᄒᆞᆫ다 ᄒᆞ며 그 사진은 일견에 나왓슴으로 오ᄂᆞᆫ 이십 칠일부터 단셩샤에서 봉절ᄒᆞ야 가지고 상쟝ᄒᆞᆫ다ᄂᆞᆫᄃᆡ 먼져 그 사람의 사진을 ᄒᆞ여본 즉 사진이 선명ᄒᆞ고 미려ᄒᆞᆯ ᄲᅮᆫ 더러 ᄇᆡ경은 말ᄒᆞᆯ 것 업시 셔양 사진에 뒤지지 안을만 ᄒᆞ게 도엇고 ᄇᆡ우들의 활동도 샹쾌ᄒᆞ고 신이 날만 ᄒᆞ게 되엿더라.[139]

"단셩사의 初日 관ᄀᆡᆨ이 물미듯이 드러와."

신파 신극좌 김도산 일행의 경셩에셔 촬영된 신파활동사진이 됴션에 쳐음으로 지나간 이십 칠일부터 단셩사 무ᄃᆡ에 샹쟝된다 하ᄆᆡ 쵸져녁부터 됴슈(潮水)갓치 밀니ᄂᆞᆫ 관ᄀᆡᆨ 남녀ᄂᆞᆫ 삽시간에 아ᄅᆡ의 칭(層)을 물론ᄒᆞ고 ᄲᅡᆨᄲᅡᆨ히 챠셔 만원(滿員)의 ᄑᆡ(牌)를 달고 표ᄭᆞ지 팔지 못ᄒᆞᆫ ᄃᆡ셩황이엿더라

그런ᄃᆡ 뎨일 변화ᄒᆞᆫ 것은 각 권반의 기ᄉᆡᆼ 온 것이 무려 이ᄇᆡᆨ여명이나 되어 더욱 이ᄎᆡ를 ᄂᆡ엿더라. 영사된 것이 시작ᄒᆞᄂᆞᆫᄃᆡ 위션 실사(實寫)로 남대문에셔 경셩 전시의 모양을 빗치이ᄆᆡ 관ᄀᆡᆨ은 노상 갈ᄎᆡ에 박수가 야단이엿고 그 뒤ᄂᆞᆫ 졍말 신파 사진과 ᄇᆡ우의 실연 등이 잇서셔 쳐음 보ᄂᆞᆫ 됴션 활동 샤진임으로 모다 취한 듯이 흥미잇게 보아 젼에 업ᄂᆞᆫ 셩황을 일우엇다더라.[140]

위의 인용은 〈의리적 구토〉가 상영되기 전 『매일신보』에 실린 소개

---

139 『매일신보』, 1919.10.26. 이날 신문에 실린 '광고'를 참고하면, 연쇄극 〈의리적 구토〉의 촬영 장소는 한강철교, 장충단, 청량리, 영미교, 남대문정거장, 뚝섬, 살곶교, 전차, 기차, 자동차, 노량진공원 등이었으며, 입장료는 특등석 1원 50전, 1등석 1원, 2등석 60전, 3등석 40전이며, 군인 학생은 반액이었다고 한다.

140 『매일신보』, 1919.10.28.

기사와 개봉 직후 관객들의 반응을 담은 기사의 내용이다. 온전한 극영화의 형태는 아니었지만, 당시 관객들은 자신들이 살고 있는 경성의 풍경이 움직이는 사진으로 눈 앞에서 펼쳐지는 모습만으로도 큰 놀라움을 표했던 것으로 보인다.

〈의리적 구토〉가 관심을 모으자, 〈장한몽〉, 〈愛의 極〉, 〈춘향가〉 등이 연쇄극으로 만들어진다. 그러나 한동안 유행하던 연쇄극은 1924년 이후에는 거의 자취를 감추며 사라진다. 영화 장면에서 배우의 실연(實演)으로 넘어가는 부분이 부자연스러운 탓에 관객들의 몰입이 힘들었던 '연쇄극'은 본격적으로 완결성을 갖춘 영화들이 속속 등장하면서 경쟁력을 읽고 사라져갔다.

1923~1934년에 이르는 무성영화 시대에는 90편에 이르는 작품들이 만들어졌다. 서구의 경우, 초기 무성 영화는 '자막'을 통해 내용을 전달하는 경우가 많이 있었으나, 우리나라에서는 그러한 영화보다는 채플린의 영화처럼 '문자'가 필요 없는 무성영화나 '변사'에 의존하는 무성영화가 인기를 모았다. 근본적으로는 '문맹률'이 높았던 대중들이 접하기 쉬웠던 '영화'의 매체적 장점을 살리기에 '자막'을 통한 전달은 적절하지 않았던 데에 비해, '변사'가 극중 상황을 설명하고 인물의 대사를 연기하는 방식은 대중들이 접하기에 훨씬 유리했다고 할 수 있다.

무성영화 시대를 열었던 작품은 총독부의 지원 하에, 『매일신보』 편집국장 출신으로 신파극단 '민중극단'을 이끌던 윤백남이 감독을 맡은 〈월하의 맹서〉(1923)였다. 그러나 〈월하의 맹서〉는 '극'의 구조를 갖춘 영화이긴 했지만, '저축 장려'의 내용을 담은 지극히 '계몽적 성격'의 영화였으며, 대중들을 대상으로 한 상업적 상영이 이루어지지 않고 각 지방의 공공 기관에서 순회 상영을 하는 형태로 개봉되었다고 알려져 있다. 서울에서의 상영도 '단성사'와 같은 극장이 아니라 '경성호텔'에서 이루어졌다고 한다.[141] 대중을 대상으로 한 상업적 극영화는 일본인하야가와 고슈(早川孤舟)가 감독을 한 〈만고열녀 춘향전〉(1923)이 처음이었다고 할 수 있다.[142] 이 영화는 남원에서 촬영되어 조선극장(朝鮮劇場)에서 상영되었고, 경성(京城)에서의 흥행만으로도 이익을 보게 되었고, 평양, 대구 등지에서도 상영되어 인기를 모았다고 전해진다. 이어, 일본인 왕필렬 감독의 〈해(海)의 비곡(秘曲)〉(1924), 박정현 감독의 〈장화홍련전〉(1924), 윤백남 감독의 〈寵姬의 戀 - 운영전〉(1925), 이경손 감독의 〈심청전－강상련〉(1925) 등이 무성 영화 시대의 대표적인 영화들이었다. 특히 〈장화, 홍련전〉은 조선인 배우와 감독이 조선의 '서사'를 영화로 만들어낸 최초의 영화라고 할 수 있으며, 흥행에도 크게 성공했다고 한다. 이 무렵 인기가 있었던 영화는 대개 방각본이나 딱지본으로 인기 있던 '고소설'을 영상으로 옮긴 영화들이 압도적이었다.

그러나 '무성영화' 시대의 가장 대표적인 영화로는 무엇보다 나운규 감독의 〈現代悲劇 아리랑〉(1926)을 꼽을 수 있을 것이다. 〈아리랑〉은 그야말로 폭발적인 인기와 반응을 얻으며 관객들에게 감동을 선사하였다고 한다. 그러나 현재 〈아리랑〉은 필름 자료로 남아있지 않아서 그 실체를 확인하기 어렵다. 다만 1929년 박문서관에서 발행한 『영화소설 아리랑』의 형태로 남아 전해지고 있으며, 영화를 소개하는 유성기 음반 자료가 남아 있을 뿐이다.[143]

1935년에는 이명우 감독에 의해 최초의 유성영화 〈춘향전〉이 만들어졌다. 현재 그 실체를 확인할 수 있는 영화로는 1936년에 제작된 양

141 "체신국에서는 저금 사상을 선전하기 위하여 저금 활동사진을 영사하든 중 재 작일(昨日) 밤에 체신국에서는 시내 경성호텔에서 각 신문 통신사 기자와 및 관계자 백여 명을 초대하여 그 필름의 시사 영사를 하였는바, 각본은 윤백남 군이 만든 '월하의 맹서'라는 2천 척의 긴 사진으로 내용이 매우 잘되어 크게 갈채를 받았으며 그 필름은 경성을 비롯하여 각 지방으로 가지고 다니며 저금을 선전할 터이라(「貯金寫眞 試映 再昨日 京城호텔에서 寫眞은 尹白南 君 脚色」, 『동아일보』, 1923.4.11)."

142 이에 대해서는 앞서 제2장 2절에서 언급한 바가 있다.

143 최동현 · 김만수, 『일제강점기 유성기 음반 속의 극 · 영화』, 태학사, 1998, 59~64면.

주남 감독, 조택원, 문예봉 주연의 〈미몽(迷夢) : 죽음의 자장가〉가 있다. 이 영화는 중국으로부터 어렵사리 입수하여 2005년 영상자료원에서 일반에 공개 상영된 바가 있다. 애순(문예봉)이란 여주인공이 자본주의적 허영에 물들어 가출을 하였다가, 자신이 탄 택시가 딸인 정이를 치는 사고를 겪게 되고, 결국 자살을 하게 된다는 통속적이고도 비극적인 결말의 영화이다. 이 영화는 오랜 세월을 감안하면 화질이나 녹음의 상태도 비교적 온전하게 보존되고 있을 뿐만 아니라, 당시 여타의 세계 영화에 견주어도 뒤지지 않을만한 미장센을 보여준다는 점에서 당시 영화의 수준을 짐작하기에 충분한 귀중한 자료가 되고 있다.

영화는 연극 이상으로 많은 사람들의 참여로 만들어지는 서사 텍스트인데다가, 서구에서조차 역사가 길지 않고 충분한 학습과 연구의 결과물이 축적되어 있지 않은 상황이었다. 따라서 영화를 도입하고 만들려고 했던 이들은 단체를 조직하여 연구 활동이나 창작 활동을 전개하려고 하였다. 그 과정에서는 신파극이나 신극의 경험을 가진 연극인들의 참여가 중요한 역할을 할 수밖에 없었다. 김도산의 신극좌나 윤백남의 민중극단은 연극 경험을 바탕으로 영화의 새 장을 여는 데 큰 기여를 한 대표적인 단체였다고 할 수 있다.

연극과 영화는 새로운 근대적 문물과 기술, 다수의 인원, 그리고 근대적 극장을 필요로 하는 서사였기에, 조직적인 연구와 공연 창작 활동을 전개하였는데, 이는 개인적 창작 활동이 주를 이루는 문학 서사와는 근본적으로 다른 방식으로 창작되고, 전혀 다른 방식의 매체를 통해 소통된다는 점에서, 상반된 양상을 보일 수밖에 없는 것이었다.

2) 서사의 영상적(映像的) 재매개 : 재연(再演)과 연행(演行)의 서사

연극과 영화는 시각적 이미지가 무엇보다 중시되는 서사 매체라 할 수 있다. 특히 연극과 영화는 관객이 특정한 공연장이나 극장 안에서 정해진 시간동안만 관람할 수 있다는 특성을 갖고 있다.

원각사에서 상연된 연극 〈은세계〉는 완전히 새로운 이야기가 아니었다. 〈은세계〉가 기존의 〈최병두 타령〉의 내용을 인용하거나 개작한 형태로 보인다는 점에 관해서는 이미 많은 논의[144]가 있었다. 그런데, 이인직의 「은세계」가 특별했던 점은 '새로운 연행'의 형식을 선보였다는 것이 아니라, '대본'이 먼저 쓰여진 '연행'이었다는 점이었다.

> 그 때 최본평은 덧문을 척척 닫고 자리 펴놓고 들기름 등잔에서 그을음이 꺼멓게 오르도록 돋워놓고 앉아서 집뼘 한 뼘씩이나 되는 숫가지 늘어놓고 한 짐 두 뭇이니 두 짐 닷뭇이니 하며 구실 돈 셈을 놓다가 문 두드리는 소리를 듣고 정신 없이 아니 놓을 수 한 가지를 덜컥 더 놓으며 고개를 번쩍 드는데 부인의 말소리가 최본평의 귓구멍으로 쏙 들어갔다.
>
> "응, 불한당이라니, 불한당이 어디로 들어와?"
>
> 하며 벌떡 일어나서 안으로 난 문을 와락 여는데, 부인은 문에 얼굴을 대고 섰다가, 문이 얼굴이 부딪쳐서 부인이 '애코' 소리를 하며 푹 고꾸라지

---

144 신연극 〈은세계〉와 창극 〈최병두 타령〉과의 관련성에 대해서는 아직까지도 여러 가지 논란이 이어지고 있다. 일부의 논의는 기존에 존재하던 〈최병두 타령〉을 창극처럼 분창하는 수준이었을 뿐이라고 언급하거나, 이인직의 창작이라기보다는 판소리 광대들에 의해 이루어진 창극이었을 뿐이라고 말하기도 한다. 다만, 신연극 〈은세계〉는 이인직에 의해 사전에 완성된 '이야기 구조'와 내용을 가지고 공연되었다는 점만큼은 분명해 보인다. 이와 관련해서는 다음을 참고. 최원식, 「은세계연구」, 『민족문학의 논리』, 창작과비평사, 1982; 김종철, 「'은세계' 성립과정 연구」, 『한국학보』 1988년 여름호; 김종철, 「19~20세기초 판소리 변모양상 연구」, 서울대 박사논문, 1992; 이상경, 「〈은세계〉 재론 : 이인직 연구 (1)」, 『민족문학사 연구』 5집, 1994.

니, 최씨가 문설주를 붙들고 내다보며, 당황히, '어, 어' 소리만 하고 섰는데, 그 때 마침 행랑 앞에서 머섬을 치던 사람들이 사랑 앞으로 와서 마루 위로 올라서던 차이라.[145]

연극이 먼저 문자 서사 형태인 희곡으로 쓰여지고, 그것이 나중에 무대 위에서 배우의 말과 연기로 재매개되는 장르라는 것은 지금은 상식적인 것이지만, 당시의 연행 전통에서는 낯선 것이었다. 즉흥성과 현장성이 무엇보다 중요시 되던 전통 연행과는 달리, 신극은 '문자'로 쓰여진 고정된 서사 텍스트 — 대본 — 에 의해 재매개되는 것이었다. 뿐만 아니라 전통의 연행에 비해 '연극적 관습(convention)' 또한 많이 요구되는 것이었다. 여기서 연극적 관습이란, 실재를 모방하지만 실재와는 같을 수 없는 무대 장치나 실존 인물과는 다른 인물이 그 역을 맡아 배우로서 연기를 하게 된다는 점 따위를 관객이 '참아내기'로 동의하는 것을 의미한다.

연극은 세 가지 층위에서 의사소통 구조를 가지고 있다. 무대 위의 허구적 등장인물 간의 대화로 이루어지는 내부적 의사소통과 관객과 무대, 공연 사이에 이루어지는 외부적 의사소통, 그리고 내부적 소통에 속하지만 현실의 관객과 직접적으로 소통하는 브레히트적 의사소통이 그것이다.[146]

근대적 연극은 문자로 된 희곡을 재매개하는 방식으로 연행된다. 여기서 '희곡'은 무대 상연을 전제로 구성되어야 한다는 점 외에는, 기존의 서사체 — 소설이나 설화 등 — 를 바탕으로 재매개된다는 점에서 소설의 재매개 방식과 크게 다르지 않다. 다만, 희곡은 서술자의 존재

145 이인직, 『은세계』, 동문사, 1908, 5~6면, 재인용 : 권영민 외 편, 『한국신소설선집』 2, 서울대 출판부, 2003.

146 이상란, 앞의 책, 36면.

가 없이 '구술적'으로 쓰여져야 한다는 점이 주목되어야 할 것이다. 앞서 언급했던 문답체·토론체 서사가 '극적(劇的)'으로 제시된다는 점은 희곡과의 유사함이라 할 수 있다. 일단 문자화된 희곡은 공연장에서 연출자와 배우에 의해 재매개되는데, 이는 관객과 직접적으로 소통되는 구술적 연행의 장이라 할 수 있다. 그렇게 본다면, 연극은 소설보다도 좀 더 중층적인 '재매개'의 과정을 통해 소통되는 서사 텍스트라고 할 수 있을 것이다.

제1막

김인성 (청년)

홍순배 (목사)

안광식 (김의 親友)

이명찬 (김의 同窓)

舞臺 김의 서재

감 : 아-요새가터서는 세상이 다 긋찬타……. 내가 죽을날이 언젠지는 몰으지만 요새 갓흔 생활을 계속한다면 하르밧비 죽는것도 조화! 더 살어는 무엇하며, 더 살맛은 무엇잇나! 살어서 고통 밧는 이보다 죽어서 이즈는 것이 오히려 낫겟지! 그러나, 쏘 죽기도 어려워(한숨을 휘- 쉰다).

안 : (종용히 들어온다) 아, 자네요새 웬일인가! 무슨 번민을 그리하나? 접대, 말하든 그일 째문인가?

김 : (고개를 씃덕대면서) 그러타네. (잠시침묵) 자네니 말이지, 그 문제-그 이혼문제 째문에 야단낫네. 이럴수도 업고 저럴 수도 업스니가, 도모지 엇절줄을 몰으겟네.

안 : (걱정하는 얼골로) 글세 말일세. 내가 아모리 걱정한들 자네 마음 갓

겟나마는 나도 참, 자네 볼적 마다 딱하네. 나도 輕忽하게, 이래라저래라 말할수도 업는 일일세. 물론 사회라는 것이 자네를 이해하고 자네를 잘-안다하면 몰으지만 그러치 안이하면 죄다, 자네를 욕하지 안켓나! 그러치 안어도 갓득, 요새 청년들은 이혼들을 잘한다고 사회에서 써드는데 자네 좃차 이혼을 해보게, 지금만치 얻은 자네 명망은 물론 써러질 것이고 여러 사람들의 써드는 소리는 귀가 압흘 것이말인가!

김 : (격렬한 안색으로) 사회라는 것은 무엇인가! 나를 써난 사회라는 것이 어듸 잇단말인가?[147]

위의 인용은 1919년 『창조』에 실린 4막짜리 연극의 희곡 「황혼」의 첫 부분이다. 이 같은 희곡은 두 사람의 대화 상황을 상상함으로써 쓰여지기 마련이다. 이렇게 쓰여진 희곡은 이 경우처럼 잡지나 신문과 같은 활자 매체에 실림으로써 소통될 수도 있지만, 연극 무대에 올라 대중들과 소통하는 것이 본연의 목적이라 할 수 있다. 연극 무대에 올려지기 위해 희곡은 우선 연출자 및 배우와 소통되는 과정을 겪어야 한다. 연출자나 배우는 문자 텍스트인 희곡을 '연행'하기 위해 동작과 실제 발화를 통해 연습을 하게 된다. 이 과정에서 문자 텍스트는 재매개된다. 가령 위의 희곡에서 김이 '고개를 끄덕이는 행위'를 하거나 '잠시 침묵' 후에 발화를 이어가야 하는 '지문'은 문자 자체로서는 소통되기 어려운 것이며, 그것이 연행됨으로써 의미 작용이 가능해질 수 있는 부분이다. 실제 공연이 될 때, 관객은 배우가 희곡을 재연과 연행으로 재매개한 것을 통해 소통하게 되며, 비로소 연극 서사 텍스트의 소통이 이루어지게 된다.

---

147 極熊(최승만), 「황혼」, 『창조』 제1호, 1919.2, 4면.

그런데 초기 희곡들은 주로 시각적인 행위보다는 '청각'적 소통에 초점을 맞추고 있는 경우가 많았다. 근대적 희곡의 완성이라고 보는 유치진의 「토막」조차도 '시각적' 재연보다는 독백과 대화가 대부분을 차지할 만큼 '청각적' 발화 재현에 초점이 맞추어져 있다. 이는 문자 서사의 소통이 중심이 되었던 근대 전환기적 상황과 무대 장치나 배우의 연기가 상대적으로 미흡할 수밖에 없던 당시 연극의 상황이 결부된 결과였다.

영화의 경우에는 무성 영화 시절, 배우가 발화하는 대사를 직접적으로 관객에게 전달하는 것이 불가능했기 때문에, '자막', 즉 문자에 의지하여 서사의 소통이 이루어졌다. 이러한 영화는 음악이나 음향이 추가적으로 덧붙여지긴 하지만 거의 전적으로 '시각'에 의존하는 서사 텍스트였다.

(S) (1) 감옥문전

1. 담위에 간수(影) (F.I.L)

2. 옥문. 나오는 진 (F.S)

3. 진. 무영접인. (F.S)

4. 진, 걸어간다. (등 뒤로) (절름절름) (F.S)

(S) (2) 길거리 (독립문)

5. (진) 전신주에 기대어서 (M.S)

(…중략…)

21. 2인. 마누라에게 진(T), (B)

(T.1) 김광진이란 사람의 집이 어디로 떠나갔을까요?[148]

148 심훈, 「먼동이 틀 때」, 『한국시나리오 전집』, 영화진흥공사 편, 수산경제사, 1982.

위의 인용은 심훈의 1927년작 시나리오 「먼동이 틀 때」의 첫 부분이다. 시작부터 영화는 '시각적 이미지'에 의지하여 소통될 것을 전제하고 있다. 인용의 마지막 부분의 (T)는 자막을 의미하는 것인데, 인물의 대사는 이와 같이 자막을 통해 전달되는 방식으로 소통되었다.

무성영화 가운데 변사를 통해 '목소리'로 전달되는 경우는 음성 언어적 재매개에 서사의 소통을 크게 의지한 것으로 볼 수 있을 것이다. 변사는 문자 서사 텍스트인 시나리오에 의지하여 배경과 상황을 '음성'으로 전달하면서 인물의 발화까지 '음성'을 통해 재매개하는 역할을 맡았다. 변사는 때로 시나리오와는 무관한 즉흥적 '연기'를 통해 서사의 창작과 소통에 직접적으로 관여하기도 하였다.

토키의 등장 이후 영화 서사의 소통 양상은 또 한 번 달라지게 되었다. 비록 후시녹음에 의한 것일지라도, 시나리오를 배우가 실제 발화를 통해 재매개하는 과정이 소통의 전제가 된다는 점은 연극과 마찬가지였다. 토키의 등장 이후, 시나리오 자체도 배우에 의해 1차적으로 소통되어야 하는 완결적인 서사 텍스트가 되었으며, 관객에게 있어서 영화 서사도 온전한 서사 텍스트가 될 수 있었다. 그런데 영화는 극장 안에서 실연(實演)을 통해 관객과 만나는 것이 아니라, 카메라 앞에서 연기된 내용이 필름에 담겨져 영사기를 통해 투사됨으로써 관객과 소통될 수 있다는 점이 연극과는 가장 큰 차이라고 할 수 있다. 카메라 앞에서의 연기는 시나리오라는 문자 텍스트를 바탕으로 이루어지는 재매개라고 할 수 있는데, 이것이 필름에 담겨지고 극장에서 상영되는 테크놀로지 과정은 연극보다도 한 단계 더 중층적인 재매개의 과정을 필요로 하는 것이다.

그런데 흥미로운 것은 1920년을 전후로 적지 않은 소설들에 나타나는 묘사에서 '활동사진 같다'고 표현이 나타나고 있는 점이다. 영화는 여러 차례의 '재매개' 과정을 거치면서 사실 '실재'와는 매우 멀어질 수밖에 없는 텍스트가 되기 마련이다. 극장 안에서 관객이 보고 있는 것은 실제 사람이나 공간도 아닐 뿐만 아니라, 2차원적 평면에 투사된 그림자에 불과한 것이다. 영화가 '토키'를 실현하고, '컬러' 화면을 실현하는 테크놀로지의 혜택을 누리며 발전해왔지만, 영화와 '실재'와의 거리는 본질적으로 크게 좁혀지지 않았다. 그럼에도 불구하고 영화는 '재매개'의 과정을 최대한 감추고 숨기는 방식으로 테크놀로지를 활용해왔고, 어두운 공간 안에서 스크린을 정해진 시간 동안 응시해야만 하는 관객의 관람 방식 덕분에 '실재 현실'에 가장 가깝다는 착각과 환상을 심어왔다.

3) 문학과의 영향 관계와 대중적 관객의 형성

개화기 무렵 새롭게 등장한 '신소설'의 형식과 내용에 있어 '연극'의 영향을 받은 것은 「은세계」와 같은 일부 사례에만 해당되는 것이라고 볼 수 없다. 초기 신소설의 대표적 작품으로 꼽히는 「혈의 누」의 경우에, 이것이 전대(前代)의 소설과 가장 차별적인 지점 가운데 하나는 그 도입부 부분이라 할 수 있다.

> 일청전쟁의 총소리는 평양 일경이 떠나가는 듯 하더니, 그 총소리가 그치매 사람의 자취는 끊어지고 산과 들에 비린 티끌뿐이라.
>
> 평양성 외 모란봉에 떨러지는 저녁볕은 뉘엿뉘엿 넘어가는데, 저 햇빛을 붙들어 매고 싶은 마음에 붙들어 매지는 못하고 숨이 턱에 닿은 듯이 갈팡질팡하는 한 부인이 나이 삼십이 될락말락하고, 얼굴은 분을 따고 넣은 듯이 흰 얼굴이나 인정 없이 뜨겁게 내리쪼이는 가을볕에 얼굴이 익어서 선앵두빛이 되고, 걸음걸이는 허둥지둥하는데 옷은 흘러내려서 젖가슴이 다

드러나고 치맛자락은 땅에 질질 끌려서 걸음을 걷는 대로 치마가 밟히니, 그 부인은 아무리 급한 걸음걸이를 하더라도 멀리 가지도 못하고 허둥거리기만 한다. (…중략…)

부인 : 여보 왼 사람이오. 여보 대답 좀 하오.

(…중략…) 그 남자가 못 생긴 마음에 어떠한 생각이 났다. 말 한마디가 엄두가 아니나던 부인이 불 같은 욕심에 말문이 함부루 열렸다.

남 : 여보 왼 네편네가 이 밤중에 여기와서 잇소.[149]

위에 인용한 것은「혈의 누」의 도입부인데, 문체적 특성이나 우연적인 사건 전개 등은 '판소리'와 같은 전대(前代)의 연행적 서사물의 형식과 크게 다르지 않다고 할 수 있다. 반면, 도입부에 다소 장황하게 시간적, 공간적 배경을 묘사하고, 그 배경 위에서 인물의 외양과 행동을 장황히 묘사하는 부분은 이전의 서사 텍스트들과는 확연히 차별되는 지점이라 할 수 있다. 그런데 이 도입부를 다시금 살펴보면, 마치 연극 무대의 배경과 등장인물의 외양을 지시하는 희곡의 '지문'과 유사한 듯한 느낌을 받기에 충분하다.[150] 뿐만 아니라, 대화 부분마다 화자의 이름을 앞에 적어두는 양식은 희곡의 방식과 또한 동일하다고 볼 수 있다.

실상, 소설과 희곡은 매우 다른 형식으로 소통되는 장르이며, 서사적 전개 방식 자체도 많이 다를 수밖에 없었다. '문자'로 읽히는 것과 '공연'으로 보여지는 것이 다름은 당연한 일이었다. 1920・1930년대 무렵 당시의 논자들은 소설과 희곡의 차이에 대해 다음과 같이 언급하고 있었다.

149 이인직,「혈의 누」, 권영민 외편,『한국신소설선집』1, 서울대 출판부, 2003, 1~3면.
150 도입부분의 이러한 서술과 묘사는 근대적 희곡의 형식이 자리잡게 되는 1920・1930년대의 '희곡'이나 1920년대 '연쇄극'의 대본, 그리고 1920・1930년대의 영화 '시나리오'에서도 유사하게 나타나는 형식이다.

소설(小說)에서는 마련이 별(別)로 어떠한 제한(制限)이 없으나 희곡(戲曲)에 들어서는 반드시 삼막(三幕)이나 오막(五幕)에서 넘을 수 없고 또 반일(半日)이나 일일(一日) 동안에 연진(演盡)되도록 마련을 하지 않을 수 없다. 소설(小說)은 일부분을 기일간(幾日間)이라도 분독(分讀)할 수 있지만 희곡(戲曲)은 관람자(觀覽者)의 생리상태상(生理狀態上) 아무래도 하루 안에 연진(演盡)하도록 하지 않을 수 없는 것이다. 그러면 마련에 사용되는 모든 재료(材料)도 빼지 못할 필요(必要)한 것 외에는 될 수 있는 대로는 생략(省略)하지 않을 수 없는 것이다. 가장 중요(重要)한 사건(事件)으로만 독자(讀者)의 주의(注意)를 집중(集中)하는 것이다. 이런 까닭에 소설(小說)의 마련은 임의(任意)로 크게 사용할 수 있지만은 희곡(戲曲)의 마련은 대개 협소(狹小)의 마련을 적게 사용하는 것이다.[151]

소설은 몇 십 년(十年) 내지(乃至) 몇 천 년(千年)일지라도 좁은 지면(紙面)으로 훌륭히 나타낼 수 있다. 그러나 희곡(戲曲)은 전사건(全事件)의 전세월(全歲月)을 다 표현(表現)하지 못할 제한성(制限性)을 가졌다. 즉 무대(舞臺) 위에서 짧은 시간(時間)에서 밖에 연출(演出)안될 조건(條件)을 가졌다. 이러므로 희곡(戲曲)은 될 수 있는 대로보다도 거의 절대적(絶對的)으로 어떤 특징(特徵)가진 순간(瞬間)을 연출(演出)할 필요(必要)를 가졌다. 즉 다시 말하면 소설(小說)은 전세월(全歲月)을 서술(敍述)할 수 있으나 희곡(戲曲)은 과거(過去)도 회상(回想)할 수 있고 미래(未來)도 상상(想像)할 수 있을만한 가장 중요(重要)한 그리고 심각(深刻)한 순간(瞬間)을 포착(捕捉)해야 한다.

다음은 제한(制限)된 장소(場所)이다. 소설(小說)은 필요(必要)에 따라 허다(許多)한 장면(場面)을 가질 수가 있다. 그러나 희곡(戲曲)은 될 수 있

151 현철, 「희곡의 개요」, 『개벽』, 1920.10(표기법은 현대어 표기법에 가깝게 고침).

는 대로 가장 중요(重要)한 장소(場所)만을 될 수 있는 대로 수(數)적게 가져야 한다. 소설(小說)은 사건진행(事件進行)을 자유롭게 넓고 길고 여러 갈래로 발전(發展)시킬 수가 있다. 그러나 희곡(戱曲)은 단순(單純)하고도 강렬(强烈)하게 진행(進行)시켜야 한다. 그 대신 좀더-입체성(立體性)을 띠운 매력(魅力)가진 진전(進展)이래야 한다.[152]

위의 인용은 현재에는 너무나 보편적으로 인식되고 있는 '희곡', 혹은 '연극' 형식과 '소설' 형식의 차이점을 변별하고 있는 내용이다. 이러한 언급이 흥미로운 것은, 당시에 '소설'의 형식적 특성도 명확히 규명되고 있지 못한 현실에서, '희곡'과 '소설'의 비교가 이루어지고 있다는 점이다. '소설'이 제한된 공간에서 연극으로 상연될 '희곡'의 소통방식과는 다르게, '활자'를 통해 소통되는 형식의 서사 텍스트라는 점은, 당시에 새롭게 등장한 '희곡'이나 '신연극'과의 비교를 통해 좀 더 명확히 인식될 수 있었을 것이다. 그리고 이 같은 인식은 각 매체의 장점을 특화시켜 발전해나갈 수 있는 방향을 모색하거나, '연쇄극'의 경우처럼 복합-매체적 장르를 만드는 방식으로 표출되기도 했다.

1920년대 후반부터는, 기존의 문학 작품들을 '연극'에 알맞게 각색하고 고치는 작업도 활발하게 진행되었다.[153] 판소리나 고소설을 창극의 형태로 공연 무대에 올리는 시도나 희곡적 형식의 소설을 창작하고 상연하던 시도에서 벗어나 국내외 다양한 문학 작품들을 '문자'나 '인쇄'

152 송영, 「희곡작법」, 『삼천리』 76호, 1936.8(표기는 현대어 표기법에 가깝게 고침).
153 "최근 「중앙무대」에서 민촌의 『고향』을 각색 상연하리라 한다. 문예 작품의 연극화는 이번이 처음이 아니지만 이만큼 스케일이 活大한 『고향』의 원작을 연극화하는 것은 과거에 있어 드문 예였다. 조선의 연극계도 이만하면 거이 본격적인 向上에 들어섰다고 보여지는 동시, 연극 팬의 교양수준이 점차 고양되여가는 경향을 겻드려 볼 수 있음은 실로 기뿐일이다. 앞으로 문단과 劇壇이 좀 더 밀접한 연락을 취한다면 현재에서 보담 훨신 놀날만한 성과와 意氣가 클 것이다(엄흥섭, 「문예작품의 연극화」, 『조선문학』, 1937.8, 71)."

매체가 아닌 서구적 형태의 '연극'을 통해 소비할 수 있게 된 셈이었다.

뿐만 아니라, 1920・1930년대의 잡지들은 당시에 인기 있던 '연극'의 대본을 지면에 게재함으로써 독자들의 관심을 끌어 모으기도 했다. 그 연극은 대개 통속적 성격이 강했던 '신파극'들이었다. 일본으로부터 들어온 신파극과 그 영향을 받아 창작된 신파극들은 대개 천편일률적인 애정 통속극의 형태를 띠었으나, 일부 연극인들의 비판에도 불구하고 대중적 인기는 상당했다.

비슷한 시기에 형성된 '근대적 연극' 무대와 소설이 연재되던 신문・잡지 매체는 서로 영향을 주고받으며 근대적 '서사 텍스트' 소통의 공간으로 자리잡아갔다. 희곡, 혹은 소설의 독자는 연극의 관객이 되고, 연극의 관객은 다시 또 다른 문자 서사 텍스트를 갈망하게 되는 식으로, '서사 텍스트'의 소비층을 확보・확대해나갈 수 있었던 것이다.[154]

영화의 경우, 「아리랑」과 같은 창작 시나리오를 통한 작품이 큰 인기를 모으곤 했지만, 지속적인 영화 제작에 있어서 부딪힌 문제는 영화라는 매체에 담을 '서사'가 마땅치 않다는 데에 있었다. 연극이 그러했듯, 영화의 관심은 당연히도 '문학'이 축적해온 '서사 텍스트'들로 향했다.[155] 이 과정에서 '소설'을 토대로 만들어지는 영화가 더욱 늘어나기 시작했다. 무성영화 초기부터 관심을 모았던 것은 대중들에게 가장 인기가 있었던, 「춘향전」, 「운영전」 등을 비롯한 고전소설을 영화화하는

154 "독자가 관객으로 초대되고, 관객이 다시 독자로 '호명'되는 순환구조, 그 순환 속에서 새로운 부류의 독자들이 탄생"한다(최태원, 「번안소설・미디어・대중성」, 사에구사 도시카쓰 외, 『한국 근대문학과 일본』, 소명출판, 2003, 33면).

155 프랑스의 경우, 영화와 소설의 유사성, 혹은 차별성에 대한 논쟁은 상당히 뜨겁게 이루어진 바가 있다. 흔히 '좌안파'라 불리는 이들은 '누보 로망', 혹은 '누보 시네마'라 불리는 영화를 만들어냈는데, 그들은 소설의 창작과 영화의 제작을 두루 섭렵한 경우가 많았다. 알렝 로브그리예, 마르그리트 뒤라스, 알랭 레네 등이 그 예이다. 반면, '우안파'라 불리는 이들은 이른바 '누벨 바그' 운동을 벌였던 '영화광' 출신들로, 영화란 매체의 특성을 강조하면서, 소설과의 차별성을 강조하였다. 앙드레 바쟁, 장 뤽 고다르, 에릭 르메르, 자크 리베트 등이 그 대표적 인물들이다.

것이었으며, 일본에서 인기 있었던 소설을 원작으로 하는 「쌍옥루」나 「장한몽」 같은 작품도 인기를 모았다. 1926년에는 『조선일보』에 연재되던 「멍텅구리」라는 네 칸 만화도 이필우 감독에 의해 영화화되었는데, 이는 우리나라 최초의 코미디 영화로 간주되고 있다. 근대 이후 창작된 현대문학 작품을 영화화한 것으로는 1925년 이경손이 감독을 맡은 「개척자」를 효시로 꼽는다. 1928년 나운규가 감독한 「벙어리 삼룡」 역시 원작 소설을 배경으로 한 작품이다. 1939년에는 정비석의 「성황당」, 이광수의 「무정」 등이 영화화되기도 했다.

'소설'의 영화화 · 연극화가 본격화됨에 따라, 소설 자체가 가진 '대중성'은 상당한 타격을 입게 되었다. 아래의 인용은 1920년대 말, 심훈이 '소설'의 '영화화' 경향에 대하여 언급한 내용이다.

> 요사이 조선영화계에도 문예작품의 영화화문제가 대두하는 모양이요 멧해전의 「개척자」를 위시하야 「유랑」, 「벙어리삼룡」, 최근에는 「약혼」 등이 제작되엿다. 「춘향전」 「심청전」 「장화홍련전」 짜위는 고대의 대중소설이라고 칠것임으로 문제밧그로 삼고라도 근래에 와서 문예작품들의 소설을 원작으로 삼어가지고 영화화하려는 경향이 보이는 것이다.
>
> 나는 제작자들이나 또는 돈버리를 먼저 念頭에 두고 흥행업자들이 문예작품이나 유행소설을 각색해가지고 활동사진으로 박히려는 심리를 세가지로 해석한다. 첫재는 신문이나 잡지에 연재되엿든 소설은 이미 그 내용을 알고 그 중에도 애독한 작품이면 누구나 다시한번 다른 형식으로써 보고자 하는 애착심이나 호기심을 포착해가지고 수십만 혹은 수백만이나 되는 달어나지 안는 고정된 독자를 씰어서 急造로 영화팬을 만들녀는 데 잇다. 흥행상으로는 선전이 영화의 생명인데 막대한 비용을 드리지 안코도 다수의 관중을 그 작품의 인기에 집중식힐수 잇는 것이니 業半功倍의 효과를 엇고자함이요 둘재는 그 작가를 예술가로써 尊崇하거나 그 작품의 내용

이 예술적 가치가 잇는 점을 취하는 것보다는 일흠난 공장의 신용잇는 상품의 '벳텔' 모양으로 유행작가의 일흠을 내걸어가지고 狗肉이라도 팔녀고 하는 자본가의 이용책이요, 셋재로는 머리꼴치 압흔 원작 즉 내용의 시비를 슬그머니 원작자에게 轉嫁를 식혀서 비평하는 사람들에게 대한 방패맥이를 삼을녀는 실제 제작자의 頓智다.[156]

이러한 내용을 보면, 기존의 문학은 영화가 재매개할 대상을 제공해주는 데에서 그친 것이 아니라, 영화라는 매체와 '대중'의 인기를 놓고 경쟁을 해야하는 관계에 놓이기도 했다. '복제'된 필름의 동시다발적 상영을 무기로 한 영화의 대중성은 연극보다도 압도적인 수준이었다. 1920년대 이후, 영화계는 기존의 문예 작품들을 하나둘씩 영화화하였고, 기존의 독서층을 훨씬 뛰어넘는 다수의 '관객층'을 확보하는 데 성공하였다. 20년대 후반 이후 영화의 인기는 날로 높아졌는데, 1926년 『별건곤』에 실린 다음의 글은 당시의 '영화' 인기가 어느 정도였는지를 짐작하게 해준다.

맥드날드가 누군줄 아느냐?고 무르면 영국노동당의 수령이라고 대답할 사람이 대중의 속에는 몃사람이 못되지만 메리-픽포드가 누구냐고 무르면 누구든지 자긔 친구의 일홈이나 드른 것처럼 미국활동사진의 명배우라고 반가워한다. 정치로 세계적 인물보다는, 활동사진으로 세계에 일홈이 알려진 사람이 더 만케된 것이 사실이니 뭇지 안어도 활동사진이 더 대중과의 친밀성을 가진 까닭이다.

여긔서도 활동사진, 저긔서도 활동사진, 이일도 활동사진, 저일도 활동사진, 위생선전도 활동사진, 교육선전도 활동사진, 정치에도 활동사진, 긔

156 심훈, 「문예작품의 영화화 문제」, 『문예공론』 창간호, 1929.5, 81면.

어코 서양에서는 정부에서 드리덤벼 국고금으로 전쟁의 필요를 알니는 활동사진을 박혀내기 시작하고 조선의 총독부까지 조선통치 잘한다고 활동사진으로 자랑을 하며 도라다니게까지 세상은 활동사진의 세상이 되고 말엇다. '노리'라고 우습게만 녁이든 娛樂이, 대중의 생각을 支配하는데에 아모 것보다도 큰힘을 가진 것을 알게된 까닭이다.[157]

위의 인용에 언급되듯, 서양의 인기 영화배우들까지 널리 알려져 있을 정도로 영화는 대중적인 인기를 모았으며, "대중들의 생각을 지배하는 데"에까지 이용될 만큼 대중적 효과는 막대했다.

'영화'는 근본적으로 대중적 서사 텍스트라고 할 수 있으나, 모든 영화가 대중들의 사랑을 받았던 것은 아니었다. 지금도 그러하지만, 당시의 영화도 지식인이나 비평계로부터 찬사를 받지만 흥행에는 성과를 거두지 못하는 영화와 저급 영화라는 비판에도 불구하고 대중들의 호응을 얻는 영화로 대별되고 있었다.

"영화는 大衆藝術노서 한가지 大衆娛樂物인 것"

문에 영화하고 일부 지식계급의 사람들이 찬사를 악기지 안는 작품이 째로는 흥행적으로 敗ㄹㄹ 보는 일이 만습니다. 반대로 前者가 저급영화라고 不顧하는 작품이 윈일인지 일반의 대대적 환영을 밧는 일도 만습니다.

이는 본래 영화란 것이 일부 특권 계급의 속한 예술이나 오락이 아닌 본질을 무시한 作者의 罪라 할 것입니다.[158]

1927년 『별건곤』에 실린 위의 글에서 필자는 대중오락을 지향하는

157 미상, 「민중오락 활동사진 이약이 : 현대는 활동사진의 세상이라는데 조선에는 그것이 언제 드러왓섯나」, 『별건곤』 제2호, 1926.12, 90면.
158 李龜永, 「조선영화 제작에 대한 일고찰」, 『별건곤』 1927.7, 139~141면.

'영화'에 대한 지지를 표명하고 있는데, 아마도 이 같은 태도가 일반적인 대중 관객들의 성향이 아니었을까 짐작할 수 있다. 분명한 것은 당시 영화에도 소위 '작품성'의 문제와 '흥행성'의 문제는 딜레마처럼 작용하고 있었다는 점인데, 상대적으로 대규모의 자본과 시간, 인력이 투입되는 '영화'의 경우에는 여타의 서사 텍스트들에 비해 대중성과 상업성에 대한 부담감은 클 수밖에 없었을 것이다.

'토키', 즉 '유성영화'가 등장하여 '조선어'로 제작된 영화가 상영되었던 1935년부터는 영화 관객의 수는 급속도로 늘어나기 시작하였다. '천연색 — 컬러 — 영화'[159]가 본격화된 1930년대 말에는 연간 영화관객수가 1천 7백여만 명[160]에 이르기도 하였다.

1937년 『조선문학』에 실린 아래의 글을 보면, 그 무렵 영화가 '대중성'과 '흥미'에 있어 소설을 어느 정도로 압도하고 있었는가를 짐작할 수 있다.

> 영화의 괄목할 진출은 문학예술 특히 소설의 영역을 광범위로 침략하였다. 이제 대중적 흥미나 그 시간적 신속성에 있어 영화의 그것을 딸을 수 없고 토-키의 발달은 대화의 妙마저 능가하였다. 그러하면 문학이 문학 독자

159 '천연색영화', 즉 '컬러영화'가 등장하면서 당시의 영화 관객들은 크게 놀랄 수밖에 없었다. 우리나라에 처음 소개된 것은 1936년이었는데, 당시 잡지에는 이렇게 기록하고 있다. "今春에 「크랏캇차」, 「虛榮의 市」 등의 天然色 영화가 단성사 스크-린에 비취자 일반 팬의 視覺은 황홀한 쇼-크(感觸)을 받었다. 영화 기술에 있어서 남은 문제가 있다면 그것은 天然의 調和色을 고대로 필림에 再現식키는 기술 문제일 것이다. 이 문제도 거이 해결을 짓게 되였으니 今秋에 封切될 천연 영화는 前記 二者보다 얼마나 장족의 진보를 보혀줄가 하는 것이 일반의 기대이다(一記者, 「영화계에 異狀있다」, 『신인문학』 13권, 1936.10, 127면)."

160 재인용 : 천정환, 『근대의 책읽기 : 독자의 탄생과 한국 근대문학』, 푸른역사, 2003, 33면; 이효인, 『한국영화역사 강의』 1, 이론과실천, 1992, 242면(1936년 10월에 창간호이자 종간호로 발행되었던 『조선영화』에 실린 집계와 이중거, 「한국영화사연구」, 중앙대논문집, 1973, 223면을 인용한 것이다).

의 경지가 있어야 할 것이라면 지금 그 영역을 거대하게 침융당한 현대에 소설이 한개 위기에 직면하였다고 생각하는 것은 나의 엽기적 把擾일까.[161]

이 무렵, 일부 소설가들은 연극이나 영화가 표현할 수 없는 '소설'만의 장점을 적극 활용한 '심경소설(心境小說)'을 쓰는 데에 집중하거나 '예술창작자'로서의 애환을 직접적으로 다루는 '예술가소설'에 관심을 기울이기 시작하였다. 당시 문예지들에 엿보였던 '조이스에 대한 관심'들이나, 일본 문학의 영향을 받기도 한 '심리 소설적 경향'은 단순한 모더니즘적 유행의 측면이라기보다는, '영화'와는 다른 형식의 예술인 '문학'만의 '장르적 특성'을 한껏 발휘하려는 나름의 전략에서 나온 결과물로도 볼 수 있을 것이다.[162] 그런 측면에서, 바로 위에 인용한 글이 다음과 같이 이어지고 있음은 매우 시사적이라 할 수 있다.

이런 의미에서 나는 소설을 어데까지든지 심오한 인간 심리의 유동적 기록으로써 실험한 쬬이쓰 푸르스트의 소위 심리주의 문학에서 일면의 首肯

161 김조규, 「스토리의 권태」, 『조선문학』, 1937.8, 71면.

162 맥루한은 현대 문학 작품, 특히 조이스나 프루스트의 작품에서 보이는 '의식의 흐름' 기법이나 '내적 독백'이 사실은 영화의 테크닉이 인쇄물로 옮겨온 것이라고 말하고 있다. 맥루한은 여기서 1911년 앙리 베르그송이 『창조적 진화』에서 사고의 과정을 영화의 형식과 관련지은 것을 근거로 삼고 있다(마샬 맥루한, 김성기・이한우 역, 『미디어의 이해 : 인간의 확장』, 민음사, 2002, 410~411면). 또한 이른바 '사소설'이 성행했던 일본의 문학 풍토 위에서 가라타니 고진은 '내면의 풍경'을 주목하면서 역시 '영화' 장르의 상관성을 염두에 두고 있다. '내면'과 '심리' 묘사 중심의 소설이 영화가 '카메라'라는 주관적이고 독립적인 '서술 주체'에 의해 전개된다는 형식적 특성의 영향을 받았다고 볼 수는 있겠다. 하지만, '이미지' 중심으로 '시간'이 흘러가며 전개되는 영화의 서사적 특성이 '정지'된 시간에서 이루어지는 '심리 묘사'에 영향을 주었다고 보기는 힘들며, 이것은 오히려 심리소설이 가지는 영화와의 차별적 지점이라고 보아야 할 것이다. 실제로 소설이 3인칭 서술 중심에서 1인칭 서술 중심으로 옮겨간 이후에, 영화 역시 '클로즈업' 기법이나 '인물 시점'을 활용한 1인칭 서술을 본격화해 나간 것으로 보인다.

點을 보낸다. 심지어 슈르레알리즘에게 까지도 사실에 있어 평범한 市井事의 미숙한 기록엔 권태다. 소설에 있어서 사건을 무시하는 것 - 이것은 나 한사람의 破産된 성격으로 돌리고 말 것인가.[163]

이야기 장르의 문학 작품인 소설에 있어 핵심과도 같은 '사건'을 무시하는 소설이 본격적으로 등장하기 시작한 것은 소설이 연극이나 영화에 비해 '사건' 중심으로 전개되는 서사 텍스트로서는 경쟁력이 약세에 몰리게 된 매체 환경의 변화 탓으로 볼 수밖에 없다.

앞서 언급한 심훈의 글은 다음과 같이 이어지고 있다.

본시 '문학'과 '영화'는 그 형식과 내용에 잇서서 전연히 개별의 생명을 가지고 잇다는 것은 만흔 영화론자가 주장해온 묵은 문제다. 영화는 '보는 것', 소설은 '읽는 것'이다. 소설 원고는 붓으로 쓰는 것이요, '스크린'이란 '칸바쓰'는 '개메라'로 그려야 하는 것이다. 심경소설이 한풀이 꺽거진다 하드래도 소설은 심리와 써나지를 못한다. 오늘날의 소설가가, 독자가 염증은 내는 심리묘사를 집어던지고 그 밧게 달리 나타나는 형식을 대신하야 표현하기에 노력한다 하드래도 역시 그 내부의 세계의 지배로부터는 탈각치 못할 것이다. 그런데 '보는 것'인 영화에 잇서서는 그것이 각구로 되어잇다. '듯는' 영화가 완성의 경지에 이르러서 갓가운 장래에 적어도 연극만한 정도로 인간의 내부의 세계까지 파고들어 갈 수 잇다고 하드래도 영화의 생명은 시각에 호소하는 동작의 묘사로브터 해방될 수 업는 것이다. 이제까지 동서를 막론하고 소설을 영화한 이른바 문예영화의 거의 전부가 실패를 하고만 것은 (그 실례는 한이 없겟슴으로 들지 안으나) 소설과 영화가 각기 별다른 독자의 세계를 점령하고 잇슴으로 원질상 차이에 그 원인이

163 김조규, 「스토리의 권태」, 『조선문학』, 1937.8, 71면.

잇는 것이다.

그런데 '영화'의 스토-리는 단순해야만 한다. 煩累曲折이 중첩한 스토리-보다는 명쾌단순한 이야기로써 만드는 것이 확실히 유익한 것이다. 그 이유는 呶呶히 말할 것도 업시 복잡한 스토리- 때문에 화를 입은 작품이 여간 만치가 안은 것이다. 그 까닭은 우에 말한 바와 가티 영화란 한가지의 표현양식이 소설 종류의 표현양식과는 그 기능에 잇서서 판이한 점으로부터서 생긴 것이라고 보는 것이 정확한 것이다.

이제까지 나온 우수한 영화의 스토리는 거의 전부가 영화인 자신의 씨나리오요, 그 씨나리오는 아조 단순한 것이엇다.[164]

심훈은 영화와 소설이 '매체'의 차이에 따라 표현 방식이 다를 뿐만 아니라, 독자 혹은 관객의 수용 과정에서도 본질적 차이를 보인다는 점을 정확히 인식하고 있었다. 그렇기 때문에 '영화'에 걸맞는 독자적(獨自的)인 시나리오의 필요성을 역설하기에 이르렀다.

이 무렵, 소설, 연극, 영화라는 서로 다른 매체의 '서사 텍스트'들은 '대중성'과 '예술성'을 놓고 본격적인 신경전을 벌이기 시작하였다.[165] 1930년대에 들면서 신문연재소설에도 삽화를 동반하면서 한자 혼용 비율이 낮아지거나 순 한글로 바뀐 것은 '한글보급'에 역점을 두었기 때문[166]이라는 설명보다는, 연극 · 영화와의 대중성 경쟁 차원에서 이해하는 것이 적절할 것이다.

1930년대에 오면 신문연재소설들은 사적 차원의 이야기나 연애담보다는 훨씬 방대한 '서사성'을 담은 작품들을 다루기 시작한다. 이 무렵,

---

164 심훈, 「문예작품의 영화화 문제」, 『문예공론』 창간호, 1929.5, 81면(밑줄—인용자).

165 연극과 영화 이외에도, '만문만화'나 레코드판에 담긴 '음성화된 소설' 혹은 '녹음된 연극'과 같은 새로운 서사 텍스트 양식들이 수없이 등장하던 시기가 바로 이 무렵이었다.

166 서광운, 앞의 책, 156면.

연재의 형태나 단행본 형태의 '역사소설'들이 많이 등장하였다. 당시의 영화계 현실로서는 다루기 힘들었을 '역사 드라마'를 소설은 방대한 스케일로 거침없이 펼쳐보였다. 일제가 주도한 '조선왕조실록'을 비롯한 역사 사료의 공개와 연구도 이러한 흐름에 박차를 가했다.[167]

1920년대 이후에는 '영화 소설'이라 지칭되는 장르의 서사물들이 등장하기 시작하였다. '영화 소설'은 쉽게 말하자면, 시나리오와 소설의 중간적 형태라고 말할 수 있겠지만, 실제로는 단일하게 정의내릴 수 없는 다양한 양상을 보인다.[168]

대체적으로 보면, '영화 소설'은 서로 다른 매체로 상호 경쟁하던 '영화'와 '소설'이란 장르가 교호하는 과정에서 등장한 양식이라고 볼 수 있을 것이다. 다만 '영화 소설'을 그저 '소설'과 '시나리오'의 중간적 단계라든가, 영화화되지 못한 과도기 상태의 서사물 정도로 취급하는 것은 적절하지 않아 보인다. '영화 소설'이란 이름이 붙은 서사 텍스트들 가운데에는, 읽히는 것을 목적으로 쓰여진 레제 시나리오의 형식도 있었고, 영화화를 전제로 쓰여진 소설도 있었다. 그림이나 실사(實寫)가 많이 사용되었다는 이유로 '영화 소설'이란 이름이 붙은 경우도 있었으며, 이미 인기를 얻고 상영되었던 영화를 추후에 문자화된 '소설'의 형태로 옮긴 경우도 있었다.

흔히 처음으로 '영화 소설'을 표방했다고 알려진 심훈의 「탈춤」은

---

167 소설의 '역사 드라마' 경향을 견제한 것은 오히려 연극계였다. 당시 연극계가 「원술랑」과 같은 역사극에 관심을 보이기 시작한 것은, '소설 문학계'의 대응에 대한 재대응의 성격으로 이해할 수 있다.

168 '영화 소설'과 관련된 논의는 다음을 참고. 김경수, 「한국 근대소설과 영화의 교섭양상연구 : 근대소설의 형성과 영화체험」, 『서강어문』 15집, 서강어문학회, 1999.12; 김려실, 「영화 소설연구」, 연세대 석사논문, 2002; 강현구, 「대중문화시대의 영화 소설」, 『어문논집』 제48집, 민족어문학회, 2003.10; 강현구, 「영화 소설의 시대별 고찰」, 『어문논집』 제49집, 민족어문학회, 2004.04; 전흥남, 「심훈의 영화 소설 『탈춤』과 문화사적 의미」, 『한국언어문학』 52집, 2004.06.

『동아일보』에 연재되기 시작하면서 다음과 같은 예고를 동반하였다.

〈창작 영화 소설 탈춤(예고)〉

—심훈 作

조선서 처음 되는 영화 소설이 명일부터 기재하게 되었는데 매일 揷畵 대신 美麗한 實演 寫眞이 들어갑니다. 여러분은 기다리십시오.[169]

위의 인용처럼 심훈의 영화 소설 「탈춤」은 당일 연재된 내용 가운데 한 토막을 실제 배우의 연기 장면 사진을 찍어 함께 싣고 있었다. 「탈춤」은 애초에 영화화할 것을 전제로 한 것으로 보이지만, 실제로 영화화되지는 못하였다. 「탈춤」 연재시에 함께 게재된 배우들의 실연 사진은 「탈춤」의 집필 상황에 맞추어 수시로 촬영된 것으로 보이는데, 이것은 독자로 하여금 영화적 이미지를 연상시키려는 의도였지만, 실제로는 내용의 전개상 혼란을 가중시키는 결과를 가져왔다.

결혼식까지 하게 되기 전에 여태까지 충설이 있어 좀 더 세밀한 묘사를 해야할 것이나 '스티－르 사진(삽화사진)'이 부족해서 부득이 건성건성 뛸 수밖에 없이 되었고 결혼식 장면은 전문용어만 쓰지 않고 원 영화각본을 꾸미는 체로 시험삼아 써봅니다.

○ 결혼식장

－예배당 종대 울려 나오는 종소리

－예배당 마당에 즐비한 자동차와 인력서 예배당 안으로 들어가는 남자, 여자, 늙은이, 젊은이 수십 명

169 『동아일보』, 1926.11.8.

―예복을 입고 바쁘게 들락날락하는 김종석[170]

「탈춤」 연재가 종반으로 치달을 때쯤, 스틸 사진의 부족으로 건너 뛴 부분을 중간에 보충한다는 위의 인용에서처럼, 서사 전개는 오락가락하는 형국을 보였다. 이는 스틸사진이 신문 연재에 맞추어 매일매일 촬영되고 게재된 것이 아니라, 앞으로 전개될 내용을 작가가 미리 구술하여, 그에 맞추어 몇 장의 스틸사진을 촬영해놓고 그에 맞추어 연재가 지속되었기 때문에 생긴 문제였다.

더욱이 위의 인용에서처럼, 전문 기호만 생략된 '시나리오' 형식으로 게재되기도 하고, 일반적인 소설과 다르지 않은 형식으로 쓰여지기도 하는 등, 초기의 '영화 소설'은 적지 않은 시행착오를 겪어야만 했다. 「탈춤」 연재 마지막 회에 심훈은 스스로 "막걸리를 거르려다 지게미도 건지지 못하였다"고 언급할 만큼 사실상 실패한 실험이었다.

1927년 『조선일보』에는 최독견의 「승방비곡」이 영화 소설을 표방하며 연재되었다. 「승방비곡」에도 연재 초기에는 나운규가 촬영한 스틸사진이 함께 삽입되곤 하였는데, 신문에서는 마치 일반적인 '보도 사진'처럼 보이는 효과를 낳았다. 그런데 영화 소설 「승방비곡」은 「탈춤」의 시행착오를 교훈삼은 것인지, 사실상 일반적 소설과 별 차이가 없는 방식으로 기술되었다.

사바세계의 온갖 번뇌를 싣고 검은 연기를 토하고 섯는 기차를 끝없는 황야로 떠나보내는 운명의 링은 울었다.

봉천행 열차는 갓난아이의 첫울음 같은 汽笛을 부산역에 남기고 무거운 바퀴를 서서히 굴리기 시작하였다. 기차는 구렁뱀같이 긴 몸을 꿈틀거리

170 심훈, 「탈춤」 26회, 『동아일보』, 1926.12.6.

며 부산진을 돌았다. 우편으로 천천히 짜르던 파-란 바다는 어느덧 슬그머니 썰어저버리고 좌편 붉은 산마루터기에 쫓겨 올라간 무리의 납작한 초가집들이 흐릿한 하늘 밑에서 마치 수많은 무덤처럼 엎드려 있을 뿐이었다.[171]

금강산을 떠나는 날이 길동무를 떠나는 날이다.

'이것이 올라가는 길이라면 아니 언제까지 가도 끝이 안나는 길이라면? 그러면 언제까지나 떠나지 않을 길동무가 될 터인데.'

이렇게 생각하매 산을 내려가는 가벼워야할 발걸음이 도리어 무거웠다.

은숙은 인생의 길동무를 찾는 것이 아닐까?

[172]

위의 인용에서 보듯, 「승방비곡」은 영화화를 목표로 한 것이되, 일반적인 '소설'과의 차별성은 그리 크지 않아 보인다. 첫 도입부에 기차의 움직임을 묘사한 부분은 시각적 이미지로의 전환을 고려했다기 보다는, 문자 텍스트로 읽을 신문 독자를 고려한 것으르 보는 것이 더 타당해보인다. 다만 네모 칸 안에 쓰여진 부분은 무성영화로 만들어졌을 때, '자막(字幕)'으로 처리할 것을 감안한 것으로 보인다. 하지만 변사의 나레이션으로 처리하거나 영상 이미지로 처리하면 충분할 것으로 보이는 부분까지 네모 칸 안에 기술되어 있는 부분이 적지 않으며, 영화에서 무엇보다 중요한 '장면(scene)'의 구분에 대한 고려도 불충분하게 쓰여져 있다는 점은 「승방비곡」이 만들어질 '영화 시나리오'로서의 성격보다는 읽힐 '소설'로서의 성격이 더 강한 텍스트라는 생각이 들게 한다. 실제로 「승방비곡」은 1929년에는 '영화 소설'이라는 표지도 사라지고 자막 표시 또한 사라진 채로 단행본으로 출판되기도 하였다.

---

171 최독견, 「승방비곡」 제1회, 『조선일보』, 1927.5.10.

172 최독견, 「승방비곡」 제15회, 『조선일보』, 1927.5.26.

〈승방비곡〉은 1930년 이구영 감독의 각색과 연출로 영화화되었는데, 현재 실제 필름을 확인할 길은 없다. 다만, 스틸 사진 촬영에 임했던 배우들은 이미 시나리오 이해와 리허설까지 마친 셈이어서 영화 제작에는 유리한 상황이었을 것임은 짐작할 수 있다. 「승방비곡」은 유성기 음반에 서상필 변사의 목소리로 「영화설명—승방비곡 : 기구한 남매 이야기」라는 제목으로 기록된 것[173]이 남아 있는데, 이것은 최독견의 영화 소설을 축약한 형태로 보인다. 무성 영화 변사가 필름에 맞추어 연행한 것이 이 유성기 음반 자료와 어떠한 차이가 있는지는 명확하지 않으나, 무성영화 시대의 '영화 소설'은 배우나 연출자의 재연을 위한 시나리오 텍스트라기보다는, 잠재적 영화 관객의 흥미를 미리 유도하면서 영화화를 전제로 한 '소설'이거나 실제 극장 안에서 변사를 통해 관객과 소통되던 쪽에 가까운 낭독용 텍스트였다고 볼 수 있을 듯하다.

1928년 4월호 『소년조선』에 실린 「운동회ㅅ날」[174]의 경우에는 '영화 소설'이란 표지가 붙어 있는데, 삽화가 동반된 짧고 간결한 콩트 형식의 이야기여서 '영화화'를 전제로 쓰여졌다고 보기는 어렵다. 다만, 대화와 묘사 중심의 이야기가 '영상 이미지'를 금세 떠올릴 수 있다는 점에서 '영화 소설'이란 명칭이 붙은 것으로 보인다.

1936년부터 『조광』에 연재되었던 안석영의 「영화 소설 수우(愁雨)」는 많은 그림이 삽입되고, 중간에 장면이 전환되는 부분이나 연재분의 첫 머리 부분에는 마치 시나리오의 '지문'처럼 묘사적인 표현이 등장한다는 특성을 보이고 있다. 이 경우는 '영화화'될 것을 전제로 쓰여진 소설로 보는 것이 타당할 것이다.

---

173 김만수 · 최동현, 『일제강점기 유성기 음반 속의 극 · 영화』, 태학사, 1998, 253~258면.

174 김려실, 「영화 소설연구」, 연세대 석사논문, 2002는 1926년에서 1939년에 걸친 기간 동안 '영화 소설'이 모두 24편 발표되었다고 밝히고 있는데, 사실 이 목록에는 「운동회ㅅ날」을 비롯한 여러 '영화 소설' 작품들이 누락되어 있다.

분명한 것은 다양한 형식적 스펙트럼을 보이는 '영화 소설'이 '영화'라는 서사 텍스트가 '소설'에 비해 불리한 특성 때문에 돌출된 장르였다는 점이다. '영화'는 문맹을 포함한 다수의 대중을 소비층으로 끌어들일 수 있었으며, 새롭게 등장한 첨단의 매체라는 점에서 큰 인기를 모았다. 그러나 영화는 기본적으로 막대한 자본 투자가 필수적인 매체라는 점에서 제작 과정에서 여러 가지 제약을 받을 수밖에 없었다. 반면 영화 소설'은 '영화' 장르의 매체적 특성을 활용하면서도, '자본'의 문제에 있어 비교적 자유로운 문자 매체를 이용하여, '영화적 성격'을 일부 지닌 서사 텍스트를 만들어내고자 하는 욕망이 낳은 결과물이라고도 할 수 있을 것이다. 그렇기 때문에 당시의 '영화 소설'은 일관된 형식적 특성이 뚜렷하지도 않고, 개별적 작품들 하나 하나가 실험적 성격을 보이는 텍스트로 나타나게 된 것이다.

영화 관객수 누계가 연간 2천만 명을 넘어섰던 무렵인 1941년에 상영된 영화 〈반도의 봄〉은 자기반영적 성격을 보이는 영화이며, 현재 필름으로 확인할 수 있는 영화텍스트이기에, 당시의 영화 제작 환경을 고스란히 살펴볼 수 있다는 점에서도 주목할 만하다. 〈반도의 봄〉에는 주인공인 영화제작자 영일과 영화감독 허훈이 「춘향전」을 영화로 만들다가 '제작비' 때문에 크게 곤란을 겪게 되는 내용이 등장한다. 이 영화에서 보여지듯, 당시에도 영화 제작에 필수적이었던 '자본'의 문제는 영화 창작에 커다란 걸림돌이 되곤 했던 것으로 짐작할 수 있다.

1940년대 들어서면서, 일제의 이른바 '신체제' 선언에 따라 영화계는 '자본난'을 극심하게 겪게 되었고,[175] 참전을 독려하는 내용의 '노골적

175 "세월이 그전같으면 제멋대로 날뛰는 것을 그냥 두었을는지 모르나 제논을 가지고도 제맘대로 베를 비지 못하고 제돈을 가지고도 마음대로 쓸수없이 된 이때에 서투른 목수 왼종일 옌장만 다투드키 촬영소를 짓겠소 영화를 일년에 몇 개씩 만들겠소 하고 신문사 연예부 기자나 매수해가지고 신문에 헛선전을 한들 누가 뛰어와서 가치 일하자고 돈내놀 자도 없고 그렇다고 조선 영화계가 살아있다고 볼자도 없다(서광

인 선전 영화' 외에는 거의 제작되지 못하는 상황을 겪게 되었다. 전반적인 문화 예술계가 침체에 빠졌지만, '자본'과 '권력'의 영향을 크게 받을 수밖에 없는 영화계는 더 큰 타격을 입을 수밖에 없었다.

4. 전파 · 전자 매체의 등장과 다감각 시대의 서사

1) 전파 · 전자 매체의 발전과 서사의 사적(私的) 재구성

우리나라에서 라디오 방송의 역사는 1927년 2월 16일 '경성방송국'이 첫 방송을 시작한 이래 시작되었다. 일본에서는 1925년 3월 22일 도쿄, 6월 1일 오사카, 7월 15일 나고야에 각기 JOAK, JOBK, JOCK라는 '콜사인'을 부여하면서 라디오 방송이 시작되었다. 당시 경성방송국의 콜사인은 'JODK'였는데, '내지(內地)' 일본의 방송망의 연계 선상에 있음을 콜사인 부호만으로도 짐작할 수 있다. 어쨌든 당시 경성방송국의 방송은 1920년 미국, 영국, 독일 등이 처음으로 라디오 방송 전파를 쏘아올린 지 불과 7년 만에 이루어진 일이니, 세계적으로 보더라도 라디오 방송 역사는 비교적 빠른 편이었다고 할 수 있을 것이다.[176]

제, 「신체제와 영화」, 『인문평론』, 1940.11, 23~26면)."

176 조선에서 라디오 방송이 시작된 것은 세계에서 일곱 번째로 이루어진 것으로 알려져 있다. 경성방송국이 개국을 한 1927년경, 유럽지역에서는 이미 라디오는 크게 인기를 끌어, 영국과 독일에서 각 2백만 명 이상의 라디오 청취자가 있었다고 한다. 쓰가와 이즈미(津川泉), 김재홍 역, 『JODK, 사라진 호출부호』, 커뮤니케이션북스, 1999; 「歐羅巴 '라듸오팬' 六千萬人, 英國이 二百十三萬 獨逸이 二百三十三萬」, 『동아일보』, 1927.6.2, 3면.

초기에는 워낙 라디오 수신기가 널리 보급되지 않았던 탓에 '라디오'라는 전파 매체는 '방송(放送, broadcasting)'이라는 이름값을 하기에 부끄러운 수준이었다. 1927년 라디오 수신기의 보급은 2천 대에도 못 미치는 수준이었다. 라디오 수신기의 가격이 워낙 고가였던 데다가 매달 수신료를 별도로 지불해야 했던 점은 부담일 수밖에 없었다. 그러나 1930년대 이후 상대적으로 저렴한 가격의 라디오 수신기가 나오고, 수신료도 방송 초기에 월 2원이었던 것에서 월 1원, 월 75전으로 점차 인하[177] 되면서 라디오 수신기의 보급은 크게 늘기 시작했다. 1930년 1만 대를 넘어선 라디오 수신기 보급은 1933년 2만 대를 돌파하고, 1935년에 5만 대, 1938년에는 11만 대, 1941년에는 22만 대, 1945년에는 30만 대에 이르는 가파른 증가 추세를 보여주었다.[178] 라디오 수신기 한 대에 다수의 이웃이나 친지, 군중들이 모여들어 '뉴스', '라디오 드라마', '스포츠 중계' 등을 청취하였던 당시의 세태[179]를 감안한다면, 30년대 중반만

---

177 「'라듸오' 청취료 일원으로 인하, 十月부터 실시」, 『동아일보』, 1927.7.6, 2면; 「라디오 聽取料를 七十五錢으로 引下」, 『매일신보』, 1934.5.31, 7면. 그러나 라디오 청취료의 인하 요구는 계속적으로 이어졌다. 『매일신보』(1935.12.4, 9면)에는 「조선의 '라듸오' 청취자 대망의 오만명 돌파 : 방송국 수입이 激增되엿슴에 料金減下要望熾烈」이란 기사가 실려 있는데, 라디오 청취자가 늘어남에 따라 수신료 인하를 요구하는 여론 또한 늘어났음을 보여준다.

178 당시 라디오 수신기 등록대수 집계에 근거를 둔 이 수치는 조선에 거주하는 일본인과 외국인을 포함한 수치이다. 그 중 조선인의 비중은 초기엔 20%에도 못미쳤지만 1940년을 넘어서면서부터는 전체의 절반 정도를 차지하는 수준이 되었다(『朝鮮總督府統計年報』, 『朝鮮年鑑』, 『朝鮮放送協會報』 등, 재인용 : 서재길, 「한국 근대 방송문예 연구」, 서울대 박사논문, 2007, 20면) 1941년경 라디오는 100세대당 5 가구에 보급되어 있는 수준이었으며, 청취자의 지역 분포는 경성을 비롯한 경기 지역에 40% 이상이 집중되어 있었다(「라듸오數激增」, 『매일신보』, 1941.4.9, 2면). 하지만 등록되지 않은 라디오 수신기까지 고려한다면, 당시 라디오 청취자 수는 훨씬 더 많을 수도 있을 것이다. 실제로 만주사변 이후에는 라디오 '도청자'가 크게 늘었다는 신문기사도 발견할 수 있다. 당시 라디오 도청 적발시 벌금은 30원에 달했다고 한다(「라듸오盜聽罰金三十圓也」, 『매일신보』, 1934.8.26, 7면; 「事變이래로 激增한 '라듸오' 盜聽者 : 발견하는대로 엄벌하게 될 터 급속히 申請들 할 일」, 『매일신보』, 1937.7.22, 2면).

179 「塔洞公園에 라디오를 설치 : 一般의 娛樂 爲하야」, 『조선중앙일보』, 1933.9.13, 3면;

하더라도 라디오 청취자의 수는 여타 '신문', '잡지' 등 대중 매체의 독자 수에 비해 결코 적은 수가 아니었으며, 1940년대에 접어들면서부터는 압도적인 '대중 매체'의 위치를 점하게 되었다는 것을 짐작할 수 있다.[180]

방송 초기에는 전파 출력이나 전기 보급 문제로 라디오 방송이 널리 보급되기 어려웠으나, 1933년 4월 26일부터 일본어로 방송하는 제1방송과 한국어로 방송하는 제2방송으로 2원화하고, 1937년 출력을 크게 개선하면서 라디오 청취자도 크게 늘어날 수 있었다. 당시 만주지역에서 발행되던 『만선일보』에도 경성방송국의 라디오 프로그램 안내가 실려 있는 것을 보면, 경성방송국은 상당히 넓은 가청 범위를 지닌 방송이었음을 짐작할 수 있다.[181]

라디오는 '문자'를 통해 소통되던 신문・잡지 등과는 달리, '전파'를 통해 '음성'으로 재매개되는 매체라는 점에서, 문맹률이 높던 당시, 훨씬 더 대중들에게 쉽게 다가갈 수 있는 매체일 수 있었다. '목소리'를 실시간으로 수많은 사람들에게 전달할 수 있는 라디오 방송의 테크놀로지는 당시 사람들에게 놀라운 경험이었고, 그러한 테크놀로지를 어떻게 활용할 수 있을까에 대한 고민을 낳게 하였다. 신문 매체가 등장 초기, 사회 계몽적 차원의 목적의식이 뚜렷했던 것처럼, 라디오 역시 '가정교육'이나 '이념홍보'의 매체로써의 활용 가치가 우선적으로 고려되

「라듸오로 보는 孫南 兩君」, 『조선일보』, 1936.8.10.

180 일제 강점기 당시 신문・잡지의 발행 부수가 최대 수만부 수준이었다는 점을 감안하면, 10만대 이상의 라디오가 보급된 1930년대 중반 이후, 가장 대중적인 매체의 자리를 라디오가 차지했다고 말할 수 있을 것이다. 1945년 8월 15일 일왕의 '무조건 항복 선언'은 '라디오'를 통해 조선 전역에 전달되었는데, 그날 아침 신문 발행을 오후 1시 이후로 연기하고 라디오 방송을 통해서 역사적 선언을 하게 된 것을 보아도, 당시 라디오 매체의 대중적 영향력과 전파력을 짐작할 만하다(「국치를 씨첫따」, 『신한민보』, 1945.8.30, 2면 참고).

181 「全滿卄九個所에 '라디오'塔을 建設」, 『만선일보』, 1940.2.15, 6면. 이 기사가 실린 몇 달 뒤부터 『만선일보』에는 경성방송국 제1방송, 제2방송의 프로그램 안내가 게재되었다.

었던 것으로 보인다. 실제로 라디오 방송의 급속한 보급 추세는 1931년 만주사변 이후 일본의 전시체제 강화와도 관련이 깊었다. 일본은 라디오를 통해 전해지는 '뉴스'나 '강연' 등을 통해 제국주의 전쟁을 홍보하고 전시동원체제를 강화해나가려는 의도를 숨기지 않았다. 1930년대 중반 이후 시작되어, 1940년대 들어 더욱 강화된 '라디오 체조'는 라디오 방송 구령에 맞추어 군중들이 일제히 체조를 하게끔 하는 것인데, 국민 정신보건의 증진이라는 표면적 취지에도 불구하고, 이는 '국민(國民)' 이데올로기의 전파와 국민 생활의 획일적 통제를 의도한 것이라 볼 수밖에 없을 것이다.[182]

하지만 라디오를 제국주의적 프로파간다의 매체로 활용하려고 해도 라디오가 보급되어 많은 사람들이 그것에 귀 기울이지 않는다면 아무런 소용이 없는 것이었다. 따라서 당시 라디오의 편성은, 초기 신문이 그러했듯, 대중들의 흥미를 유발할 수 있는 프로그램들을 필요로 했다.

특히 라디오 방송 등장 무렵, 축음기나 유성기는 라디오 수신기의 경쟁 매체처럼 여겨지게 되었는데, 축음기나 유성기가 이미 구입한 레코드 몇 장만 재생할 수 있을 뿐이었던 데 비해서, 라디오 방송은 늘 새롭고 다양한 편성의 프로그램을 접할 수 있다는 장점을 부각시키려 하기 마련이었다.[183] 1927년 뉴스, 경제동향, 강연, 야간연예, 영어 강좌, 라디오 연극, 가야금 병창, 단가, 만담 등으로 짜였던 편성은 해를 거듭하면서 문학 강연, 어린이 프로, 방송무대극, 라디오 학교 음악, 체조 미용

---

182 「府內十三個所에서 '라듸오'體操」, 『매일신보』, 1934.7.20. 6면; 「이십일일에 일제히 '라듸오' 체조 : 전조선에 일제시행」, 『매일신보』, 1938.7.21, 2면; 「라디오체조」, 『매일신보』, 1939.12.23, 8면; 「새로운 국민체조를 全府民에게 권장」, 『매일신보』, 1939.11.23, 9면; 「府民의 라디오 體操熱 高潮 : 새벽여섯시면 거리마다 약동하는 율동미」, 『매일신보』, 1941.8.8, 6면; 「라듸오體操와 保健」, 『매일신보』, 1943.7.23, 3면.

183 이하윤은 당시 레코드와 라디오를 각각 '단행본'과 '신문'에 비유하면서, 두 매체가 경쟁적 보완 관계에 놓여 있음을 언급하였다(異河潤, 「레코드와 라듸오考」, 『중앙』 3권 3호, 1935.3, 58면).

강좌 등이 추가 편성되었으며, 1931년경에는 방송 향토극, 방송 무사극, 1932년에는 각본 낭독, 영화 해설 등도 편성표에 포함되었다. 초기에는 한국어 방송의 비중이 30%에 불과했지만,[184] 1933년 제2방송의 등장과 함께 소위 '이중방송'이 이루어지면서 방송 편성 자체도 매우 다양해졌고 청취자들의 관심도 크게 증대되었다. 1930년대 중반에는 라디오 드라마, 레코드 음악, 아침의 수양, 취미 강좌 등이 포함되어 있었으며, 1940년 이후 일제 말기에는 전황일보, 라디오 시국 독본, 중등 국어(일본어)강좌 등을 방송하였다.[185]

한국어 방송을 하였던 제2방송의 경우에는 특히 오락적 목적의 방송 프로그램들이 많았으며, 그 대부분은 오후나 저녁시간에 편성되었다.[186] 오락적 목적의 방송 프로그램들은 대중가요의 방송 외에는 '야담'이나 '만담', '판소리' 등 서사적 성격의 내용으로 채워졌다. 라디오 매체가 등장하던 당시에도 '이야기'의 대중적 인기는 여전하였고, 라디오라는 신매체도 이 점을 무시할 수는 없었다. 특히 당시 편성들 가운데 눈에 띄는 것은 '라디오 드라마'라는 형식이다. 라디오 방송 초기에는 연극배우들의 목소리를 통한 대사 연기를 라디오를 통해 방송하면

184 윤백남, 「라디오 文化와 二重放送」, 『매일신보』, 1933.1.7~10.

185 방송문화진흥회 편, 『한국방송총람』, 나남, 1991, 166~169면.

186 경성방송국 제2방송 기본편성표는 다음과 같았다(괄호 안은 방송 시간 분량(분)).

평일		일요일 및 축제일	
상오 11 : 05(20)	기상통보, 요리메모[料理墨立], 일용품시세 등		
정오 00 : 00(5)	時報, 오늘의 방송 순서 예고	정오 00 : 00(5)	時報, 오늘의 방송 순서 예고
하오 00 : 05(35)	음악, 연예, 연극	하오 00 : 00(10)	기상통보
하오 00 : 40(20)	뉴스[ニュース], 공시사항	하오 00 : 30(20)	뉴스
하오 02 : 00(35)	가정, 부인 강좌	하오 00 : 50(100)	음악, 연예, 연극
하오 04 : 00(30)	뉴스, 공시사항, 직업소개 사항	하오 06 : 00(25)	아이들 시간 [子供の時間]
하오 06 : 00(25)	아이들 시간 [子供の時間]	하오 07 : 00(30)	뉴스, 일기예보
하오 06 : 20(10)	어린이 신문 [小供の新聞] (매 토요일)	하오 07 : 30(120)	강연, 강좌, 음악, 연예, 연극
하오 06 : 25(35)	특별강좌, 라디오학교 (매 월요일은 산업뉴스)	하오 09 : 30(20)	時報, 뉴스, 기상통보, 익일 방송순서 예고, 뉴스재방송
하오 07 : 00(30)	뉴스, 공시사항, 일기예보	하오 09 : 45(15)	만주에서 (일요일)
하오 07 : 30(30)	강연, 강좌		
하오 08 : 00(90)	음악, 연예, 연극		
하오 09 : 30(25)	時報, 뉴스, 기상통보, 익일 방송순서 예고		

자료 : 방송진흥회 편, 『한국방송총람』, 나남, 1991, 192~195면 참고.

서 '라디오 연극'이라는 이름을 붙이기도 했다.[187] 이후에는 '라디오 드라마', '방송 무대극', '방송 영화극', '라디오풍경' 등 다양하게 표기된 명칭이 보인다.[188] 다양한 형태의 이러한 방송들은 '라디오' 매체를 통한 '서사 텍스트' 소통의 시도였다고 볼 수 있다.

해방 이후, 특히 1950년대 전쟁 이후에 '라디오 드라마'는 대중적 인기를 얻으며 정착하게 되었다. 1956년 라디오 일요연속극 〈청실홍실〉의 성공 이후, 인기 있는 라디오 드라마는 곧바로 다시 영화로 제작될 만큼, 대중적인 관심을 끌었다.

텔레비전은 라디오와는 달리, 그 기술이 발명된 이후 상당한 시간이 흐른 뒤에 우리나라에 등장했다.[189] 텔레비전 방송은 우리나라에서는 1956년부터 처음 시작되었지만[190], 1961년 당시 국영방송이었던 KBS가 텔레비전 방송을 시작하면서 본격화되었다고 할 수 있다. 1961년 KBS의 TV 방송국 설립은 군사혁명 직후 '국가재건최고회의'에 의해 주도되었는데, 군사정권의 근대화 의지와 추진력을 보여주는 사례로 홍보되었다. 하지만 텔레비전은 초기 라디오가 그러했듯, '수상기'의 보급이 충분히 이루어지지 않았다는 점 때문에 대중 매체로 자리잡기에 어려움이 있었다. 더욱이 방송 기술의 미흡함 때문에, 하루 4시간의 편성 시간 동안 거의 모든 방송이 생방송으로 진행되거나 영화 필름을 재생하는 데에 의존해야 했다.[191] 이후 1964년 DTV(후에 TBC), 1969년

---

187 「空中에 活躍하는 라디오 演劇運動」, 『매일신보』, 1927.7.2, 3면.

188 이에 대해서는 다음 항에서 다시 언급하기로 한다.

189 아직 경성방송국이 라디오 방송을 시작하기도 전인 1926년 『매일신보』 기사는 지금의 '텔레비전' 방송 기술이 유럽에서 발명되었음을 전하면서, 불과 1/10초도 안 되는 시간에 '사진'을 방송할 수 있는 기술이 등장했다고 전하고 있다(「라듸오로 寫眞繪畵를 電送」, 『매일신보』, 1926.2.15, 1면; 「라듸오로 영화방송」, 『매일신보』, 1926.4.4, 2면). 당시 기사를 보면, 아직까지 '텔레비전'의 실체를 확인하지 못했던 당시 사람들은 라디오로 시각적 이미지를 전달한다는 것을 상상하기조차 힘들었던 듯하다.

190 강준만, 『한국대중매체사』, 인물과사상사, 2007, 356~357면.

191 강준만, 위의 책, 410면.

MBC가 민간 상업방송으로 등장하면서, 텔레비전 방송은 경쟁체제를 갖추고 대중적 파급력을 높여 갔지만, 1970년 무렵까지는 라디오가 텔레비전에 비해 훨씬 대중적인 매체였다고 할 수 있을 것이다. 텔레비전이 대중성을 획득하는 데에 가장 큰 영향을 준 것은 '쇼쇼쇼'와 같은 대중음악 프로그램이나 'TV 연속극' 드라마였다. 특히 KBS는 텔레비전 방송 초기였던 1962년부터 '제1기 전속 탤런트'를 모집하여, 텔레비전을 통한 '드라마' 제작에 대한 의욕을 보여주었다. 1970년대 이후 텔레비전은 최근까지 가장 영향력 있는 '대중 매체'의 지위를 놓치지 않고 있으며, 그와 함께 '드라마'는 가장 대중적이고 인기 있는 '서사 텍스트'가 되었다고 할 수 있을 것이다. 특히 1970년 3월부터 1971년 1월까지 방송되었던 TBC의 일일 드라마 〈아씨〉는 '방송 시간에 도둑을 조심하라'고 할 만큼 큰 인기를 누리며, TV 드라마 연속극의 전성시대를 열었다.[192]

최근 들어, 가장 주목할 만한 서사 매체의 변화는 바로 '디지털 매체', 특히 '컴퓨터'의 등장과 활용으로 인해 나타났다.

우리의 경우 1980년대부터 개인용 컴퓨터, 즉 PC의 보급이 본격화되었다. 1990년대 이후, 컴퓨터는 대부분의 개인적 '글쓰기' 행위를 대신할 만큼 널리 보급되었고, PC통신망과 인터넷의 보급과 더불어 '네트워크'화된 디지털 커뮤니케이션의 시대를 열기 시작했다.

이 무렵부터 다수의 '문학 작가'들도 원고지와 펜을 대신하여 키보드

---

192 텔레비전의 등장과 '서사 텍스트'의 관계에서 무엇보다 주목되는 지점은, 텔레비전이 '대중문화'의 형성에 끼친 영향 관계와 1970년대 이후 대중문화적 양상의 '서사텍스트'가 등장하는 관계일 것이다. 대중 문화로서의 '서사 텍스트'가 소비되고 유통되는 과정에 '텔레비전'이 끼친 영향력은 지대한 것이었다. TV 드라마는 물론이고, 1990년대 이후 본격화된 '뮤직비디오' 형식도 넓은 범주에서 '서사 텍스트'적 성격을 띠고 있는데, 이러한 새로운 양식의 '서사텍스트'의 등장에도 텔레비전의 영향은 실로 막대했다. 다만, 본 연구에서는 가장 먼저 등장한 '전파매체'인 '라디오' 방송을 논의하는 데에 초점을 맞출 것이기에, 텔레비전 방송에 대한 상세한 논의는 다음 기회에 다루기로 하겠다.

와 모니터 앞에서 글쓰기를 했으며, '디지털 기계 문물'을 문학 작품의 소재로 삼은 경우도 많이 등장했다. 소설가 김영하의 초기작들은 이런 시대의 흐름을 작품 속에 형상화하고 있었다. 1996년에 나온 그의 첫 장편인 『나는 나를 파괴할 권리가 있다』는 PC통신 전자우편을 통해 만난 낯선 사람의 자살을 돕는 '자살 안내인'이라는 독특한 인물을 내세우고 있었다. 또 1997년 출간된 그의 첫 창작집의 표제작인 단편 「호출」은 1990년대 중반, 우리 삶에 큰 영향을 주고 이내 사라진 '무선호출기', 일명 '삐삐'를 작품의 핵심 소재로 삼아 화제를 모았었다. 같은 책에 함께 실렸던 「삼국지라는 이름의 천국」은 1990년대 무렵 인기가 높았던 전략 시뮬레이션 컴퓨터 게임 '삼국지'를 소재로, 실제 현실과 가상 현실 사이의 괴리를 표현한 소설이었다. 비슷한 시기에 나온 박상우의 『카시오페아』는 PC통신 게시판에 올린 '나'의 소설의 내용과 현실이 교차되면서 진행되는, 독특한 방식의 액자소설이었다. 소설 뿐만 아니라, 최영미, 함민복, 박남철, 장정일, 하재봉 등의 시인들도 컴퓨터나 PC통신, 비디오 등 디지털 매체를 중요한 소재로 삼아 시작(詩作) 활동을 전개하였다. 그러나 그저 컴퓨터를 육필을 대신하는 '문서작성기'로 활용하는 것은 물론이고, 컴퓨터나 디지털 매체를 단순히 문학의 소재로 삼는 것도, '문학의 소통 매체'라는 차원에서 디지털 환경을 주목하고 있는 것이라 말하기는 어렵다.

우리의 경우 '문학의 소통 매체'로서의 디지털 환경이 대두된 것은 1990년대 초반 'PC통신'이 활성화되면서부터였다. 당시, '하이텔', '천리안', '나우누리' 같은 PC통신망에는 문학동호회를 통해 직접 창작한 시나 소설을 소통하는 이들이 생겨나기 시작했다. '문학동호회'에서만이 아니라, 'SF동호회'나 '무협동호회' 등에서도 해당 장르의 창작물이 소통되고 있었고, '자유게시판'이나 '유머게시판' 등을 통해 자신의 '서사적 양식'의 창작물을 공개하는 경우도 많았다. 이용자들의 창작물이 많아지자, '천리안'에서는 '나도 작가!'라는 이름의 게시판을 신설하기도 하였다.

1989년 천리안을 통해 공개된 이성수의 「아틀란티스 광시곡」은 우리나라에서 최초의 PC통신을 매체로 활용한 소설로 알려져 있다. 이후, 1993년 발표되기 시작한 이우혁의 『퇴마록』과 1997년 발표된 이영도의 『드래곤라자』는 전통 문단으로부터는 주목받지 못했지만, PC통신을 기반으로 소통되는 문학의 대중적 영향력이 얼마나 큰가를 보여준 대표적인 사례로 꼽힐 만하다. 이 작품들은 인쇄물의 형태로 출판된 이후에, 지금까지도 지속적인 인기를 모으고 있으며, 『퇴마록』의 경우는 영화로 만들어지기도 하였다. 역시 PC통신에서 『피아노맨』이라는 소설을 연재하였던 유상욱은 이를 직접 영화로 만드는 데에까지 참여한 바 있다.

판타지 소설의 성격을 띤 이러한 작품들 이외에, 자신의 실제 체험을 바탕으로 하여 과장과 유머를 첨가한 이야기 형식도 PC통신의 '유머게시판' 등에서 큰 인기를 누렸다. 가장 대표적인 경우는 김호식이 쓴 『엽기적인 그녀』였다. 1999년 PC통신에 연재되기 시작한 이 이야기는 2001년 영화로 만들어지기도 하였으며, 발표 당시 '엽기토끼' 캐릭터와 더불어 '엽기문화', '엽기코드'를 유행시킨 주역이기도 했다.

PC통신을 통한 연재소설은 신문이나 잡지에 정기적으로 일정한 분량이 실리던 이전의 '연재소설'과는 다른 방식으로 연재된다. 대개 PC통신의 일정한 게시판에 글이 업로드 된다는 점만 독자들과 암묵적으로 약속되어 있을 뿐, 게시되는 주기나 한 번에 게시되는 글의 분량은 일정하지 않았다. 일반적인 네티즌들은 해당 게시판에 들어가서 작가의 아이디나 작품의 이름으로 글을 검색하여, 새로운 연재분량이 업로드 되었는지를 수시로 확인하면서 소설을 읽어나갔다. 때로는 이미 연재된 소설을 갈무리하여 한꺼번에 다른 게시판으로 '퍼 옮기는' 경우도 적지 않았다.

아마추어 작가들만이 PC통신을 활용한 것은 아니었다. 1990년대 후반으로 접어들면서, 복거일, 주인석, 박상우, 김영하, 성석제 등이 '하이텔 문학관' 등을 이용하여 작품을 발표하였다. 복거일의 『파란 달 아래』나 김영하의 「악의 꽃」, 주인석의 「미래를 위하여」 등이 PC통신망을 매체로 하여 소통된 소설들이었다. 이어 우찬제, 이용욱 등 비평가들도 사이버 공간에 합류하였다. 이 무렵, 각종 문예지들에서는 '사이버 문학'의 현재와 전망에 대한 토론과 논쟁이 유행처럼 퍼져나갔다.[193]

1990년대 말부터, 사이버 문학 공간은 PC통신을 벗어나 '인터넷'으로 확산되기 시작하였다. 당시 10대 여학생이었던 이윤세는 '귀여니'란 아이디로 2001년 『그놈이 멋있었다』을 인터넷을 통해 연재하였고, 『늑대의 유혹』 등 후속작들까지 큰 대중적 인기를 끌어 모았다. 기본적인 맞춤법과 기존의 소설 문법을 완전히 무시한 그녀의 소설에 또래집단인 10대들은 열광했고, 일부에서는 '기본도 갖추지 못한 소설', '언어파괴 현상의 주범', '기존 하이틴 로맨스물의 짜깁기'라는 비난을 퍼부었다. 어찌되었건, 이 소설들은 영화화되기도 하였고, 해외 시장에까지 번역·출판되어 상당한 판매실적을 거두기도 하였다.

하지만 이우혁에서 귀여니에 이르는 작가의 작품들은 사실, 'PC통신'이나 '인터넷'이라는 매체를 통해 소통되었을 뿐, 근본적인 차원에서

---

193 1994년 『문학사상』 11월호에는 장석주가 「글쓰기와 글 읽기의 혁명적 전환 : PC통신과 미래의 문학」이란 글을 발표하였고, 1995년 『문학과 사회』에서는 김병익이 '사이버 소설'이란 개념을 사용하기 시작했다. 부산 지역을 중심으로 발행되던 문예계간지 『오늘의 문예비평』은 1996년 여름호에서 '멀티미디어/문학/문화'를 특집으로 다룬 데 이어서, 이듬해 여름, 가을호에 '네트워크, 컴퓨터, 글쓰기 (1), (2)'를 연달아 게재하는 등, '새로운 문학 매체'의 등장을 주목하고 있었다. 1996년 10월에는 하이텔 이용자들과 이용욱의 주도로 사이버 문학 계간지를 표방하는 『버전업』이 창간호를 내놓았다. 그 무렵 『문학사상』의 1997년 6월호와 『외국문학』 1997년 8월호 등, 각종 문예지들은 'PC통신 문학' 혹은 '사이버 문학'에 대한 관심을 경쟁적으로 드러내 보이기 시작했다.

'디지털 매체'의 특성을 활용한 것은 아니었다. PC통신이나 인터넷을 통해 인기를 얻은 이들 작품들은 거의 예외 없이, 종이책으로 다시 출판되고 또 영화화되는 수순을 거치게 되었는데, 이는 이들의 작품이 'PC통신'이나 '인터넷'을 종이책을 대신한 발표지면으로 활용하였을 뿐이었다는 것을 반증한다.

물론, 종이책이라는 매체가 'PC통신 / 인터넷'으로 대체된 것의 의미는 결코 작지 않다. 문단 등단이라는 다소 거추장스러운 전통적 절차 없이, 그리고 일정 정도의 자본의 지원 없이도, '네트'와 연결된 PC만 있다면 누구든지 문학 작품을 창작하고, 또 대중들에게 소개할 수 있게 된 변화는 실로 엄청난 것이었다. 말하자면, 과거 '활판 인쇄 기술'의 발달이 '대중 독자'의 탄생을 이끌어냈다면, '디지털 문명'은 '대중 저자'의 탄생을 가져왔다고 할 만하다.[194]

'대중 저자'의 면모를 여실히 보여주는 국면은 이른바 '팬픽'이라는 장르에서 발견된다. '팬픽'은 '팬 픽션(Fan-fiction)'의 약칭으로, 인기 있는 만화나 영화, 소설의 팬들이 원작에 나오지 않는 뒷이야기나 중간 이야기를 스스로 새롭게 창작하거나, 자신이 좋아하는 연예인이나 스포츠 스타를 주인공으로 삼아 패러디하는 방식의 '허구적 서사 장르'라 할 수 있다.[195] 팬들은 자신이 좋아하는 작품, 작품 속 인물, 그리고 스타들을 이용하여 이야기를 꾸며내고, 그것을 함께 읽고 즐긴다. 그 내용은 다

---

194 우찬제는 일찍이 PC통신을 통해 '보통 작가의 탄생', '문학의 민주화'에 대한 전망을 제시한 바 있다(우찬제, 「디지털 복제 시대의 문학」, 『타자의 목소리』, 문학동네, 1996, 197~240면).

195 사실, 이와 같은 방식의 소설 창작이 근래 들어 생겨난 것은 아니다. 중국에서는 인기 작품의 '외전(外傳)'은 일찌감치 일반화되어 있었고, 조선 말기에 대중적 인기를 누렸던 「낙성비룡」, 「소대성전」, 「용문전」의 관계는 패러디의 연속이라 할만하다. 고전 소설들이 필사될 때마다, 혹은 판본을 달리할 때마다 조금씩 내용이 달라지고, 심지어 결말마저 달라지는 것은 요즘 독자들이 원작을 새롭게 뒤틀어 창작하는 아마추어 패러디 방식과 크게 다르지 않다.

소 유치한 수준의 패러디에 머물거나 퀴어적 색채가 가미된 로맨스물인 경우가 대부분이다. 하지만, 그것의 창작과 소통 과정은 원작이나 스타에 대한 애정만큼이나 적극적이어서 동호회나 팬클럽을 근거로 삼아 '릴레이 연재' 방식을 취하기도 하고, 자비를 들여 소규모 인쇄·출판의 과정을 거치는 경우도 있을 정도다. '팬픽'에만 한정되는 것은 아니겠지만, 이들은 자신들이 창작한 '작품들'을 파일로 저장하여, 스마트폰이나 태블릿 PC에 담아두고 언제 어디서나 돌려보며 함께 즐기곤 하고 있다.

디지털 매체가 서사 텍스트의 매체로 활용되면서, 대중은 서사 텍스트의 소비자가 아니라 생산자로 나설 수 있게 되었다. 텍스트를 디지털 방식으로 쉽게 저장하고, '오려 붙이기(cut and paste)'를 통해 쉽게 수정하거나 패러디(parody)하고, 또 웹에 업로드 하는 방식으로 손쉽게 또 다른 대중들과 소통할 수 있게 된 것이다. 근대 이후, 인쇄 기술을 통해 대량 인쇄된 서사 텍스트들이나 영화처럼 산업적·기술적 뒷받침이 필요한 서사 텍스트들은 평범한 대중이 서사의 생산자 역할을 하기에 오히려 어려운 여건 속에서 만들어졌지만, 인터넷을 비롯한 디지털 매체는 지극히 개인적이고 소박한 형태의 서사 텍스트 형성을 가능하게 하였다고 할 수 있다. 특히, 컴퓨터 게임이 내재하고 있는 서사의 경우에는 그 게임을 조작하는 사람 개개인에 의해, 그 때 그 때마다 다른 내용의 서사가 만들어질 수 있는데, 그 순간 게이머는 서사를 사적(私的)으로 재구성하고 있는 셈이라 할 수 있다.

2) 청각적 재매개로의 복귀와 다감각적 재매개 : 몰입과 가상 현실의 서사

우리가 서사 텍스트와 매체의 관계를 다루면서, 1920~1940년대 라디오 매체를 통한 '서사'의 소통을 주목해야 하는 이유는 그것이 '구술적 서사 소통'의 양상을 다시금 부활시켰다는 점 때문일 것이다. 텔레비전 방송이 시작되기 전까지, 전파 매체는 '음성'에 의존하여 소통되던 것이었다. 단순히 소설 작품을 낭독하는 것이거나 몇 명의 성우들의 연극을 하듯 인물을 분담하여 쓰여진 대본을 연기하는 것이거나, 결국 라디오 서사는 모두 '문자'화된 서사를 오로지 '음성'을 통해 재매개하여 소통하는 방식이라 할 수 있을 것이다. 물론 연극이나 영화 서사도 배우들의 '음성'을 통해 서사가 소통되지만, 시각적 감각이 보다 우선시될 수밖에 없는 매체 장르라는 점에서, 라디오 매체의 서사는 '청각'의 부활이라 칭할 만한 의미가 있을 것이다.

초기 라디오 매체를 이용하여 소통된 서사 텍스트는 주로 '야담'이나 '판소리 사설'이었다. 야담과 판소리는 흔히 구술 문학의 범주에서 논의되는 장르인데, '라디오'라고 하는 음성 중심적 신매체가 자연스럽게 기존의 '구술 문학'에 관심을 기울이게 된 것으로 볼 수 있다. 야담과 판소리는 본래 한 사람의 강담사나 광대, 소리꾼에 의해 '목소리'로써 소통되던 것이기에, 라디오 매체를 통해 소통되기에는 가장 적합한 것이었다. 신문이나 딱지본과 같은 활자 매체도 새롭게 등장하던 시기에 기존의 서사 텍스트를 재매개함으로써 서사의 소통 매체로서의 가능성을 탐지하였던 것처럼, 라디오 역시 그러했다고 말할 수 있을 것이다.

라디오는 야담과 판소리 이외에도 기존의 서사 텍스트 매체를 재매개하거나 응용적으로 활용하면서 대중들의 관심을 얻어갔다. '연극'의 연출자나 배우들을 활용하여 '라디오 연극'이나 '라디오 드라마'를 만들었고, 영화의 인기에 힘입어 영화 대본의 낭독이나 해설을 방송하기도 했다. 또한 기술(記述) 문학을 구술로 낭독하는 방식의 '방송 소설'도 등장했다.

1920년대 중반, 본격적인 라디오 방송이 시작되기 이전부터 당시의 연극인들은 라디오라는 매체의 특성을 파악하고, 이 매체를 통한 '서사 텍스트'의 소통을 준비했었다. 이경손은 경성방송국이 본격적으로 방송을 시작하기도 전인 1926년 6월 「無電放送劇의 演出品과 無電劇硏究會에 對하에」라는 글에서 "라디오 극은 물론 청각만으로 鑑賞하는 예술"이라면서, "단지 무대극을 라디오로 방송한다는 것이 아닌 이상", 많은 시간과 역사가 필요할 것이며, 이를 위해 연구 중이라고 밝히고 있다.[196] 이경손과 최승일 등은 이 무렵 '라디오 극 연구회'를 창립하고 여러 가지 시험을 진행 중이기도 했다.[197]

라디오 방송 초창기에 '라디오'를 통한 '연극 공연'을 시도하였던 이들의 관심은 '음성'으로만 전달되는 라디오를 통해 '사건'과 '배경'이 어우러진 '사실(事實)'을 어떻게 전달할 수 있을 것인가에 있었다. 연극은 무대 장치를 통해, 그리고 영화는 실제 장소에서의 촬영을 통해 시・공간을 관객에게 전달할 수 있었으나, 라디오는 청취자와 시・공간을 공유할 수 없다는 점이 문제일 수밖에 없었다. 바로 이 점은 연행자와 청자가 동시에 같은 공간 속에 있는 상태로 소통되는 '야담'이나 '판소리'와 같은 전통적 구술 서사의 경우와도 상반되는 조건이었다.

일본에서 처음 시도되었던 라디오 드라마인 〈탄갱 속(炭坑の中)〉의 경우에, 방송 때 청취자에게 전등불을 끄고 방송을 듣기를 요청했다는 사례[198]는 그러한 고민의 산물이었을 것이다. 이경손은 앞서 언급한 글과 이어지는 글에서 무대에서 상연되는 '무대극'과 라디오 극의 차이를 명확히 인식하면서 다음과 같이 언급하고 있다.

---

196 이경손, 「無電放送劇의 演出品과 無電劇硏究會에 對하에(上)」, 『시대일보』, 1926.6.21, 4면.
197 「라디오 극 연구회 창립」, 『동아일보』, 1926.6.27.
198 竹山昭子, 『ラジオの時代』, 京都 : 世界思想社, 2002, 224~228면, 재인용 : 서재길, 앞의 글, 87면.

라디오 劇은 劇場과 가티 表現者와 鑑賞者가 정해논 공간에서 그 契約 미테 연출되는 것이 아니다. 라디오 劇場은 靑天에 떠잇다. 그곳에는 抱月氏가 말하는 출연자와 관객 간에서 주고밧는 '感激'이 업다. 그것이 상통치 못하는 것 등도 우리가 연구하여야 할 문제일 것이다. (…중략…) 우리보다 先進인 일본의 '라디오 드라마 연구회'에서는 '演出品'의 종류를 左(아래)와 가티 구분하야엇다.

一. 라디오 극.

一. 라디오페라

一. 동화극

一. 敍事曲

一. 景物詩

一. 낭독

그리고 '방송무대극'이라 하며 무대극을 위하야 구분된 작품으로는

一. 무대에 상연되엇든 작품

二. 放送器가 아니면 효과가 업는 것

三. 방송을 목적하여서 작성한 것.

(…중략…)

나는 라디오가 音響的 表現으로는 그 技能이 '萬能'이 되기를 바랄 쑨이오, 또한 될 수 잇스면 나의 硏究의 全部를 라디오적 作品의 연출에만 바치고 십다. 무대를 如何한 방책으로 라디오에 옴기어올가를 연구하고 십지는 안타. 라디오 방송에 '적당'하다는 연출품은 물론 서사시, 서정극, 상징적 작품, 기분 본위 작품이다. 그러나 나는 '적당'이라는 소리를 속히 버리고 십다. 나는 識者間에서 그 소리를 들을 때마다 키네마의 과도기의 과거 역사가 회상되어 공연히 腦가 압흐다.[199]

---

199 이경손, 「無電放送劇의 演出品과 無電劇硏究會에 對하에(下)」, 『시대일보』, 1926. 6.28, 4면(밑줄-인용자).

라디오 극은 기존의 무대 연극을 '적당히' 옮겨 올 수도 있었겠지만, 위에 인용한 이경손의 언급처럼, '라디오'라는 신매체에 가장 적합한 '서사'와 그 표현 수단을 찾으려는 노력도 적지 않았다. 라디오 매체가 청취자와 시공간을 공유하기 어렵다는 점은 단점이 될 수도 있지만, 장점도 될 수 있었다. 라디오는 연극처럼 무대 장치를 특별히 하지 않더라도, 그리고 영화처럼 특별히 로케 촬영을 하지 않더라도, 오로지 '말'과 '음향'으로써 시간과 공간을 창조할 수 있는 매체이기 때문이었다.[200]

1934년에 쓰인 한상목의 다음 인용글은 '라디오 극'이 '무대극'과 같은 '시각'적 이미지를 제공하지 않음으로써, 오히려 '리얼리즘 효과'를 기대할 수 있다는 점을 인식한 것이었다.

> 더구나 放送劇에 잇서서 特異한 것은 이동하고 잇는 전차, 자동차 비행기 속에서 일어나는 사실까지도 音響效果를 이용하야 演出할 수 잇다. 舞臺劇에 잇서서 目睹함으로써 不自然한 것이 放送劇의 보지 안흠으로써 더 實感을 줄 수 잇는 것이다.[201]

그러나 앞서 인용한 이경손의 글에서와 같이 오직 '라디오'만을 위한 서사 텍스트를 만들기란 쉽지 않은 것이었다. 대신 라디오 매체의 장점을 살려, 기존의 서사 텍스트를 재매개하는 방식의 소통을 시도하는 것

---

200 미국의 라디오 드라마 초창기, 오손 웰즈에 의해 만들어지고 방송되었던 드라마의 사례는 라디오 매체의 그러한 특성을 단적으로 보여주는 것이었다. 오손 웰즈는 1938년 10월 30일 미국 CBS 라디오 방송을 통해 갑자기 비상 사이렌 소리와 함께 '화성인의 지구 침공' 상황을 드라마로 만들어 방송하였다. 당시 미국 전역에 방송된 이 드라마를 실제 상황으로 오인한 청취자들이 대거 혼란에 빠지는 일이 벌어졌다고 한다(가브리엘 와이만, 김용호 역, 『매체의 현실 구성론 : 현대 미디어와 현실의 재구성』, 커뮤니케이션북스, 2003, 제1장 참고).

201 한상목, 「극예술과 방송극(完) : 最近의 試演 槪評」, 『조선중앙일보』, 1934.10.16.

이 가장 현실적이고 효과적인 방법이었다. 1934년 『극예술』지에는 다음과 같은 이석훈의 글이 실려 있었다.

> 예술의 표현 수단에는 대체로 두 가지가 있다. 하나는 音響, 또 하나는 文字. 이것은 청각으로부터의 '듯는 예술'과 시각으로부터의 '보는 예술'로 대별할 수도 잇다. 音響은 음악의 모태, 문자는 문학의 유력한 표현수단이다. 전자는 '듯는 예술', 후자는 보는 예술. 듯는 예술의 매개체로 '레코-드'…… 등이 있다. 가령 보는 예술을 청각으로 옮기면 어떨까? 즉 시와 소설을 언어로써 재현하면 보다 효과적이 아닐까? 시의 낭독, 소설의 낭독 — 이것을 음악적 리듬으로 극적으로 재현한다면 그 효과는 더욱 클 것이다. (註 = 나는 시낭독 뿐만 아니다. 소설의 낭독을 꿈꾸고 잇다. 즉 라듸오로 소설의 낭독을 하면 어떨까? 반드시 이것은 새로운 흥미꺼리다. 일인칭소설이면 더욱 흥미가 잇슬듯하다).
>
> '라듸오 · 드라마'는 여기서 출발한다. 우리는 그것이 단순히 청각의 단일 감각에만 의지한다고 하더라도 무대 연극과는 전연 특수한 극형태를 취하야 충분히 효과를 어들 수 잇슬 것이다. '라듸오 · 드라마'의 가장 특징은 그것이 시간적, 공간적 제한이 없는 것일 것이다. '라듸오 · 드라마'는 어듸까지던지 청각예술-듯는 예술로서 씨어져야 할 구속이 잇는 대신 이러한 특징이 잇슴으로 이것을 잘 살려야할 것이다.
>
> '라듸오 · 드라마'는 다음과 가티 분류된다(註 = 성뢰무극(成瀨無極)氏에 의함).
>
> 1. 음의 몬타-쥬로 형성되는 '사운드 플레이'
> 2. 음악을 주로한 '뮤-직 플레이'
> 3. 대사 중심인 '다이알로-그' 또는 '모놀로-그'
> 4. '사운드 플레이'와 '뮤-직 플레이'를 결합한 '멜로 드라마'

5. 이상 전부를 종합한 광의의 '라듸오 · 드라마'

'라듸오 · 드라마'를 쓸 때 그 취재와 착상에 따라서 이중에 한 가지 길을 밟게 될 것이다.[202]

이석훈은 '무대극'을 '라디오 극'으로 옮기거나 변형시키는 경우를 고려하기보다, '문자'로 된 '소설'을 '음향' 효과를 활용하여 '라디오'를 통해 소통시키는 문제를 고민하였던 것으로 보인다. 사실, 당시에 시도된 다양한 라디오 서사들은 연극, 영화, 소설 등 기존의 각종 서사 텍스트를 응용하거나 활용함으로써 만들어졌고, 어떤 유형의 서사 텍스트를 바탕에 두었느냐에 따라 여러 가지 유형의 라디오 서사로 나뉘기도 하였다. 이석훈은 다른 글에서 각각의 유형을 다음과 같이 설명하고 있다.

엄밀히 말한다면 '라디오'에 의한 연극에는 '라디오 · 드라마', 방송무대극, 라디오 풍경, 그리고 영화극 등이 잇다.

즉 방송무대극이란 것은 연극의 기성품으로 무대에 상연된 극을 그냥 '라디오'로써 방송하는 것인데 예컨댄 일본으로 말하면 歌舞技劇이 많고 따라서 歌舞技 배우들에 의하야 많이 방송된다.

그러고 '라디오 · 드라마'에는 말하자면 미성품의 것을 재단하야 만들어 내는 것으로 특히 '라디오'로 방송키 위하야 제작된 '각본'이다.

그 다음 '라디오 풍경'이란 것은 일본서는 방송국이 창설된 당초에는 소위 '景物詩'라고 햇엇는데 말하자면 이러타. 따집어 말할 수 잇는 '스토우리―'를 가지지 않은 寫生文(스케취)으로 조선서 예컨댄 저번에 우리들 그룹에 의해서 방송된 유치진 작 '룸펜 · 인테리' 같은 것은 이 부류에 든다 할 것이다. '라디오 풍경'의 특징은 라디오에 의해서만 가능한 일종 독특한 형식

202 이석훈, 「라듸오 · 드라마 小考」, 『극예술』 창간호, 1934.4, 31~34면(밑줄―인용자).

으로 별반 희곡적 요소를 가지지 않어도 좋으므로 '라디오 · 드라마'보다 훨신 자유스럽고 그러고 대중적이라 하겟다. (때로 가두에서 목격하는바 신불출 등이 방송하는 넌센스한 라디오풍경(또는 小話)는 실로 '라우드 스피-커-' 앞에 저급 취미를 가진 사람들이 산맴이를 이루는 것이다)

내종으로 영화극은 영화배우에 의하야 영화로서 흥행가치가 잇는 것들을 선택해서 희곡화한 것을 '라디오'로 방송하는 것인데 이 亦 '映畵物語'의 연장이라 하겟다. 조선서는 아직 이런 것은 별로 못보겟다.[203]

이에 따르면, '방송 무대극'과 '라디오 드라마'는 모두 연극을 기반으로 하되, 라디오를 통해 방송되던 방식의 서사 텍스트라 할 수 있다. 다만 '방송무대극'은 이미 완성되거나 상연된 형태의 극을 '라디오'를 통해 단순히 방송하였던 것이고, '라디오 드라마'는 특별히 라디오 방송을 위해 각본을 쓰고 연기를 했던 것으로 보인다. '라디오 풍경'은 음성을 통해 전달되는 라디오 매체의 특성을 활용하여, 도시의 번화가 풍경을 언어로 묘사하고 그곳의 소리를 직접 음향으로 전달하던 방식으로 짐작된다. '영화극'은 영화 내용이나 시나리오를 '대사' 부분 중심으로 간추려 라디오를 통해 방송하던 형식이었다.

사실, 당시 방송 내용의 녹음 자료가 거의 없는 현실에서, 당시의 라디오 드라마 방송 내용을 구체적으로 확인하기는 쉽지 않다.[204] 다만 방송을 전제로 한 라디오 드라마 대본은 일부 문헌자료로 남아 있어 당시의 라디오 드라마를 짐작할 수 있게 해주고 있다.

함대훈의 소설 「인생극장」은 1935년 11월 『학등』에 실린 단편소설

---

203 이석훈, 「라디오 풍경과 라디오 드라마」, 『동아일보』, 1933.10.1, 3면.

204 당시 라디오 드라마는 유성기 음반으로 기록된 것을 방송 전파를 통해 그대로 송출한 경우도 있었다. 현재 유성기 음반 자료는 일부 남아 있기에, 그 당시 라디오 드라마의 모습을 대략적으로 짐작할 수는 있다(최동현 · 김만수, 『일제강점기 유성기 음반 속의 극 · 영화』, 태학사, 1998 참고).

이었는데, 유치진은 이것을 라디오 드라마로 각색하여 1938년 4월 『조광』에 실었다.

인물(발성순) : 숙경, 이청산(연출가), 하라범, 영자(숙경의 동모), 정광주(무대장치가), 백호(동조수), 박영철(숙경의 약혼자), 기타(극단원 갑, 을, 병, 자동차운전수, 역실승객 등)

밤
거리
고개를 넘어오는듯한 씩씩한 휘파람소래 한동안.

숙경 : 아이 숨차.
청산 : 꽤 높으군요. 이고개두.
숙경 : 아이구 저 별들 보세요.
청산 : 음 네온싸인? 참 지상의 별이지요. 이렇게 밤에 보니까 소란한 서울도 별을 띠운 적막한 호수 갓습니다그려.
숙경 : 선생님 미안합니다. 저녁마다 이높은데까지 저를 바래다주서서.
청산 : 외려 내가 미안해요. 각금 내가 이렇게 숙경씨를 바래다주군 허니까 우리극게에서는 좋지 못한 풍설이 도나 봅듸다.
숙경 : 무슨?
청산 : 쓸데 없는 풍설이지요.
숙경 : 무슨 풍설이야요?
청산 : 광주군이 그러더군. 뭐 우리 둘이 연애를 한다나.
숙경 : 호호호 …….
청산 : 하하하 ……. 유치한 소리지.
숙경 : 솔직하게 고백하면 혹 그럴는지? 몰나요. 저는 선생님을 여간 사

모하지 않으니까요.

청산 : 나를? 혹은 내 예술을?

숙경 : 물론 예술이지요. 선생님의. 허지만 그 인간을 사랑치 않고 웃지 그 예술을 사랑할 수 있을가요.

(…중략…)

청산 : 숙경씨 내일은 초일입니다. 오늘저녁엔 편안히 주무세요. 잘 쉬여서 저번 공연보다두 더 낳은 성적을 어더야 합니다.

숙경 : 감사합니다……. 애그 어두어서 혼자 가시기에 적적하시겠네 선생님 안령히 가십시요.

청산 : 안령히 주무세요. 숙경씨.

숙경의 하숙집.

숙경 : 영감님 영감님.

하라범 : (멀니서) 네 나감니다.

숙경 : 벌서 대문을 다더걸구 자요.

하라범 : (대문을 열어주면서) 벌서가 뭐야유 자정이 넘었는뎁슈.

숙경 : 대문을 왜 또걸우 영감님도 나하구 한방에 있는 영자도 아즉 안들어왔을텐데.

하라범 : (대문을 거러버리며)에극 아씨두! 영자 아씨는 벌서 이불속에서 꿈을 찾고 게실걸유.

숙경 : 영자야!

하라범 : (하품하며) 아—아, 북두칠성이 다기울어젓군.

숙경 : (방문을 열고 들어가며) 영자 벌서 자니? 에이 잠 꾸렉이! (…중략…)

극장

연극공연 진행 중

숙경은 자기 맡은 역으로 분장하야 무대에서 구슬픈 콧노래를 불으고 있다.

한동안 무대한 옆에서 청산은 땀을 쥐고 섰다.

(뛰어들어오며) 광주군 극장은 터질지경일세 대만원이야

청산 : 정말 숙경씨가 내처 부산으로 가버렸든들 어쩔번 했누.

광주 : 글세 말이야 숙경씨가 맘을 돌려주어서 우리두 산 셈일세.

청산 : 정말 소리도 고흔걸. 숙경이의 저 노래소리에 관중은 아주 취해 버리지 안나.

광주 : 하 하 하 나두 취허는 걸.

청산 : 저―노래 소리를 맛치며 퇴장하면 한 사나의 등장 그리고 막이야. 막을 좀 잘 닷어주세.

광주 : O, K!

(숙경은 노래소리 끝나자 물끌틋한 관중의 박수소리 숙경 퇴장해나온다)

청산 : (숙경을 붙들고) 숙경씨 참 잘 하셨습니다. 아주 능난 하셨어요.

백호 : 대 성공입니다. 숙경씨.

(…중략…)

영자 : 참 너 잘하더라.

숙경 : 밤 열한시 차 있지?

영자 : 그래 있구 말구.

숙경 : 오늘밤 그 차로 나는 부산으로 가봐야겠다.

영자 : 그럼 옷가라입구 경성역으로 나가보지. 아직 삼십분이나 여유는 있나보다!

기차 소리 한동안 내닷는 기적소리. 프랫트폼!

역부 : フサンフサン 부산입니다.

승객 : 여기가 부산인기요.

역부 : 연락선 탈 사람은 조리 가!

(등등 정차장내의 소음 멀리서 기선 소리)

숙경 : (기차에서 내려 이리저리 찾으며) 웅철씨가 안나오셨나? 웬일이야 서울서 떠날적에 내가 오늘 이차에 내린다구 전보를 처두었는데 ……. (겨우 발견하고) 오! 웅철씨 아이 거기 게신걸 못차저 헤매군요. 그동안 안령하셨읍니가. 그저게 울철씨의 전보를 보고 전병환이나 나섰나 하구 걱정했드랍니다. 건강은 엇더세요.

웅철 : 오늘이 몇일이요 숙경씨?

다소 길게 인용한 「인생극장」의 라디오 드라마 대본은 실제로 방송되었다는 기록은 확인되지 않지만, 소설을 각색하여 라디오 드라마로 만들려고 했다는 점, 그리고 주인공이 연극 공연을 준비하는 연출자와 배우라는 점 때문에 당시의 라디오 드라마 특성은 물론, 연극 공연의 현실까지 짐작하게 해주는 텍스트다.

인용에서 보이는 것처럼, 기적소리로 기차역임을 드러낸다든지, 기선 소리로 항구의 모습을 연상시키는 것 등등, 라디오 매체의 특성이라 할 수 있는 '음성'에 전적으로 의존해야하는 서사 텍스트의 속성을 당시 유치진은 뚜렷하게 인식하고 있었던 것으로 보인다.

한편, '방송 소설'이라 지칭된 소설들이 현재 '지면'에 기록된 형태로 전해지고 있어 그 내용을 확인할 수 있기도 하다.[205] 한마디로 말하자

205 1940년대 방송 소설 자료는 이홍기 편, 『방송 소설명작선』, 조선출판사, 1943(소화18년)과 해방 직후 나온 『방송 소설걸작집』, 선문사, 1946 그리고 조선방송출판협회에서 펴낸 잡지 『방송지우』(1944~1945)에 수록된 일부가 현재까지 발굴된 전부라고 할 수 있다. 1955년에 방인근이 19편의 짧은 소설을 모아 펴낸 『방송 소설 : 청춘야화』(한성도서, 1955)는 시대와 성격이 매우 이질적이기 때문에 여기의 논의에서는 제하기로 한다.

면, '방송 소설'은 라디오 전파를 통해 '방송'될 것을 전제로 쓰여진 소설이었다. 소설은 소설이되, '지면' 위의 활자가 아니라, '방송 전파'를 통한 '음성'으로 재매개되어 소통될 것을 전제로 한 것이었다는 점에서 주목할 만하다.[206]

이때의 방송 소설은 성우 여러 명이 등장하여 각기 역할을 맡아 목소리로 연기하는 형식의 '라디오 드라마'와는 다른 형식이었다. 당시에는 한 명의 낭독자가 소설의 내용을 처음부터 소리내어 읽어나가는 것이 일반적인 '방송 소설'이었다.

> 모두가 남수의 반원(班員)입니다. 허지만 반원치고는 아주 만만치 않은 반원들입니다. 남수는 이제 다섰살인데, 이 아이들은 모두 일곱살 여덟살 그렇습니다. 반장 하는 말을 도무지 듣지 않는 반원입니다.
>
> 그래, 남수는 다시 골목 밖으로 나가 봅니다.
>
> 옳지! 되었습니다. "キミチャン" 하고 연이하고 우물가에서 놀고 있습니다.
>
> 둘이 모두 여섯 살이니까 역시 남수보다는 큰 아이들이지만 반장 말을 잘 듣는 아주 좋은 반원들입니다.
>
> "우리 방공연습 해애. 응?"[207]

> 은식이는 그 바다에 나아가, 옛날 영웅들처럼 큰 모험을 하고 장한 공을 세워보고 싶은 것이었습니다. '오늘날의 바다는 자기 소년의 것' 이렇게 생각하매, 그는 어떠한 일이 있든지 간에 꼭 바다로 나아가야만 하고, 또 자기 자신은 오늘의 바다의 영웅가치만 느껴졌습니다. 그러나 소년에게는, 바다로 통하는 길이 꽉 매켜저 있었습니다. 그는 어디로 어떻게 해서, 바다로 가

---

206 서재길, 「한국 근대 방송문예 연구」, 서울대 박사논문, 2007; 송민경, 「일제하 방송 소설연구」, 연세대 석사논문, 2003 참고.

207 박태원, 「꼬마 반장」, 이홍기 편, 『방송 소설명작선』, 조선출판사, 1943, 38면.

야할지 몰랐습니다. 그래서 할 수없이, 또 책을 계속해 읽습니다. (…중략…) 바로 그 날 저녁에, 조선에도 해군지원병의 제도가 실시된다고, 발표되었습니다. 은식이가 그 기사를 읽고, 바다, 해군, 지원병, 이 생각을 할 때, 순간 그의 머리는 개뿐해지고, 몸은 공중으로 떠올으는 것 같었습니다. 소년은 옆에서 세루 뛰고 가루 뛰는 개를 붙잡어 덤석 안고 둥글었습니다. 높은 공중 구름사이로 흰 갈래미가 날러가는 듯 하였습니다. 바다로 간다![208]

위에 인용한 것은 당시 방송 소설 가운데 두 편의 일부이다. 이와 같이, 현재 전해지는 몇 편의 방송 소설들을 살펴보면, 어느 정도 일정한 형식적 특성을 발견된다.

우선, 모든 방송 소설이 그러한 것은 아니지만, '~습니다' 형태의 존대 종결어미가 사용된 경우가 많다. 이는 방송에서 낭독할 때를 감안하여 쓰여진 것으로 볼 수 있다. 둘째, 동일 작가의 여타의 소설들에 비해 '대화'의 비중이 높다. 이 역시 방송에서 청취자가 지루하지 않게 들을 수 있도록 하는 효과를 가질 것이다. 셋째, '소년'을 주인공으로 삼고 있는 경우가 많다. 이는 청취층을 고려한 것이라기보다는 일제 말기 '전시동원체제'와 관련이 있는 것으로 보아야 할 것이다. 징병의 대상이 될 '소년'의 이야기를 통해 일제의 정치적 요구를 방송으로 표출하고자 했던 것이다. 넷째, 제한된 방송 시간 안에 낭독해야 하므로, 분량의 제한이 엄격하다. 신문 연재소설도 지면의 제한 때문에 유사한 특성은 갖고 있으나, 그 당시 방송 소설의 경우에는 시간의 제약 때문에 문자 텍스트의 길이가 제약을 받았던 것이다. 다섯째, 등장인물의 이름이나 호칭을 비교적 자주 반복하여 표기하고 있으며, '그'와 같은 3인칭 대명사는 별로 나타나지 않는다. 이 역시 방송 낭독에 대한 고려가 있었던 것

208 안회남, 「바다로 간다」, 앞의 책, 154면.

으로 보이는데, 음성으로 전달되기 때문에 3인칭 대명사가 많이 쓰이면 그것이 누구를 지칭하는 것인지를 청취자가 파악하기 어렵기 때문이다.

이러한 특성은 당시의 방송 소설들이 기존에 쓰여진 소설 가운데 한 작품을 선택하여 낭독하는 방식으로 이루어진 것이 아니라, '방송 낭독'에 적합한 방식으로 새롭게 쓰여진 소설이었음을 짐작하게 해준다. 이러한 방식으로 낭독되던 '방송 소설'은 무엇보다, 근대 이후 '문자'와 '지면' 중심으로 안착한 '문학'의 소통 방식을 다시금 '음성'으로 되돌려놓은 형식이라는 점에서 특별히 주목할 만하다고 본다.

1940년대 들어서면서, 라디오 방송의 오락프로그램들이 대부분 폐지되고, 인쇄 출판 자체가 크게 위축된 당시, '방송 소설'은 라디오를 통한 '마라톤 중계'와 더불어 가장 대중적으로 향유할 수 있는 '문화'가 되었다. 하지만, 시대적 상황으로 인하여, 당시 방송 소설의 내용들은 노골적인 '제국주의 이데올로기'로 채색되고 말았다.[209]

앞서 언급한 '영화 소설'도 그러하지만, '방송 소설' 역시도 새롭게 등장한 '방송'이라는 신매체와 근대적 서사 양식으로 자리잡고 있었던 '소설'의 텍스트적 형식이 교섭을 벌이며 등장한 '이종(異種) 혼합 장르 텍스트'라 할 수 있다. 기존의 문학가들, 소설가들은 '영화'나 '방송'과 같은 매체가 대중들의 폭발적인 관심을 이끌어내고 있음을 주목하지 않을 수 없었고, 이에 '영화 소설', '방송 소설'과 같은 장르를 탄생시켰다. 이러한 양상의 소설들이 등장한 것은 '문자'와 '인쇄물'이란 매체에만 의존하기 어려웠던 '소설'의 입지를 보여주는 것이면서, 당시의 '매체'

209 당시 '방송 소설'들이 많이 수록된 잡지 『방송지우(放送之友)』에는 절반이 넘는 내용이 일제의 '대동아 전쟁'과 관련한 홍보와 격문들로 채워져 있다. '방송 소설'들 역시 일제의 전쟁 도발과 징병을 합리화하는 내용들이 많았다. 물론, 이러한 경향은 당시 여타의 '영화', '문학' 등 문화 전반에 걸친 현상이기도 했다.

간 치열한 대중성 경쟁 양상을 상징적으로 보여주는 현상이었다고 말할 수 있을 것이다.

근래, 첨단의 테크놀로지를 활용하는 디지털 매체는 '가상 현실(virtual reality)'을 구현하는 방향으로 발전하고 있다. 초기의 컴퓨터는 단순한 텍스트를 모니터에 띄울 수 있을 뿐이었지만, 지금의 컴퓨터는 시각과 청각, 심지어 촉각에 이르는 다양한 인간의 감각을 구현하고 있다.

PC통신의 시대에는 대개 전화선을 이용한 모뎀으로써 네트워크 연결이 이루어졌기 때문에, 소통되는 내용은 문자 텍스트 위주일 수밖에 없었다. 복잡한 이미지나 영상이 소통될 수 없었던 것은 아니었지만, 데이터의 용량이 많아지면 소통의 비용과 시간이 많이 발생할 수밖에 없었기에 대부분의 PC통신 공간은 문자 텍스트로 채워지곤 했다.

그러나 월드와이드웹(World Wide Web) 기반의 인터넷 시대에는 '정보고속도로'라 불리는 광통신망으로 네트워크 연결이 되면서, 다양한 이미지나 음성, 영상이 결부된 '멀티 미디어(multi-media)' 소통 환경이 구축되었다.

마샬 맥루한이 다양한 매체가 각각 인간의 감각 기관의 대체물이나 확장으로 파악했던 것은 인터넷과 멀티미디어 환경을 통해 '다감각'의 재현과 소통이 가능하게 되면서, 동시적이고 종합적으로 실현되었다. 과거 인쇄 활자 매체의 등장이나 사진, 영화 기술의 등장과는 비교할 수 없을 정도의 변화가 현재 진행 중이다.[210]

---

210 "인쇄활자의 도입은 문화적 의사소통의 한 단계로 미디어의 배포, 그리고 사진 기술의 도입에 영향을 미쳤고, 이는 또 문화적 의사소통의 한 유형인 스틸 이미지에 영향을 미쳤을 뿐이다. 반면 컴퓨터는 입수, 조작, 저장, 그리고 배포를 포함하는 의사소통의 모든 단계뿐만 아니라 텍스트, 스틸 이미지, 동영상, 사운드 그리고 공간 구성에 이르는 모든 유형의 미디어에 영향을 미치고 있다(레프 마노비치, 『뉴미디어의 언어』, 서정신 역, 생각의나무, 2004, 61~62면)."

그렇다고 해서 컴퓨터나 인터넷 매체가 담고 있는 내용이 전혀 새로운 성질의 것이라고는 말할 수 없다. 컴퓨터나 인터넷이 담고 있는 것들은 모두 기존의 매체들을 통해 소통되던 것을 디지털화하여 '재매개'한 것들이라 할 수 있다. 지금도 컴퓨터 · 인터넷의 내용에서 절대 다수를 차지하는 '문자 텍스트'는 책의 등장과 인쇄 매체의 발달을 통해 '기록'의 수단으로 널리 활용된 '문자'를 디지털화시킨 것이다. 컴퓨터 · 인터넷 안의 각종 이미지나 동영상, 음성들 역시 기존의 회화, 사진, 영화, 방송 등의 예술 · 매체를 디지털화하는 재매개의 과정을 거쳐 소통될 수 있게 하였을 뿐이다. 특히, 이 모든 것들은 디지털 매체의 속성상 '0'과 '1'이라는 '문자' — 이진법적 숫자 — 를 통해 기록되고 저장된다는 점에서, 컴퓨터는 근본적으로 문자텍스트를 '매체'로 삼고 있는 것이라고도 말할 수 있을 것이다.[211]

컴퓨터 게임은 다양한 감각을 활용하여 '서사'를 접하는 가장 대표적인 디지털 텍스트라고 할 수 있다. 초기의 컴퓨터 게임은 카드놀이와 같은 보드 게임이나 사격과 같은 스포츠 경기를 단순한 방식으로 디지털 화면에 옮겨놓는 방식으로 만들어졌다.[212] 그러나 최근의 컴퓨터 게임은 '가상 현실'을 구현하는 방식으로 발전되어, 현실에 가깝도록 정교해진 청각적 음성과 시각적 이미지를 재현하고 있다. 특히 '롤플레잉 게임(RPG)'은 게이머가 일정하게 짜여진 서사적 스토리를 따라가면서, 실제 인생 체험과도 같은 선택을 반복하며 진행되도록 구성되어 있

211 컴퓨터와 모니터를 통해 접하는 월드와이드웹이나 일반 문서 화면들이 대체로 직사각형의 틀 안에 담겨 있으며, 사용자는 위아래로 스크롤(scroll)하는 방식, 즉 '두루마리'를 펼치는 방식으로 볼 수 있다는 점에서, 코덱스 이전의 '파피루스' 형태의 '책'을 연상시킨다고 볼 수 있다(레프 마노비치, 위의 책, 124면).

212 컴퓨터 게임의 장르는 점차 세분화되고 있다. 현재 통용되는 대체적인 장르 구분을 살펴보면, 게임 서사의 구성 방식에 따라 아케이드 게임, 어드벤처 게임, 롤플레잉 게임, 시뮬레이션 게임 등으로 나누거나, 게임의 매체에 따라 PC게임, 콘솔게임, 모바일게임, 미니포터블게임 등으로 나누기도 한다. 이에 대해서는 〈보론 2〉를 참조.

다. 기본적인 서사의 패턴은 게임 개발자에 의해 구성되지만, 실제 게임을 진행하는 게이머의 선택과 무작위적(random) 조건에 따라, 구체적인 서사의 스토리는 그 때 그 때 달라진다.

더욱이 이러한 게임을 하면서, 시각, 청각, 촉각과 같은 다양한 감각적 체험이 동시적으로 이루어지는데, 이는 그야말로 '다감각적 서사'의 체험이라 할만하다. 가령, 소니사에서 출시된 플레이스테이션과 같은 콘솔 컴퓨터 게임을 하는 사용자는 화면에 펼쳐져 있는 지도와 공간을 간단한 손 조작으로 누비고 다닐 수 있으며, 귀로는 현실감 있는 음향을 들을 수 있을 뿐만 아니라, 게임의 진행 상황에 따라 떨림이나 충격도 촉각을 통해 느낄 수 있게 되었다.

컴퓨터는 디지털 언어를 이용하여 재매개되는 기계 장치이지만, 그것을 사용하는 사람은 자신의 감각을 통해 현실에서 느끼는 것과 유사한 경험을 할 수 있게 된 것이다. 지금도 계속 발전되고 있는 디지털 기술은 지극히 아날로그적인 우리의 실제 현실과는 전혀 다른 방식으로 꾸며진 디지털 가상 현실을 그 어떤 매체의 서사 텍스트보다도 더 '실감'나게 '몰입'하면서 접하도록 만들었다. 그 몰입이 가능한 것은 인간의 다양한 감각들을 최대한 동시적으로 사용하도록 만듦으로써, 디지털 게임 서사 텍스트 바깥의 현실을 지각할 수 없도록 만들고 있기 때문이기도 하다.

3) 테크놀로지를 통한 새로운 서사 문학의 소통과 재생산

라디오 매체 등장 직후, 낯선 신매체를 접한 사람들은 '호기심'으로 그 매체를 대하였고, 그것은 신매체에 대한 관심으로 나타났다. 당시 라디오 매체는 매우 신기한 테크놀로지의 산물일 수밖에 없었다. 1930

년 『동아일보』에 발표된 박태원의 소설 「적멸」에는 당시 JODK 방송에 대한 언급이 잠시 나타나며, 이태준의 소설 「봄」(1932)에는 주인공인 도시 노동자 '박(朴)'이 피로에 지쳐 있을 때 "밤중까지 내일 날씨를 예보하느라 도시를 시끄럽게 하는 라디오 스피커소리"를 접하면서, "가까이 있는 행길 시계포에서 심술궂은 아이처럼 찢어지는 소리로 창경원이니, 벚꽃이니, 저기압이니, 하고 떠드는 라디오 소리"에 짜증을 내는 장면이 등장하기도 한다.

당시 라디오 방송의 현실을 가장 잘 반영한 문학 작품을 꼽자면 1938년 『조광』에 연재되었던 채만식의 소설 『천하태평춘』을 들 수 있을 것이다.

> 그런데 그거야말로 사람 살 곳은 골골마다 있다던지, 윤직원 영감의 그 다지도 뜻 두고 이루지 못하는 대원을 적이나마 풀어주는 게 있으니, 라디오와 명창대회가 바로 그것입니다. 이완이 대장으로 치면 군산을 죄꼼은 깎고, 계수를 몇 가지 벤 만큼이나 하나 할는지요. 윤직원 영감은 그래서 바로 머리맡 연상 위에 삼구짜리 라디오 한 세트를 매두고, 그걸 금이야 옥이야 하면서 방송국의 마이크를 통해 오는 남도소리며, 음률 가사 같은 것을 듣고는 합니다.
>
> 장죽을 기다랗게 물고는 보료 위에 편안히 드러누워 좋다! 소리를 연해 쳐가면서 즐거운 그 음악소리를 듣노라면, 고년들의 이쁘게 생긴 얼굴이나 광대들의 거동이 눈에 보이지 않아서 유감은 유감이지만, 그래도 좋기야 참 좋습니다.
>
> 라디오를 프로그램대로 음악을 조종하는 소임은 윤직원 영감의 차인 겸 비서 겸 무엇 겸 직함이 수두룩한 대복이가 맡아 합니다.
>
> 혹시 남도소리나 음률 가사 같은 것이 없는 날일라치면 대복이가 생으로 벼락을 맞아야 합니다.
>
> "게, 밥은 남같이 하루에 시 그릇씩 먹으면서, 그래, 어떻기 사람이 멍청

허먼, 날마당 나오던 소리를 느닷없이 못나오게 헌담 말잉가?"

이러한 무정지책에 대복이는 유구무언, 머리만 긁적긁적합니다. 하기야 대복이도 처음 몇 번은 방송국에서 프로그램을 그렇게 정했으니까, 집에 앉아서야 라디오를 아무리 주물러도 남도소리는 나오지 않는 법이라고 변명을 했더랍니다. (…중략…)

윤직원 영감의 불평은 그러나 비단 그뿐이 아닙니다. 소리를 기왕 할 테거든 두어 시간이고 서너 시간이고 붙박이로 하지를 않고서, 고까짓 것 30분, 눈 깜짝할 새 감질만 내다가 그만둔다고, 그래서 또 성화입니다.

물론 투정이요, 실상인즉 혼자 속으로는 그놈의 것 돈 17원 들여서 사놓고 한 달에 1원씩 내면서 그 재미를 다 보니, 미상불 헐키는 헐타고 은근히 좋아하지 않는 것은 아닙니다.

그렇지만 또 막상 청취료 1원 야라를 현금으로 내주는 마당에 당해서는 라디오에 대한 불평 겸 돈 1원이 못내 아까워서,

"그까짓 놈의 것이 무엇이라구 다달이 돈을 1원썩이나 또박또박 받어간다냐?"

"그럴 티거든 새달버텀은 그만두래라!"

이렇게 끙짜를 하기를 마지 않습니다.[213]

채만식의 소설에 나타나듯, 당시 대중들은 라디오라는 신매체의 특성을 잘 이해하지 못하고 있었다. 윤직원 영감처럼, 라디오를 신기해하면서도, 원하는 내용을 원하는 때에 들을 수 있는 것이 아니라, 방송국의 일방적인 편성에 수동적으로 접할 수밖에 없는 매체라는 점에 대한 불만도 적지 않았다. 실제로 당시 라디오 매체에 대해 식자층들은 지나치게 가볍고 통속적이라는 이유로 불만을 표하는 경우가 많았으며, 일

213 채만식, 『태평천하』, 창작과비평사, 1993, 15~17면.

반 대중들은 '청각'만으로 전달되는 내용을 상상력을 이용하여 이해하기가 쉽지 않다는 점에 대한 불만이 적지 않았다.

특히 라디오 드라마를 처음 접하는 사람들은 대가 무성영화를 이미 접한 이들이었는데, 무성영화가 '변사'의 연기와 해설, 그리고 '시각적 이미지'를 동시에 접할 수 있는 매체였던 데 비해, 라디오 드라마는 오로지 음향과 대사 연기만으로 모든 3차원적 상황을 짐작하여야 했기에 이해하기에 쉽지가 않았다. 이러한 점은 당시 라디오 드라마를 제작하는 이들도 인식하고 있었던 문제점이었다.

> 라듸오 드라마는 만흔 환상을 필요로 하기 때문에 일반 청취자로서 비교적 교양이 업는 사람들에게는 지극히 이해되지 못할 것이다. 이것은 극히 일례에 지나지 안치만 우리가 '라듸오 드라마'를 쓸 때 스스로 경험하는 일일 것이다.
>
> 이러한 의미에서 '라듸오 드라마'는 예술상의 '레알리즘'과 상치하야 전연 딴길을 밟어 나아가게 되지 안흘까? 고 말하는 사람도 잇다.[214]

대중들이 라디오 드라마를 이해하기 쉽지 않았다는 점[215]은 달리 말해서 라디오 드라마가 무엇을 보완해야할 것인가를 분명하게 해주는 지점이었다. 라디오 드라마가 '청각'에만 의존할 수밖에 없다는 점은 텔레비전이나 영화와는 다른, 라디오 매체의 근본적인 한계였다. 다만

---

214 이석훈, 「라듸오・드라마 小考」, 『극예술』 창간호, 1934.4, 33면.

215 1950년대 이전까지, 라디오 드라마는 대중적으로 압도적인 인기를 누렸다고 볼 수 있는 작품이 등장하지 못했다. 라디오 드라마에 대한 이해력 문제도 있었겠지만, 물론 라디오 수신기의 보급 문제나 전기 공급이 원활치 않았던 문제 등도 복합적으로 작용했다고 할 수 있으나, 1950년대 중반 라디오 연속극 〈청실홍실〉이 대중적 인기를 누리기까지 대중들은 '라디오 드라마'에 대한 적지 않은 적응 기간이 필요했다고도 볼 수 있다.

청취자가 '실감'을 느낄 수 있도록, 다시 말해서 '사실성'을 느낄 수 있도록 보완해줄 수 있는 방법은 있었다. 장면과 상황을 해설해주는 비중을 확대한다든지, 음향효과를 적극적으로 이용한다든지 하는 방법이 그것이었다. 특히 음향의 문제는 테크놀로지의 발전에 기댈 수밖에 없는 문제였다.

텔레비전의 등장 이전까지, 라디오라는 전파 매체를 통해 소통되는 '서사 텍스트'는 청취자가 '사실성'을 느낄 수 있도록 하기 위한 모색을 지속하되, 하나의 감각에만 의지하고 있다는 뚜렷한 한계를 지니고 있었다. 하지만, 바로 그 점은 맥루한이 말하듯, 수용자의 적극적 '참여'를 요구하고, 또한 가능하게 한다는 점에서, 오히려 매체 수용 과정에서의 새로운 전망을 보여주는 것이기도 했다.

최근의 디지털 매체, 특히 컴퓨터・인터넷 매체는 '가상 현실'을 구현한다고 해도 과언이 아닐 만큼, 다양한 감각을 복합적으로 담아내고 표현할 수 있는 매체다. 그런데, 디지털 환경의 매체들이 이른바 21세기적 '신매체(new media)'로 주목받는 것은 '사실적 효과' 자체에 있다기보다는 그것의 수용・소비 과정의 특이성에 있다고 하겠다. 인쇄 매체의 독자나 연극・영화의 관객과는 달리, 컴퓨터 게임이나 월드와이드웹 기반의 인터넷은 하나의 텍스트를 접하고 읽는 사용자(user)가 그것을 접하는 데에서 소통 과정이 완료되지 않는다. 사용자는 마우스를 클릭하거나 키보드를 누름으로써, 새로운 텍스트나 새로운 화면을 접하게 되는데, 그것은 텍스트의 새로운 재창조 작용과도 같은 것이며, '서사의 인터랙티브한 재구성'이며, 실시간적이고 즉흥적인 '서사의 사적(私的) 재구성'이기도 하다.

이러한 디지털 매체의 특성을 기존의 문학과 관련지어 살펴본다면, 이른바 '하이퍼텍스트'적 속성이 기존의 문학이나 기존 매체를 활용한 텍스트들에 이미 내재되어 있다는 점을 주목할 필요가 있을 것이다. 사실, 인터넷이 대중화되면서 '하이퍼텍스트'란 개념은 이제 매우 익숙한 것이 되었다. 인터넷 화면 위를 움직이는 '마우스 포인터'가 손가락 모양으로 바뀌고, 마우스를 클릭하면 새로운 '창'이 열리면서 새로운 텍스트로 연결되는 구조, 바로 그것이 '하이퍼텍스트'의 개념이다. '하이퍼텍스트'는 '하이퍼링크'를 통해 무한한 네트로 연결되어 있으며, 그것은 시작과 끝조차 알 수 없는 구조를 가지고 있다. 또, '하이퍼텍스트'는 저자에 의해 고정된 선형적 이야기 구조를 갖고 있지 않으며, 독자(혹은 네티즌 또는 유저)에 의해 '클릭'이 이루어지는 순간 새로운 이야기 구조를 창출하게 되어 있다.[216] 이 경우, 하이퍼텍스트는 당연히, 매우 즉흥적이며 유동적이고 비선형적일 수밖에 없다.

그런데 이러한 하이퍼텍스트는 '백과사전'과 같은 활자 매체에서 이미 경험했던 것을 디지털 매체를 통해 '재매개'함으로써 탄생된 것이라고도 할 수 있다. 특정한 표제의 설명을 백과사전에서 찾을 때, 그 설명 안에 들어 있는 또 다른 어휘의 의미를 찾아가게 되고, 그 과정이 반복되어 끊임없이 꼬리에 꼬리를 물고 '의미'를 찾아다니다보면 마치 '하이퍼텍스트'처럼 무한한 텍스트의 세계를 헤매게 되기 마련이다.

기존의 소설 문학의 경우에서도, 내부 이야기와 외부 이야기가 교차하는 액자소설들은 일종의 '하이퍼링크'된 서사 텍스트라고 보아도 무방할 것이다. 조세희의 연작소설집 『난장이가 쏘아올린 작은 공』에서처럼 보다 중층적인 방식으로 이야기와 등장인물이 교차되는 소설에서는 보다 복잡하고 세밀한 '링크(link)'들을 발견할 수 있을 것이고, 그 링크들은 그 소설을 읽고 이해하도록 하는 중요한 '지점(point)'이 될 것이다.

---

216 하이퍼텍스트 개념에 대한 보다 자세한 설명은 다음을 참고. 배식한, 『인터넷, 하이퍼텍스트 그리고 책의 종말』, 책세상, 2000; 류현주, 『하이퍼텍스트 문학』, 김영사, 2000; 조지 P. 랜도우, 여국현 외역, 『하이퍼텍스트 2.0』, 문학과학사, 2001.

하이퍼텍스트 개념은 기존의 텍스트를 통해서도 확인할 수 있는 원리를 디지털화 시킨 것이라 할 수 있는데, 일부에선 이 개념을 활용하여 새로운 '서사 텍스트'를 만들어낼 수 있지 않을까하는 시도를 행해왔다. 1987년 발표된 마이클 조이스의 「오후, 하나의 이야기(Afternoon, a story)」는 이 개념을 이용한, 선구적인 '하이퍼픽션'이라고 할 수 있다. 그는 '스토리스페이스'라는 소프트웨어를 개발, 이용하면서 본격적인 '하이퍼픽션'을 탄생시켰다. 그러나 이렇게 탄생한 '하이퍼픽션'조차도 이야기의 시작과 끝도 없이, 무한한 노드(node)를 가지고 확장되어 나가는 '하이퍼텍스트'의 본래 개념과 완전히 일치할 수는 없었다. 각 '노드'는 저자에 의해 이미 한정된 수준에서 연결되어 있을 뿐이었고, 독자의 선택의 폭은 그리 넓지 못했다. 「오후, 하나의 이야기」가 '마이클 조이스'라는 저자와 함께 언급된다는 것은 이미, 그것이 온전한 '하이퍼텍스트 문학'이 아님을 반증하는 것이다. 우리의 경우에는, 북토피아와 인터넷 MBC가 공동 제작한 『디지털 구보 2001』이 하이퍼텍스트 소설을 최초로 본격 시도한 경우라 할 수 있지만, 실험적 시도 자체에 의의를 둘 뿐이었다. 텍스트 안에 링크와 노드를 많이 배치해둔다고 그것이 하이퍼텍스트가 되는 것은 아니다.

지금의 현실에서 나름의 일관성과 완결성을 가지면서, 역시 나름대로 무한한 가능성과 개방성을 가진 '하이퍼텍스트'의 '이야기'가 존재한다면, 그것은 '컴퓨터 게임의 내러티브'일 것이다. 제한된 공간 안에 두 종류의 '돌'을 번갈아 놓으며 진행되는 '바둑'이라는 경기가 수만 종의 기보(棋譜)를 만들어 낼 수 있듯이, 컴퓨터 게임은 게임을 할 때마다 조금씩 새로운 내러티브를 만들어낼 수 있다. 그 가능성은 게임 개발자의 통제에서 벗어나 있다. 특히, 최근 인기를 모으고 있는 '전략 시뮬레이션' 게임이나 '롤플레잉' 게임은 그 자체로 어느 정도의 내러티브 구조를 가지고 있는, 일종의 '서사 텍스트'라고 할 수 있다.[217]

현재의 컴퓨터 게임의 서사는 기존에 존재하던 다양한 서사 텍스트나 그 매체의 도움이 없었다면 형성될 수 없었던 것이다. 컴퓨터 게임의 탄생이 1930년대 톨킨의 소설 작품 『호빗의 모험』에 빚지고 있다는 견해[218]가 있을 정도로, 문학의 성과가 컴퓨터 게임에 미친 영향은 그 무엇보다 크다고 할 수 있다. 현재 적지 않은 게임들은 북유럽 신화나 그리스・로마 신화, 기독교신화 등을 모티프로 하고 있는데, 이는 노드롭 프라이가 『비평의 해부』에서 모든 문학과 비평의 원천으로 '성경(聖經)'을 삼고 있는 것을 떠올린다면, 일종의 '서사 텍스트'인 게임 서사의 경우에도 당연한 귀결일지도 모른다.

최근 인기 있는 '스타크래프트'와 같은 전략 시뮬레이션이나 '리니지'와 같은 MMO RPG(Massively Multi-player Online Role Playing Game) 형태의 게임들은 기본적인 스토리의 틀을 갖고 있다는 점에서 문학적 서사를 응용한 형태의 서사 텍스트라고도 볼 수 있다. 다만, 그 스토리 틀 내에서 각각의 플레이어들이 어떤 인물이나 종족을 선택하고, 각각의 상황에 어떠한 행동을 취하는가에 따라 엄청나게 다양한 서사가 만들어지고, 또 각 플레이어들 — 독자들 — 의 선택과 행위가 상호 영향을 미친다는 점에서는 '활자'에 고정된 기존의 문학 서사와는 전혀 차별적인 것이라고도 볼 수 있다. 더욱이, 롤플레잉 게임의 경우 느끼게 되는 '현실감'은 인쇄매체 문학이나 연극, 영화에서 느끼는 '현실감(reality)'와는 전혀

---

217 최유찬은 게임이 게이머들을 끊임없이 긴장하도록 잘 짜여진 극적 구조를 보인다는 점에서, 하나의 '문학텍스트'로 볼 수 있을 것이라고 말하기도 한다(최유찬, 「문학텍스트로서의 컴퓨터 게임」, 『인문과학』 제84집, 연세대 인문과학연구소, 2002.12, 23~24면).

218 에노모도 마사끼[榎本正樹]는 『전자문학론』에서 이러한 견해를 밝히고 있는데, 그는 톨킨의 소설이 '이야기 속의 설정된 세계를 세부적인 부분 하나하나가 그 자체로 완결성을 갖도록 만들려 했다는 점', 그리고 '독자다 이야기의 세계에 실감을 가지고 몰입할 수 있도록 구성하려 했다는 점'을 들어 컴퓨터 게임 장르의 형성과 그 서사 문법에 영향을 미쳤다고 보고 있다(재인용 : 최유찬, 「문학과 컴퓨터 게임」, 『인문과학』 제85집, 연세대 인문과학연구소, 2003.12, 3~6면).

다른 방식으로 구현된다는 점에서 주목할 만하다. 문학, 연극, 영화에서 독자나 관객은 주인공이나 배우가 처해있는 상황이 서사 텍스트 '바깥'에 위치한 자신의 실제 경험이나 체험과 유사하다고 느낄 때 '현실감'을 느끼지만, 롤플레잉 게임에서의 유저는 자신이 선택하여 모니터 화면 속에 보이고 있는 게임 '내부' 캐릭터에 '동일시'됨으로써 현실감을 느끼게 된다. 롤플레잉 게임의 경우, 이러한 동일시와 현실감은 게임 속 화면이나 상황이 게임 바깥에 존재하는 유저의 실제 체험과 동일하거나 유사하기 때문에 획득되는 것이 아니라, 스스로 그 캐릭터를 '선택'하고 게임을 실행시키는 순간, 이미 확보되는 것이다.[219] 달리 말해서, 그것은 게임 속에 수용자 — 유저 — 의 또 다른 자아인 캐릭터가 서사의 창조자로 참여하고 있기 때문에 가능한 것이다.

요즘 스포츠 컴퓨터 게임의 경우에는, 동일한 상황을 여러 각도에서 바라본 화면으로 재현할 수 있도록 프로그래밍되어 있다. 가령 축구 게임의 경우, 게임 속의 축구 선수가 슈팅을 날리는 순간은 골대 쪽, 사이드라인 쪽, 경기장 상공 쪽 등 다양한 방향에서 바라본 모습으로 재현될 수 있다. 이를 흔히 '실감(實感)'이라는 말로 표현하곤 하는데, 이것은 실제 '사실(事實)'의 재현과는 차이가 있는 것이다. 실제 축구장에서 경기를 하는 선수이든, 벤치에 앉아 경기를 지켜보며 지시를 내리는 감독이든, 스탠드에 앉은 관중이든, 결국은 '하나'의 시선(point of view)을 통해서만 '공'을 볼 수 있을 뿐이다. 그럼에도 게임이 재현하는 화면을 '실감'나는 것으로 느끼는 이유는, 스포츠 경기를 중계하는 텔레비전 카메라의 시선을 재현하는 것이기 때문이다. 다시 말해서, 컴퓨터 게임의

219 이용욱은 롤플레잉 게임에서의 현실감을 '환상성(幻像性)'이라는 말로 대신하면서, '기시감의 법칙', '일상의 법칙', '욕망의 법칙', '창조의 법칙' 등 네가지 법칙의 작용을 통해 획득될 수 있다고 설명한다(이용욱, 「온라인 게임의 놀이적 맥락과 환상성」, 『대중서사연구』 제16호, 대중서사학회, 2006.12, 141~150면).

'사실성', 혹은 '실감'은 그것이 실제 현실을 재현하기 때문이 아니라, 유저가 경험한 여타의 서사 매체, 가령 텔레비전이나 영화에서의 재현을 재매개하고 있기 때문에 획득되는 것이라 할 수 있다.

이 모든 것은 테크놀로지의 발달과 진보를 통해 가능해진다. 테크놀로지의 발달로 인한 새로운 매체의 등장은 초기 매체 수용자들에게 낯선 체험인 만큼 호기심과 관심을 유발한다. 그러나 호기심만으로 신매체를 통해 재매개되는 서사 텍스트를 지속적으로 접할 수는 없다. 신매체가 기존 매체의 서사 텍스트들을 포용하거나 활용함으로써 등장할 수 있듯이, 수용자들 역시 기존 매체의 서사 텍스트 체험을 바탕으로 신매체의 서사를 수용하고 즐길 수 있게 된다.

반복적으로 등장하는 신매체에도 불구하고, 기존 매체의 서사 역시 지속적으로 소통될 수 있음은 신매체가 기존의 매체를 '대체'하는 방식으로 등장한 것이 아니라 기존 매체를 '참조'하는 방식으로 형성되는 것이며, 단선적인 '진화'가 아니라 상호 영향을 주고받으며 '구성'되어 온 것임을 가장 최근에 등장한 디지털 매체 서사 텍스트의 경우에서도 확인할 수 있다.

제4장
결론
재매개의 투명화와 반성화

문학의 매체가 '문자'로 한정되어온 것은 그리 오래된 전통은 아니었다. '문학'이란 이름 대신 '텍스트'란 이름으로, 특히 '서사 텍스트'라는 범주로 그것이 소통되어온 역사를 돌이켜보면 그 점은 더욱 명확해진다. '서사 텍스트'의 매체는 인류의 역사 내내 다양하게 변화해왔다. 달리 말하자면, '서사 텍스트'는 늘 새로운 매체의 등장을 맞이해 왔던 것이다.

'문자' 중심의 문학 개념이 확고해진 것은, 활자 인쇄 기술의 발달, 대중적 생산・유통・소비가 가능한 체계와 시장의 등장과 더불어, 고정화된 대학의 '학과' 체제와 도서관 시스템의 영향이 컸다. 또한 '내셔널리즘'의 이데올로기도 '문자'의 중요성을 지나치게 확대 해석하는 경향을 낳게 하였다. 하지만, '활자 인쇄물'이 지배하였던 '근대' 이후의 '서사 텍스트'의 역사를 살펴보아도, '새로운 매체'는 늘 꾸준히 등장하여 왔으며, '매체' 상호간의 영향관계와 경쟁관계는 상당히 복잡하고도 활발했다고 할 수 있다.

대량 인쇄 기술의 도입 이후, '대중적인 서사 텍스트'로서의 입지를 굳혔던 '소설'은 '대중성'과 관련한 딜레마를 경험하기도 하였다. '독서'라는 방식으로 소비될 것을 목적으로 하는 '소설'은 일정한 대중 독자의 확보가 필수불가결한 요소였다. 개화기 이후 2, 30년 동안 '소설'은 특히 '신문'이라는 근대적 대중매체를 통하여 상당한 득자층을 확보하는 데 성공하였지만, 지나치게 '대중성'에만 집착한다는 비난과 더불어 영화・연극과 같은 타 매체 서사 텍스트들과의 경쟁 관계에도 직면하기도 하였다.

1930년대 이후 소설은 영화나 연극에 원작 소설을 일종을 '콘텐츠'로써 공급하는 역할을 하는 한편, '영화 소설'이나 '방송 소설'과 같은 '교섭적 장르'를 탄생시키기도 하면서, 새로운 모색을 시도하였다. 아울러 '소설'만이 갖고 있는 장르적 특성을 활용할 수 있는 '심리소설'이나 '역사소설'과 같은 장르에도 관심이 집중되었다.

20세기 전반, '소설 문학'의 형성과 발전, 그리고 변모 양상을 살펴보는 데에 있어, '소설' 자체에 파묻히지 않고 타매체 서사 텍스트들과의 경쟁 관계 속에서 그 변인을 파악할 필요는 분명하다. 그럼에도 불구하고, 영화 소설이나 방송 소설 등이 그간 주목을 끌지 못한 것은 우리가 갖고 있는 '문학' 개념에 대한 고정 관념 때문일 지도 모른다. '문자' 중심적 사고에 갇힌 '문학' 개념은 '영화 소설'을 어정쩡한 과도기적 문학으로 취급해버리기도 했으며, 내셔널리즘에 매몰된 태도는 일제 말기 '방송 소설'이라고 하는 특별한 유형의 문학 양식을 '친일'이나 '참전 옹호' 등의 내용적 이유로 외면해왔는지도 모른다.

우리는 지금까지 '매체'를 중심 변수로 놓고 근대 이후 서사 텍스트들의 양상들을 되짚어 살펴보았다. 이 과정에서 우리는 '새로운 매체'의 등장과 '서사 텍스트' 형식 간의 관계가 일정한 패턴을 이루며 전개되고 있음을 주목하게 된다. 새로운 매체가 등장하면, 일단 기존의 매체의 방식으로 소통되며 인기를 모으던 서사 텍스트가 신매체에 적용되는 단계를 밟는다. 기존의 서사 텍스트는 신매체에 공급되는 '콘텐츠'로서 기능하는 셈이다. 이 과정에서 기존의 서사 텍스트가 확보하고 있던 독자・소비층을 신매체로 유입할 수 있다는 장점도 있다. 우리는, '춘향 서사'가 '방각본', '딱지본'이란 매체가 등장했을 때에는 물론, 그리고 '무대극', '무성영화', '유성영화'와 같은 신매체가 등장했을 때마다 가장 먼저 그 매체를 활용한 '서사 텍스트'로 변신하여 대중적 성공 또한 거두며, 그 매체의 소비층 확대에 지대한 공헌을 세워왔음을 확인할 수 있었다.

하지만 기존 서사를 새로운 매체에 옮겨 담는 것으로 '신매체'의 의의가 발견될 수는 없다. 새롭게 등장한 '매체' 자체의 특성을 염두에 두면서, 그러한 신매체에 걸 맞는 독자적인 서사 텍스트들의 창작은 여러 가지 실험과 시도를 통해 이루어져 왔다. 개인의 내면을 표현하고 소통할 수 있는 '문자' 매체에 초점을 맞춘 '심리소설', '내면소설'이 1920년대 동인지 문학을 근간으로 해서 등장하게 된 점이나 1920・1930년대 라디오 매체만의 '서사'를 만들어내려 했던 초기 라디오 매체 종사자들의 노력은 바로 그러한 맥락에서 이해되어야 할 것이다.

근대 전환기 무렵, 신문・잡지를 비롯한 활자 인쇄 매체의 등장 이후, 연극, 영화, 라디오, 텔레비전 등 새로운 서사의 매체가 등장할 때마다, 그러한 신매체가 기존의 매체를 '대체'하게 될 것으로 예상하는 경우도 적지 않았다.[1] 그러나 지금껏 신매체가 기존의 매체를 완전하게 잠식하면서 서사적 소통 전반을 장악한 적은 없다. 라디오를 통해 '구술'의 서사가 복귀하였듯이, 오히려 서사 텍스트 소통의 양상은 여러 가지 매체들이 상호 영향을 미치고, 또한 서로 경쟁하면서 '순환'에 가

1 「십년후 세계는 라듸오가 정복」(『매일신보』, 1927.7.18)과 같은 기사가 대표적인 예일 것이다.

까운 모습으로 변화해왔다.

'신매체'의 반복적 등장 과정에서 꾸준히 추구되어 온 것은 서사 텍스트의 수용자들에게 어떻게 하면 더 가까이 다가갈 수 있을까하는 문제였다. 이것은 일차적으로는 '대중성'의 문제라고 말할 수 있을 것이다. 하지만 좀 더 복잡하고 다층적인 차원에서 접근하면, '사실성'의 문제라고도 말할 수 있을 것이다.

그 소통의 매체가 무엇이든 간에 인간의 '서사적 본능', 즉 이야기를 하고 싶고 또 듣고 싶은 욕망은 뚜렷하게 존재하는 것이다. 다양한 매체의 등장과 그 변이 양상은 '보다 더 바람직한 이야기의 소통'을 원하는 인류의 근원적 욕망 속에서 이루어졌다고 볼 수 있을 것이다. 그것은, 사람의 인생 자체가 '하나의 서사'라는 점을 고려한다면, '삶'을 닮고자 하는 서사의 욕망, 혹은 서사 매체의 욕망이라고도 말할 수 있을 것이다. 그리고 그것은 다시, '서사의 사실성' 문제로 환언될 수 있다.

이것은 기존 매체의 단점을 보완하는 차원에서 이루어져 왔다.[2] 다양한 매체의 등장은 인간의 발화적 언어를, 때로는 심리적 내면을, 때로는 외면적 행위를 좀 더 사실적으로 '재매개'하기 위해서였다고도 할 수 있다. 신문은 '사건'과 '발화'를 사실 그대로 보도하듯 서사 텍스트를 재매개하려 했으며, 1920년대 이후 동인지 문학은 '내면'을 그려내듯 묘사하려 하였다. 연극은 실제 사람의 움직임과 사람들 간의 대화를 눈앞에서 재현하는 방식으로 재매개하려 하였으며, 영화는 실제 배경과 사실적인 행위를 2차원적 평면 위에 재현하려 하였다. 라디오는 음향과 목소리를 사실적으로 재매개함과 아울러, 전파를 이용하여 다수 대중과의 소통을 '동시(同時)'에 이루어내려 하였고, 텔레비전은 라디오가 결여한 '시각(視覺)'을 보완하려 하였다. 인터넷 시대를 맞이한 컴퓨터

2 "재매개의 목적은 다른 미디어를 개조하거나 복구하는 것이다(제이 데이비드 볼터・리처드 그루신, 앞의 책, 66면)."

는 기존의 다양한 매체들을 디지털로 전환시킴으로써 한 자리에 재매개하여, '다감각'의 서사를 체험할 수 있는 '가상 현실'의 가능성을 제시하였다. 그리고 그 모두는 '재매개'된 서사를 통해, 삶과 인간, 그리고 인간 간의 관계를 재현하고 소통하고자 하는 욕망의 결과였다.[3]

'현실'을 재매개함으로써 소통되는 서사가 사실성 혹은 현실성을 획득하는 방법은 바로 '재매개'의 흔적을 감추는 것이다. 무엇인가가 소통 주체들 사이에서 '(재)매개'하고 있다는 점은 '서사의 사실성'을 해치는 일이기 때문에, '재매개'의 투명화가 시도되는 것이다. 근래 디지털 매체에서 시도되는 '가상 현실(virtual reality)'은 재매개의 투명성을 구현하려는 노력으로 읽힐 수 있다. 그러나 이는 사실, 근대 이후 등장한 각종 '신매체'들이 끊임없이 추구해온 양상으로도 볼 수 있다.

또 한편으로 신매체는 매체 자체의 특성을 부각시키는 방법으로 서사 텍스트를 재매개해왔다. '재매개'의 반성화라 일컬을 수 있는 이러한 방법을 통해 서사 텍스트의 수용자는 '재매개'의 과정 자체에 참여하고 있다는 느낌을 갖게 된다.[4] 이 경우 '독서'나 '관람'과 같은 수용 행위 자체가 투명화됨으로써 서사 텍스트는 오히려 '내가 숨쉬고 살아가고 있는 실재' 그 자체에 가깝게 인식될 수 있으며, '모든 실재하는 것은 이미 재매개된 것'이라는 '폭로'적 인식에도 다다를 수 있다. '브레히트적 연극'이 무대 위의 배우와 객석의 관객의 거리를 무화시키게 되는 것이나 컴퓨터 게임의 게이머가 스스로 행한 인위적 '선택' 행위를 통해 '몰입'하고 '실감'을 느끼는 것은 그러한 사례라 할 수 있을 것이다.

---

3 "예술가가 만들어놓은 예술의 상상세계는 태초부터 인간에게 가상 현실로 존재해 왔다. 그러므로 예술은 인간의 두뇌를 사유하는 기구가 아니라 영상하는 화면으로 삼았다. 말하기로 표현하든 글쓰기로 표현하든 예술은 항상 두뇌 안에다 상상세계를 펼쳐지게 하는 것이다. 그러므로 예술은 인간의 두뇌 안에다 가상 현실을 현시한다(윤재근, 「예술과 대중적 시장성에 관한 연구」, 『한양어문』 제17집, 1999, 280면)."

4 제이 데이비드 볼터 · 리처드 그루신, 앞의 책, 63면.

요컨대, 서사 텍스트는 인간의 현실을 재매개하여 다양한 매체를 통해 소통되는 것이다. 이때, 재매개의 전략은 재매개의 과정을 감추는 방식으로 투명화할 것인가, 아니면 오히려 드러내는 방식으로 반성화할 것인가의 선택에 놓여 있다. 그 선택은 궁극적으로 서사 텍스트가 우리의 삶과 욕망을 어떻게 현실감 있게 재현하도록 할 것인가에 대한 선택이기도 하다.

에른스트 블로흐는 모든 존재는 '이미 존재하는 것'이 아니라 '아직 존재하지 않는 것'이며 그 자신의 본성을 끊임없이 완성해가야 하는 것[5]이라 말한 바 있다. 블로흐의 말을 응용하여 말하자면, '매체'는 이미 완성된 무엇이 아니라, 끊임없이 상호 영향 관계 속에서 구성되는 것이며, 그 매체를 통해 재매개되는 '서사 텍스트'는 인간의 삶과 인간 사이의 소통을 반영하고, 또 때로는 폭로함으로써 지속되어오고 있는 것이라 할 수 있을 것이다.

---

5 에른스트 블로흐, 박설호 역, 『희망의 원리』 1, 열린책들, 2004, 27~46면.

제2부

보론

보론 1
은유의 매개와 서사의 매체

1. 개념적 은유 : 은유에 대한 확장적 이해

은유(隱喩), 즉 메타포(metaphor)라는 어휘는 본래, 하나의 사물을 (다른 사물을 향해) 넘어[meta] 이동시킨다[phora]는 뜻의 희랍어에서 연유된 것이다. I. A.리처즈를 비롯한 이론가들에 의해, '은유'는 전통적으로 문학에서 원관념(原觀念)을 숨기고 보조관념(補助觀念)을 드러냄으로써 대상의 잠재된 특질을 드러내는 수사법적 차원으로 이해되어 왔다. 보조관념이란 다시 말해서, 본의(本意)인 의도된 목적지(tenor)까지 사물을 태워 가는 수단이자 매개(vehicle)이며, 이 둘 사이의 관계는 '유사성' 혹은 '동일성'으로 설명되어 왔다. 또한, 대개의 경우 은유는 '단어', '어휘'적 차원에서 접근하여 온 것도 사실이다.

이것은 아마도 서구 문학 이론의 경전(經典) 역할을 해온 아리스토텔레스의 『시학』으로부터 비롯된 것으로 보인다. 아리스토텔레스는 『시학』에서 "은유란 유(類)에서 종으로, 혹은 종에서 유로, 혹은 종에서 종으로, 혹은 유추에 의하여 어떤 사물에다 다른 사물에 속하는 이름을 전용(轉用)하는 것"이라고 정의내리고 있다.[1] 아리스토텔레스가 '은유'를 정의내리는 이 부분은 '명사(名詞)'를 설명하는 가운데 서술된 부분이다. 실제로 아리스토텔레스는 '은유'의 의미를 예증하면서, '명사' 외에도 '동사' 혹은 '형용사' 어휘를 다른 어휘로 대체(代替)하는 사례를 제시하고 있지만, 어휘적 영역에 치중하여 '은유'의 의미를 규정하고 있음은 분명해 보인다. 아리스토텔레스는 두 단어 사이의 '동일성'을 발견하는 것이 '은유'의 관건이라고도 언급한다. 두 개의 단어 사이에 '동일한 성질'을 발견하여 하나의 단어를 다른 단어로 대체하는 것, 그럼으로써 대상에게 새로운 이름을 부여하는 것, 그것이 아리스토텔레스에게 있어서의 '은유'의 의미였다.

로만 야콥슨은 저 유명한 「언어의 두 양상과 실어증의 두 유형」(1956)에서 은유를 계열체적으로 작동하는 것으로, 환유(換喩, metonymy)를 통합체적으로 작동하는 것으로 파악하고, 은유는 '시'에서 환유는 '소설'에서 보편화된 양식이라고 말한 바 있다. 야콥슨의 논의는 '은유'와 '환유'를 언어적 의미작용 전반에 작용하고 있는 보편적 원리로 이해할 수 있는 계기를 마련해주었다. 하지만 야콥슨은 문장 내 어휘 관계에 초점을 맞춘 채, 은유를 유사성의 원리에, 환유를 인접성의 원리에 각각 근거한 것으로 파악함으로써, 은유와 환유를 이분법적 사고의 틀과 언어적 범주 안에 한정시켜 놓을 수밖에 없었다. 은유의 본질을 단어 간의 '유사성' 혹은 '동일성'에서 발견하는 아리스토텔레스적 관점이 유지되고 있음도 물론이었다.

라캉이 야콥슨의 '은유', '환유' 이론을 적극 받아들여 프로이트 무의식 이론에서의 '압축'과 '전치' 개념에 연결시킴으로써 "무의식은 언어

---

1 아리스토텔레스, 천병희 역, 『시학』, 문예출판사, 2002, 124면.

처럼 구조화되어 있다"는 명제를 도출하게 된 것[2]은 앞서 언급한 것처럼 야콥슨이 '은유', '환유'를 언어적 의미작용의 보편원리로 파악한 덕분이었지만, 라캉 역시 야콥슨의 한계를 반복하고 있음도 당연한 귀결이었다. 다만 라캉에게 있어 '은유'는 아버지의 이름이 작용하는 '상징계'의 대표적 수사이자, 동시에 '현실'로 파악된다는 점[3]에서, '은유'는 현실 세계와 언어 질서를 지배하는 중요한 힘이자 원인으로 이해될 수 있다.

'은유'에 대한 인식에 무엇보다 큰 변화를 가져온 것은 '인지의미론'이라는 언어학 분야에서의 진전이었다. 인지의미론 분야의 전개에 큰 영향을 미친 이른바 '개념적 은유' 이론은 기존의 전통적 '은유'의 의미를 크게 혁신시켰다. 레이코프와 존슨(Lakoff & Johnson)의 『삶으로서의 은유』[4] 이래로, '개념적 은유'라는 관점이 제기되면서 '은유'는 어휘의 문제나 문학적 수사(修辭)의 문제가 아니라, '사고'나 '개념'과 같은 인간의 인식 차원으로 이해될 수 있었다.

사실 J. M. 머리와 같은 이는 일찌감치 "은유란 우리의 언어만큼 궁극적인 것이며 우리의 언어는 우리의 사고만큼 궁극적인 것"[5]이라고 언급한 바 있었으나, 이러한 언급은 문학에서, 특히 '시'에서 '은유'라는 수사적 기법의 중요성을 강조하기 위함에 지나지 않았다.

'은유'를 수사적 기법의 차원을 뛰어넘어 보편적인 인간 사고와 인식의 차원으로 확장시킨 '개념적 은유' 이론을 이해하기 위해서는 인지언

---

2 이와 관련된 부분은 박찬부, 『현대정신분석비평』, 민음사, 1996, 106~109면.

3 이정호, 『텍스트의 욕망 : 정신분석과 영미문학 텍스트 읽기』, 서울대 출판부, 2003, 298~300면 참고.

4 G. Lakoff · M. Johnson, *Metaphor We Live*, Chicago : The University of Chicago Press, 1980; G. 레이코프 · M. 존슨, 노양진 · 나익주 역, 『삶으로서의 은유』, 서광사, 1995.

5 John Middleton Murry, *Countries of the Mind*, Oxford University Press, 1931, 제1장, 재인용 : 필립 윌라이트, 김태옥 역, 『은유와 실재』, 문학과지성사, 1982, 65면.

어학에 대한 간략한 이해가 선행될 필요가 있다.

인지언어학은 게슈탈트 심리학[6]에 바탕을 두고, 1970년대 후반 이후 언어가 인간 마음의 어떤 근본적인 특성과 구성 자질을 반영한다는 관점으로 출발하여, 1990년대를 거쳐 오늘날에 이르러 이론적 독자성을 인정받고 있는 분야다. 인지언어학의 관점에서는, 일반적인 언어 내적 원리를 추상(抽象)하려고 하는 생성언어학과 달리, 철학, 심리학, 신경과학 등 여타의 인지과학 분야의 논의를 적극 수용하고자 한다. 다른 정신적 처리 과정과 언어 처리 과정이 크게 다르지 않다고 보고 있기 때문이다. 인지언어학적 가정과 가설의 일환으로 '인지의미론'이 등장하게 되는데, 인지의미론은 의미의 문제를 인지와의 관계 속에서 파악하려 하면서, 개념적 구조와 조직 연구에 초점을 맞추고 있다.[7]

소쉬르의 '기표'와 '기의'가 기호작용에서의 두 '부분'을 나누어 설명하기 위한 개념으로 제시되었다면, 인지의미론은 '기표'와 '기의' 사이를 관계를 연결시키는 기호사용자의 사고나 의식, 혹은 인지적 작용에 관심을 두고 있다고 볼 수 있다.[8]

인지의미론의 발생과 전개에서 가장 중요한 사항 가운데 하나로 꼽히는 '개념적 은유' 이론은 바로 이 과정에서의 의식과 작용이 '은유적 본성'을 띠고 있다고 파악하는 것이다. 다시 말해서 인간이 수많은 사상(事象)을 받아들이는 방식과 복잡한 사고(思考)를 표현하는 방식은 근본적으로 은유적 수단에 의존하고 있다는 것이며, 은유적 기제 없이는

---

6 게슈탈트 심리학의 핵심은 "부분의 합은 전체 그 이상이다"라는 관점이라 할 수 있다. 게슈탈트 심리학 이론을 창안한 막스 베르트하이머(Max Wertheimer)는 기차 안에서 벽과 창문틀에 시야가 가려짐에도 불구하고 차창을 통해 바깥 풍경을 일관된 이미지로 정리할 수 있게 된다는 것을 깨달으면서 영감을 얻었다고 알려져 있다.

7 임지룡, 「인지의미론 연구의 현황과 전망」, 『우리말연구』 제21집, 우리말학회, 2007, 51~60면.

8 임지룡 · 김영순, 「담화 매체의 기호 체계에 관하여」, 『독일어문학』 제11집, 한국독일어문학회, 2000, 473~474면.

온전한 사고와 표현이 불가능하다는 것이다.[9]

개념적 은유 이론을 바탕으로 보면, 전통적 관점의 은유와 현대적 관점의 은유는 다음과 같이 구별될 수 있다.

전통적 은유와 개념적 은유

전통적 관점의 '은유'(전통적 은유)	현대적 관점의 '은유'(개념적 은유)
은유는 단어적 속성, 즉 언어적 현상	은유는 개념의 속성
미적, 수사적 목적	개념의 이해를 위한 것
두 실체 사이의 유사성에 기초	종종 유사성에 기초하지 않음 은유가 유사성을 창조
단어의 의식적, 고의적 사용 예술적 표현능력 요구	보통사람들의 일상생활에서도 사용
인간 일상생활에 필수적이지 않음	인간의 사고와 추론에 필수적

'개념적 은유'의 관점으로 볼 때, 은유는 한 정신영역을 다른 정신영역에 의해 개념화하는 방식이라 할 수 있다. '개념적 은유'는 두 가지 개념적 영역으로 나뉘는데, 우리가 인지하고자 하는 개념적 영역을 '목표영역(target domain)'이라 하고, 이 목적을 달성하기 위해 사용하는 개념적 영역을 '근원영역(source domain)'이라 한다. 근원영역은 익숙하고 구체적인 경험가능한 영역인 반면, 목표영역은 낯설고 추상적이며 경험불가능한 영역으로 본다.[10]

그리고 개념적 은유는 유사성에 기초하여 형성된다기보다는, 은유가 '유사성'을 창조해내는 것으로 파악하는 입장을 취한다. 『삶으로서의 은유』에 따르면, 은유는 어떤 개념의 한 측면에 초점을 맞춤으로써 다른 측면을 은폐・축소하기 마련이며, 그 과정에서 은유는 현실적 혹은 상상적 경험 사이에 유사성을 창조할 수 있게 된다.[11]

9 임지룡, 「개념적 은유에 대하여」, 『한국어 의미학』 제20집, 한국어의미학회, 2006, 30면.
10 위의 글, 33~34면.

또한 개념적 은유 이론에서는 '개념적 은유'와 '은유적 언어 표현'을 구별한다.[12] '개념적 은유'는 사고하는 방식이며, '은유적 언어 표현'은 실제적인 언어 표현에 해당한다. 다만 '은유적 언어 표현'은 기존의 전통적 은유보다 훨씬 폭넓은 적용이 가능하다. 전통적 은유에서는 "물가가 오르다"와 같은 표현은 은유로 파악하지는 않겠지만, 개념적 은유의 관점에서 볼 때, "오르다"는 '많(아지)고 적(어지)고의 개념'이 '위와 아래라는 개념'으로 사고되는 '개념적 은유'가 작용된 '은유적 언어 표현'으로 볼 수 있는 것이다.

인지언어학의 '개념적 은유' 이론이 배타적으로 독창적인, 전혀 새로운 '은유'인 것은 아니다. 가령, 스포츠 경기에 대한 신문 기사에서 흔히 볼 수 있는 "○○군단이 16강 고지를 향한 7부 능선을 돌파했다"는 식의 표현은 전통적 관점에서 보더라도 '은유'의 수사적 표현이다. 다만 '개념적 은유'에서 중요한 것은 '군단 = 팀', '16강 고지 = 예선통과' 등과 같은 단어적 차원의 비유적 관계가 아니라, 그와 같은 은유 작용이 일어나는 '개념'과 '인식'의 정신영역 차원이다. 비슷한 예로, '논쟁'이나 '토론'에 대하여, 상대토론자를 '적수', 입장을 '전선', 논박을 '격파', 논거를 '무기' 등으로 나타내는 '은유적 언어 표현'을 떠올릴 수 있을 것이다. 이 경우들에서 '스포츠'와 '논쟁'을 목표영역으로 하여 '군사'나 '전쟁'을 근원영역으로 삼는 인식 구조 자체가 '개념적 은유'이며, 이것이 인지언어학의 중심 관심사가 된다.

레이코프와 존슨은 '개념적 은유'를 구조적 은유, 지향적 은유, 존재론적 은유의 세 가지 유형으로 구별하고 있다. 앞서 언급한 '스포츠-군사', '논쟁－전쟁'은 '구조적 은유'의 예이며, "물가가 오르다", "봉급이

11 G. 레이코프 · M. 존슨, 노양진 · 나익주 역, 『삶으로서의 은유』, 서광사, 1995, 3장과 22장 참고.

12 위의 글, 34면.

내려가다"는 지향적 은유, "시간이 흐르다", "시간이 있다"는 존재론적 은유에 해당한다.[13]

'개념적 은유' 이론이 특히 주목되는 것은 우리의 일상적 언어생활 전반에서 은유 작용이 일어나고 있음을 암시해 준다는 점이다. 이 이론에서 은유란 개념 영역 간의, 즉 '근원영역'과 '목표영역' 사이의 '맵핑(mapping)'으로 정의된다.[14] '맵핑'이란 수학에서 정의역 X의 한 원소와 치역 Y의 한 원소 사이의 일정한 연결이나 대응을 의미하며, 이것을 응용한 정보통신과학에서는 한 집합에서 다른 집합으로의 변환이나 2차원 화상(畵像)을 3차원 영상으로 변환하는 작업을 의미한다. 개념적 은유 이론에서 '맵핑'은 원영역과 목표영역 사이의 연결을 대칭적이고 부분적인 것으로 파악하는데, 이 연결 관계 자체가 '은유적'이라는 것이다. 여기서 목표영역을 라캉적 의미에서 '실재계'라고 보고 근원영역을 라캉의 '상징계'로 파악한다면, 상징계의 질서에 따르는 '언어'란 그 자체로 은유적인 것으로 볼 수 있게 된다. '개념적 은유' 이론을 좀 더 언어철학적 견지에서 바라본다면, 인간의 사고(思考)나 감각적 대상이 되는 사물(事物)을 표현하는 언어적 표현 하나하나도 본질적으로는 '개념적 은유' 작용의 산물로 볼 수 있는 여지는 충분하다.

이것을 단서로 하여, 은유는 인간 사고체계 전반에 작용하는 인식의 원리로 확장될 수 있을 것이다.[15] 인간의 사고와 사상을 사실적으로 표현한 문학 작품의 경우에도 '은유'는 구체적 어휘 표현에서의 수사적 차

13 G. 레이코프 · M. 존슨, 노양진 · 나익주 역, 『삶으로서의 은유』, 서광사, 1995, 21~61면. '맵핑(mapping)'은 '사상(寫像)'으로 번역되기도 한다.

14 임지룡, 「은유의 인지언어학적 의미분석」, 『국어교육연구』 제28집, 국어교육연구회, 1996, 124면.

15 실제로 레이코프의 1992년 논문 "Metaphor and War : The Metaphor System Used to Justify War in the Gulf"는 미국의 걸프전에 대한 정당화가 은유적 사유에 근거하고 있음을 보여주었다. 이에 대해서는 박정운, 「개념적 은유와 시적 은유」, 『시학과 언어학』 제7집, 시학과언어학회, 2004, 139면 참고.

원이 아닌, 창작과 독서-해석의 소통 과정 전반에 작용하고 있는 것으로 이해될 수 있다. 하지만, '개념적 은유' 이론을 문학에 적용한 연구 사례들[16]이 최근 잇달아 제시되고 있음에도, 여전히 구체적 분석에서는 지엽적인 어휘 표현을 문제 삼고 있는 데에 그치는 한계를 보이고 있다.

2. 텍스트의 은유 : 폴 리쾨르의 서사 이론과 해석 이론

인지언어학이 '은유'에 대한 인식의 폭을 넓혀주었다면, 우리는 이제 리쾨르의 이론을 통해 '은유'를 문학, 더 나아가 서사 텍스트 전반에 적용할 또다른 근거를 발견하고자 한다.

앞서 언급했듯이, 아리스토텔레스로부터 리처즈에 이르기까지 문학에서의 전통적 은유 개념은 주로 '단어'의 수준에서 논의되어 왔으며, 특히 의미의 함축성이 생명이라 할 수 있는 '시'의 영역에 집중되어 온 것이 사실이다.

1950년대 이후로 막스 블랙(Max Black)은 은유를 주주제, 즉 초점(focus)과 그것을 둘러싸고 있는 보조주제, 즉 틀(frame)의 상호작용에 의해 의미를 생성하는 것으로 파악함으로써, 은유 작용의 범위를 단어에

16 양병호, 「「불노리」의 인지의미론적 연구」, 『한국언어문학』 제34집, 한국언어문학회, 1995, 231~248면; 양병호, 「「초혼」의 인지의미론적 연구」, 『한국언어문학』 제35집, 한국언어문학회, 1995, 561~581면; 엄정호, 「소설에 나타난 은유 분석 시론」, 『반교어문연구』 제13집, 반교어문학회, 2001, 83~108면; 박정운, 「개념적 은유와 시적 은유」, 『시학과 언어학』 제7집, 시학과언어학회, 2004, 117~150면. 현재 '개념적 은유 이론'은 어문학 전반에서 여전히 새롭게 '소개'되고 있는 수준에 그치고 있다.

서 문장 단위로 확장시킬 수 있었다.[17]

폴 리쾨르는 은유의 문제를 해석학적 관점에서 텍스트(text)와 담화(discourse)의 차원으로 확대시켰다. 리쾨르는 방브니스트의 언어 이론의 영향을 강하게 받은 것으로 보인다. 방브니스트의 담화언어학은 소쉬르가 사실상 소멸시켰던 발화 주체, 즉 화자와 청자를 복원하였으며, 랑그를 개개인이 '담화'로 전환시키는 '운동성'과 '힘'을 강조한다. 리쾨르는 방브니스트와 막스 블랙[18]을 바탕으로 삼아 고전적 은유 개념으로부터의 일탈과 혁신이 필요함을 강조하였다.[19]

폴 리쾨르는 『시간과 이야기』의 서문에서 고전 수사학이 은유를 말의 의미이동으로 환원시켰지만, 이것이 은유의 모든 것은 아니며, "은유는 여전히 살아있다"고 강조하였다.[20] 그는 이어서 은유와 이야기(récit)의 상관성이 아주 깊음을 주장한다. '말해지지 않은 것'을 시간적 통일성 아래 규합시켜 새롭게 언어 속에서 솟아나게 하는 것, 그것이 바로 '은유'의 방법이며 여기에서 이야기의 의미론적 혁신이 일어난다고 주장한다.[21] 또한 리쾨르는 다음과 같이 덧붙이고 있다.

> 이야기의 재현적 기능은 은유적 대상 지시의 문제와 정확히 대응하는 문제를 제기한다. 나아가서 그것은 후자를 인간의 행동 영역에 특수하게 적용하는 것에 지나지 않는다고 할 수 있다. 줄거리는 어떤 행동의 재현

17 정기철, 『상징, 은유 그리고 이야기』, 문예출판사, 2002, 96면; 엄경희, 「은유의 이론과 본질」, 『숭실어문』 제19집, 숭실어문학회, 2003, 211~213면.

18 막스 블랙의 '은유' 이론이 리쾨르에 미친 영향에 대해서는 폴 리쾨르, 김윤성·조현범 역, 『해석이론』 수정판, 서광사, 1998, 117~119면을 참고.

19 폴 리쾨르, 위의 책, 92~97면.

20 폴 리쾨르, 김한식·이경래 역, 『시간과 이야기 1 : 줄거리와 역사 이야기』, 문학과지성사, 1999, 7면. 리쾨르는 『살아있는 은유』와 『시간과 이야기』를 '한 쌍'으로 여기면서 집필하고 출간했다고 밝히고 있는데, 그만큼 리쾨르는 '은유'와 '서사'의 문제를 중요하게 인식했다고 할 수 있다.

21 폴 리쾨르, 앞의 책, 8면.

(mimèsis)이라고 아리스토텔레스는 말한다. 때가 오면 나는 미메시스라는 용어가 갖는 적어도 세 가지 의미를 구분할 것이다. 즉 그것은 우리가 행동의 영역에서 갖는 친숙한 전(前) — 이해를 가리키며, 허구의 왕국으로 들어가는 것이고, 마지막으로 전 — 이해된 행동의 영역을 허구를 통해 새롭게 형상화하는 것이다. 바로 이 마지막 의미에 의해 줄거리의 재현적 기능은 은유적 대상 지시와 결합한다.[22]

리쾨르의 『시간과 이야기』가 여타의 구조주의적 서사이론들에 비해 가장 주목할 만큼 특별한 점은 쓰인 텍스트 이전의 '경험 세계' — 리쾨르의 용어로 '전-이해' 단계 — 를 '이야기하기'와 '해석'이라는 서사적 소통의 양 측면 모두에 있어서 중요하게 자리매김하고 있다는 점이다. 위의 인용에서 '미메시스'의 '세 가지 의미'라고 지칭한 것은 리쾨르가 이후의 논의에서 명명한 삼중의 미메시스, 즉 '미메시스 Ⅰ·Ⅱ·Ⅲ'을 의미하는 것인데, 여기서 '미메시스Ⅰ'은 바로 작가와 독자에게 공통된 '전-이해'의 단계를 의미한다.[23] 리쾨르는 미메시스의 상류라 할 수 있는 '미메시스Ⅰ'으로부터 미메시스의 하류이며 후-이해와 해석의 단계인 '미메시스 Ⅲ' 사이를 흐르는 '미메시스 Ⅱ'의 영역을 상정하는데, 이 영역은 두 영역 사이를 '매개'하고 역동적으로 줄거리를 형상화하는 '허구의 왕국'이라 칭해진다.

또한, 리쾨르는 '줄거리'를 서사적 형상화 작업으로 간주하는데, 이때 줄거리란 다양한 사건이나 일상사 — 경험 — 로부터 이야기된 스토리로 변형시키는 것이며 '매개'하는 것이라고 말하고 있다.[24] 삼중의

22 위의 책, 10면(밑줄 – 인용자, 굵은 글씨 – 원문).

23 위의 책, 146~147면; 졸고, 「서사텍스트의 구성원리 연구」, 서강대 석사논문, 2000, 68~69면 참고. 본인은 이 논문에서 '미메시스Ⅰ'에 해당되는 영역을 양상논리학에서 말하는 '가능 세계' 개념을 응용하여 '가능 텍스트(possible text)'라 칭한 바 있다.

24 폴 리쾨르, 앞의 책, 148~149면.

'미메시스' 과정은 일상과 이야기된 스토리 사이, 전-이해와 텍스트 사이의 '매개'를 통해 형성되는 것이며, 그것은 일종의 '은유' 작용이다. 요약하자면, '은유'는 현실과 실재를 매개하여 '다시' 서술 — 텍스트로 재현 — 하는 역할을 맡는다는 것이다.[25]

리쾨르는 쓰여지기 전의 감각과 추억, 그리고 쓰여진 문장 사이를 연결하여 형상화하는 것이 바로 '은유'라고 말한다. 그리고 그 문제는 '문학'과 '삶'의 관계 문제에 접근하는 것이 된다고도 말한다.[26] 리쾨르에게 은유 개념은 문학 작품과 같은 긴 텍스트들을 이해 — 쓰고 읽는 — 하는 열쇠를 제공해주는 셈[27]이다. 이렇게 보면, 폴 리쾨르가 설명하는 서사의 과정은 인지언어학에서의 '개념적 은유'와 상당히 닮아 있음을 발견하게 된다.[28] 리쾨르가 이미 언급했듯이 '서사'와 '은유'는 모두 의미론적 혁신의 과정을 거친다는 점에서 유사하지만, 인지언어학에서 '개념적 은유'는 인간의 사고 체계를 언어적으로 표현하는 '매개'인 것이고, 리쾨르의 '서사'는 전-이해적 사건과 일상의 단계를 스토리로 만드는 매개작용을 거치는 것이라는 점에서도 그러하다. 다시 말해서, '삶'을 목표영역으로 하고 '쓰여진 텍스트'를 근원영역으로 한 '맵핑', 즉 그러한 관계의 '개념적 은유'가 바로 '서사'의 과정이라고 할 수 있을 것이다.

그리고 한 가지 또 주목되는 점은 레이코프와 존슨이 '개념적 은유'를 설명하면서, 은유는 실재의 어떤 측면을 부각시키고 어떤 면은 은폐

---

25 윤성우, 『해석의 갈등 : 인간 실존과 의미의 낙원』, 살림, 2005, 180면.

26 폴 리쾨르, 김한식 · 이경래 역, 『시간과 이야기 2 : 허구 이야기에서의 형상화』, 문학과지성사, 2000, 306~307 · 310면. 이러한 관점은 다우베 드라이스마, 정준형 역, 『기억의 메타포』, 에코리브르, 2006에서도 흡사하게 엿볼 수 있다.

27 폴 리쾨르, 존 톰슨 편역, 윤철호 역, 『해석학과 인문사회과학』, 서광사, 2003, 302면.

28 리쾨르와 레이코프의 1980년대 이후 저작을 살펴볼 때, 들 사이의 상호참고 관계는 파악되지 않는다. 그럼에도 두 사람이 말하는 '은유'에 대한 관점은 상당히 흡사하다.

하거나 축소하기 마련이라고 언급하는 부분이다. 그들은 우리가 그러한 은유를 받아들임으로써 은유의 함의들을 '참'인 것으로 간주하게 되는데, 그 진리들은 오직 그 은유에 의해 규정된 실재에 상대적으로만 참일 수 있다고 말한다.[29] 서사체, 특히 허구적 서사체는 삶에서의 수많은 경험적 사고와 상상적 사고들 가운데 한 부분을 초점화하여 서술되고, 그렇지 않은 부분은 은폐하고 축소하기 마련이다.[30] 또 그렇게 쓰여진 '허구'의 세계 속에서만 은유적으로 매개된 미메시스 작용은 유효한 것이다.

뿐만 아니라, 개념적 은유 이론이 '유사성'에 의해 은유적 관계가 성립되는 것이라기보다는, 은유에 의해 유사성이 형성되고 창조되는 것이라는 관점을 갖고 있다는 점도 주목할 필요가 있다. 서사체에서의 허구적 세계 역시 은유적 관계의 형성과 함께 창조되는 것이기 때문이다.

3. 매체의 은유 : 서사, 텍스트와 신매체

'은유'를 실제 세계를 언어로 표현하고 인식할 수 있도록 하는 '개념화 장치'로 이해[31]한다면, 인간은 은유에 의해 사고를 하게 된다고도 말할 수 있을 것이다. 고전적인 '은유' 이론에서 '매개(vehicle)'란 유사성의

---

29 G. 레이코프 · M. 존슨, 노양진 · 나익주 역, 『삶으로서의 은유』, 서광사, 1995, 29 · 206면.

30 '초점화'와 '은폐'와 관련한 이러한 이해는 리쾨르 뿐만이 아닌 거의 모든 서사이론의 출발점이기도 하다. 하지만 이 과정을 중요한 서사적 단계로 간주하고, '은유'의 개념을 활용한 것은 리쾨르의 독창적 관점이었다.

31 임지룡, 「개념적 은유에 대하여」, 『한국어 의미학』 제20집, 한국어의미학회, 2006, 33면.

관계에 있는 두 대상 가운데 언표된 '보조관념'을 의미하는 것이었다면, '개념적 은유' 이론에서 '은유'의 매개는 인간의 인지와 사고 능력이며, 사고 능력의 매개는 다시 '은유'가 될 것이다.

인간의 사고가 한 개인에 머물지 않고 타자와 소통될 수 있다는 것은 '은유' 역시 개인적 심리와 인지 능력의 차원에 머물지만은 않는다는 것을 의미한다. 따라서 '은유'가 곧 인간의 사고 능력이자 원리라면, 인간의 소통은 '은유' 작용의 '공유'를 통해서 이루어지는 것이라고 말할 수 있을 것이다.

A와 B, 두 사람이 대화를 한다고 가정해보자. 발화자 A의 발화내용과 발화의도 사이의 관계는 근원영역과 목표영역의 관계이며, 은유의 관계다. 수신자 B에게 있어서도 이 같은 관계는 존재한다. 인지의미론적 측면에서 제시한 다음과 같은 도표는 그 사이의 소통 관계를 간단하게 보여주고 있다.[32]

발신자 의도 → 사고 연관성(매개) ← 수신자 의도

사고 연관성이란 발신자와 수신자 각각의 '사고(思考)' 간에 맺어지는 관계를 의미한다. 이때 문제는 발신자와 수신자의 사고가 동일하지 않을 수 있다는 점이다. 그러니까 두 사람의 의도, 혹은 각각의 은유 작용이 바르게 '매개'되지 못할 수 있다는 말이다.

개인의 사고가 어딘가에 적재되어 다시 하역되는 과정이 일어날 때,

---

32 여기에 제시된 비슷한 모양의 두 개의 도표는 임지룡·김영순, 「담화 매체의 기호 체계에 관하여」, 『독일어문학』 제11집, 한국독일어문학회, 2000, 471~472면에서 참고하여 약간 수정한 것이다. 여기서 '의도'라는 것도 사실 이미 '은유'의 작용이 전제된 것일 수밖에 없다. 다만 본 연구가 사고 작용의 시원(始原)을 논하고자 하는 것이 아니므로, 임지룡·김영순이 사용한 '의도'라는 어휘를 그대로 반복하기로 한다.

그 운송수단(vehicle)에 해당되는 것을 커뮤니케이션 이론에서는 '매체(媒體, media)'라고 한다.[33]

발신자 사고 → 매체 ← 수신자 사고

두 사람의 일반적인 대화 상황에서 '매체'는 '언어'다. 이때 언어는 한 개인의 사고를 '매개'하는 방식으로 일어난 은유 작용의 산물인 동시에, 두 사람 사이의 사고, 혹은 언어를 이동시키고 소통시키는 '매체'가 된다.

메시지, 혹은 '사고'를 다른 곳 — 혹은 다른 시간 — 으로 이동할 수 있게 한다는 발상은 커뮤니케이션 역사에서 가장 의미 깊은 발견이었다.[34] 커뮤니케이션에 있어 메시지의 이동 수단인 '매체(媒體)'는 나날이 다양해지고 있다. 편지나 전화는 공간적 이동을 가능하게 해준 매체이며, '문자'와 인쇄기술은 시간적 이동(보존)을 가능하게 해준 매체라 할 수 있다.

매체는 나날이 새롭게 등장하고 있다. 아주 오래 전 '문자'라는 매체가 그러했을 것이고, 우리에게 있어 100년 전쯤 '신문', 80년 전쯤 '라디오'가, 50년 전쯤 '텔레비전'이 그러한 예일 것이다. 새로운 매체들은 발신자와 수신자 사이의 시공간적 간극을 때로는 넓히고 때로는 좁힌 형태로 출현하였다.[35] 또한 매체에 담을 수 있는 '사고'의 내용과 형식도 크게 달라져왔다. 짧은 문장에서부터 제법 긴 텍스트에 이르기까지 매

---

33 사실, 우리말에서 '매개'와 '매체'가 그러하듯, 'vehicle'과 'midium(media)' 사이의 쓰임이 명백하게 구별되는 것은 아니다. 다만 본 연구는 인지언어학과 커뮤니케이션학에서 쓰이는 일반적인 어휘에 따라, '매개'와 '매체'로 구별하였을 뿐이다.

34 클라우스 크레펜도르프, 안재현 역, 「사라진 전달자 : 커뮤니케이션의 은유와 모델들」, 박춘서 · 송해룡 편, 『미디어의 실제』, 커뮤니케이션북스, 2001, 109면.

35 대개 발신자와 수신자 사이의 '간극'은 실제적으로는 넓어졌으나, 인지심리적으로는 좁혀질 수 있도록 변화해 온 것이 주된 흐름이었다 할 수 있다.

체를 통해 이동되고 소통된다.

매체에 담겨 오가는 내용물을, 리쾨르가 그러했듯, '텍스트'라 칭한다면, 은유는 매체에 텍스트를 적재하는 과정과 하역하는 과정에서 모두 작용되기 마련이다. 리쾨르의 말처럼, 은유는 언어의 순간적 창조물이며 의미론적 혁신이다.[36] 텍스트의 저자, 혹은 발신자는 자신의 사고와 인식을 담아, 은유를 통해 언어의 의미를 표출하고 텍스트를 창조한다. 텍스트의 독자, 혹은 수신자는 은유를 통해 텍스트를 이해하고 해석한다. 이 두 과정을 리쾨르는 '이야기하기'와 '해석'의 과정, 혹은 '은유에서 텍스트로', 다시 '텍스트에서 은유로'의 과정이라는 말로 표현한다.[37] 그리고 그 과정의 접점[node]을 오가는 곳에 은유의 매개, 텍스트의 매체가 자리한다.

새로운 매체는 어쩌면, 이 과정에서 발신자와 수신자의 사고를 가장 손실 없이 담아내고 이동시키기 위하여 등장해왔다고 할 수 있다. 혹은 마샬 맥루한의 말[38]처럼, 인간의 인지와 감각을 대체하는 형태로, 다시 말해서 인간의 감각에 대한 '은유'로 등장해왔다고도 달할 수 있을 것이다.

> 전달 가능한 메시지의 은유는 수많은 기술적 혁명에서도 살아남았다. 이 은유는 인쇄, 신문, 텔레그래프, 전화, 라디오, 텔레비전, 그리고 컴퓨터에서도 보조를 맞추었다. (…중략…) 메시지를 운반 가능하게 한 기술적 발명

---

36 폴 리쾨르, 존 톰슨 편, 윤철호 역, 『해석학과 인문사회과학』, 서광사, 2003, 306면.

37 위의 책, 292~319면.

38 마샬 맥루한은 '모든 매체는 인간 감각의 대체물'이라고 말하면서, "언어(라는 매체)는 경험을 저장할 뿐만 아니라 형태에서 형태를 전환한다는 의미에서 은유"이며, "(매체에서) 은유의 원리는 하나의 감각에서 다른 감각으로의 전환"이라 말한다(재인용 : 이호규 외, 『새로운 미디어와 유토피아적 이미지의 진화』, 정보통신정책연구원, 2004, 88~89면). 맥루한은 '매체, 즉 미디어가 곧 메시지'라고 말하지만, 그것은 소통 과정에서 '매체' 자체의 중요성을 강조한 것일 뿐, 매체가 메시지나 텍스트의 소통을 가능하게 하는 장치임을 부정한 것은 아니다.

이 인간과 사회, 그리고 정신적 문제를 해결했다. 그 발명은, 그렇지 않으면 단순히 기억으로만 머물 수밖에 없었던 것들을 객체화하였다. 따라서 커뮤니케이션의 운반의 문제를 감소시켰다. 이제는 은유가 되어버린 메시지 운반하기는 인간의 능력과는 관계없이 이러한 객체를 간직하고 있다. 어느 한 매체에서 다른 매체로 옮기는 운반의 관념이 확대되었다.[39]

'커뮤니케이션' 과정에서 새로운 테크놀로지와 함께 '신매체'가 등장할 때, 그 테크놀로지에 익숙하지 않은 소통 참여자들은 '은유'의 방식으로 그 매체를 이해할 수 있었다. 우리가 '편지를 주고 받는다', '전화를 주고 받는다', '팩스를 주고 받는다', '핸드폰 문자메시지를 주고 받는다', '인터넷 메일을 주고 받는다'라고 말하는 것은 모두 메시지, 혹은 텍스트의 소통과 관련된 개념적 은유, 특히 구조적 은유의 결과다. 편지, 전화, 팩스, 문자메시지, 인터넷메일을 발신, 수신하는 방법, 즉 테크놀로지는 각기 다르지만, 이 모든 매체를 통한 소통을 우리는 '주고 받는다'고 표현한다. 실질적인 물리적 실체를 넘겨주고 넘겨받음으로써 공유(communication)해야만 했던 관습이 눈에 보이지 않는 디지털 부호의 교환의 경우에도 같은 표현으로 드러나게 된 것이다.

새로운 매체가 출현했을 때 '은유'를 통해 새로운 매체의 성격을 파악하여 해당 매체를 구조화하게 되는 것[40]은 당연한 수순이었다. 기존의 매체와 새로운 매체 사이의 유사성과 차이점이 발견되면, '은유'는 기존의 매체를 근원영역으로 삼아 목표영역인 새로운 매체에 다가갈 수 있도록 도와주었다.

39 클라우스 크레펜도로프, 안재현 역, 「사라진 전달자 : 커뮤니케이션의 은유와 모델들」, 박춘서 · 송해룡 편, 『미디어의 실제』, 커뮤니케이션북스, 2001, 110~111면.

40 이호규 외, 『새로운 미디어와 유토피아적 이미지의 진화』, 정보통신정책연구원, 2004, 25면.

초창기 영화를 '활동사진(活動寫眞)'이라 부른 것이나 라디오 방송극을 '드라마(drama)'라고 부른 것도 기존 매체에 대한 이해를 은유적으로 활용한 예라고 볼 수 있을 것이다. 텔레비전 방송이 해외에서 처음 등장했을 때에는 "라디오로 사진회화를 전송"[41]하는 기술이라고 일컬어지기도 했었다.

현대 사회의 대표적인 '매체'로 자리 잡은 컴퓨터의 경우도 그러하다. 컴퓨터의 연산과정에서 활용되는 2진법의 부호들을 '언어'라고 불렀던 것부터가 기존 매체를 은유한 것이었겠지만, 특히 1980년대 이후 애플사에서 컴퓨터를 '책상(desktop)'에 은유한 이래로 '구조적 은유'가 보다 널리 활용되고 있다.[42] 윈도 환경의 컴퓨터의 전원을 켜면, '파일', '내 문서', '휴지통'이란 은유적 언어 표현이 보이는데, 이는 '컴퓨터'를 '사무실 책상'이라는 근원영역과의 사이에서 맵핑(mapping, 寫像)한 결과라 할 수 있다. '초고속정보고속도로'를 통해 인터넷에 접속하여 보게 되는 화면을 '페이지'라 부르고, 많은 이들이 글을 쓰고 읽을 수 있는 공간을 '게시판'이라 부르며, 자주 찾는 페이지를 표시해두는 것을 '책갈피'[43]라 부르는 것도 '구조적 은유'의 예이다. 웹브라우저 화면을 위아래로 이동하면서 살펴볼 때, '스크롤(scroll)'이라는 표현을 쓰는 것은 고대 파피루스의 두루마리(scroll) 형태와 관련 있다.

한편, 초창기 신문 매체는 기존의 '소설'을 담아 소통시키는 도구이면서, '소설'이라고 하는 서사 텍스트 장르에 대한 특성을 발견하고 창조하는 기제이기도 했다. 소설의 필자들이 '기자(記者)'라는 은유적 호칭을 스스로 사용하면서, 소설은 '사실성'을 생명으로 하는 서사 텍스

41 無名, 「라듸오로 寫眞繪畫를 전송」, 『매일신보』, 1926.2.15, 1면.
42 레프 마노비치, 서정신 역, 『뉴미디어의 언어』, 생각의나무, 2004, 140면.
43 마이크로소프트사의 웹브라우저인 Internet Explorer는 '즐겨찾기(favorites)'라는 표현을 쓰지만, 한때 웹브라우저의 양대산맥이었던 Netscape Navigator에서는 '책갈피(Bookmark)'라는 표현을 사용했다.

트로 자리 잡을 수 있게 되었다고 볼 수 있기 때문이다. 초창기 영화를 '활동사진'이라 칭한 것 역시 기존 사진 매체의 특성을 은유한 것이었지만, 점차 영화는 '활동'이라는 특성을 창조적으로 발전시켜 매우 중요한 서사 텍스트의 장르로 발돋움할 수 있게 되었다.

새로운 매체는 기존의 텍스트를 옮겨 담기도 하고, 기존의 텍스트를 담은 매체를 변환하여 그대로 옮겨 싣기 — 재매개 — 도 하면서 활용되기 시작하였다. 낯선 신매체는 기존 매체의 은유로써 이해되고, 그러한 이해를 바탕으로 텍스트 이동과 소통의 매개가 될 수 있었다. 신매체의 은유는 낯선 매체에 대한 인식을 가능하게 하는 방법이었다. 뿐만 아니라, 이 과정은 새로운 매체의 특성을 발견하고, 그 효과를 창조하는 방법이기도 하였다. 이 경우에도 '은유'는 매체들 사이의 유사성과 차이를 인지하고 그 의미를 자각하게 해주는 의미론적 혁신이었기 때문이다.

4. 결론

지금까지 본 연구는 '은유'가 아리스토텔레스적 의미에서 출발하여, 단어의 범위, 문장의 범위, 그리고 텍스트의 범위를 거쳐, 텍스트를 담은 '매체'의 범위에서 작용하게 된 흐름을 이론적 차원에서 검토하였다. 인지언어학적 연구는 '은유'를 인간 사고체계와 인식의 원리로 이해할 수 있도록 해주었다. 폴 리쾨르의 서사 연구는 '은유'의 개념을 텍스트의 범위로 확장시켜, 허구적 서사의 창작과 해석의 과정의 원리로 삼을 수 있게 하였다. 하루가 멀게 끊임없이 새로운 매체가 등장하는 오늘날, 멀티미디어 시대의 '은유'는 새로운 매체에 대한 이해를 넓혀주고 매체의 특성을 강화하는 개념적 장치로 활용될 수 있었다.

특히 매체를 '은유'의 문제로 접근할 때, 우리는 세 가지 측면에서의 고려를 통해 매체에 대한 이해를 증진시킬 수 있다. 하나는 새로운 테크놀로지를 토대로 등장한 '신매체'를 '이해'하는 방법으로써 '은유'적 사고 과정이 활용된다는 것이다. 둘째는 서사 텍스트가 소통되는 과정에서 '매체'라는 틀[frame]에 의해 선택과 배제의 작용이 일어나면서 서사가 발생하게 된다는 관점을 '은유'가 '유사성'을 창조한다는 개념적 은유의 논의, 그리고 서사적 세계가 '은유'를 통해 창조된다는 리쾨르의 논의에 연계하여 이해하는 것이다. 세 번째로는 서사 텍스트를 담는 '매체' 자체의 의미론적 은유로서, 결국 '매체'라는 은유의 망을 통과하여 서사 텍스트가 소통된다는 이해이다.

이제 은유는 어휘적 차원의 수사 기법이 아니라, 언어를 비롯한 인간의 소통 매체(혹은 매개) 전반에 걸친 사고와 인식의 기제로 파악되어야 하며, (서사)텍스트의 생산과 소비, 소통 전반의 작용의 측면에서 면밀히 검토되어야 할 것이다.

보론 2
테크놀로지와 서사적 리얼리티 연구

1. 서론

본 연구는 테크놀로지의 발달이 리얼리티를 추구하는 서사적 욕망과 결부되어 새로운 유형의 서사적 형식들과 리얼리티 유형들을 발생시켜온 흐름을 주목한 연구이다. 특히 최근 테크놀로지가 집약되고 있는 서사 장르인 디지털 게임 분야에 중점을 두고, 디지털 게임 서사가 등장하게 된 매체사적 흐름과 디지털 게임의 하드웨어 및 소프트웨어적 속성에 따른 유형 분류를 점검하고자 한다. 궁극적으로 디지털 게임이 최신 테크놀로지를 통해 가능 세계를 구현하는 방식, 그리고 플레이어가 리얼리티를 인식하게 되는 두 가지 차원과 다섯 가지 유형을 제시하는 것을 목적으로 한다.

그동안 서사적 소통을 담당하는 매체에 따라, 소설, 영화, 만화 등 각각의 장르마다의 특이성이 강조되어 오다보니 다양한 테크놀로지를 활용하여 인간의 삶과 현실을 모방하고자 했던 서사적 본능에 대한 본질적 성찰은 소홀해지기 쉬웠다. 디지털 게임이라는 대표적인 테크놀로지의 집약체이자 최첨단 서사 장르에 대한 접근은 오히려 역설적이게도, 인간의 서사가 테크놀로지의 발달 속에서 어떤 변화 양상을 보여왔는지에 대한 가장 기초적인 검토에서부터 출발하는 것이 바람직할 것이다.

2. 문자(文字) 이후의 서사적 커뮤니케이션

사물과 사상을 대체하는 기호(記號)로서 가장 효과적으로 쓰이고 있는 것은 바로 '언어'다. 조금 다르게 표현해서, 인간의 의사소통 과정에서 가장 보편적으로 쓰이는 매체(媒體)도 역시 '언어'라 할 수 있다. 우리가 문학을 정의하는 가장 단순 명료한 명제로 '문학은 언어로 된 예술'이라는 말을 할 때, 이것은 문학이 다른 예술과 변별되는 핵심적 요소가 바로 그 소통의 매체가 '언어'임을 강조하고 있는 것이다.

사전적 의미로서 '매체'는 두 사물(혹은 존재) 사이에서 무언가를 전달해주는 수단, 혹은 그 사이의 관계를 의미하는 말이다. 소통의 과정에서 '무엇이 소통되는가'의 문제 이상으로 '무엇에 의해 소통되는가'의 문제, 즉 '매체'의 문제는 굳이 맥루한을 인용하지 않더라도 너무나 중요할 수밖에 없다.

소설을 비롯한 전통적 서사 텍스트들에 있어 매체는 바로 문자 언어였다. 근래 들어, 전통적인 '문학' 개념에 대한 근본적인 문제 제기가 이루어지고 있다. 이러한 문제 제기의 근거는 크게 두 가지로 나누어 정리될 수 있다.

첫째는 작가의 생애와 체험, 그리고 완성된 작품간의 관련성을 중시하던 관점에서 벗어나서 텍스트의 구성 과정과 독자와의 소통 과정을 중시하는 관점으로의 변화였다. 역사주의 비평이 신비평과 구조주의에 의해 대체되었고, '의도의 오류'는 상식이 되었다. 그리고 다시 롤랑 바르트는 "작품에서 텍스트로"를 천명하였다. 자연스럽게 문학 연구의 중심이 '작가'에서 '독자' 쪽으로 옮겨지게 되었고, 문학의 '소통 과정' 그 자체가 주목받게 된 것이다.

두 번째는 '문자'라는 문학의 매체에 대한 맹목적인 의존에서 벗어나게 된 사회적 흐름, 즉 테크놀로지의 발달과 관련된 것이다. 전통적 관점에서 문학은 말 그대로 '문(文)'학 — 'LITERature' — 으로, '문자' 언어의 활용과 밀접한 관련을 가질 수밖에 없다. 문자 언어와 인쇄 기술의 보급은 근대 '문학'이 대중화되는 데에 있어서 큰 공헌을 하였다. 그러나 19세기 말 영화가 등장하고 20세기 들어 라디오와 텔레비전 방송이 시작되면서, '문학'의 매체인 '문자'보다 더욱 효과적인 소통 수단의 존재가 뚜렷해지게 되었다. 바야흐로 '영상 시대'가 도래하게 된 것이다. '영상 이미지'가 중심이 되는 영화와 텔레비전은 문자 언어보다 훨씬 쉬운 방식으로 대중들과 '서사적 커뮤니케이션'을 주고받게 되었으며, 현재까지 가장 강력한 파급력을 지닌 매체로 자리 잡았다.

영상 매체 시대, 그리고 다매체 시대, 디지털 시대, 인터넷 시대 등으로 지칭되는 현 시대의 명명(命名)들은 '문자(文字) 이후'의 시대를 표현하는 방법들이며, '문자' 중심의 문학에 커다란 변화가 불가피하게 도래했음을 알려주는 것이기도 했다. 이제 '문학'의 연구 대상 범위는 '문자'에 의지한 텍스트를 뛰어 넘어, 구술의 전통은 물론, 영화와 디지털 게임, 웹 텍스트, 소셜 네트워크 서비스(SNS)에 이르기까지 폭을 넓히게 되었다. 일각에서는 타 장르에 대한 '문학'의 식민지적 야욕이라는 비판을 제기[1]하기도 하지만, 이는 '문학' 스스로 '문(文)'학이라는 기득권적 경계를 허물 때에만 가능한 것이어서 그러한 비판은 그다지 설득력이 없다. 그리고 다양한 뉴미디어들에 대해서 아직 어떠한 접근과 지향이 올바른 것인지에 대한 명확한 해답이 없는 상태에서의 탈영토화 시도는 그저 다양한 모험적 시론(試論)의 성격으로 볼 수 있다는 점에서 성급하게 연역적 가치 판단을 내리는 것도 바람직스럽지 않다.

우리의 경우 근대문학이 자리 잡게 된 과정을 살펴볼 때, 매체 환경의 변화라는 것은 상당히 복합적인 요인들의 결합을 통해 이루어졌음을 알 수 있다. 인쇄기술의 발달이라는 테크놀로지의 측면과 소비자로서의 독자층 형성이라는 사회경제학적 측면에 기댄 바가 크다는 점을 주목해야하며, 고정화된 대학의 학과 체제, 도서관 시스템, 그리고 '내셔널리즘'과 같은 이데올로기의 영향도 중요했다. 최근 새롭게 등장한 매체와 서사 장르들의 경우에도 다각적인 연구와 접근이 필요하다는 점은 분명해 보인다. 더욱이 근대문학 이후에 등장한, 새로운 매체를 이용한 서사 텍스트들은 기존의 매체를 활용한 텍스트를 '재매개'하거나 응용하는 방식으로 발전해왔다는 점도 유념해야 한다.

서사 텍스트의 영역에 한정하여 볼 때에도 하나의 매체를 통해 소통되는 텍스트는 타매체를 활용하는 서사 텍스트들을 응용하고 활용하면서, 동시에 경쟁적 관계 속에서 존재하여 왔다는 것을 알 수 있다. 대개 새로운 매체의 등장은 사회경제학적 측면과 더불어 테크놀로지의

1 가령 최근 디지털 게임에 대한 연구는 문학 이론가들에 대한 서사적 측면을 부각시킨 접근, 컴퓨터 공학과 테크놀로지의 측면에서의 접근, 디자인과 영상 미학적 측면에서의 접근, 대중문화나 교육학적 측면과 관련된 사회학적 접근 등이 이루어지고 있으나, 에스펜 아세스(Espen Arserth)를 대표로 하는 '게임학파'들은 '게임학(ludology)'라는 이름을 내세워 "게임은 게임이다"라는 주장과 함께 인접 학문으로부터의 접근을 부정적으로 인식하기도 한다. 이에 대해서는 이정엽, 「디지털 게임의 서사학 시론」, 『한국문학이론과 비평』 제36집, 한국문학이론과 비평학회, 2007.9, 56면; 한혜원, 『게임 스토리텔링 : 게임 은하계의 뉴패러다임』, 살림, 2005, 15~24면. 참고.

발달에 기대어 이루어지기 마련이었다. 새로운 매체가 등장하면, 일단 그 매체의 테크놀로지 속성에 대한 이해를 실험하는 단계를 거친 이후에, 기존의 매체를 통해 소통되던 서사 텍스트를 신매체의 형식 수단에 올라 앉혀 소통시키는 단계로 나아가게 되는 것이다. 이때 기존의 서사 텍스트는 신매체에 '콘텐츠'를 공급하는 역할을 하게 된다. 이러한 방법은 기존의 서사 텍스트가 확보하고 있던 독자・소비층을 신매체로 비교적 손쉽게 유입시킬 수 있다는 장점을 가지기도 한다.

근대적 소설이 인쇄 기술과 매체를 활용하여 소통될 때, 우리의 경우 가장 먼저 대중의 관심을 끌 수 있었던 콘텐츠는 〈춘향전〉을 비롯한 구술 전통의 서사들이었다. 영화가 발명된 이후, 뤼미에르 형제와 에디슨에 의해 기술적 실험을 거친 이후에는 소위 '문예 영화'라 불리는 영화, 즉 기존의 문학 콘텐츠를 필름과 스크린으로 옮기는 작업이 이루어지게 되었다.

하지만 이러한 방법만으로 '신매체', 즉 '뉴미디어'가 대중들 속에 파고들어 독자적인 영역을 확보해나갈 수는 없다. 새로운 매체의 매체적 특성에 대한 연구와 검토가 요구되면서, 이에 걸맞은 서사 텍스트의 창조가 곧이어 이루어지기 마련이다. 근대의 소설이 '음성'이 아닌 '문자'를 통한 소통에 의존한다는 점을 극대화시킨 심리소설과 내면소설이 1920년대 동인지 잡지들을 통해 등장하게 된 점이나 영화가 근본적으로 시각적 판타지와 착시 효과, 그리고 관음증적 작용에 의해 소통된다는 점을 중시하면서 1920~1930년대 초현실주의 영화나 아방가르드 영화, 인상주의 영화들이 등장한 것은 그러한 예라 할 수 있다.

새로운 매체의 등장과 그에 따른 새로운 서사 장르의 유행은 근본적으로는 테크놀로지의 발달과 진보를 통해 가능한 것이다. 테크놀로지를 통한 새로운 매체의 등장은 초기 신매체 수용자들에게는 낯선 호기심을 유발하게 되고, 서사적 커뮤니케이션의 발신자들은 기존의 서사

콘텐츠를 활용하여 신매체에 적응해나가기 시작한다. 최근에는 과거에 비해 급속도로 테크놀로지의 발달이 이루어지고 있다. 이에 따라 신매체의 등장도 더욱 빠른 간격으로 이루어지고 있다. 신매체는 테크놀로지에 의해 등장하지만, 맥락 없는 창조의 결과물은 아니다. 신매체는 단선적인 진화가 아니라, 기존 매체에 대한 참조를 통해 늘 새로이 변형되고 구성되어 온 것이다. 서사적 커뮤니케이션의 매체는 늘 새로운 테크놀로지에 기반하여, 보다 효과적인 서사의 소통을 위해 활용되어 왔다.

3. 서사의 본능과 매체의 리얼리티

서사의 시작은 사람의 탄생에 빗댈 수 있으며 서사의 끝은 결국 죽음을 의미한다는 '서사학'의 고전적인 인식에 근거하여 사람의 인생 자체를 '하나의 서사'라고 할 수 있을 것이다. 또한 인간은 현실의 삶과 사건에 대한 '모방 본능'을 가지고 있다. 모방된 삶과 사건은 '서사'로 재현되거나 재구성되고, '서사'는 다시 다른 사람들에게 들려주고 싶고 다른 사람들로부터 듣고 싶은 '서사의 욕망', '서사의 본능'을 통해 소통되게 된다.

이러한 관점에서 문학의 '리얼리즘'은 단순한 문학 사조(思潮)로 취급될 수 없다. 근대의 문학이 결국 '언어'를 통해 표현되는 것이었기에 문학은 결코 '삶'이나 '현실' 그 자체일 수는 없다. 이것은 언어가 곧 현실 그 자체일 수는 없다는 명제와도 동일한 논리이다. 오히려 '리얼리즘'은 언어라는 매체와 현실 사이의 간극을 인식함으로써 가능해진 문학

적 태도라고도 할 수 있다.[2]

근대 무렵 등장한 '신문'이라는 대중 매체가 사건과 발화를 가급적 그대로 옮기려 했듯이 사실주의 소설은 인간 사회의 사건과 발화를 그 안에 담아내려 하였다. 프로이트가 이성의 영역 바깥에 존재하는 무의식을 '언어'로 포착하려 했던 것처럼 심리주의 소설은 인간의 내면 심리마저 언어로 묘사하려 하기도 했다. 더 본질적으로는, 삶과 현실이 그것을 바라보는 시각과 관점에 따라 전혀 다르게 묘사될 수 있다는 사실의 발견은 '리얼리티'라는 개념의 폭을 넓혀 놓았고 이와 동시에 '서사학'의 가능성이 열리게 되었다. 인칭이나 시점에 따라, 그리고 공간과 시간을 '언어'로 담아내는 방식에 따라 삶과 사건을 재현하는 다양한 가능성이 있다는 것이 바로 '서사학'의 모티브였다.

요컨대 '서사'란 삶과 현실을 매체에 담아 소통시키는 것이라 할 수 있으며, '서사학'은 매체에 담겨 소통되는 서사와 실제 현실 사이의 관계 구조를 살펴보는 학문이라고 할 수 있다. 서사적 커뮤니케이션의 상황에서 매체는 현실을 재매개하여 재현하고 체험할 수 있게 하는 수단이다. 매체의 발전과 변화, 그리고 신매체의 등장은 현실을 좀 더 사실적으로 매개하고 소통시키려는 노력의 일환으로 이루어져왔다고 할 수 있다. 대개의 경우 신매체는 '재매개'의 흔적을 가급적 감추고 투명화하려는 방향으로 발전해왔지만, 더러는 '매체' 자체의 존재와 속성을 강조하는 방식으로 드러나기도 했다.[3] 서사 텍스트의 수용자들은 매체

2 "실제 세계는 허구 세계 내에 묘사될 수가 없는데, 왜냐하면 그것은 언어화될 수 없는 실재이기 때문이다. 언어에 의한 실재의 반영은 왜곡과 오인 없이는 불가능하며, 실재를 그대로 언어화한다는 것은 닿을 수 없는 이상이자 도달할 수 없는 꿈이다(곽상순, 「한국 현대소설의 핍진성 연구」, 서강대 박사논문, 2003, 131면)."

3 크리스티안 될커의 경우에는 매체의 리얼리티를 두 가지 방식으로 드러난다고 보았다. 첫 번째는 '이미지-반영'으로, 두 번째는 '해설'로 드러난다는 것이다. 여기서 전자는 리얼리티의 반영이며, 후자는 리얼리티의 성찰이라고 말한다(크리스티안 될커, 이도경 역, 『미디어에서 리얼리티란 무엇인가』, 커뮤니케이션북스, 2001, 49~74

의 특이성과 기술적 효과에도 관심을 기울이게 되지만, 삶과 현실을 어떻게 반영할 것인지의 문제, 즉 리얼리티의 구현 방법에 가장 큰 흥미를 느끼기 마련이다. 서사의 본질은 삶과 현실에 대한 모방과 그것의 소통에 있기 때문이다.

최근의 신매체들은 '가상 현실(virtual reality)'의 구현을 목표로 현재 개발된 디지털 테크놀로지를 집약시키는 경우가 많다. '가상 현실'은 1960년대 컴퓨터가 만들어낸 물리적 힘을 인간이 느낄 수 있도록 하는 실험에서 시작되었다. 최근에는 정교하게 만들어진 3차원 이미지를 시각적으로 제시하거나 인간의 동작 변화를 감지하여 가상 환경에 반영하는 방식으로 구현되고 있다.[4] '디스플레이' 분야에서의 테크놀로지가 획기적으로 발전하면서 이제는 '실제 현실'을 모방하는 수준의 '가상 현실'이 아니라, 실제 현실에 가상의 객체가 접목시킨 현실 그 이상의 현실, 즉 '증강 현실(Augmented Reality)'의 시대를 맞이하고 있다.

2009년에 세계적으로 엄청난 흥행을 기록한 〈아바타〉와 같은 3D 영화는 '가상 현실'의 테크놀로지가 서사와 결합하여 도달한 현재의 위치를 보여주었으며, 아이폰으로 대표되는 스마트폰은 '증강현실'을 우리의 일상 속에서 펼쳐 보여주고 있다.

현재 현실 재현의 테크놀로지와 서사적 커뮤니케이션의 결합이 가장 집중적으로 시도되고 있는 분야는 역시 디지털 게임 분야라 할 수 있다.

면). 결국 서사적 커뮤니케이션의 상황에서 매체는 리얼리티의 구현이라는 목적에 가장 적합한 방식으로 선택되기 마련이라 할 수 있다.

4 이장한, 「가상 현실로 들어간 심리학」, 『한국심리학회지』 23권 2호, 한국심리학회, 2004, 87~89면.

4. 디지털 게임의 특성과 유형 분류 양상

디지털 게임은 과거 영화와 텔레비전이 그러한 과정을 겪었듯이, 저급한 오락물이거나 중독성 있고 불건전한 여가 생활의 대상으로 취급받았었다. 그러나 2000년대에 들어선 후로 게임은 분명히 가장 중요한 문화현상 가운데 하나이자 문화연구의 대상으로 자리 잡았으며, 현재는 서사를 비롯한 문학 연구, 대중문화 연구, 사회학, 컴퓨터공학, 심리학 등 폭넓은 분야의 학문적 대상으로 자리하게 되었다.[5]

'게임'과 '놀이'라는 차원을 폭넓게 받아들이면, 바둑이나 체스와 같은 보드 게임들과 야구, 축구와 같은 스포츠 경기들도 게임이며, 놀이라 할 수 있다. 컴퓨터나 전용 게임기(콘솔), 각종 모바일 기기 등을 이용하는 디지털 게임은 현대인들이 가장 손쉽게 접근하고 즐기는 '게임'이라 할 수 있다. 뿐만 아니라, 대부분의 최근 디지털 게임들은 보드 게임이나 스포츠 게임에 비해 훨씬 완결성을 갖춘 구조의 서사를 내재하고 있는 텍스트이기도 하다. 이제 '디지털 게임'의 경우를 중심으로 하여, 테크놀로지의 발달로 인해 생겨난 뉴미디어 서사 텍스트가 어떠한 방식으로 리얼리티를 확보하며 매체적 속성을 뚜렷이 하게 되었는지를 살펴보겠다.

지금까지 디지털 게임에 대한 연구들은 테크놀로지 그 자체를 중요시하는 '공학적 연구' 외에는 기존의 서사와 차별적인 '판타지'적 성격을 강조하는 '인문학적 연구'가 주를 이루었다. 디지털 게임을 어린 아

5 디지털 게임은 가장 뜨겁고 새로운 연구 대상이지만, 그에 대한 연구 결과는 대개 가장 진부한 성과에 그치는 경우가 많다. 연구 성과가 충분히 누적되지 못한 새로운 학문 분야인 탓도 있지만, 디지털 게임의 분야 자체가 산업적으로, 대중적으로 워낙 빠르게 변하는 분야이기 때문이기도 하다. 이에 대해서는 한혜원, 『게임 스토리텔링 : 게임 은하계의 뉴패러다임』, 살림, 2005, 4~6면 참고.

이들의 유희일 뿐이라고 폄하하는 이들은 게임이 최첨단 테크놀로지를 활용하여 우리의 삶과 현실을 모방한 '서사적 커뮤니케이션'의 방식이라는 것을 인정하지조차 않았고, 게임 서사의 장점을 강조하려는 이들은 기존의 서사들과의 차별성을 강조하려다 보니까 '판타지'적 속성을 지나치게 강조해오게 된 측면이 있었다. 물론 디지털 게임 서사는 기존의 서사와 차별적인 지점이 많기도 하지만, 현실과 닮은 '이야기'를 통한 커뮤니케이션이라는 '서사의 본질'에도 어긋남이 없는 텍스트이다. 따라서 디지털 게임 텍스트와 여타의 서사 텍스트의 차이점과 공통점을 명확하게 인식하는 것은 매우 중요한 일일 수밖에 없다.

디지털 게임이 여타의 서사와 가장 차별적인 지점은 수용자가 이미 만들어진 서사를 읽거나 접하는 것으로 소통이 이루어지지 않는다는 점이다. 소설의 독자나 영화의 관객은 인쇄된 문자 언어를 읽어나가는 것으로써, 혹은 이미 만들어진 필름이 영사되는 스크린을 바라보는 것으로써, 수동적으로 서사적 소통 과정에 참여하게 된다. 그러나 게임의 경우는 마우스를 클릭하거나 키보드를 누르는 '행위'가 동반되지 않으면 서사적 소통이 진행될 수 없다. 이런 이유에서 소설의 독자나 영화의 관객과는 다르게, 디지털 게임 서사를 접하는 사람은 단순한 '수용자'가 아닌 '참여자'의 역할을 맡게 된다. 게이머(gamer)를 서사 텍스트의 소비자나 수용자가 아닌, '참여자' 혹은 '플레이어(player)', '유저(사용자, user)'라고 지칭할 때, 디지털 게임 서사가 가진 '상호작용적(interactive)'인 속성이 부각될 수 있을 것이다.

디지털 게임의 서사는 그 시작점이 분명하지 않고, 명백한 종결도 존재하지 않는다. 그것은 디지털 게임이 유저에 의해 즉흥적으로 실행되고 임의로 종결될 수 있는 서사이기 때문이기도 하지만, 본질적으로는 게임 서사의 층위가 몇 가지로 분화되어 진행될 수 있기 때문이다. 세 가지 층위로 구분한다면, 게임의 기획 단계에서 설정되고 오프닝 화면이나 중간 동영상으로 드러나는 '기반 스토리(back story)', 플레이어가 게임을 실행하는 과정에서 게임 제작자나 디자이너의 의도에 따라 진행하게 되는 '이상적 스토리(ideal story)', 플레이어가 게임 실행 과정에서 즉흥적으로 실행하고 선택하면서 구성되는 '우발적 스토리(random story)'로 나누어 볼 수 있다.[6]

디지털 게임의 또 한 가지 중요한 특징은 주변 환경과 플랫폼(게임 하드웨어)의 영향을 많이 받는다는 점이다.[7] 전통적인 소설은 독자가 그 소설을 소파 위에서 읽느냐 지하철 안에서 읽느냐에 따라 감상의 변화는 생겨날 수 있겠지만, 그것이 서사 자체의 변인으로 작용하지는 않는다. 소설책의 판형이나 인쇄 형태에 따라, 혹은 신문연재인지 단행본으로 묶인 책인지는 물론, 종이책과 전자책(e-book) 가운데 어떤 형태로 소설을 읽게 되는지도 사실 그다지 중요하지 않다. 하지만 디지털 게임은 플레이어가 어떤 시공간적 상황에 있는지, 어떠한 하드웨어로 게임을 즐기는지에 따라 게임의 서사와 실행 과정에 큰 변화가 생기기 마련이다.

디지털 게임의 유형과 장르를 구분하는 기준은 다양하지만, 아직까지 뚜렷하게 표준화된 장르가 있는 것은 아니다. 일반적으로 1970년대 초 미국에서 만들어진 〈퐁〉을 최초의 상업적 디지털 게임으로 보고 있는데,[8] 그 이후로 40년 가까운 세월 동안 디지털 게임은 아주 다양한 형식과 내용으로 분화되어 왔다. 이러한 디지털 게임들을 우선은 몇 가지 기준에 따라 장르 구분할 수 있을 것이다.

먼저 게임기의 하드웨어와 게임 공간에 따른 분류가 가능하다. 첫째

6 한혜원, 앞의 책, 26~44면.

7 윤태진, 「텍스트로서의 게임, 참여자로서의 게이머 : 디지털게임의 문화연구적 접근」, 『언론과 사회』 15권 3호, 2007, 99면.

8 스티븐 켄트, 이무연 역, 『게임의 시대』, 파스칼북스, 2002, 43~53면.

가정용 콘솔 게임기, 둘째 모바일 휴대용 게임기, 셋째 개인용 컴퓨터(PC)용 게임, 넷째 기업형 매장용 아케이드 게임으로 나누는 방법이다. 초창기에는 주요 상가나 전문 오락실(게임장), 학교 앞 문방구 등에서 찾아볼 수 있었던 아케이드 게임이 주를 이루었고, 이후 플레이스테이션 류의 콘솔 게임과 PC게임이 주를 이루어 왔지만, 현재는 휴대가 가능한 게임기 시장이 스마트폰, PMP, 닌텐도DS(NDS) 등의 인기와 함께 크게 성장하고 있는 상황이다.

또 한 가지 분류 방법은 게임의 서사 내용과 게임 전개 방법에 따른 전통적 분류 방식이다. 아케이드 게임, 어드벤처 게임, 롤플레잉 게임, 시뮬레이션 게임 등으로 구분하는 경우이다.[9]

표 1. 디지털 게임의 분류 체계(전통적 방식)

하드웨어	소프트웨어
가정용 콘솔 게임	어드벤처 게임
휴대용 게임	어드벤처 게임
PC 게임	시뮬레이션 게임
(매장용) 아케이드 게임	아케이드 게임

사실 위에 제시한 분류는 매우 전통적인 방식에 불과하지만, 때로는 하드웨어와 소프트웨어에 대한 기준조차 불명확한 게임 장르 구분이 언론 매체 등에서 활용되기도 한다. 사실 하드웨어와 소프트웨어 양쪽 측면에서 새로운 게임기와 게임 유형들이 등장함에 따라 그 분류도 점차 세분화되어 가는 추세여서 명확한 장르 체계를 제시하기는 어려운 실정이다.

가령 '콘솔 게임' 가운데에서도 플레이스테이션이나 X-BOX는 비교

9 최유찬, 『컴퓨터 게임과 문학』, 연세대 출판부, 2004, 87~110면.

적 서로 유사한 형태의 하드웨어라고 볼 수 있지만, 닌텐도사에서 2006년경 내놓은 Wii는 가족을 비롯한 다중 인원의 참여를 중시한다는 점, 그리고 동작인식 시스템을 이용하여 플레이어의 조작 행위가 훨씬 역동적으로 변했다는 점에서 새로운 유형의 디지털 게임 하드웨어로 구분할 필요가 있다. 모바일 게임기 중에서도 닌텐도사의 게임보이나 DS 시리즈는 개인이 휴대하고 소프트웨어를 교체해가면서 이용할 수 있는 게임기라는 점이 공통되지만, 게임 전용기라고는 볼 수 없는 휴대폰 게임(모바일 게임)과는 구별될 수밖에 없다. 휴대폰은 현재 일상생활에서 목적과 의도와 무관하게 언제나 밀착되어 있는 생활 필수품화되어 있기 때문에 휴대성과 이동성은 물론, 일상의 지속성이라는 특징을 이용한 게임이 가능하며 네트워크 접속이 가능하다는 점, 통신사와 게임 공급자 모두에게 이익을 안겨주어야 한다는 산업적 특성도 아울러 고려되고 있다는 점에서 여타의 휴대용 게임기와는 차별적이다.[10] 또한 휴대폰을 포함한 휴대용 게임기의 경우 최근 '터치 방식'과 '버튼 방식'으로 입력 방식이 나뉘어서 구분해야할 필요도 제기되고 있다. 터치 방식의 게임은 단순히 입력 방식의 변화에서 그치지 않고, 게임의 구조적 짜임새와 플레이어의 행위 차원에서도 변화를 불어넣고 있기 때문이다.

게임 서사의 내용 측면에서도 아케이드, 어드벤처, 롤플레잉, 시뮬레이션 게임 등과 같이 전통적인 방식의 장르 구분이 통용되기도 하지만, 흔히 아케이드 게임에 포함되곤 하는 '액션 게임'이나 '스포츠 게임'을 별도로 분류하여 세분화된 장르 구분을 하기도 한다. 또한 〈댄스댄스레볼루션(DDR)〉, 〈이지투디제이(EZ2DJ)〉, 〈닌텐도 DS 리듬세상〉과 같은 '리듬 액션 게임(비트 게임)'도 보다 세분화된 분류를 요구하는 경우라 할 수 있다. 롤플레잉 게임의 경우에도 〈월드 오브 워크래프트

10 전경란, 「모바일 게임의 스토리텔링 : 새로운 디지털 서사 경험의 창조」, 『인문콘텐츠』 제12호, 인문콘텐츠학회, 2008.7, 29~32면.

(WOW))와 같은 다중접속 온라인 게임(MMORPG) 유형, 시뮬레이션 게임 가운데 〈삼국지〉, 〈스타크래프트〉와 같은 전략 시뮬레이션 게임과 같은 장르는 이미 세부 하위 장르로 분류하기에는 너무나 핵심적인 주류의 게임 유형으로 자리 잡고 있으며, 〈둠〉 시리즈로 대표되는 FPS(First-Person Shooting) 게임의 영역도 뚜렷한 인기와 선호층을 확보하고 있어서, 역시 세분화된 유형 분류의 필요성이 제기될 수 있다.

이런 점들을 고려하여 다소 세분화된 분류를 추가하면 다음과 같은 장르 구분이 가능할 것이다.

표 2. 디지털 게임의 분류 체계(세분화)

하드웨어 기준 분류	
가정용 콘솔 게임	- 버튼식 : 플레이스테이션, XBOX - 동작인식 방식 : Wii, NATAL(미출시)
모바일 휴대용 게임	- 휴대전용 게임기 : Gameboy, NDS - 모바일(휴대폰)게임 : 터치/버튼/중력인식 - 스마트폰용 게임
개인용 컴퓨터(PC) 게임	- 온라인 게임(실시간/비실시간) - 비온라인 게임
기업형(매장용) 아케이드 게임	- 크기 : 소형/중형/대형 - 조작법 : 버튼식/발판/슈팅건/휠방식 등

소프트웨어 기준 분류(서사 성격과 조작 방식, 미션 형식에 따라)	
어드벤처 게임	- 퀴즈해결형 - 액션형 - 비주얼노블 - 퍼즐형 - 추리형 - 공포형
롤플레잉 게임	- 필드형 - 던전형 - 다중 접속 온라인 (MMORPG)
시뮬레이션 게임	- 전략 시뮬레이션 (턴 방식 / 실시간) - 육성 / 건설 / 비행 / 레이싱 시뮬레이션
아케이드 게임	- 액션 게임 - 퍼즐 게임 - 보드 게임 - 슈팅 게임 - 스포츠 게임 - 레이스

위의 도표는 앞에 제시한 [표1]을 좀 더 세분화하여 보완해본 것이다. 하지만 소프트웨어를 기준으로 한 분류 유형의 경우에는 네 가지 대분류 장르 가운데 어느 한 쪽에 포함시키기 어려운 게임들도 존재하며,

두세 가지 유형이 복합적으로 나타나는 게임들도 있다. 하드웨어를 기준으로 한 분류에 있어서도, 동일한 게임이 몇 가지 하드웨어에 적용될 수 있도록 변환되는 경우가 많은데, 기본적 서사나 이야기 구조는 동일하더라도 하드웨어의 차이에 따라 전혀 다른 종류의 게임이 되는 경우도 있지만, 하드웨어에 따른 차이를 거의 느낄 수 없는 경우도 있다는 점이 고려될 필요가 있다.

무엇보다 디지털 게임 장르는 모든 면에서 워낙 빠르게 변화하는 분야다. 디지털 게임의 서사적 내용의 범위도 확대되어 가고, 무엇보다 디지털 게임을 즐기는 사람들의 환경과 하드웨어의 테크놀로지가 하루가 다르게 변화되고 있다. 이에 따라 하드웨어와 소프트웨어에 따른 전통적 분류 방식을 뛰어 넘는 새로운 기준의 유형 분류 방식이나 좀 더 세분화된 분류 방식이 도입될 필요성이 제기될 만하다.

PC 게임의 영역에서는 이미 온라인 게임과 비온라인(오프라인) 게임으로 구분은 여전히 중요한 부분이지만, 와이파이(Wifi) 무선 네트워크망이 구축되고 유비쿼터스 환경이 조성되면서, 네트워크 접속 가능 여부는 PC 게임이 아니더라도 중요한 요건으로 작용하게 되었다.

디지털 게임을 서사학적 관점에서 접근할 때에는 게임 플레이어의 시점 참여 여부에 따라, 일인칭 게임과 비일인칭 게임으로 구분하는 것[11]도 중요한 의미를 지닐 수 있으며, 게임의 몰입도와 조작법의 난이도, 플레이 시간에 따라 캐주얼 게임과 대형 게임(하드코어 게임)으로 분류하기도 한다. 또 디지털 게임 테크놀로지의 발달과 사회문화적 풍토가 변화하면서, 기능적 목적이 우선시되는 이른바 '기능성 게임'의 영역[12]도 별도로 다룰 필요가 제기되고 있다.

---

11 대개 디지털 게임의 초점화 주체는 플레이어, 카메라, 아바타(플레이어의 캐릭터)로 분류될 수 있다(류철균 · 조성희, 「디지털 게임에서의 초점화 양상 연구」, 『어문학』 제105집, 한국어문학회, 2009.9, 395~396면).

5. 디지털 게임의 가능 세계와 리얼리티 유형

하드웨어의 특성, 서사의 내용과 게임의 조작 방법 등에 따른 복잡한 분류 체계는 지금 시점에서 체계화를 하여 제시한다고 해도, 디지털 게임 산업과 시장 환경의 변화에 따라 언제든지 크게 변화될 가능성을 안고 있다. 다양한 형식과 내용의 디지털 게임들은 각기 플레이어(게이머/유저)들의 흥미와 관심을 유발하고, 게임에 지속적으로 참여할 수 있도록 하고 있다.

앞서 언급하였듯이, 수용자의 입장에서 서사 장르에 대한 몰입과 흥미는 삶과 현실에 대한 모방에서 시작된다. 그런데 디지털 게임은 이미 완성된 텍스트가 존재하는 것이 아니라, 플레이어의 조작과 행위에 의해 서사가 진행되고 구성되는 방식의 텍스트다. 그런 점에서 디지털 게임의 리얼리티는 매체가 현실을 얼마나 잘 반영하고 있는지의 문제는 물론, 매체 자체가 얼마나 테크놀로지를 잘 활용하여 플레이어(게이머)의 조작과 행위를 얼마나 현실감 있게 표현할 수 있었는가의 문제와도 결부되게 된다.

디지털 게임은 확정된 텍스트를 받아들이는 방식으로 서사적 커뮤니케이션이 일어나는 것이 아니기 때문에, 서사적 수용자가 곧 서사의 구성자이며 창조자이기도 하다. 이런 점에서 디지털 게임의 리얼리티 문제를 분석하고자 할 때, '가능 세계'라는 개념을 특별히 주목할 필요가 있다. 가능 세계(possible world)라는 개념은 애초에 양상논리학과 텍스트 언어학을 통해 제기된 개념으로, 가정법적 언어 상황에서 현재적 실제 현실과는 다른 '대체적 현실(alternative Wirklichkeit)'의 존재를 의미

---

12 최성, 「기능성 게임의 정의와 전망」, 『정보처리학회지』 17권 1호, 한국정보처리학회, 2010, 49~56면.

하는 것이다.[13] 마리 로 라이언과 움베르토 에코는 소설과 같은 문학에 있어서도 독자에 의해 상상되고 재구성되는 '가능 세계'의 중요성을 언급한 바 있다. 소설과 같은 허구적 서사물에 있어서도 작가와 독자 사이의 의미론적 소통이 이루어질 수 있는 것은 '언어'라는 매체와 실제 현실과의 괴리에도 불구하고 상상력과 해석능력을 활용하여 '가능 세계'를 공유하기 때문이라는 것이다.

그런데 디지털 게임에 있어서는 '가능 세계'는 그저 머릿속 상상에만 들어 있는 것이 아니라, 플레이어의 조작과 행위를 통해 실체적 시공간과 이미지로 구현된다는 점에서 의미가 깊다. 게임의 디자이너나 제작자가 구상해놓은 다소 헐거운 가상의 세계 속에 구체적인 이미지와 실체를 구축하는 것은 플레이어의 조작과 선택을 통해 이루어지는 것이라는 점에서, 디지털 게임에서의 '가능 세계'는 곧 구체화된 '가상 현실'이 된다.

그 현실은 시각을 비롯한 감각을 활용하여 플레이어가 지각할 수 있는 현실이어야 하기 때문에, 일정한 시간과 공간으로 구현된다. 플레이어는 게임을 수행하는 실제 조작 과정에서의 시간과 공간을 이성적으로 인식하지만, 동시에 가상의 현실, 즉 가능 세계 속의 시・공간을 감각하게 된다.[14]

따라서 디지털 게임의 리얼리티는 평소에 수용자(플레이어)가 실제 세계에서 체험해 온 '실제 현실'과 수용자가 서사적 진행을 선택하고 조작하면서 스스로 생성하는 '가능 세계' 사이의 유사성에 의해 획득되기도 하지만, 수용자(플레이어)가 게임을 진행할 때 감각적으로 체험하게

13 반 다이크, 정시호 역, 『텍스트학』, 민음사, 1995, 46~50면.

14 만약 이 과정에서 이성과 감각 사이에 혼동이 발생한다면 그것을 바로 게임에 대한 '몰입'이라고 할 수 있다. 몰입은 '리얼리티'를 확보하는 중요한 과정이지만 지나칠 경우에는 구토와 같은 육체적 증후와 현실 인식 장애와 같은 심리적 증후가 나타나기도 한다.

되는 현실과 가상의 이미지로 재현된 '가능 세계' 속 아바타의 현실 사이의 유사성 사이에서도 확보될 수 있다. 이에 대해 각 관계에서의 유사성을 '1차적 리얼리티'와 '2차적 리얼리티'라고 명명할 수 있으며, 다음과 같은 도표로 요약할 수 있을 것이다.

표 3. 디지털 게임 서사에서의 리얼리티 확보 층위(1차 / 2차)

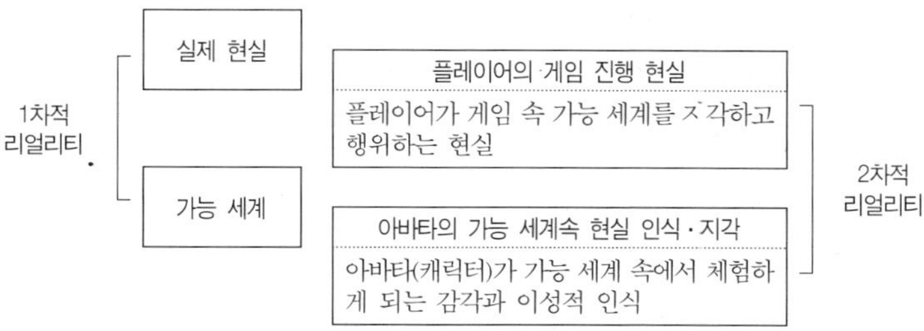

한 마디로 말해, 디지털 게임의 플레이어(게이머 / 유저)는 게임을 수행하는 과정에서 '실감난다'고 느끼는 순간을 두 가지 층위에서 체험할 수 있다. 각각의 층위는 바로 디지털 게임이 현실 세계 안에서 서사적 리얼리티를 확보하는 순간이며, 디지털 게임의 '가능 세계'가 구체화된 현실로 지각되는 순간이다.

각각의 순간에 플레이어 혹은 플레이어가 조작하는 아바타는 가능 세계와 현실과의 관계에 있어서 시간적, 공간적 인식을 통해 리얼리티를 획득하기도 하고, 자신이 조작 행위 자체의 현실감에 따라 리얼리티를 획득하기도 하며, 게임 속 구체적 요소와 소품들이 실감을 주는지에 따라, 그리고 게임을 통해 일어나는 변화의 현실성에 따라 리얼리티를 확보하게 되기도 한다. 디지털 게임의 플레이어가 확보할 수 있는 리얼리티의 영역을 다섯 가지로 구체화하여 설명하면 다음과 같이 나열할 수 있을 것이다.

첫 번째는 '시간적 리얼리티'의 문제이다. 플레이어가 게임 안에서 '시간적 리얼리티'를 느낄 수 있는 요인은 여러 가지가 있다. 실시간(Real-time) MMORPG의 경우 실제 현실과 동일한 시간 흐름을 게임 속에서 느낄 수 있다. 게임 속에서 한 시간의 경과는 실제 현실에서의 시간 1시간과 동일하다. 게임을 하다가 밤을 새운 플레이어는 게임 속 자신의 아바타가 저 멀리 동이 트는 모습을 바라보는 것을 목격하게 된다. 〈동물의 숲〉의 플레이어와 〈세컨드라이프〉의 플레이어는 실제 현실에서처럼 게임 속에서도 계절의 흐름을 체험할 수 있게 된다.

일정한 시간의 제약이 있는 어드벤처 게임이나 1인칭 슈팅 게임(FPS), 자동차 레이싱 게임의 플레이어는 실제 시간의 흐름과는 조금 차이가 있을지라도 모니터 화면 속의 시계의 흐름을 실제 시간의 흐름으로 인식하는 '핍진성'을 통해 시간적 리얼리티를 확보하게 된다. 말하자면 게임 속 캐릭터인 아바타가 인식하는 시간을 플레이어가 그대로 받아들이게 되는 것인데, 이로써 플레이어는 박진감 있고 스릴 넘치는 게임 진행을 할 수 있게 된다.

두 번째는 '공간적 리얼리티'의 문제이다. 〈에이지 오브 엠파이어(Age of Empires)〉에 등장하는 건축물과 공간들은 게임 속에 등장하는 왕조나 부족과 관련된 실제 유적을 반영하고 있다는 점에서 리얼리티를 확보하고 있다. 〈위닝11〉이나 〈하이히트베이스볼〉 시리즈에 등장하는 경기장들은 실제 축구장, 야구장의 실사와 놀라울 만큼 닮아 있다는 점에서도 리얼리티를 체감할 수 있다. 물론 시각적 이미지의 차원에서는 실제 현실 공간과 전혀 유사하지 않더라도 리얼리티를 느낄 수 있는 경우도 있다. 〈괴혼〉 시리즈에 보여지는 사물과 공간 이미지들은 실제 현실의 이미지와는 전혀 다르게 왜곡되어 있지만, 방안이나 학교 교실, 마을과 도시의 배치 등은 우리 주변에서 흔히 볼 수 있는 공간들과 구조적으로 닮아 있기 때문에 리얼리티를 확보할 수 있다.

1인칭 슈팅 게임(FPS)들이나 1인칭 시점의 롤플레잉 게임(RPG)의 경우에는 게임 속 캐릭터인 아바타의 '공간 지각'이 그대로 화면 이미지로 재현되면서, 플레이어가 '가능 세계' 속의 공간 안에 들어와 있는 듯한 느낌을 받게 된다. 플레이어와 아바타 사이에 시점(視點)의 차이가 사라지면서 심리적으로 몰입도가 높아질 수밖에 없다.[15] 이때 공간적 리얼리티는 실제 현실과의 유사성과는 별개로 '아바타'의 지각과 '플레이어'의 지각 사이의 유사성으로 말미암아 확보된다고 할 수 있다.

세 번째는 '행위적 리얼리티'의 문제이다. 이는 게임을 수행하는 플레이어의 조작 행위가 실제 행위와 유사할 때 확보될 수 있는 리얼리티이다. 대표적으로 'Wii'처럼 동작인식이 가능한 하드웨어를 사용하는 게임에서 확보될 수 있는 리얼리티다. Wii를 이용하여 〈젤다〉 게임을 하는 플레이어는 화면 속의 아바타인 '링크'가 칼을 휘두를 때 동작 인식 기능이 있는 리모콘을 휘두르면서 '실감'나는 액션을 행하게 되며, 〈Wii 스포츠〉에서 테니스 경기를 하는 플레이어는 화면 속의 공의 움직임을 눈으로 확인하고 테니스 라켓을 대신하여 리모콘을 휘두르면서 테니스 경기를 '실감'나게 행하게 된다. 첨단의 테크놀로지를 이용한 동작 인식 기능이 실감나는 플레이어의 '행위'를 화면 속에 다시 구현되도록 해 준 것이다.

동작 인식 기능이 아니더라도, 아케이드나 콘솔 게임으로 레이싱 게임을 행하는 플레이어가 화면 속 차량의 기울어짐에 따라 자신의 어깨도 움직여가면서 게임을 진행하는 경우를 종종 보게 된다. 1인칭 슈팅 게임에 몰입한 플레이어도 화면 속에서 날아오는 총알을 피해 몸을 움직인다든지 눈을 감는다든지 하는 행동을 하곤 한다. 이것은 게임이 만

15 "지금까지 FPS를 제외한 어떤 게임도 이처럼 가상 현실에 가깝게 사건을 재현한 장르는 없었다(이정엽, 「디지털 게임의 서사학 시론」, 『한국문학이론과 비평』 제36집, 한국문학이론과 비평학회, 2007.9, 71~74면)."

들어낸 가능 세계 속의 아바타가 체험하고 있는 감각을 플레이어가 동시에 느끼게 될 때 확보되는 '행위적 리얼리티'라 할 수 있다.

네 번째 경우는 '데이터 리얼리티'의 문제이다. 최근의 디지털 게임은 발전된 테크놀로지 덕분에 다양한 역사적 사건이나 사회적 환경을 실감나는 이미지로 재현하게 되었다. 이 경우에 구체적인 사건이나 인물, 소품, 도구 등의 사실성이 리얼리티를 부여해주기도 한다. 이것은 주로 시각적 이미지의 유사성을 통해 드러나기 마련인데, 사실은 게임 제작 과정에서 구체적인 고증과 데이터 입력을 통해 확보될 수 있는 리얼리티라 할 수 있다. 가령 일인칭 슈팅 게임(FPS)의 플레이어가 제2차 세계대전을 배경으로 한 게임을 진행하면서 자신이 활용할 무기를 선택할 때, 무기의 모양과 파괴력 등은 실제 과학적이고 역사적인 고증을 뒷받침으로 해서 실감나게 재현되는 경우가 많다. 〈위닝11〉과 같은 스포츠 게임에서는 실제 유명 스포츠 선수들의 외모, 신장, 체격, 피부색은 물론, 운동 능력치와 특기, 버릇 등도 세세하게 데이터화하여 입력해둠으로써, 플레이어들에게 '가능 세계'의 리얼리티를 제공하기도 한다. 경우에 따라서는 실제의 역사적 현실과는 일치하지 않더라도, 플레이어가 요구하는 허구적 수준에 맞추어 데이터를 입력해두는 경우도 있다. 예컨대 〈진삼국무쌍〉의 플레이어들은 소설 『삼국지연의』에 등장하는 역사적 인물들을 아바타로 삼아서 액션 게임을 진행하게 되는데, 이 게임 속에서는 문신인 제갈량이나 방통 등도 강력한 무력을 발휘하기도 한다. 이것은 실제 역사적 사실에는 부합하지 않지만 플레이어들의 인식과 요구에 부응하는 방식으로 확보된 리얼리티라 할 수 있다. 특히 한중일 3국에서 인기를 누리고 있는 '삼국지'와 관련된 수많은 게임들은 대체로 새로운 버전이 나올 때마다 역사나 소설에 등장하는 실제 인물이나 실제 사건을 게임 내용 속에 추가하는 형태로 업그레이드되어 오곤 했는데, 이것은 결국 역사나 기존 서사와의 유사성을 좀 더 확보해나가는 방식으로 리얼리티를 보완해온 것이라 할 수 있다.

대결 액션 시뮬레이션 게임이나 전략 시뮬레이션 게임의 경우에도 데이터를 통한 리얼리티 확보는 중요하다. 이런 게임의 경우 대개 장단점이 각기 다르긴 하지만 종합적인 능력치가 유사한 캐릭터들 가운데 하나를 선택하여 상대와 대결을 벌이게 되는데, 각각의 캐릭터의 능력이 어느 정도 대등해야 실감나고 박진감 넘치는 대결이 가능하다는 점에서, 정밀하게 계산된 데이터 입력은 중요할 수밖에 없다. 가상의 종족간 대결이 전략 시뮬레이션을 통해 이루어지는 〈스타크래프트〉와 같은 게임의 경우에도 마찬가지다. 〈스타크래프트〉의 후속편이 몇 차례 출시가 연기된 것도 종족들 간 밸런스를 맞추기 위해서 거듭 베타테스트를 진행해야만 했기 때문이었다.

마지막 다섯 번째는 '변화의 리얼리티'이다. 게임의 진행을 통해 캐릭터(아바타)가 성장하는 육성 시뮬레이션의 경우, 일정한 조작과 행위를 통해 캐릭터의 변화를 꾀하게 된다. 이 변화가 긍정적인 변화이든 퇴보의 변화이든 간에, 실제 플레이어가 게임에 들인 공과 노력에 비례하여 변화가 일어나도록 구현해놓는 것이 바로 '변화의 리얼리티'의 문제다. 〈프린세스 메이커〉나 〈닌텐독스〉와 같은 육성 시뮬레이션 게임에서 캐릭터 변화의 폭이 갑자기 커진다든지, 변화가 너무 더디다든지 하는 경우에 플레이어는 리얼리티를 확보하지 못하고 게임에 싫증을 느끼게 되기 마련이다.

특히 소위 '기능성 게임'의 경우에는 아바타의 변화가 다시 실제 플레이어에게 현실감 있게 반영될 수 있어야 한다. 닌텐도사에서 제작한 〈Wii Fit〉의 건강관리 및 운동 프로그램을 수행한 플레이어에게 실제 다이어트 효과나 운동 능력 향상이 실현될 때, 이 게임은 가능 세계에서 뿐만 아니라 현실세계에서의 변화도 이끌어낼 수 있게 된다.

디지털 게임에서의 다섯 가지 리얼리티의 유형을 1차적, 2차적 리얼리티의 차원으로 각각 층위를 나누어 간략하게 요약하면 다음과 같이 정리할 수 있을 것이다.

표 4. 디지털 게임 서사의 리얼리티 유형

리얼리티 유형	수용자의 리얼리티 인식방법(①, ②차) ①현실-가능 세계간 유사성 ②플레이어-아바타 간 인식의 유사성	대표적 사례
시간적 리얼리티	①실제 현실 시간 공유 ②시간흐름의 핍진성 인식	〈동물의 숲〉, 〈WOW〉
공간적 리얼리티	①실제 공간과의 이미지 유사성 ②공간 인식의 몰입도(시점)	〈괴혼〉,〈둠〉
행위적 리얼리티	①동작과 행위의 유사성 ②행동적 몰입의 핍진성	〈Wii Sports〉,〈서든어택〉, 〈마리오카트〉
데이터 리얼리티	①역사 및 기존 서사와의 유사성 ②대결 구도의 핍진성과 박진감	〈삼국지〉,〈스타크래프트〉
변화의 리얼리티	①육성 과정의 현실적 유사성 ②변화의 피드백 가능성	〈프린세스 메이커〉,〈Wii Fit〉

이렇게 다섯 가지 측면에서의 리얼리티를 확보할 때, 디지털 게임의 수용자는 실제의 삶과 현실이 반영된 게임 속 가능 세계를 구성하게 되며, 가능 세계 속에서 게임이라는 서사적 커뮤니케이션을 흥미롭게 진행하게 되는 것이다. 이 과정에서 테크놀로지의 발달이 우리에게 새로운 리얼리티의 가능성들을 안겨주었다는 점도 유념할 필요가 있다.

6. 결론

인간은 서사적 본능은 인간의 삶과 현실에 대한 모방 본능이며, 리얼리티를 확보한 서사적 소통에 대한 욕망이라고도 할 수 있다. 서사는 그것을 소통시키는 매체에 따라 서로 상이하게 구성되는데, 끊임없이 새롭게 등장해온 신매체들은 서사의 리얼리티를 확보하기 위한 모색과 노력의 결과라고도 할 수 있다. 특히 디지털 시대의 테크놀로지는 서사적 소통 상황에서 실감나는 가상 현실을 구현하기 위해 노력을 기울여왔으며, 그 노력이 집중되고 있는 분야가 바로 디지털 게임 분야이다.

디지털 게임에 대한 연구는 아직까지는 여러 가지로 미흡한 수준이지만, 다른 서사와는 차별적인 디지털 게임 서사의 능동성과 '가능 세계'의 구체적 재현이라는 특징은 주목해야만 한다. 소설의 독자나 영화의 관객의 수동적 역할과는 달리 디지털 게임은 게임 플레이어의 능동적 행위와 선택, 조작이 서사 진행의 계기이자 요인이 된다. 따라서 디지털 게임의 플레이어가 구상하는 '가능 세계'는 디지털 게임의 실체적 이미지로 구현되며, 곧 '가상 현실'이자 '게임 속 현실'이 되는 것이다.

본 연구에서는 디지털 게임의 플레이어가 게임의 서사를 진행하는 과정에서 '리얼리티'를 확보할 수 있는 가능성을 다섯 가지 지점에서 확인하였다. 시간적 리얼리티, 공간적 리얼리티, 행위적 리얼리티, 데이터 리얼리티, 변화의 리얼리티라 명명한 것이 바로 그 지점들이다.

각각의 지점에서 디지털 게임의 수용자는 현실에서의 감각을 가능 세계와 가상 현실을 통해서 그대로 체험할 수 있도록 구현된 게임을 진행하면서 '1차적 리얼리티'를 확보하기도 하지만, 가능 세계 속의 가상 체험을 다시 실제 현실의 플레이어가 인식하고 공유하게 되는 방식으로 '2차적 리얼리티'를 확보하기도 한다.

여기서 리얼리티의 확보에 가장 크게 공헌을 하는 것을 꼽아보자면 그것은 바로 '테크놀로지'의 발달이라 할 수 있다. 놀랍도록 발전하고 있는 테크놀로지는 디지털 게임의 플레이어의 행위를 그대로 게임 속 영상 이미지로 구현하기도 하고, 현실의 3차원적 이미지를 평면의 모니터 위에 매우 흡사하게 재현해놓기도 하였다. 디지털 게임 서사의 경우, 이러한 테크놀로지를 구현하도록 구성해놓는 것은 게임 제작자와 디자이너의 몫이고, 리얼리티를 확보하여 '가능 세계' 속에서 서사를 진행시키는 것은 플레이어의 몫이다. 인간의 서사적 소통 욕망의 역사에서 테크놀로지가 그동안 기여해 온 바를 주목하는 것은 물론 마땅한 일이다. 디지털 게임 서사의 경우에는 특히 그 관계에 관심을 기울여야 할 것이다.

1. 기본 자료

『한성순보』, 『황성신문』, 『만세보』, 『대한매일신보』, 『제국신문』, 『매일신보』
『조선일보』, 『동아일보』, 『중앙일보』, 『경향신문』
『대한흥학보』, 『학지광』, 『철필』, 『文教の朝鮮』, 『朝鮮之圖書館』
『태서문예신보』, 『창조』, 『조선문단』, 『개벽』, 『삼천리』, 『별건곤』, 『문예공론』
『신인문학』, 『인문평론』, 『학등』, 『문장』, 『조선문학』, 『비판』
『신동아』, 『중앙』, 『동광』, 『조광』, 『신천지』
『극예술』, 『방송지우』, 『신문과 방송』
『이광수전집』, 『김동인전집』, 『김팔봉문학전집』

국회도서관 사서국 편, 『한국 신문·잡지 연표 (1881～1910)』, 국회도서관, 1967.
권영민 편, 『한국현대문학비평사 : 자료』, 단국대학교, 1981.
김근수 편저, 『한국잡지개관 및 호별목차집』. 영신아카데미 한국학연구소, 1973.
김영민 · 구장률 · 이유미 편, 『근대계몽기 단형 서사문학 자료전집』, 소명출판, 2003.
김종욱 편, 『실록 한국영화총서(상)(하) : 1903～1945.8』, 국학자료원, 2002.
방송문화진흥회 편, 『한국방송총람』, 나남, 1991.
안광희 편, 『한국 근대연극사 자료집』 1～6, 역락, 2001～2004.
이홍기 편, 『방송 소설명작선』, 조선출판사, 1943.
한국방송공사 편, 『한국방송사』, 한국방송공사, 1977.

2. 국내 논저

강명관, 「근대 계몽기 출판운동과 그 역사적 의의」, 『민족문학사연구』 14, 민족문학사연구소, 1999.
강준만 · 권성우, 『문학권력』, 개마고원, 2001.
강준만, 『한국대중매체사』, 인물과사상사, 2007.
강현구, 「대중문화시대의 영화 소설」, 『어문논집』 제48집, 민족어문학회, 2003.
______, 「영화 소설의 시대별 고찰」, 『어문논집』 제49집, 민족어문학회, 2004.
______, 『대중문화와 문학』, 보고사, 2004.
고소설연구회 편, 『고소설의 저작과 전파』, 아세아문화사, 1994.

구장률, 「근대계몽기 소설과 검열제도의 상관성」, 『현대문학의연구』 제26집, 한국문학연구학회, 2005.
국립중앙도서관 편, 『국립중앙도서관 고문서해제』 I ~ II, 국립중앙도서관, 1972~1973.
권보드래, 『한국 근대소설의 기원』, 소명출판, 2000.
권순긍, 「활자본 고소설의 간행과 유통」, 『소재영 교수 환력기념논총 : 고소설사의 문제』, 집문당, 1993.
권영민 편, 『한국문학 50년』, 문학사상사, 1995.
김건우, 『사상계와 1950년대 문학』, 소명출판, 2003.
김경수, 「한국 근대소설과 영화의 교섭양상연구 : 근대소설의 형성과 영화체험」, 『서강어문』 15집, 서강어문학회, 1999.
______, 「염상섭 소설과 연극」, 『현대소설연구』 제31호, 한국현대소설학회, 2006.
김균 · 정연교, 『맥루언을 읽는다 : 마셜 맥루언의 생애와 사상』, 궁리, 2006.
김기란, 「한국 근대 계몽기 신연극 형성 과정 연구 : 연극성을 중심으로」, 연세대 박사논문, 2004.
김남석, 『한국 문예영화 이야기』, 살림, 2003.
김동식, 「한국의 근대적 문학 개념 형성과정 연구」, 서울대 박사논문, 1999.
______, 「개화기의 문학 개념에 관하여 : 의사소통양식으로서의 문학을 중심으로」, 국제어문학회 편, 『국제어문』 제29집, 보고사, 2003.
김동윤, 『신문소설의 재조명』, 예림기획, 2001.
김병익, 『한국문단사 1908~1970』, 문학과지성사, 2001. (초판은 1973년 일지사)
김석봉, 「신소설의 대중적 성격 연구」, 서울대 박사논문, 2003.
김성학, 「서구 교육학 도입과정 연구 (1895~1945)」, 연세대 박사논문, 1996.
김수남, 「한국 시나리오 태동에 대한 고찰」, 『영화평론』 제11호, 한국영화평론가협회, 1999.
김려실, 「영화 소설연구」, 연세대 석사논문, 2002.
______, 『투사하는 제국 투영하는 식민지 : 1901~1945년의 한국영화사를 되짚다』, 삼인, 2007.
김영민, 『한국 근대소설사』, 솔, 1997.
______, 「동인지 창조와 한국의 근대소설」, 한국문학연구학회 편, 『다매체시대의 한국문학』 2, 국학자료원, 2002.

______, 「1910년대 신문의 역할과 근대소설의 정착과정」, 한국문학연구학회 편, 『현대문학의 연구』 제25호, 2005.
______, 『한국 근대소설의 형성과정』, 소명출판, 2005.
______, 「한국의 근대신문과 근대소설」, 『현대소설연구』 제29호, 한국현대소설학회, 2006.
김윤규, 『개화기 단형서사문학의 이해』, 국학자료원, 2000.
김진량, 『인터넷, 게시판, 그리고 환타지소설』, 한양대 출판부, 2001.
______, 『디지털 텍스트와 문화읽기』, 한양대 출판부, 2005.
______, 「디지털 네트워크 환경에서 서사성의 변화」, 『현대소설연구』 제29호, 한국현대소설학회, 2006.
김찬기, 『한국 근대소설의 형성과 전(傳)』, 소명출판, 2004.
______, 「근대계몽기 단행본 소설 출판물의 현황과 그 성격」, 『현대소설연구』 제29호, 한국현대소설학회, 2006.
김창식, 「1930년대 한국 신문소설의 존재 방식」, 대중문학연구회 편, 『신문소설이란 무엇인가』, 국학자료원, 1996.
김창남, 『대중문화와 문화실천』, 한울, 1997.
김춘식, 『미적 근대성과 동인지 문단』, 소명출판, 2003.
김행숙, 『문학이란 무엇이었는가 : 1920년대 동인지 문학의 근대성』, 소명출판, 2005.
______, 『창조와 폐허를 가로지르다 : 근대의 구성과 해체』, 소명출판, 2005.
김 향, 「다매체 시대의 희곡의 이해」, 한국문학연구학회 편, 『다매체 시대의 한국문학』 1, 국학자료원, 2002.
김현주, 『구술성과 한국서사전통』, 월인, 2003.
김형중, 『애국계몽기의 신문연재소설』, 한국문화사, 2001.
김형효, 『데리다의 해체철학』, 민음사, 1993.
노영택, 「일제시기 문맹률 추이」, 국사편찬위원회 편, 『국사관논총』 제51집, 탐구당, 1994.
大谷森繁, 「조선조의 소설독자연구」, 고려대 박사논문, 1984.
류준필, 「형성기 국문학 연구의 전개 양상과 특성」, 서울대 박사논문, 1998
______, 「'문명'·'문화' 관념의 형성과 '국문학'의 발생」, 『민족문학사연구』 18, 민족문학사학회, 2001.

류현주, 『하이퍼텍스트 문학』, 김영사, 2000.
______, 『컴퓨터 게임과 내러티브』, 현암사, 2003.
문명재·이동일 외, 『세계문학의 기원』, 한울아카데미, 2001.
문학과비평연구회 편, 『한국문학 권력의 계보』, 한국출판마케팅연구소, 2004.
민병덕, 「한국 근대신문연재소설연구 : 작품의 공감구조와 출판의 기능을 중심으로」, 성균관대 박사논문, 1989.
박유희, 「1960년대 문예영화에 나타난 매체 전환의 구조와 의미」, 『현대소설연구』 제32호, 한국현대소설학회, 2006.
박헌호, 「한국 근대소설사에서 단편양식의 위상」, 민족문학사연구소 편, 『민족문학사연구』 제16집, 소명출판, 2000.
방현석, 『소설의 길, 영화의 길』, 실천문학사, 2003.
배식한, 『인터넷, 하이퍼텍스트, 그리고 책의 종말』, 책세상, 2000.
배정상, 「근대계몽기 『독립신문』의 '독자투고' 연구」, 연세대 석사논문, 2004.
백문임, 「한국 공포영화 연구 : 여귀의 서사기반을 중심으로」, 연세대 박사논문, 2002.
상허학회 편, 『1920년대 동인지 문학과 근대성 연구』, 깊은샘, 2000.
__________, 『1920년대 문학의 재인식』, 깊은샘, 2001.
서광운, 『한국신문소설사』, 해돋이, 1993.
서재길, 「『방송지우(放送之友)』와 일제 말기 방송 소설」, 민족문학사연구소 편, 『민족문학사연구』 22, 소명출판, 2003.
______, 「한국 근대방송문예 연구」, 서울대 박사논문, 2007.
설성경, 『춘향전의 통시적 연구』, 박이정, 1994.
소재영·민병삼·김호근 편, 『한국의 딱지본』, 범우사, 1996.
송민경, 「일제하 방송 소설연구」, 연세대 석사논문, 2003.
송효섭, 「구술성과 기술성의 통합과 확산 : 국문학의 새로운 사유와 담론을 위하여」, 『국어국문학』 제131집, 국어국문학회, 2002.
______, 『「산문문학연구」, 『국어국문학 연구의 반성, 쟁점, 전망』, 서강대 출판부, 2002.
신경림 외, 『우리 문학이 가지 않은 길 : 문화관광부 주최 인터넷문학세미나』, 자우출판사, 2001.
신재훈, 「대중영상매체의 문학텍스트 개입에 대한 연구」, 성균관대 박사논문, 2001,

신지영, 「『대한민보』 연재소설의 담론적 특성과 수사학적 배치」, 연세대 석사논문, 2003.
안선주, 「인기 남성 댄스그룹의 팬픽현상에 대한 연구 : 'god'와 '신화'를 중심으로」, 연세대 석사논문, 2003.
안종화, 『한국영화측면비사』, 현대미학사, 1998. (초판본 1962년)
안춘근 · 윤형두 편, 『눈으로 보는 책의 역사』, 범우사, 1997.
양세라, 「개화기 서사 양식에 내재된 연극적 유희성 연구(1)」, 『현대문학의 연구』 제22집, 한국문학연구학회, 2004.
연세대 근대한국학연구소 편, 『근대계몽기 단형 서사문학 연구』, 소명출판, 2005.
연세대 근대한국학연구소 기초학문연구팀 편, 『한국 근대 서사양식의 발생 및 전개와 매체의 역할』, 소명출판, 2005.
연세대 HUNO 프로젝트 연구단 편, 『기술매체 시대의 텍스트와 미학 : 매체와 이야기의 인문학』, 연세대 출판부, 2005.
우찬제, 「디지털 복제 시대의 문학」, 『타자의 목소리』, 문학동네, 1996.
유민영, 『개화기연극사회사』, 새문사, 1987.
______, 『한국 근대연극사』 증보판, 단국대 출판부, 2000.
유탁일, 『한국문헌학 연구』, 아세아문화사, 1989.
윤명구, 『한국 근대문학연구』, 인하대 출판부, 2000.
윤재근, 「예술과 대중적 시장성에 관한 연구」, 『한양어문』 제17집, 1999.
이경돈, 「『조선문단』에 대한 재인식 : 1920년대 중반 문학의 변화 양상과 관련하여」, 『상허학보』 제7집, 2001.
이광린 · 유재천 · 김학동, 『대한매일신보연구』, 서강대 인문과학연구소, 1986.
이병목, 「한국의 대학도서관 기준에 관한 연구」, 연세대 박사논문, 1983.
이상란, 『희곡과 연극의 담론』, 연극과 인간, 2003.
이석우, 『대학의 역사』, 한길사, 1998.
이승희, 「하이퍼텍스트 노래문학의 민요성 연구」, 동아대 석사논문, 2005.
이연숙, 「디아스포라와 국문학」, 『민족문학사연구』 제19호, 민족문학사학회, 2001.
이영재, 「초창기 한국 시나리오 문학 연구 : 1919~1945년까지의 현존작품을 중심으로 한 사적 고찰」, 연세대 석사논문, 1989.
이용성, 「1960년대 비판적 지식인 잡지 연구 : 『사상계』의 위기와 『창작과 비평』의 등장을 중심으로」, 『한국학논집』 제37집, 한양대 한국학연구소, 2003.

이용욱, 『사이버문학의 도전』, 토마토, 1996.
______, 『문학, 그 이상의 문학』, 역락, 2004.
______, 「온라인게임의 놀이적 맥락과 환상성」, 『대중서사연구』 제16호, 대중서사학회, 2006.
이재선, 『한국 개화기소설 연구』, 일조각, 1972.
______, 『한말의 신문소설』, 한국일보사, 1975.
이재인, 『매체문학과 시각』, 태학사, 1999.
이호림, 「1930년대 소설과 영화의 관련 양상 연구」, 성균관대 박사논문, 2004.
이효인, 『한국영화역사 강의』 1, 이론과 실천, 1992.
이희정, 「1910년대 『매일신보』 소재 단편소설 연구」, 『현대문학연구』 제25호, 한국현대소설학회, 2005.
임성래, 「신문소설의 입장에서 본 『혈의 누』」, 대중문학연구회 편, 『신문소설이란 무엇인가』, 국학자료원, 1996.
장노현, 「하이퍼텍스트 서사에 관한 연구」, 한국정신문화연구원 박사논문, 2002.
장동현, 「대학학과분화에 관한 분석적 연구」, 서울대 석사논문, 1984.
장유정, 「일제강점기 한국 대중가요 연구 : 유성기 음반 자료를 중심으로」, 서울대 박사논문, 2004.
전홍남, 「심훈의 영화 소설 『탈춤』과 문화사적 의미」, 『한국언어문학』 52집, 2004.
정선태, 『개화기신문의 논설 수용 양상』, 소명출판, 1999.
정지영, 「하이퍼텍스트 구조의 레토릭적 패턴」, 연세대 박사논문, 1998.
정진석, 『대한매일신보와 배설』, 나남, 1987.
조성면, 『대중문학과 정전에 대한 반역』, 소명출판, 2002.
조성면 편, 『한국 근대대중소설 비평론』, 태학사, 1997.
차혜영, 『한국 근대문학 제도와 소설양식의 형성』, 도서출판 역락, 2004.
천정환, 「한국 근대소설 독자와 소설 수용 양상에 대한 연구」, 서울대 박사논문, 2002.
______, 『근대의 책읽기 : 독자의 탄생과 한국 근대문학』, 푸른역사, 2003.
최기영, 『대한제국시기 신문연구』, 일조각, 1991.
최덕교, 『한국잡지백년』 1, 현암사, 2004.
최동현 · 김만수, 『일제강점기 유성기 음반 속의 대중희극』, 태학사, 1997.
____________, 『일제강점기 유성기 음반 속의 극·영화』, 태학사, 1998.

최성민, 「서사 텍스트의 구성 원리 연구 : 1930년대 단편소설을 중심으로」, 서강대 석사논문, 2000.
______, 「토론의 서사화와 근대의 형성」, 『한국소설연구』 5집, 한국소설학회, 2003.
______, 「공간의 인식과 식민 담론 : 이인직 소설을 중심으로」, 『한국 근대문학 연구』 제11호, 한국근대문학회, 2005.
______, 「근대 서사 텍스트의 매체와 대중성의 문제」, 『한국 근대문학 연구』 제13호, 한국근대문학회, 2006.
______, 「서사텍스트와 매체의 관계 연구 : 신 매체의 등장과 서사 텍스트의 재매개 양상을 중심으로」, 서강대 박사논문, 2007
최수일, 「『개벽』의 출판과 유통」, 『민족문학사연구』 제16호, 민족문학사학회, 2000.
최재모, 「하이퍼텍스트 소설 연구 : 『디지털 구보 2001』을 중심으로」, 한국교원대 석사논문, 2004.
최혜실, 『디지털 시대의 문화읽기』, 소명출판, 2001.
______, 「1920년대 서간체 소설의 서술유형」, 『한국현대소설의 이론』, 국학자료원, 1994.
하동호, 『한국 근대문학의 서지연구』, 깊은샘, 1981.
하상일, 「『창작과 비평』과 1960년대 현실주의 비평담론」, 『오늘의 문예비평』 제56호, 세종출판, 2005.
한국문학연구학회 편, 『다매체 시대의 한국문학』 1 · 2, 국학자료원, 2002.
한기형, 「1910년대 신소설에 미친 출판·유통 환경의 영향」, 『한국학보』 84, 일지사, 1996.
______, 『한국 근대소설사의 시각』, 소명출판, 1999.
한기형 외, 『근대어 · 근대매체 · 근대문학 : 근대매체와 근대 언어질서의 상관성』, 성균관대 대동문화연구원, 2006.
한진일, 「근대소설의 형성과 잡지의 역할 : 1910년대 '현상문예'를 중심으로」, 한국현대소설학회 제26회 학술연구발표대회 자료집, 2005.12.(미출간)
한원영, 『한국 개화기신문연재소설연구』, 일지사, 1990.
______, 『한국 근대신문연재소설연구』, 이회문화사, 1996.
______, 『한국 현대 신문연재소설연구 (상 · 하)』, 국학자료원, 1999.
______, 『한국 신문 한 세기 : 개화기편』, 푸른사상, 2002.
______, 『한국 신문 한 세기 : 근대편』, 푸른사상, 2004.

한혜원, 『게임 스토리텔링 : 게임 은하계의 뉴패러다임』, 살림, 2005.
함태영, 「방송과 친일의 만남」, 『민족문학사연구』 21호, 민족문학사학회, 2002.
허정아, 「문학과 매체」, 『인문과학』 제84집, 연세대 인문과학연구소, 2002.
황종연, 「문학이라는 譯語 : '문학이란 何오' 혹은 한국 근대문학론의 성립에 관한 고찰」, 문학사와비평연구회 편, 『한국문학과 계몽 담론』, 새미, 1999.

3. 번역서 및 국외 논저

마에다 아이[前田愛], 유은경 · 이원희 역, 『일본근대독자의 성립』, 이룸, 2003.
Anderson, Benedict, 윤형숙 역, 『상상의 공동체 : 민족주의의 기원과 전파에 대한 성찰』, 나남, 2002.
Barthes, Roland, *Image, Music, Text*, Ed. & Trans, Stephen Heath, New York : Hill & Wang, 1977.
Battles, Matthew, 강미경 역, 『도서관, 그 소란스러운 역사』, 넥서스, 2004.
Bishop, Isabella Lucy Bird, 이인화 역, 『한국과 그 이웃 나라들』, 살림, 1994.
Blasselle, Bruno, 권명희 역, 『책의 역사』, 시공사, 1999.
Bolter, Jay David · Richard Grusin, 이재현 역, 『재매개 : 뉴미디어의 계보학』, 커뮤니케이션북스, 2006.
Bolz, Norbert W, 윤종석 역, 『구텐베르크-은하계의 끝에서 : 새로운 커뮤니케이션 상황들』, 문학과지성사, 2000.
Casson, Lionel, 김희영 · 이양진 역, 『고대 도서관의 역사 : 수메르에서 로마까지』, 르네상스, 2003.
Charle, Christophe 외, 김정인 역, 『대학의 역사』, 한길사, 1999.
Couturier, Maurice, *Textual Communication : A printed-based theory of the novel*, New York : Routledge, 1991.
Davis, Lennard J, *Factual Fictions : The Origins of the English Novel*, New York : Columbia University Press, 1983.
Derrida, Jacques, 남수인 역, 『글쓰기와 차이』, 동문선, 2001.
Eisenstein, Sergei Mikhailovich, 이경운 역, 『영화연출강의』, 영화언어, 1990.
Faulstich, Werner, 황대현 역, 『근대초기 매체의 역사 : 매체로 본 지배와 반란의 사회문화사』, 지식의풍경, 2007.
Guglielmo Cavallo · Roger Chartier(ed.), *A History of Reading in the West*, Amherst

: University of Massachusetts Press, 1999.
Joly, Martine, 김동윤 역,『영상 이미지 읽기』, 문예출판사, 1999.
Kerby, Anthony Paul, *Narrative and the Self*, Bloomingstone and Indianapolis : Indiana UP, 1991.
MacLeod, Roy 외, 이종인 역,『에코의 서재 : 알렉산드리아 도서관』, 시공사, 2004.
Manguel, Alberto, 정명진 역,『독서의 역사』, 세종서적, 2000.
Manovich, Lev, 서정신 역,『뉴미디어의 언어』, 생각의나무, 2004.
McKeon, Michael, *The Origins of the English Novel*, Baltimore : The Johns Hopkins University Press, 1988.
McLuhan, Marshall, 김성기 · 이한우 역,『미디어의 이해 : 인간의 확장』, 민음사, 2002.
________________, 김진홍 역,『미디어는 맛사지다』, 열화당, 1988.
________________, 임상원 역,『구텐베르크 은하계 : 활자 인간의 형성』, 커뮤니케이션북스, 2001.
Ong, Walter J, 이기우 · 임명진 역,『구술문화와 문자문화』, 문예출판사, 1994.
Paech, Jochaim, 임정택 역,『영화와 문학에 대하여』, 민음사, 1997.
Poster, Mark, 김성기 역,『뉴미디어의 철학』, 민음사, 1994.
Richardson, Robert D, 이형식 역,『영화와 문학』, 동문선, 2000.
Scholes, Robert · Robert Kelloge, 임병권 역,『서사의 본질』, 예림기획, 2001.
Sturken, Marita · Lisa Cartwright, 윤태진 · 허현주 · 문경원 역,『영상문화의 이해』, 커뮤니케이션북스, 2006.
Tatarkiewicz, Wladyslaw, 손효주 역,『미학의 기본개념사』, 미술문화, 1999.
Weimann, Gabriel, 김용호 역,『매체의 현실구성론 : 현대 미디어와 현실의 재구성』, 커뮤니케이션북스, 2003.

찾아보기